長崎出島事典

安高啓明
石澤一未【英文要旨】

柊風舎

長崎出島事典

安高啓明

石澤 一未［英文要旨］

まえがき

歴史の中に未来の秘密がある。我々は、我々の歴史の中に、我々の未来の秘密が横たわっているということを本能的に知る。変化こそ唯一の永遠である。

これは、東洋美術史家の岡倉天心著『THE BOOK OF TEA』（茶の本）の一節で、歴史学のレゾンデートルがここに集約されている。日々連綿と生まれる歴史は、同時に変化を刻んでいる。永遠のものは存在しないが、あるとすれば、それは変化であると世の中の本質を反語的に表現した教訓である。こうした歴史学の本質に迫るため、本書は長崎・出島を舞台に繰り広げられた〝変化〟を紹介するものである。

長崎と出島は、近世日本の対外関係の縮図である。出島にオランダ人、唐人屋敷に中国人が滞在していたが、これは幕府が独善的に行なった対外政策だった。幕府が設けた条件を遵守することを前提に滞在を許可し、両国とは通商相手として交易した。これを長崎町人も受け入れたが、恩恵とともに弊害も生じている。こうして幕府が創出した「鎖国」という社会状況が、出島や唐人屋敷として結実したのである。

出島ができる以前の長崎で流れていた歴史に、キリスト教の布教と信仰は無視できない。キリスト教史の流れのなかで長崎の歴史も刻まれ続けていたのである。キリスト教が受容され国内でポルトガルとスペインの影響を受けた南蛮文化が生まれた史実は、まさに、〝出島前史〟と位置づけられる。

キリスト教史の中心を担ったポルトガル人に対して出島が造成されたことを考えれば、出島は時代の転換点を象徴するものである。鎖国令が発布されると、ポルトガル人は追放、島原天草一揆が鎮圧されたことにより、キリシタン禁教政策が強化される。そして、空き地となっていった出島に平戸オランダ商館が移転されて以降、幕末までの体制が継続した。禁教令を根拠に対外政策を確立していった幕府は、オランダ商館の出島移転を合法的に可能とし、さらには貿易統制の徹底を図ることで、不正取引とキリスト教の伝播を防ぐ名目で〝閉ざされた〟環境を作り上げたのである。

そうしたなかでも出島を巡ってさまざまな出来事があった。オランダ本国の西洋における紛争が波及し、巻き込まれる事態も起こっている。つまり、出島を有する長崎は、日本で唯一、〝世界史的網の目〟にあり、他地域とは異なる時間が流れていたのである。そのため、長崎、そして出島には、単に日本史だけではなく、世界史の視点も必要となる。出島を有したことで長崎は特殊性・希少性が増し、ここには多くの文人墨客が集まるなど、最先端の学問・文化の拠点として、存在価値を高めていった。

鎖国から開国へと日本が近代国家へと歩みを進めていくと、その変化は長崎から如実にあらわれていった。海軍伝習所や医学伝習所、製鉄所が長崎市中に設置され、先進的な実学教育機関が開設される。出島の役割が転機を迎えたが、長崎では次世代を担う人材が養成された。これまでとは異なる近代国家の政策モデルが、長崎の地に集約、具現化されたのである。

キリスト教時代から禁教・鎖国期へ、そして開国に至るまでの時間軸のなかで、長崎・出島には幾重の変化があった。それは、政治や外交、法制、生活、慣習はもとより、ここを取り巻く人物や文化といった多面的かつ国際的に及んでいる。これらの変化を集約した本書を紡いで近世社会を体感してもらうため、事項説明ではない〝読む辞典〟の体裁をとった。〝近世的国際都市〟である長崎・出島のリアルな息づかいを感じてもらえれば幸いである。

目次

第一章　南蛮隆盛の時代──出島前史

〝出島は近世日本における対外関係の象徴であり、縮図である〟。日本と西洋との出会いは、鉄炮（鉄砲）伝来に始まり、キリスト教の布教活動を通じてさらに関係が進展していった。出島がつくられる以前、貿易と布教が表裏一体で行なわれていた時代は、これまでの日本にはなかった文物や文化、学術、思想などをもたらされると、これは多くの日本人に受け入れられていき、国内に〝南蛮文化〟が芽生えるまでになった。しかし、キリスト教の布教を禁止した豊臣秀吉、そして、信仰までも禁じていった徳川幕府は、外国人との付き合い方を再考し始める。寛永《かんえい》鎖国令《さこくれい》を発布していくなかでキリスト教を禁じる一方で、貿易を維持する手段として出島の造成を決定した。第一章では、出島が造られる以前の国内状況について、貿易形態の変容やキリスト教布教、そして禁教政策の形成過程から取り上げていく。

アジア図（個人蔵）

1. 鉄炮伝来と日欧交渉の起源

西欧式の火縄銃《ひなわじゅう》が、十六世紀初頭に東アジア、そして中国大陸（明朝）に伝来していた一方、日本は取り残されていた。それは、西欧諸国が繰り広げていた、貿易拡大路線の枠組みのなかに日本がなかったためである。東アジア各地には「商館」が設置され、流通拠点が着実に築かれていった。そして、ポルトガル人による華人《かじん》交易圏が拡大していくなかで、ようやく日本にも鉄炮が伝わることになる。これは、日本と西欧諸国との接点の嚆矢であるとともに、東アジア諸国と同じ流通圏の一つに組み込まれ、今後の日本の対外関係のあり方を問うことになったのである。
日本に鉄炮が伝来した場所は種子島《たねがしま》である。その根拠は、慶長十一（一六〇六）年に種子島久時《ひさとき》が記した『鉄炮記』の記載に従ったものである。また、伝来年代について、天文十一（一五四二）年と同十二（一五四三）年の二説が唱えられており、今日でも両者の間で、活発な議論が交わされている。種子島に到着する前に、貿易船は、琉球に立ち寄っていることなど、種子島に伝来するまでの過程が細部にわたり検証されている。

また、誰が伝えたのかについても議論が分かれている。種子島時尭《ときたか》が鉄炮を購入した相手といわれているのは、ポルトガル人、もしくは、中国人の五峰《ごほう》（王直《おうちょく》）といわれる。『鉄炮記』には、「尭侘孟太」（ダモッタ）と「牟良叔舎」（フランシスコ）という、ポルトガル商人から鉄炮を二挺購入したとあるが、この時に乗船していた船に五峰がいたことも記されている。つまり、ポルトガル人が乗船していたジャンク船（木造帆船）の船主が、五峰だったという見方がある。種子島時尭が、直接、ポルトガル人二人から鉄炮を購入しているとすれば前者にあたり、船主に所有権、ないし売買の権限があったとすれば五峰ということになる。なお、これ以外に、ポルトガル人ではなく、周辺海域で活動していた「倭寇」が伝えたという指摘もあることを付記しておく。

先に挙げた五峰も、倭寇のリーダー的立場として活動しており、東南アジアや日本で密貿易を頻繁に行なっていた。しかし、明朝が海禁政策を本格化させると、これから逃れるように、五峰は、日本に身を寄せるようになる。こうした日中間にパイプをもつ倭寇による鉄炮伝来の可能性も、近年では議論されている。

鉄炮伝来以降、日本国内の戦争のあり方は一変する。つまり、戦い方の変容をもたらし、戦国大名は競うように鉄炮を求めるようになった。そして、鉄炮の国産化が図られるようになり、試行錯誤しながら鋳造されていった。こうしたことから、日本と西欧諸国との貿易は、鉄炮伝来を契機に開始されたとみなすことができる。これにあわせて、キリスト教を布教するために渡来していた教会勢力による後押しも看過することはできない。これまで、中国大陸や朝鮮半島と交易していた日本の対外関係は、西欧諸国との交渉を開始したことで、新しい段階へと入っていったのである。

2. キリスト教の伝来とザビエルの布教

日本にキリスト教を伝えたのは、フランシスコ・ザビエルである。インドで布教活動を行なっていたザビエルは、他宗教からの抵抗もうけて、思うような成果をあげられずにいた。そこに鹿児島出身のアンジロー（ヤジロー）とマラッカで出会い、話をするうちに、日本への布教の可能性を感じるようになる。アンジローは、ザビエルの勧めをうけて、ゴアの聖パウロ学院でキリスト教の教理などを学び、さらに洗礼をうけて、日本人で最初のキリシタンとなった。ザビエルの日本布教を後押ししたのは、洗礼名パウロことアンジローだった。

一五四九年四月十五日、ザビエルは、インドのゴアをジャンク船で出帆する。コスメ・デ・トルレス神父とファン・フェルナンデス修道士の二人のスペイン人を同伴し、日本へ向かった。また、アンジローと、その従者であるジョアン、アントニオらを按針《あんじん》役として引き連れ、五十三日間の航路で鹿児島に到着したのであった。その間、ザビエルは、ポルトガル語が多少できていたアンジローから日本語を習得している。そして、日本に到着したらまず、天皇と謁見して布教の保護を得ること、そして、高野山《こうやさん》や比叡山《ひえいざん》などに行って、宗論《しゅうろん》を挑み、日本の宗教を見極めるつもりでいた。

しかし、鹿児島の領主である島津貴久は、京都で起こっている戦乱を口実に、約一年間、ザビエルを鹿児島に滞在させた。島津のこの思惑には、ポルトガル船の鹿児島再来航を期待したことがあった。鹿児島での布教は、着実に成果をあげていき、徐々にキリシタンが誕生していった。そして、鹿児島から出国の許可が下ると、ザビエルは、南蛮船が来航していた平戸に向かう。この時、改宗して間もない信者の面倒をみさせるためにアンジローをそのまま居残らせ、一五五〇年八月に平戸に向かって出発する。結局、鹿児島では島津の布教の保護が得られなかったこと、さらには僧侶によるキリスト教に対する反発もあったため、上洛を急いだのであった。

平戸領主の松浦隆信《まつらたかのぶ》は、ザビエルの来訪を歓迎した。平戸では、松浦氏の支援のもと、領民一〇〇人ほどを改宗させている。そして、京都を目指すザビエルは、トルレス神父を平戸に残して、十月末に出発することになった。フェルナンデスと日本人ベルナルドをともない平戸を出国し、博多から山口を経由、そのつど、辻説教を行なっていった。山口から堺を経て上洛を果たしたのは、翌年一月中旬のことである。

この時の京都は、天文五（一五三六）年の天文法華《てんもんほっけ》一揆から復興していない状態で、荒廃した町並みが広がっていた。また、天皇の権威が著しく失墜していたこともあり、ザビエルは、当初の目的を変更せざるをえない状況だった。キリスト教会の布教戦略は、まず、上級階層をキリシタンにし、彼らを通じて下層民の改宗を行なうという伝統的なやり方だった。十一日間京都にとどまり、現状を目の当たりにしたザビエルは、天皇の意向に頼ることができないと覚り、地方の有力大名の庇護を得る方法に転換したのであった。

そこで、山口に戻り、領主の大内義隆《おおうちよしたか》と公式面会する。そこで、司教の親書と、持参していた丁子《ちょうじ》（生薬・香料・薬用）や時計、眼鏡、鍵盤楽器のクラボなどを添えて献上した。こうして、大内氏から領内における布教と領民の改宗に関する許可を得ることに成功したのであった。二ヶ月ほど、山口で布教活動すると、約五〇〇人が洗礼を受けた。このなかには、琵琶法師ロレンソも含まれ、のちにトルレスに随従して活躍する人材となった。

その後、ポルトガル船が豊後に入港した連絡がザビエルのもとに届いた。そして、大友義鎮《おおともよししげ》（宗麟《そうりん》）の招きをうけて、トルレスとフェルナンデスを山口に残し、豊後府内《ぶんごふない》へ向かい出発する。そして、十一月十五日に日本を出発し、約二年間の日本滞在を終えたのであった。日本にキリスト教の種を蒔いたザビエルの意志は、残されたトルレスらによって遂行されていったのである。

３．南蛮貿易の隆盛

大航海時代になると、西欧諸国は東方へ進出して、各地に商館を設置、そこに〝港市《こうし》〟を築いていった。その流れは日本にも訪れることになり、ポルトガルやスペインが貿易取引を行なっているが、これを南蛮《なんばん》貿易（日葡《にっぽ》・日西貿易）といった。〝南蛮〟の呼称は、中華思想（華夷《かい》思想・華夷《かい》秩序）に基づくものである。これは、中国を華とし、その周辺の異民族を四夷《しい》と位置付けた概念である。具体的には、日本や朝鮮半島を東夷《とうい》、中国西部の遊牧民族（チベット）を西戎《せいじゅう》、北方諸国で契丹《きったん》や蒙古《もうこ》などを北狄《ほくてき》、東南アジア諸国を南蛮としたのである。中国より南方に位置する澳門《マカオ》を自領としたポルトガル、呂宋《ルソン》を領有したスペインの貿易船が日本に来航していたため、日本でも〝南蛮国〟という認識だったのである。

南蛮貿易の形態は、貿易と布教が表裏一体で行なわれており、南蛮船には商人と宣教師が同船していた。特に、ポルトガルはイエズス会宣教師（パードレ）たちによる布教活動が積極的に展開された。南蛮船を迎え入れる日本側も、戦国期の国内状況を反映して、南蛮船の誘致を図った。大分の大友氏や平戸の松浦氏などは、南蛮貿易により富を蓄え、その街は繁華した。また、南蛮船を誘致するために、洗礼を受けてキリシタンとなる大名も出てくるようになると、キリスト教の布教を目的としたイエズス会宣教師にとっても環境が整い出した。商業活動が布教にも影響し、両者で相乗効果が生じたのである。

日欧関係は、天文十二（一五四三）年にポルトガル人が種子島へ渡来したこと、換言すれば、鉄炮伝来が起源である（天文十一年説もあり）。スペインは一五八〇年代から日本への渡来があったが、この頃は南蛮貿易の華やかだった時代といえる。日本は、ポルトガルと主に取引をしており、主要品目は、中国産生糸で、これは日本で特に需要が高かった。そのほか、絹織物、水銀、鉛、山帰来《さんきらい》、大黄《だいおう》、甘草《かんぞう》などが取引され、その品目は多岐にわたっていた。

日葡貿易は、カピタン＝モールを中心に行なわれていた。カピタン＝モールは、通常、ポルトガル貴族等に与えられる職だった。対日航海権を有するとともに、マカオでは行政長官を兼ねた時期もあった。日本滞在中の責任者であることから、ポルトガル人以外の貿易従事者を統括する、強い権限をもっている。また、独占的な航海権に関しては、見込まれる多大な収益から利権化し、売買の対象にもなっていたのである。

一方、徳川家康が日西貿易を重視する政策をとったことから、一時、スペインとの取引が増大する。仙台の伊達《だて》政宗《まさむね》がフランシスコ会ルイス・ソテロと協議し、支倉常長《はせくらつねなが》ら慶長《けいちょう》遣欧使節団を派遣したことは、周知のところであろう。しかし、寛永元（一六二四）年の幕府の禁教政策強化にあたり、最終的にはスペインとの国交を断絶するに至る。

日本市場を巡りポルトガルとスペインが貿易国としてしのぎを削っていた。その一方で、キリスト教界では、イエズス会やフランシスコ会、ドミニコ会、アウグスティノ会などが活動していた。日本を取り巻く宗教界の構図も、貿易の多角化にともなって変容してきたのである。このように、西欧諸国による東方進出は、貿易と布教の両輪で展開されたのである。

4．人身売買と奴隷制

ザビエルが日本に向かうにあたって出航したインドのゴアは、ポルトガルが一五一一年に統治下においており、重要な軍事拠点であるとともに、商業拠点でもあった。日本に訪れていたポルトガル船は、日本を出航後、ゴアに寄港していたため、ここに多くの日本人たちが連れて来られた。彼らは、いわゆる「奴隷」として取引されて連行されており、東方に進出していた西欧の商船には、日本人に限らず、その寄港地で奴隷を召し連れている。その様子は、後述する南蛮屏風などにも描かれており、カピタン＝モールの従僕として働いていた。

日本国内でも、戦国時代の人身売買や、それにともなう奴隷制はみられるものだった。島津氏（薩摩）や相良《さがら》氏（人吉）の記録によれば、生け捕りにした人数が数百、数千単位で記され、常態化していることがわかる。南蛮船の商人たちも奴隷取引をしていたことから、これを目当てにした国内商人は、手数料などを得ながら仲介役を務めた。その取引のなかで、日本人が奴隷として海を渡り、現地では、傭兵《ようへい》として働いていた。

こうして、日本からゴアに移り住む日本人がいた。その移送する過程や居住していた実態、奴隷取引について、イエズス会士によりまとめられた報告書がある。日本のイエズス会布教長だったフランシスコ・カブラルは、一五九三年の年次報告書で一人のポルトガル商人が所有する三人の日本人奴隷が逃亡したことを記している。また、カピタン＝モールのドミンゴス・モンティロは、一五九二年の姉妹に宛てた遺言書のなかで、多くの日本人奴隷をゴアに送ったと述べている。

日本国内では、後述する天正十五（一五八七）年「伴天連追放令」発布の前後で、日本人奴隷の是非が審議されている。また、ポルトガル国王ドン・セバスティアン（一五五四〜七八）は、「セバスティアン法」のなかで、ポルトガル領内での日本人取引を禁じる法令を出している。一六〇三年には、セバスティアン法をスペイン国王フェリペ三世（ポルトガル国王フェリペ二世）が再発布している。それにもかかわらず、遵守されなかった背景には、ポルトガル人兵士の不足を日本人傭兵で賄っていた実状があった。軍事的需要のあった日本人奴隷は、事実上、黙認状態におかれていたのである。

日本人奴隷のなかには、インドから西洋に渡ったものもいた。セバスティアン法の施行後にも、毎年のようにポルトガルに送られている。リスボンでの居住実態やコミュニティもみられるなど、人身売買後の実態がわかる。なかには、西洋に上陸した後で、奴隷から解放される者もいたようで、東南アジアでは半黙認状態におかれていたが、ポルトガル本国では、日本人奴隷の売買の違法性は周知されており、所有者にも処罰が及ぶ可能性を認識していたのであった。

5. 南蛮文化の萌芽

南蛮貿易を通じて文物の流通が始まると、これまで国内にはなかったものに刺激を受けた者による、新しい文化的胎動が起こった。これを南蛮文化という。南蛮貿易の主たる担い手は商人であるが、広域にわたって日本人と接触していたのは、布教活動を行なっていた宣教師だった。つまり、南蛮文化の底流には、キリスト教文化があった。ただし、宣教師たちの自由な活動が公認されていたのは、豊臣秀吉が天正十五（一五八七）年に博多筥崎《はこざき》で出した伴天連追放令までと解されており、ザビエル来航以降、実質年数としては三十八年間である。この特定期間の文化、換言すれば、キリスト教宣教師により創出された文化を、〝キ

南蛮屏風（Photo: Kobe City Museum/DNPartcom）

リシタン文化〟ともいい、南蛮文化を構成するインパクトのひとつであった。南蛮文化が興隆するのは伴天連追放令以降であり、ある種、制限されたなかで芽生えた〝異国趣味〟ともいえよう。

　南蛮文化を代表する芸術作品に「南蛮漆器」や「南蛮屏風」がある。南蛮漆器は日本の伝統工芸技術である「蒔絵《まきえ》」に着目した宣教師たちが、教会に常設するための用品として日本人職人に発注したものである。「ＩＨＳ」というイエズス会の紋章を配するとともに、螺鈿《らでん》細工をほどこした、きらびやかなものがつくられている。これらからは、当時の日本人職人の技術力の高さがうかがえ、外国人もそれを認めていた。

　南蛮屏風は、六曲一双からなるものが多く、左隻は入港する南蛮船や寄港地の情趣を、右隻には、上陸した南蛮人の行列図などを描いている。これらは、鎖国体制が確立される以前の十七世紀前半に作成され、狩野派による作品など約九十点が確認されている。構図として三類型があり、第一型は、日本の港に碇泊《ていはく》する貿易船を左隻に、市街を歩行しながら南蛮寺へ向かうカピタン＝モール一行を右隻に描いたものである。第二型は、左隻が異国の港町を中心に配しながら宮殿をとらえ、右隻には第一型の右隻と同じ構図である。第三型は、左隻に異国宮殿の情趣をおさめ、右隻には第一型の右隻部分が描かれる。南蛮屏風からは、南蛮船の外観や乗組員である南蛮人、そしてその従者の服装、振る舞い、隊列の様子はもとより、彼らと接する日本人や、南蛮文化の溢れる町並も知ることができる。

また、鋳造製品としては、「南蛮鐘」といわれるキリスト教会等で使用された鐘が製作されている。これは、南蛮寺と称される教会に置かれたもので、妙心寺春光院所蔵の西洋のベル形鐘は、胴部に「ＩＨＳ」の文字と十字架、作成された年次と思われる西暦「１５７７」を刻む。また、中川神社（大分県）の鐘には、表面に十字紋と「HOSPITAL SANTIAGO 1612」とある。これは、サンチャゴ病院にあったものが移設されたものだが、いずれも、キリシタン関連施設に設置されていたもので、現在、国指定重要文化財となっている。また、西洋製の冑《かぶと》を意識して模倣した南蛮冑、南蛮胴《どう》という具足《ぐそく》、刀に用いた南蛮鍔《つば》、南蛮人をモチーフとした意匠をほどこした南蛮鐙《あぶみ》など、枚挙にいとまがないほど多くの製品がつくられている。

食料品では、「かすていら」（カステラ）や「かるめいら」（かるめら）、「ぶすこうと」（ビスケット）、金平糖などが伝わった。これらは、大名たちへの贈答品とされ、たいへん重宝されている。のちに「南蛮菓子」といわれるようになり、南蛮貿易でもたらされながら、鎖国以降も日本人たちに嗜好品として受け入れられていった。また、ポルトガル人たちが着用していたフェルト製の帽子も関心を集め、これらは南蛮帽や南蛮笠などといわれ、天正期には京都市中で流行するまでになっていた。

6. キリシタン大名の誕生

布教活動を進めていたイエズス会は、大名層への改宗を達成するが、彼らのことを〝キリシタン大名〟

といった。キリシタン大名という言葉は、パリ外国宣教会宣教師ミカエル・シュタインの造語であり、明治二十（一八八七）年に来日した後、同三十六（一九〇三）年に発表した「The Christian Daimyos」の書名にちなんでいる。

九州の戦国大名の多くは、キリスト教に改宗する動きをみせた。そのなかでも、大村領主大村純忠《すみただ》は、いち早く改宗した人物として知られ、永禄六（一五六三）年にコスメ・デ・トルレスから洗礼を受けている。大村純忠は、洗礼名ドン・バルトロメウを授かると、領民たちにも改宗を勧めていった。一五六三年十一月十四日付の「フロイス書簡」には、大村領内での布教の様子が記されている（松田毅一監訳『十六・七世紀イエズス会日本報告集』第Ⅲ期第二巻）。

異教徒らがデウスのことを理解した後、我らが到着して四日後であったが、初めて私は六十余名に洗礼を授けた。通常は毎日、身分ある人や武士、仏僧、および多数の家臣を有する大身の洗礼が行なわれるが、これらは当国の領主ドン・バルトロメウがキリシタンになるよう勧めた人たちである。洗礼を終えた後で我らが彼らに与えたものは、〔彼らがそれを大いに望み求めるので〕頸に懸けるためのカライム（calaim）の十字架と祈禱用のコンタツであった。

洗礼を受けるにあたっては、当然ながらデウスへの理解が必要だった。信心を確認したうえで、洗礼を授けているが、今回、洗礼を受けているのは、ドン・バルトロメウ、すなわち大村純忠から勧められた者たちだった。イエズス会は領主を改宗した後、領民に波及させるという戦略的布教を展開していたが、大村領ではその効果が認められる。また、洗礼を終えたキリシタンたちには十字架やコンタツを渡しており、信仰道具の授受がなされていたことがわかる。

島原の有《あり》馬《ま》義貞《よしさだ》は、死去する前年の天正四（一五七六）年四月八日にキリシタン大名となっている。島原半島の口之津《くちのつ》港には、かつて、ポルトガル船が入港していたが、永禄十（一五六七）年以降途絶えていた。義貞の受洗後、マカオからジャンク船が入港するようになり、碇泊中に約八千人にも及ぶ改宗者がいたようである。義貞の後継の鎮純《しげずみ》（晴信《はるのぶ》）は、当初、反キリスト教の姿勢を示すものの、すぐにキリスト教を保護するようになった。その背景には、ポルトガル船の継続的な来航にともなう領内の戦力強化の企図があった。

豊後の大友義鎮《よししげ》が洗礼を受けたのは、天正六（一五七八）年八月二十八日で、洗礼名フランシスコの名を授かった。改宗以前からキリスト教を積極的に保護しており、天正元（一五七三）年にポルトガル船が天草沖で難破し、イエズス会が財政的な困難に直面した時にも援助を申し出ている。また、天正三（一五七五）年には、息子で僧籍の親家を還俗《げんぞく》させ、教会で改宗させており、周辺関係者から改宗を勧めた。領内では、一五八〇年以降に集団での改宗が行なわれていたのである。

のちに福岡に入国する黒田官兵衛（如水《じょすい》）も、息子の長政《ながまさ》に対して、キリスト教を勧めている。彼は自発的な改宗を息子に求めており、イエズス会の説教を聞いた長政は、入信を決意している。このように、領国単位で行なわれた戦略的布教は、一定の効果があったとみることができる。しかし、その後のキリシタン大名や一般のキリシタンの動向をみると、そこには強い信仰心を感じえない者も多かった。それは、大名であれば、南蛮貿易を期待して洗礼を受けた政治的信仰者がおり、禁教政策の時勢にあわせて、柔軟に対応していたのである。

7. 長崎の教会領化と収公

元亀元（一五七〇）年、その翌年のポルトガル船来航にあわせて、長崎港の整備が始まると、貿易業務に携わるために博多などから訪れた商人たちによって長崎の町は造成されていった。この地は、大村純忠の家臣である長崎甚左衛門の所領だが、甚左衛門は、純忠とともに洗礼を受けており、イエズス会士を保護して布教の援助を行なっていた。元亀二年以降、ポルトガル船の長崎入港が本格化すると、九州諸藩からの移住を受け入れて町建てが進められた。こうしてできた町が、島原町・大村町・文知《ぶんち》町・外浦《ほかうら》町・平戸《ひらど》町・横瀬浦町の六町である。

九州各地では、南蛮船の誘致が活発に行なわれていた。島原領主の有馬晴信は、自らも受洗して口之津を貿易港として迎える態勢を整えていた。南蛮船の口之津寄港は、大村純忠にとっては痛手だった。さらに、佐賀の龍造寺隆信の動向も相まって、大村純忠はイエズス会との接触を強めていく。そこで、天正八（一五八〇）年に、長崎と茂木《もぎ》をイエズス会に寄進することを申し出たのである。これを受けて、ヴァリニャーノは在日宣教師と協議を重ねた結果、天正八年四月二十七日付のドン・バルトロメウ（純忠）、ドン・サンチョ（喜前《よしあき》）署名の長崎譲渡状を受理している。

この譲渡状の内容は、長崎と茂木、そのすべての田畑をイエズス会と巡察師に永久に譲与し、所有権を委ねること。そして、イエズス会側に奉行の任免権を与え、支配権はもとより、死刑を含む司法権を与えている。しかし、長崎に入港したポルトガル船の停泊料はイエズス会、貿易税は大村氏の所得とした。大村家としては、この地の行政と司法には関与しないとした。大村家は財政的関与の一部を残しつつ、長崎と茂木の地をイエズス会に付与したのである。これについで、天正十二（一五八四）年には、有馬晴信が、浦上《うらかみ》をイエズス会に寄進する。このように、大村・有馬両氏がイエズス会に土地を寄進したことによって、教会領長崎が形成された。

しかし、天正十五（一五八七）年に博多筥崎で「伴天連追放令」が発布されたことにより、状況は一変する。

これにより、日本国内における宣教師の活動を制限し、イエズス会士らは、日本に居住する権利を喪失する。伴天連追放令によって、事実上、長崎・茂木・浦上に関するこれまで認められていた権利を失ったのである。さらに、秀吉は、九州平定を成し遂げると、九州諸大名たちに進止《しんし》権（土地や人間、財産などを自由に差配する権利）を認めさせ、イエズス会が持っていたすべての権限までも掌握した。そこで、次に掲げる天正十六年四月六日付の豊臣秀吉朱印状が出されることになったのである。

長崎廻近年伴天連令知行分事、御代官被仰付候間、致取沙汰、物成等可運上候也

天正十六年卯月六日　　秀吉朱印

鍋島飛騨守とのへ

これは、伴天連に与えられたところに、秀吉が代官を任命しているものである。この時、代官に就任したのは、佐賀の鍋島飛騨守直茂《なべしまひだのかみなおしげ》である。この朱印状によって、イエズス会側は、これまで与えられていた司法権や諸税金徴収権も没収されることになった。こうして、イエズス会領となっていた長崎は収公され、秀吉の御料所《ごりょうしょ》となったのである。

8．九州のキリシタン

ザビエルが上陸した九州では、各地にキリシタンが誕生した。民衆ばかりでなく、武士階層の改宗もしだいにみられるようになり、ここには、南蛮船誘致にともなう国力強化を目論んだ大名家の心情が背景に

あった。九州内でも、肥前・肥後・豊後の沿岸部の大名に多くの改宗がみられたのは、そのあらわれといえる。天文二十二（一五五三）年から文禄四（一五九五）年までの間で、二十四人の領主層が改宗しているが、この改宗は、概ね三つに分類することができる。

大村純忠（入信年：一五六三年・大村）や有馬義貞（一五七六年・日野江《ひのえ》）、大友義鎮《よししげ》（一五七八年・府内）、有馬晴信（一五八〇年・日野江）、松浦隆信《まつらたかのぶ》（一五九四年・平戸）、寺沢広高（一五九五年・唐津《からつ》）といった大名層。平戸松浦家の家臣である籠手田安経《こてだやすつね》（一五五三年）や天草の志岐鎮経《しきしげつね》（一五六六年）、天草鎮《しげ》尚《ひさ》（一五七一年）、天草久種《ひさたね》（一五七六年）などの国人《こくじん》領主層。そして、伊東義賢《よしたか》（一五八二年）の武将層とにわけることができる。さまざまな目的や思惑が錯綜するなかで、彼らはキリシタンとなったが、大村喜前《よしあき》や松浦隆信、寺沢広高などのように伴天連追放令をうけて棄教する政治的信仰者もいれば、高山右《う》近《こん》のように頑なにキリシタンであることにこだわったものもいた。

大分の府内には、大友義鎮（宗麟）の保護のもと、キリシタンたちが多数生まれた。天文二十（一五五一）年の南蛮船来航を機に、山口にいたザビエルを招いたことが大分とキリスト教との接点である。翌年にも、ポルトガル船が来航すると、天文二十二（一五五三）年には、デウス堂（教会）が献堂されている。さらに、弘治三（一五五七）年には、ルイス・デ・アルメイダが府内に西洋式の近代病院をつくり、手術などの治療を行なっている。この運営には、ボランティア組織であるミゼルコルディアがあたるなど、これまでの日本にはない新しい体制が生まれた。なお、天正六（一五七八）年には大友宗麟も洗礼を受け、フランシスコを名乗るようになる。

アルメイダは、永禄十二（一五六九）年に天草を訪れる。これを機に、天草島を支配していた天草氏・志岐氏・大矢野《おおやの》氏・栖本《すもと》氏・上津浦《こうつうら》氏という天草五人衆は、すべてキリスト教に入信するなど、天草の地は、キリスト教の一大拠点となった。天正十九（一五九一）年には高等教育機関コレジオ（collegio）が移転され、さらには、修練院ノビシャド（noviciado）も設置されるなど、聖職者養成機関がつくられていった。さらに、天草のコレジオでは、天正遣欧使節団が持ち帰ったグーテンベルグ印刷機により「ドチリナ・キリシタン」をはじめ、「伊曽保物語」、「平家物語」などの天草版と呼ばれる書物が刊行されている。最盛期には、天草のキリシタンの数は、三万三千人にも及んだといわれる。天草では真宗門徒が多く彼らに改宗をすすめ、慶長元（一五九六）年には、真宗の講を利用した信徒の協働組織であるコンフラリア（confraria）がつくられ、信仰を下支えする母体が整えられていったのである。

9．長崎のキリシタン

長崎の地は、キリシタン大名の大村純忠の家臣にあたる長崎甚左衛門《じんざえもん》純景《すみかげ》が治めていた。長崎は、元来、「深江浦」と呼ばれていた地域で、元亀元（一五七〇）年に貿易港として町建てが始まり、翌年にポルトガル船を迎え入れている。長崎甚左衛門は、永禄十（一五六七）年に横瀬浦（現在の長崎市西海町）で、大村純忠と一緒にアルメイダから洗礼を受けた。大村純忠がドン・バルトロメオ、長崎甚左衛門がベルナルドという洗礼名を授かった。

長崎甚左衛門が受洗して以降、長崎には数多くの宣教師が訪れるようになる。ポルトガル船来航にあわせて、布教が行なわれており、小さな教会堂が設けられるまでに至った。アルメイダは、長崎を訪れたイルマン（修道士）からの情報として、「この地の名誉ある人々たち一同が約五〇〇人の平民と共に聖教に帰依し、信仰を守って立派な生活の模範と善良な風習とを示している」と記録している。領主層以外に、村人たちにもキリスト教が受け入れられていった実態がわかる。この時のキリシタンの数は、一五〇〇人にも及んだという。

教会が立ち並んだ長崎の町は、〝小ローマ〟とも称されていた。永禄十二（一五六九）年には、長崎甚左衛門からアルメイダに土地が寄進されると、イエズス会のビレラ神父がこの地に教会、「トードス・オス・サントス」を建てた。ここには一時、初等教育機関のセミナリオ（seminario）やコレジオが移転されており、教育の機能を備えるようになっている。元亀二（一五七一）年にポルトガル船が入港すると、のちの長崎奉行所西役所となる地に、「サン・パウロ協会」（岬の協会）が建てられ、イエズス会本部になっている。また、天正十八（一五九〇）年頃には、立山の地に「山のサンタマリア教会」が建てられ、慶長八（一六〇三）年には、その規模が拡張されると小教区となった。慶長十四（一六〇九）年には、勝山町に「サント・ドミンゴ教会」がドミニコ会により献堂されている。

これらの教会は、慶長十九（一六一四）年に出された幕府の禁教令によって破壊が命じられた。これにより、トードス・オス・サントス教会跡には臨済宗春徳寺、山のサンタマリア教会跡には長崎奉行所立山役所、サント・ドミンゴ教会跡には代官屋敷が立っている。キリスト教色を一掃するかのように、これを取り締まる行政機関や宗教施設が建設されている。

前述のように、長崎の有力者のなかには、多くのキリシタンがいた。例えば、江戸時代初期に長崎代官となる末次平蔵《すえつぐへいぞう》や、長崎の頭人《とうにん》で、のちに町年寄《まちどしより》になる高木勘右衛門《かんえもん》・町田宗賀《そうが》・後藤宗因《そういん》・高島了悦《りょうえつ》はキリシタンだった。幕府、そして長崎奉行からキリスト教禁教令が出されるにあたり、彼らは悉く棄教していった。そして、自らが、キリシタンたちを取り締まる側に転じた。さらに、自らの由緒書には「入道」などと記し、仏門としての系譜に書き替えた。キリスト教との関係が深かった有力者たちは、キリシタンだった事実を塗り替え、キリスト教との関係を絶ったのである。こうして、長崎の支配にあたる町人の長としての地位を確固たるものとしていったのである。

10．近畿のキリシタン

畿内でのキリスト教の布教は、イエズス会宣教師のガスパル・ヴィレラの上洛が端緒である。永禄二（一五五九）年に京都に居住し、足利義輝《あしかがよしてる》や三好長慶《みよしながよし》から許可を得て、布教を開始した。明経博士《みょうぎょうはかせ》（儒学の教授者）の清原枝賢《きよはらのえだかた》、三好長慶や松永久秀《まつながひさひで》に仕えた結城忠正《ゆうきただまさ》といった、当時の知識層も受洗し改宗している。また、キリシタンではないものの、細川氏や三好氏の家臣であった今村慶満《いまむらよしみつ》は、宣教師らを優遇する政策を行なうなど、キリスト教は多くの支持を得ていった。

先に挙げた清原枝賢には娘（マリア）がいた。彼女は明智光秀《あけちみつひで》の娘で、のちに細川忠興《ほそかわただおき》の妻となったガラシャの侍女となっている。清原枝賢は、のちに棄教したことを考えると、強いキリスト教信仰者ではなく、学者としての興味から入信したものと思われる。一方、細川ガラシャは高山右近とも交流があり、キリスト教に近い立場だった。また、キリシタンの侍女を抱えたことや、近畿地方にキリスト教が広まっている周辺環境が、信仰を後押ししたものと思われる。

三好長慶から布教の許可を得たヴィレラや修道士ロレンソは、飯盛城《いいもりじょう》下で長慶の家臣らをキリスト教に帰依させる、いわゆる集団改宗に成功する。このなかには三箇頼照《さんがよりてる》（サンチョ）がおり、その支配地である三箇には教会がつくられた。このことは、フロイスにも評価されており、一五六四年のヴィレラの書簡には、七十余名が洗礼を受けたことや、教会が設置されたことなどが記されている。三ヶ城は飯盛城の西にある要衝であり、飯盛城周辺にはキリシタンが多かった。その存在は、キリスト教会からも認識されており、ファン・ラングレン「東アジア図」には、「Imoris」（飯盛）と記され、ヨーロッパでも紹介されている。

このほか、永禄六（一五六三）年に、高山飛騨守友照《たかやまひだのかみともてる》と結城山城守《やましろのかみ》忠正が、奈良で洗礼を受けている。高山友照（ダリヨ）は一族にも洗礼を受けさせ、ここに十二歳の右近（ジュスト）がいた。右近は、のちに秀吉の側近として活躍した人物で、積極的に布教活動を行なっている。この成果もあり、高槻周辺には多数のキリシタンの存在が確認できる。伴天連追放令の発布以降、右近の立場は危うくなっていくが、最後までキリスト教を棄教することはなかった。慶長十九(一六一四)年の徳川家康による国外追放令によって、スペイン領マニラに送られ、キリシタンとしての生涯を終えている。

近畿地方のキリシタン領主たちは、比較的熱心な信者が多かった。そして、自ら積極的にキリスト教義を広めているという点も看過できず、前述した高山父子や三箇氏らは、家臣と領民の集団改宗に尽力している。その成果もあって、河内《かわち》と摂津《せっつ》両国で、天正五（一五七七）年には八千人もの改宗があったとされる。このように、地域によってキリスト教布教の形態はもとより、信仰の度合いにも差異があった。

11. 都のキリシタン

京都でキリスト教を布教するには、比叡山の允許《いんきょ》状（許可書）が必要だった。弘治二（一五五六）年には、ヴィレラが座主《ざす》との面会を所望したもののかなわず、その許可を得られないままだった。異国人への偏見と、仏僧による抵抗を受けて、京都に長く留まることができず、翌年六月頃に四条坊門の姥柳《うばやなぎ》町に教会をたて、ここに居住することになった。この年、足利義輝との謁見を果たし、街頭布教を開始することができたが、洗礼を受けた者は少数だった。

永禄三（一五六〇）年には、足利義輝から布教の許可を得て、京都で活動することが可能となる。この年のクリスマスには、約一〇〇人のキリシタンが教会に集まるなど、広がりをみせていたが、以降は停滞する。ヴィレラも堺に移動し、一年間ほど滞在して布教を行ない、永禄五（一五六二）年九月には、再び京都へ移ったものの、思ったように信者を獲得できない状態が続いていた。

永禄八（一五六五）年に、フロイスとアルメイダが豊後から堺へ訪れる。アルメイダは堺に留まり、フロイスは大坂から京都へ入ってヴィレラと合流し、足利義輝に年頭のあいさつをしている。しかし、同年七月五日には正親町《おおぎまち》天皇の「大うすはらひ」の綸旨《りんじ》が出されると、ヴィレラとフロイスは京都からの退去を余儀なくされる。高山友照（ダリオ）や結城忠正（アンリケ）が働きかけ、高槻城主和田惟政《わだこれまさ》は、フロイスの保護者として帰京のために手を尽くす。そして、織田信長と謁見させることに成功し、永禄十二（一五六九）年四月八日には、都での居住の許可と保護を認めた朱印状が下付されている。足利義昭もこれと同じ制札を公布し、京都での布教が許されることになった。

こうした動きに異を唱える者もいた。「大うすはらひ」を出した正親町天皇は、再び伴天連追放の綸旨を出したのである。ここに関与していたのは法華宗《ほっけしゅう》の朝山日乗《あさやまにちじょう》で、天皇と公家の指示により、キリスト教の排除を徹底して行なっていった。日乗は足利義昭のもとに訪れ、宣教師追放を求めたものの、義昭は京都居住の許可や追放の権限は天皇ではなく将軍にあると返答している。織田信長には天皇の名で宣教師追放を督促しているが、フロイス著『日本史』によると、不正を見抜き内裏に一任するとだけ答えたという。京都では、義昭や信長が保護した一方で、天皇・朝廷は排除を主張するという対立構造が続いていたのである。

畿内で布教が進展しなかった理由として、この地域の人々は知的水準が高く、仏教の経典教義についての造詣が深かったことが挙げられている。京都近郊での戦乱なども相まって、京都での宣教活動は遅々として進んでいなかった。姥柳町の教会も小さく老朽化していたこともあり、天正三（一五七五）年に教会新築計画が具体化した。都のキリシタンと近隣のキリシタン領主たちが寄進するとともに、摂津の高槻、河内の岡山・若江・三箇のキリシタン領主たちが築造に参加した。翌年に「被昇天の聖母教会」が建てられ、和風建築の屋根には十字架が掲げられた。精錬された三階建ての建物は、多くの人の関心を集め、仏教寺院には衝撃を与えた。教会献堂は近隣諸国からの信者が増えていくきっかけにもなった。

12．江戸のキリシタン

関東とキリスト教の関係は、徳川家康の関東入国から始まる。天正十八（一五九〇）年、関東領国を治めていた小田原北条氏は、豊臣秀吉率いる大軍の前に破れて滅亡する。そこに徳川家康が関東二四〇万石を与えられて移ることになるが、これをもって、関東に「近世」が訪れたともいわれる。家康の公式の関東入国（「江戸御打入り」）は八月一日で、この日を「八朔《はっさく》」の祝賀日・吉日として、幕府の重要な行事日と設定された。

こうして、関東では徳川家康による新しい時代が訪れたわけだが、家康に近かったのがフランシスコ会だった。かつて、長崎や京都でも活動していたジェロニモ・デ・ジェスースは、豊臣秀吉によりマニラに追放されていたが、慶長三（一五九八）年に日本に密入国して潜伏しながら活動していた。同年十一月に伊勢で捕縛されたが、家康から貿易船来航の手配などを条件に、江戸への入国と布教が許可される。これを受けて、慶長四（一五九九）年に、京都のキリシタン八人と江戸に向かい、同年四月七日に「ロザリオの聖母聖堂」が献堂された。さらに、修道院や施療院が設置されると、江戸は、関東布教の拠点として、機能していくことになる。

慶長八（一六〇三）年、フランシスコ会のルイス・ソテロが、フィリピン総督の使節として来日する。これは、ジェスースが慶長五（一六〇〇）年に家康の特使として派遣されたことを受けての返礼である。ソテロは家康と謁見を果たし、江戸での布教を開始した。その成果もあり、多数のコンフラリアが組織されていたようである。

イエズス会は、慶長十二（一六〇七）年に日本準管区長パジオが巡察をかねて江戸に訪れている。この時、不干斎《ふかんさい》ハビアン（一五六五〜一六二一年）ら日本人修道士をともなったが、徳川家との関係を築くまでには至らなかった。フランシスコ会に遅れをとったこともあり、イエズス会の関東布教は順調とはいかなかった。なお、先に記したハビアンは、のちに棄教し、キリシタン取り締まりに協力する。ハビアンは排耶書「破提宇子《はだいうす》」を著した人物として知られる。

しかし、慶長十八（一六一三）年の禁教令によって、ルイス・ソテロら、フランシスコ会士も取り締まりの対象となった。ソテロは浅草（鳥越《とりごえ》）に癩病《らいびょう》患者のための施療院と教会堂を建てていたが、ここに集まっていたキリシタン二十七人は処刑されることになる。なお、現在、ミカエル笹田やヨアキム破竹庵、マルコ喜左衛門ら二十七人を悼んで、カトリック浅草教会には「浅草・鳥越きりしたん殉教記念碑」が建立されている。

ソテロ自身は、伊達政宗《だてまさむね》により救出され難を逃れ、のちに慶長遣欧使節団の実現に尽力する。また、慶長十八（一六一三）年十二月に、金地院崇伝《こんちいんすうでん》が「排吉利支丹」を布達したため、全国のキリシタンたちはさらに苦難を迎えることになったのであった。

13. 東北のキリシタン

天正十八（一五九〇）年、蒲生氏郷《がもううじさと》が会津に入国したことが、キリスト教と東北地方の接点である。氏郷は、熱心なキリシタンとして知られる高山右近とも懇意にしており、さらに、外国人宣教師との交流もあった。『十六・十七世紀イエズス会日本報告書』によると、天正十三（一五八五）年に大坂で、イエズス会宣教師オルガンティノから洗礼をうけ、洗礼名レオを授かっている（その前年という説もある）。また、家臣にも多くのキリシタンがいたようで、幾人かは『耶蘇会年報』にも記載されている。氏郷は、自領に宣教師を招きたいとヴァリニャーノに懇願するほど、熱心なキリシタンであった。

蒲生家中にはキリシタンがいたようだが、彼らによる布教活動は行なわれなかったようである。氏郷が没した後、秀行《ひでゆき》が遺領を継ぐものの、慶長三（一五九八）年に豊臣秀吉は、上杉景勝《うえすぎかげかつ》を会津へ、秀行を宇都宮に移す。そして、関ヶ原の戦いの後、慶長六（一六〇一）年に、秀行は再び会津に戻ることになる。この頃、猪苗代《いなわしろ》城代の岡越後守ら家中にキリシタンがいたことは知られるが、会津領内にイエズス会宣教師が入ったという正式な記録はない。幕府の禁教令後に、秘密裏に宣教師が東北地方を巡回し、布教が行なわれていた。西日本に類する確実な布教体制が整えられていないなかで、キリシタンの数は少しずつ増えていったようである。

仙台は、会津についでキリスト教との接触があった。慶長十六（一六一一）年に伊達政宗がフランシスコ会士のルイス・ソテロに、領内の布教を許可したことがきっかけである。翌年、ソテロは、五人の同宿（世話人）を派遣し、仙台での布教が本格化する。幕府が禁教令を出すと、これを逃れるように、宣教師たちが東北地方に入国し、布教活動を行なっていった。その後、政宗は、ソテロのすすめで使節団を派遣するまでになった。

仙台や会津、山形、米沢、庄内の各領をフランシスコ会士ガスペスなどが巡回している。また、イエズス会も、司祭であるペトロ・カスイ岐部《きべ》（茂勝《しげかつ》）らが、会津や仙台、弘前、秋田、南部、米沢、二本松、白河などをまわった。秋田には、多くのキリシタンがいるうえに、蝦夷松前のキリシタンを援助する必要から、元和七（一六二一）年にレジデンシヤ（駐在院）が設けられている。その結果、この年に入信したキリシタンは、一一八三人にも及んだ。

寛永三（一六二六）年には、アウグスティノ会のデレロが約二年間、米沢で活動している。米沢の地は、ソテロも訪れて布教しており、洗礼を授かった者もいた。ドミニコ会のエルキシアも東北地方を巡回し、多くのキリスト教会派が東北地方で布教を行なっていたのである。その成果もあって、多くのキリシタンが誕生したが、禁教令が強化されるにともない、各地で捕らえられ、約千人が処刑されたという。

14．教育機関の設置

日本でキリシタンの数が増えるにともない、聖職者を養成する教育機関が必要となってきた。それは、日本国内で宣教師が不足することによって、布教の停滞が懸念されたためである。巡察師のヴァリニャーノは、天正七（一五七九）年に口之津《くちのつ》で開かれた宣教師会議に諮ると、日本人司祭の養成が決議された。この聖職者養成をめぐって、ヴァリニャーノは、日本人批判を繰り返していた日本布教区の責任者であるカブラルと対立していた。カブラルを解任に追い込んだヴァリニャーノは、喫緊の課題だった、教育機関の設置を推進したのである。

まず、ヴァリニャーノは、布教区を都《みやこ》（京都）・豊後・シモ（豊後以外の九州）とし、一般子弟に対する中等教育機関としてセミナリオ、その上部機関としてコレジオを、都と豊後に開設しようとした。豊後のコレジオは、イエズス会員の養成、都のコレジオは領主や武士の子弟の養成を目指したものの、教育者はもとより、資金も不足していたため、セミナリオを先に開設することになった。

天正八（一五八〇）年に有馬晴信《ありまはるのぶ》の支援を受けて、シモ地区の日野江城《ひのえ》（長崎県南島原市）下にセミナリオが設置された。その翌年には、織田信長の保護下で、都の安土にセミナリオが開設される。これらの教育機関は、幕府のキリスト教政策のなかで移転を余儀なくされていった。シモのセミナリオは、天正十五（一五八七）年に、長崎の浦上へ移設される。また、都のセミナリオは安土から京都（一五八二年）、大坂（一五八五年）へ移り、天正十五（一五八七）年には長崎に移転となった。こうして、シモのセミナリオは合併し、加津佐《かづさ》（一五八九年）、有家《ありえ》（一五九四年）、天草・志岐・長崎（一五九九年）、有馬（一六〇一年）、長崎（一六一四年）と流々転々とする。

一方、コレジオは、大友義鎮の援助を受けて、天正九（一五八一）年に府内に設けられた。山口（一五八六年）、長崎（一五八八年）、天草（一五九四年）、長崎（一五九八年）とセミナリオと同じように移転を繰り返していた。ここからは、ヴァリニャーノが当初、考えていた中長期的な聖職者養成という目標を実現することができずにいる現況が示され、禁教政策で生じた当座の事態に対処していったのである。

セミナリオでは、語学と文学の教育がなされ、とくにラテン語教育には力が入れられた。セミナリオの課程が修了した卒業生のなかから司祭となることを希望した者で、適性が認められたらコレジオに進学することができた。コレジオに進むにあたってはノビシャド（修練院）での修練が必要だった。ノビシャドは天正八（一五八〇）年に豊後国臼杵《うすき》に設置されている。

コレジオでは、哲学と神学のほか、天文学なども教育課程に組み込まれ、西欧の高度な自然科学が教えられた。のちに天正遣欧使節として派遣される伊東マンショ・原マルチノ・中浦ジュリアン・千々石《ちぢわ》ミゲルも、コレジオで学んでいる。これらのイエズス会の教育機関は、各地を転々とし、規模も縮小しながら維持されていき、慶長十九（一六一四）の幕府の禁教令が発布されるまで存続した。

15．天正遣欧使節団の派遣

イエズス会巡察師のヴァリニャーノは、滞在していた安土でローマへの日本人派遣を思い立った。遣欧使節の目的は、教皇の偉大さや、キリスト教会の尊厳の高さを直接みせつけ、今後の日本布教を効果的に行なうことだった。さらに、日本での布教の成果を西洋で披露することにより、今後の資金援助を得ようとしたのである。

そこで、天正九（一五八一）年に大村純忠《おおむらすみただ》と三城《さんじょう》城《じょう》で話し合い、府内ではペトロ・ラモン神父が大友《おおとも》宗麟《そうりん》、有馬セミナリヨ院長モウラ神父が有馬晴信に使節参加の協力を依頼している。そこで選ばれたのは、大友宗麟の名代として伊東マンショ、大村純忠と有馬晴信の名代として千々石ミゲルだった。千々石ミゲルは、大村純忠の甥、有馬晴信のいとこにあたるため、両者の名代となった。伊東マンショと千々石ミゲルの同伴者として、大村家の家臣の息子である原マルチノと中浦ジュリアンが選ばれている。これにあわせて、二人の日本人イルマン（修道士）と、メスキータ神父が随伴した。

天正十（一五八二）年一月二十八日（新暦：一五八二年二月二十日）に、ヴァリニャーノの引率で、長崎港を出発する。マカオやマラッカを経て、一五八三年十二月二十日にインドのゴアに到着した。ヴァリニャーノは、管区長としてこの地に留まるようにと命じられ、かわりにメスキータが遣欧使節団の責任者としてローマを目指すことになる。

二年と六ヶ月の月日を経てリスボンに到着した使節団は、一五八四年十一月二十五日にスペインでフェリペ二世と面会、イタリアでは、教皇グレゴリオ十三世との謁見が許され、さらに、ローマ市民権を与えられている。また、グレゴリオ十三世の後継であるシクスト五世の戴冠式にも参列するなど、特別待遇で迎えられた。こうして、各所から歓待を受けた少年たちは注目を集め、アウグスブルクでは、メスキータを含めた五名の木版印刷が発行されている。

一五八六年四月十三日（天正十四年二月二十五日）にリスボンを出発、翌年には、ゴアに到着する。ここでヴァリニャーノと合流し、マカオまで移動するが、この時に、日本では伴天連追放令が発布されていた。そのため、ヴァリニャーノは宣教師として日本に入国することが困難となっており、インド総督の使節として入港することになった。こうして天正十八（一五九〇）年六月二十日、長崎に到着し、八年六ヶ月の旅を終えたのであった。この間、大村純忠と大友宗麟が死去（一五八七年）したことに加え、国内で禁教色が強まるなど、彼らを取り巻く状況は大きく変化していた。

それでも西洋から帰国した四人は、天正十九（一五九一）年閏一月八日に豊臣秀吉と謁見し、聚楽第《じゅらくだい》で西洋音楽の演奏を披露している。また、有馬晴信には、教皇からの手紙を渡し、使節としての役割を終えている。また、彼らは、帰国にあわせてグーテンベルクの活版印刷機を持ち込んだ。これにより、日本国内で教書の大量製作と頒布が可能となった。

伊東マンショら四人は天草のノビシャドでイエズス会に入会し、さらに、河内浦のコレジオで学び、慶長十三（一六〇八）年には、伊東マンシヨ・原マルチノ・中浦ジュリアンは長崎で司祭になっている。これ以降、四人はそれぞれの道を歩み、伊東マンショは慶長十七（一六一二）年に長崎のコレジオで死去、原マルチノは慶長十九（一六一四）年にマカオに追放、中浦ジュリアンは潜伏して布教活動を続け、寛永十（一六三三）年に穴吊りにより命を落とした。千々石ミゲルは大村喜前《よしあき》に仕えていたが、喜前が棄教に転じると、自身もこれに従っている。しかし、今日、千々石ミゲル墓碑といわれるところの発掘調査が行なわれており、そこからロザリオの珠などが見つかった。こうした発掘遺物から、ミゲルは棄教していなかったのではないかという意見が出されており、今後の調査に期待したい。

16. キリシタンの信心具

南蛮船が運んできた文物には、毛織物をはじめ、鉄炮や弾薬などの武器、さらには、南アジア産の香料、中国産生糸など、アジアの物資も含まれていた。こうした貿易品とともに、宣教師らによって信心具《しんじんぐ》がもたらされた。これらは、改宗したキリシタンに配布され、信心具を受け取ったキリシタンたちは、心の拠り所にして大切に扱った。また、司祭がミサなどの祭儀で用いるものを持ち込み、布教と信仰の素地が築かれた。

十六世紀後半のキリシタンたちは、数珠《じゅず》にあたるコンタツ（ロザリオ）に強いこだわりがあった。ザビエルの後継者にあたるトルレスは、イエズス会のインド管区長に宛てた手紙のなかで、キリシタンたちがコンタツに篤信を抱いていること、そして、共同体のなかで特に大切に管理されていることを伝えている。また、少しでも多くのコンタツをキリシタンたちに配布するため、日本へ送ってほしいと所望している。これからは、日本人キリシタンたちの求めに応じようとしているトルレスの姿が浮かび上がる。

キリシタンたちがロザリオに抱いた感情は、アルメイダやフロイスなどにも認識されていた。フロイスは、一五六三年の書翰で、持参したコンタツとヴェロニカのメダイを平戸のキリシタンたちが求めてきた様子を記している。キリシタンにコンタツを譲り渡すと、宣教師たちを困惑させるほど、落涙したなどと伝え、当時のキリシタンが信心具に寄せた強い感情がわかる。宣教師たちも、すべてのキリシタンたちに信心具が行き渡るように尽力していたが、日本人キリシタンの急増に対応しきれない様子が書翰などに記されている。

南蛮船が運んできた信心具を、各地へ伝播させるのには限界があった。それは、南蛮船の経由地であるゴアやマラッカ、マカオなど中継貿易港で西洋の信心具が頒布されるため、日本には僅かな数しか届いていなかったのである。そのため、日本で国産化する動きが生じ、大分の府内では、メダイがつくられると、これは近隣地域にも広まっていった。〝なすび型〟や〝ひょうたん型〟とも称される府内型メダイは、西洋のメダイとともに、大分の府内町遺跡で発掘されている。また、博多遺跡群では、十字架やメダイを製作するための鋳型も見つかっており、信心具の国産化が加速した。

九州のような南蛮船の寄港地から離れた畿内では、信心具は特に切望されていた。そこで、高山飛騨守友照（ダリオ）は、京都から挽物師《ひきものし》を呼び、キリシタンに配布するコンタツやメダイ、十字架を製作させている。高山友照は、挽物師の給与はもとより、生活全般の面倒をみたうえに、キリスト教理を説諭して、改宗までさせている。こうして、キリシタン挽物師による信心具の生産を実現させ、継続的な供給を可能とし、さらには、精度の高い信心具を製作することができたのである。そして、キリシタンたちの習熟度にあわせて、錫製の十字架やメダイを分け与えていった。

また、日本人の手による聖像画も製作されている。「紙本著色聖母子十五玄義・聖体秘跡図」（京都大学総合博物館蔵）や「救世主像」（東京大学総合図書館蔵）などは、イエズス会士が指導して日本人キリシタンに描かせたものといわれる。特に前者は、通称、「マリア十五玄義図」と呼ばれるもので、キリスト教理を理解していないと、描くことは困難なものである。宣教師たちはこのような聖像画を描かせることで、教理の理解を促し、さらに布教を効果的に行なっていった。

17. 織豊政権とキリスト教

織田信長とキリシタンとの関係は、永禄十二（一五六九）年が端緒である。同年三月十三日にイエズス会士フロイスは、和田惟政《わだこれまさ》の仲介により、信長と面会することが実現した。信長は、フロイスのお目通を許し、食膳を供したものの、献上物のなかからビロードの帽子を受け取ったのみで、それ以外に特段の計らいをしなかった。そして、四月一日には、信長の指示により、フロイスは足利義昭を訪ねているが、病気を理由に謁見が許されなかった。和田惟政は、再び信長との面会を企図していたところ、二条城の建設現場でそれが叶った。この時、フロイスは、宣教師来日の目的は、「デウスの教え」を人々に広めることと語り、日本の宗教との比較を望み、学僧との宗論《しゅうろん》（教義や解釈についての議論）と京都への宣教師の滞在許可を願った。結果として、これらは認められることになり、信長はイエズス会の京都滞在と布教を許可する特許状を付与している。

信長は永禄十二年四月八日付で、宣教師の滞在許可と賦役《ふえき》免除、領内での活動の保護、妨害行為に対する処罰規定を定めた「允許状《いんきょじょう》」を発布した。さらに、同年四月十五日付で、京都の住居や諸国の賦役免除、兵士宿営の免除、妨害行為に対する処罰など、信長とほぼ同文の「公方様の制札」を足利義昭から発布された。こうしたキリスト教保護の動きに対して、松永久秀は、激しく抵抗している。それは、松永久秀は永禄八（一五六五）年の伴天連追放を企図した中心人物であったからにほかならない。室町時代は、キリスト教に対する法規制は分裂状態となっており、将軍義昭や信長が宣教師を保護したことに対して、天皇・朝廷は追放の姿勢を貫いていたのである。

信長は、宣教師やキリスト教界を厚遇したが、それは、伝統的宗教を牽制するためだった。宣教師たちが望んでいた、キリスト教義の理解には達していなかったとされる。しかし、信長は、キリスト教会を積極的に保護していたことは関係者との面会回数からも裏付けられる。天正十（一五八二）年の本能寺の変まで、京都や安土などでは、三十一回以上も会談しており、陳情を受けたことはもとより、世界の諸事情を聴取していたようである。信長自身の興味関心に帰するところもあるが、信長はキリスト教会側に好意的だったことがわかる。

しかし、国内統治もままならない状態にあって、天皇・朝廷との間でキリスト教に対する処遇の調整は必至だった。そこで出されたのが、天正十四（一五八六）年五月四日付「関白殿許可状」である。これは、豊臣秀吉が伴天連に対してどこの地に居住しても構わないという内容であり、先の信長や義昭の許可状と同じように、あらゆる義務から免除する特権を与えた。そして、キリスト教会に対しては、その教えを説くにあたり、乱暴狼藉をしてはいけないとも記している。つまり、「乱暴狼藉」さえしなければ、日本国内の秀吉支配地での布教活動を認めたのである。こうして、キリスト教会は、秀吉の「伴天連保護令」をもって、日本国内における立ち位置を固めていった。しかし、これも長く続くことはなく、翌年六月十九日付の伴天連追放令によって、その処遇を一転することになったのである。

18. 伴天連追放令の発布

天正十三（一五八五）年、豊臣秀吉は、九州に惣無事令《そうぶじれい》を発し、私的闘争を禁じた。しかし、南九州の情勢は、薩摩の島津氏が北上し、豊後の大友宗麟を攻め立てている状況だった。そのようななか、大友宗麟は、豊臣秀吉に助けを求め、これに応じるかたちで島津征伐のために秀吉の下向が決定する。八代《やつしろ》（熊本県）に陣を張った秀吉のもとには、イエズス会司祭であるガスパル・コエリヨなどのキリスト教関係者も訪れ、ポルトガル船入港の特許状を得ることや、八代城内に拘禁されていた捕虜の助命に成功し、友好な関係を築いていた。

天正十五（一五八七）年五月八日に島津との間で和平が成立する（九州平定）と、博多に戻ってきた秀吉は、筥崎《はこざき》に着陣する。六月十一日には博多の再建を石田三成や黒田官兵衛に命じ、ここに小西行長《こにしゆきなが》らも加わって町割がはじまった（太閤町割）。このとき、コエリヨは秀吉から教会建設用地を与えられるなど、格別の配慮をうけている。事態が一変するのは、六月十九日にキリシタン大名高山右近の改易《かいえき》がきっかけである。これは、秀吉の棄教の勧めに対して右近が頑なに拒絶したためで、これがコエリヨたちの身にも降りかかることになる。

秀吉はコエリヨのもとに使者を派遣し、四つの詰問をしている。①なぜ、パードレ（宣教師）たちは熱心に勧誘し、キリシタンとなることを強制するのか。②なぜ、神社仏閣を破却して坊主たちを迫害し、彼らと融和できないのか。③なぜ、道理に外れている牛馬を食べるのか。④なぜ、ポルトガル人たちは多数の日本人を買い奴隷として国外に連れ出しているのかといった内容だった。これからは、秀吉がポルトガル商人ならびにイエズス会に対して疑心暗鬼になっている様子がうかがわれる。

この質問状を経て、秀吉は、六月十九日付の五箇条からなる「伴天連追放令」（松浦史料博物館蔵）を発布する。その翌日には、コエリヨやカピタン＝モールに言い渡されたのである。

一日本ハ神國たる処きりしたん國より邪法を授候儀太以不可然候事

一其國郡之者を近附門徒になし、神社佛閣を打破らせ、前代未聞候、國郡在所知行等給人に被下候儀者、當座之事候、天下よりの御法度を相守諸事可得其意処、下々として猥義曲事事一伴天連其智恵之法を以、心さし次第ニ檀那を持候と被思召候へバ、如右日域之佛法を相破事前事候條、伴天連儀日本之地ニハおかせられ間敷候間、今日より廿日之間ニ用意仕可帰国候、其中に下々伴天連儀に不謂族申懸もの在之ハ、曲事たるへき事

一黒船之儀ハ商買之事候間、各別に候之條、年月を経諸事賣買いたすへき事

一自今以後佛法のさまたけを不成輩ハ、商人之儀ハ不及申、いつれにてもきりしたん國より自今以後佛法のさまたけを不成輩ハ、商人之儀ハ不及申、いつれにてもきりしたん國より往還くるしからす候條、可成其意事

已上

天正十五年六月十九日

第一条、日本は神国であり、キリシタンたちの国から宣教師たちが悪魔の教えを説くために来日することは、きわめて悪い所業である。第二条、彼らは各領内に訪れては日本人を改宗し、キリシタンたちは神社仏閣を破壊している。これは「前代未聞」の行為である。領主たちは「法」と「定」を遵守すべき義務を負っているものの、下層の者たちがこれに反する騒動を起こすことは処罰に値する。第三条は、キリシタンたちが日本の宗教を破壊することは許されず、これを先導した宣教師たちは、日本にいるべきではないと考える。今日から二十日以内に自国へ戻るようにし、この期間に何か危害を加える行為があったら処罰する。第四条、黒船が商売をするのは、本件とは別のことであるので、取引をしても差し支えない。第五条、今後も、仏法の妨げを行なわないものは、誰でも自由に来日することを許すとしている。

日本は神国であるという前提に立ち、キリスト教を非難している。そして、その根拠がキリシタンたちによる神社仏閣の破壊であり、前項で取り上げた「伴天連保護令」の条件である「乱暴狼藉」に違反して

いたために是正を求めた。これを受けて、宣教師たちに二十日以内の国外退去を命じており、以降展開されるキリシタン取り締まりは、合法的な措置だったことがわかる。

伴天連追放令を通告されたコエリヨは、今後六ヶ月間、出航しないために二十日以内に日本を退去することはできないと弁明した。秀吉は猶予を認めるかわりに、平戸に集住させ、そこに留まるようにと命じている。あわせて、船や陣所から十字架のついた旗を撤去させ、与えられた所領が没収されている。

この法令は、貿易と布教を表裏一体で行なっていた当時、法的効果は低かったとされる。しかし、布教の禁止や平戸へ集住させられるなど、影響をうけていたことはいうまでもない。そして、このキリシタン禁制の方針は、徳川政権にも継承されていくものとなった。

19. キリスト教界の構図

日本にキリスト教を伝えたザビエルは、イエズス会の宣教師である。イエズス会は、軍人だったイグナティウス・デ・ロヨラやザビエルら六人で創立され、清貧・貞潔・従順の三誓願《せいがん》に加え、ローマ教皇に絶対的恭順（第四誓願）を誓っていた。特に、学術研究と教育実践に重きをおいた騎士道的献身を掲げた男子修道会である。

イエズス会は、教皇グレゴリオ十三世（在位：一五七二～一五八五）からの小勅許を得ると、これを後ろ盾に日本での布教を展開していた。小勅許は、一五八五年に出されているが、それは日本で布教活動を行なっていたイエズス会が、托鉢《たくはつ》修道会の来日による混乱を懸念して教皇に依頼したものだった。これにより、教皇庁の許可なく、他の修道会が日本へ向かうことを禁じ、これを破ると破門されることになった。つまり、小勅許を得ていたイエズス会以外の修道会は、日本での布教を許されていなかったのである。しかし、これに対して、スペイン系托鉢修道会が反発し、とくにフランシスコ会は、小勅許廃止運動を積極的に行なった。そして、小勅許を無視して、文禄元（一五九二）年にはフィリピン総督からの使節という名目で、日本を訪れて布教するようになっていた。

スペイン国王フェリペ二世は、イエズス会に配慮しながら妥協点を模索する。そして、教皇クレメンス八世（在位：一五九二〜一六〇五年）は、国王の意向を踏まえて、グレゴリオ十三世の小勅許を廃止した。これにより、イエズス会以外に門戸が開かれることになり、ポルトガルとゴアを経由して日本に入国することを許可する一方で、フィリピン・メキシコといったスペイン領を経由してすでに日本に入国している修道士の退去を命じる勅許を一六〇〇年十二月十二日に発した。

しかし、このクレメンス八世の勅許にもフランシスコ会をはじめとする托鉢修道会は納得せず、日本と中国の入国制限の撤廃を求めて運動を継続した。その結果、一六〇八年六月十一日、パウロ五世（在位：一六〇五〜一六二一）の教皇令によって、ポルトガルとスペインのどちらの経路からでも日本布教をすることが許可され、こうして布教の制限撤廃を勝ち取ったのであった。

このような、布教保護権を得る以前から、すでに托鉢修道会は日本に入国していた。一八五八年のグレゴリオ十三世の勅許が出される前年には、台風で平戸に避難したスペイン船にアウグスティノ会司祭二人とフランシスコ会修道士二人が訪れている。また、一六〇二年には、マニラからフランシスコ会士八名、ドミニコ会士五名、アウグスティノ会三名が訪れている。アウグスティノ会士は平戸に到着後、豊後臼杵に拠点を置き、ドミニコ会は島津氏から布教の援助の約束を取り付けている。こうして、イエズス会の日本布教の独占形態は事実上崩れていき、さらには、パウロ五世の教皇令によって、日本での独占布教の後ろ盾さえも失ったのであった。

20．慶長遣欧使節団の派遣

幕府による慶長禁教令が強化されていくにともない、国内の宣教師たちは活動を制限されていった。そこに、スペインとの貿易を模索していた仙台領主伊達《だて》政宗《まさむね》は、慶長十六（一六一一）年に、フランシスコ会士ルイス・ソテロを領内に招き、布教活動を許可するとともに、イスパニア（メキシコ航路）との間で通商を結ぶことを画策する。そこで、ローマ教皇やイスパニア国王のもとに、使節の派遣を計画したのである。

伊達政宗は、ソテロを招致する以前に、ドミニコ会のハシント神父に仙台領内の土地を教会用地として提供することを申し出ている。また、スペインの貿易商であり探検家でもあったセバスティアン・ビスカイノにも必要な物資の用立てを約束している。仙台領独自で宣教師に接触を続け、慶長十七（一六一二）年には、幕府がメキシコに派遣したサン・セバスチャン号に、家臣二人を送っている。このように、仙台とメキシコ（スペインの植民地）との間で通商関係を結ぶ布石が打たれた。

慶長十八（一六一三）年、伊達政宗は本格的に使節派遣の準備に取り掛かっていく。三月、幕府船手《ふなて》頭《がしら》向井《むかい》将監《しょうげん》忠勝《ただかつ》は、政宗の要請をうけて船大工を派遣している。ビスカイノの船匠も仙台に向かっているが、それは、造船しているサン・ファン・バウティスタ号でビスカイノらがメキシコに送還されるためであろう。こうして、九月、ルイス・ソテロに伴われ、政宗の家臣である支倉常長《はせくらつねなが》ら従者一五〇人、ビスカイノら一行四十人が乗船したサン・ファン・バウティスタ号は月浦《つきのうら》（宮城県石巻《いしのまき》市）を出港した。九十日間の航路でアカプルコ港に到着すると、メキシコ市の教会堂で常長ら七十八人が洗礼をうけている。

その後、スペイン船でマドリードに入り、支倉常長は、国王フェリペ三世と謁見、政宗の書簡を呈上した。常長はこの地の聖フランシスコ聖堂で受洗し、ドン・フェリペ・フランシスコの洗礼名を授けられた。ローマに入ると、サン・ピエトロ宮で教皇パウロ五世と非公式謁見を行ない、教皇からの指示でスペイン国王が通商の道を拓くことを期待した。しかし、宣教師派遣には前向きだったものの、貿易についてはスペイン国王の判断に委ねたため、思った成果を上げることができなかった。なお、ローマ市は支倉常長へ公民権を贈り、貴族に列している。

スペインとの通商が危ぶまれた背景には、ビスカイノが、日本で行なわれている禁教政策を伝えており、スペイン国王へも貿易反対の姿勢を示していたことがある。思った成果をあげられていない常長は、スペイン国王に書簡を認め、仙台では政宗の下でキリスト教は保護されている状況を説明している。また、メキシコとの貿易が困難であれば、スペインと直接通商したい旨を伝えている。これらかわかるように、宣教師の派遣要請は、通商を実現するための手段に過ぎなかったのである。

使節団は、元和六（一六二〇）年にマニラを経て長崎に入り、八月二十六日、仙台に到着した。この頃は、幕府による禁教政策がさらに厳しくなっており、伊達政宗が計画していた通商計画も頓挫した。支倉常長が与えられた「ローマ市公民権証書」、磔刑《たっけい》のキリストの前で祈りを捧げる「支倉常長像」などは、現在では国指定重要文化財となっており、仙台市博物館で所蔵されている。「支倉常長像」は、教皇庁がフランス人画家クラウジオに描かせたものといわれ、西洋式の服装に身をまとい、左手薬指には指輪もはめられている敬虔なキリスト者として描かれている。

21．サン・フェリペ号事件と二十六聖人殉教事件

豊臣秀吉が伴天連追放令を発布して以降も、宣教師たちは潜伏して布教活動を展開した。日本での布教

を目指していたフランシスコ会は、フィリピン総督から外交名目で派遣されたものの、長崎や大坂、京都などに教会を設け、積極的な動きをみせていた。また、文禄二（一五九三）年にマニラのスペイン政庁から派遣されたフランシスコ会のスペイン人神父ペトロ・バウティスタは、肥前名護屋城で秀吉と面会し、貿易協定を結ぶことに成功する。バウティスタたちは、その後、秀吉から譲与された京都の土地に教会を献堂するほど、良好な関係を築いていた。

しかし、こうした状況を一変させたのが、慶長元（一五九六）年のサン・フェリペ号事件である。これは、土佐の浦戸《うらど》に漂着したスペインのガレオン船サン・フェリペ号を、領主長宗我部《ちょうそかべ》元親《もとちか》と、秀吉から現地に派遣された奉行の増田長盛《ますだながもり》が対応したことが始まりである。漂流船の取り扱いの慣例により、サン・フェリペ号の積荷はもとより、所持金は没収されて大坂へ送られた。これに憤った乗組員は、抗議するとともに、世界地図を広げながら、スペイン国王はキリスト教の布教を通じて世界各地を征服してきたと放言した。この話は、増田長盛から秀吉に報告されることになった。

これを耳にした秀吉は、すぐに京都と大坂にいるフランシスコ会員と日本人関係者の捕縛を命じる。さらに、イエズス会修道士や日本人キリシタンも囚われの身となった。捕縛された理由は、伴天連追放令以降、禁じられている邪教を唱えているということだった。彼らの処遇について、秀吉の側近の間でも、極刑か追放かで意見が割れており、結果として前者で処することが決定する。ここで捕らえられたのは、前述したフランシスコ会の司祭バウティスタやアセンシオン、ブランコ、修道士のヘススとガルシア、ミゲルの外国人六人と、パウロ三木やディエゴ喜斎ら日本人のイエズス会士ら二十人だった。

京坂で囚われた二十四名は、長崎での処刑が命じられた。大坂から京都へ移り、そして堺でしばらく滞留し、慶長元年十一月二十二日に長崎街道へ入った。道中でさらに二人が捕縛され、二十六名となった一行は、唐津の入り口で長崎奉行寺沢広高の弟半三郎に身柄が引き渡される。本来は、長崎奉行の寺沢広高の職務だったが、この時、朝鮮に出陣していて不在だった。半三郎は日本人キリシタンに棄教を勧めたようだが、これに承諾するものはいなかった。そして、同年十二月十九日（新暦：一五九七年二月五日）、寺沢半三郎の合図をもって、長崎の西坂の地で処刑された（二十六聖人殉教事件）。

サン・フェリペ号事件をきっかけに、日本に滞在していた外国人宣教師やキリシタンたちが処刑された。禁教令違反として外国人宣教師を含めて処分した最初期の事例であり、処刑された二十六名は、一六二七年に列福《れっぷく》、一八六二年には列聖《れっせい》された。なお、秀吉は、事の次第をマニラ総督へ連絡し、宣教師派遣は国を征服する計画があることを聞いたため、処罰したと説明している。マニラ政庁は、サン・フェリペ号から没収した品物と殉教した宣教師の遺物の引き渡しを求めたが、秀吉は後者のみに応じた。こうして、秀吉のキリスト教に対する強硬な姿勢があらためて対外的に示されたのである。

22. キリシタンの葬礼と墓碑

キリシタンの葬礼について、ガーゴ神父は「一五五四年発信書翰」のなかで、大分の府内で執り行なわれた内容を詳細に記している。キリシタンが亡くなると、大勢の信徒が集まって、棺を作り、そのなかに遺体を納めて埋葬する。柩は絹布で覆い四人で運び出すが、一体の十字架上のキリスト像を携え、短白衣を纏った修道士と、聖水をもった侍者が一人、一冊の書物をもって連禱《れんとう》を唱えたとある。そして、両側には光放つ灯籠が立ち並んだ。柩が修院から出され、墓穴に納める時には、主の祈りを三回唱えたようである。

墓地は、府内の郊外に設けられており、そこに埋葬されているが、こうした葬送儀礼は、多くの仏教徒を驚かせたようである。一六世紀は、仏教による埋葬が日本国民に定着し始めた時期ともいわれ、仏式の

キリシタン墓碑（天草）

葬儀には多額の費用を要していた。資産のないものは借金を負うこともあったようで、死者が誰であっても、他の信者たちが援助して執り行なわれるキリスト教式の葬儀の光景に、仏教徒の日本人は深い感銘を受けているようだとガーゴは述べている。

イエズス会は一五八〇年以降、葬送儀礼に関する服務規程を定めている。イエズス会は、基本的に、日本人の慣習を配慮したうえで、キリスト教式の葬礼を執り行なうこととした。死者の地位にふさわしい儀式にすることなど、十ヶ条からなる規則を定めている。死者を送る時の行列についても、高燭台を従えた十字架を先頭に進み、高燭台の前に一人が鐘を鳴らして進むようにしている。墓地に着くと、十字架の捧持者は墓地の前、もし礼拝堂があれば、その前で停止する。中央に柩、旗、蠟燭とともに立ち並び、身分に応じて、旗の数や埋葬料を決めるとされた。

この時つくられたキリシタン墓は、キリスト教禁教下において、徹底的に破壊され、なかには土中に埋められたりした。キリシタン墓碑が発見され始めたのは明治時代後期からで、明治三十五（一九〇二）年には花十字入箱型の二基が南高来《みなみたかき》郡有家《ありえ》町（長崎県南島原市）で確認された。現在一七〇基以上のキリシタン墓碑が発見され、熊本、大分、京都、大阪、遠くは福島にも確認されるが、その多くは長崎県内に集中している。型式は立碑と伏碑があり、前者は中世板碑《いたび》、後者はヨーロッパ式の蒲鉾型の系譜をひくものである。特に後者は、宣教師の指導によって造形されたものである。

碑文をもつ墓碑には、十字架やＩＨＳ（人類の救い主イエス）、死亡の年紀や洗礼名などが刻まれている。大阪市指定有形文化財の「田原レイマン墓碑」（四條畷《しじょうなわて》市）は、平成十四（二〇〇二）年に発掘されたものだが、天正九（一五八一）年の古い墓碑である。長崎県東彼杵《ひがしそのぎ》郡川棚町には元和八（一六二二）年のキリシタン墓碑があるが、多くは慶長期（一五九六～一六一四年）に集中している。

碑文は、完全に和文で記されているものもあれば、外国語表記のものもある。南島原市にある「吉利支丹墓碑」（国指定重要文化財）には、天草産砂岩に、等辺十字が刻まれ、下には「"FIRISACYE MODIOG "XONE 83G OX IRAII610 IVGI6 QEICHOI5」と刻まれている。また、背部上には花十字が刻まれるなど、当時の模範的な一級のキリシタン墓碑といわれている。

23．徳川外交とキリスト教

豊臣秀吉の死後、石田三成《いしだみつなり》と浅野長政《あさのながまさ》は、イエズス会に与えていた長崎滞在の許可を書面で追認、さらに、三成はイエズス会士の保護をヴァリニャーノに約束する。こうした状況もあって、キリスト教への改宗者は四万人にも及んだという。三成は家康に対抗するため、キリスト教の援助を約束し、キリシタン大名の小西行長らとも連携を強めていった。関ヶ原の戦いで石田三成率いる西軍が徳川家康の東軍に破れると、イエズス会は、中央政治とのパイプとともに、有力な保護者を失うことになった。

徳川家康とキリスト教宣教師の接触は、伊勢に潜伏していたフランシスコ会のヘスースを江戸に呼び出し、一般市民への布教を認めるとともに、江戸滞在を許可したことによる。慶長四（一五九九）年には、江戸に小聖堂が設けられると、関東での布教の拠点となった。家康がヘスースと接触したのは、フィリピン・メキシコとの通商樹立のためで、関東にスペイン船を寄港させ、江戸近辺に外国貿易の拠点を築こうとした。しかし、慶長六（一六〇一）年九月にヘスースが死去すると、計画が頓挫したばかりか、フランシスコ会の布教活動にも多大な痛手を与えることになる。

一方、イエズス会は、慶長四年以降、かつて秀吉の通詞を務めていたジョアン・ロドリゲスを家康との折衝にあたらせている。そこで、伴天連追放令の撤廃を要請していたものの受け入れられなかった。しかし、長崎と京都、大坂での居住を許可する特許状がロドリゲスに付与された。さらに、家康は近畿地方で布教活動を行なっていた宣教師のオルガンティーノとも面会し、慶長六年には伏見に修院建設用地を与えている。同じころ、キリシタン大名の有馬や大村にも信仰を保証するなど、キリシタンに対して寛大な姿勢だった。これも、家康が通商実現のために政治的配慮をしたとみるべきものである。

家康がキリスト教を保護した背景には、対外政策の進展を図る目的があった。断交していた朝鮮との関係を回復するため、対馬の宗氏《そうし》に働きかけて、慶長十（一六〇五）年に朝鮮使節と引見、これをもって講和が成立した。また、家康は、秀吉が成立させた朱印船貿易を継承、さらに発展させ、東南アジア各地に渡航する朱印船を通じて「善隣《ぜんりん》外交」を行なった。慶長十四（一六〇九）年には、キリシタン大名の有馬氏に「高砂島」（台湾）への派兵、島津氏には琉球侵攻の特許を与えている。善隣《ぜんりん》外交の一方で、こうした「強硬外交」も展開されていたのである。慶長五（一六〇〇）年にオランダ船リーフデ号で漂着したイギリス人航海士ウィリアム・アダムス（三浦按針《みうらあんじん》）をブレーンとして採用するが、これが、家康の外交政策に大きな影響を与えたとされる。

慶長十一（一六〇六）年に、家康はかつて長崎奉行だった小笠原一庵《いちあん》の仲介により伏見城でイエズス会司教セルケイラと面会する。セルケイラは事実上、日本キリスト教界の頂点にあった人物で、家康が面会したのは、自らの権威を国内外に示すとともに、キリスト教が徳川家の統制下にあることを誇示するためである。同十年に江戸と関東で禁教令が出されており、キリスト教関係者が追放されていたものの、状況はやや好転していった。

フランシスコ会は、慶長十一（一六〇六）年にマニラ船が浦賀に寄港したことをきっかけに浦賀居住と修道院建設の許可を与えられている。ドミニコ会は、島津氏を介して接近し、慶長十三（一六〇八）年に駿府《すんぷ》で家康、その後、本多正純《ほんだまさずみ》の仲介によって将軍秀忠と江戸で謁見することができた。この時、長崎に教会を献堂することが許されて建てられたのが、サント・ドミンゴ教会と修道院だった。このように、家康は司教をはじめ、イエズス会やフランシスコ会、ドミニコ会の上長らと引見することによって、江戸幕府の権威付けを国内外で行なっていたのである。

24. 江戸幕府による初期禁教過程

幕府の禁教令の端緒は、慶長十（一六〇五）年に江戸にいるフランシスコ会士に対して、日本人への布教を禁じ、町人にも神父やキリシタンへの貸家を禁じたことである。これは、フランシスコ会士が家康との間で交わしていたスペイン船の入港が実現しなかったことに対する報復措置だと考えられている。

江戸幕府の禁教令が政策的に確立されていくきっかけになったのは、慶長十四（一六〇九）年十二月十二日に、マカオから来航したポルトガル船ノッサ・セニョーラ・ダ・グラッサ号（通称マードレ・デ・デウス号）が長崎沖で有馬晴信の兵によって焼沈されたことである（マードレ・デ・デウス号事件）。この事件は、その前年におこった次の騒動が原因だった。

晴信の朱印船は、取引を巡ってポルトガル人とマカオで騒動となり、マカオ提督のアンドレ・ペッソアがこれを鎮圧、朱印船の積み荷を押収するという事態が起こった。この時、多数の死者を出したことから、その経緯を家康に説明するつもりでペッソアは来日しようとしたが、長崎奉行長谷川藤広《ふじひろ》がこれを止めたため、使節を派遣することにした。

そして、積荷の先買権をめぐって、ペッソアと藤広は対立、藤広は晴信と協議し、ペッソアを家康に提訴、身柄の捕縛と商船捕獲を誓願したのであった。ポルトガル側はこうした日本側の動きに抵抗したため、晴信は襲撃に転じ、海上での交戦が四日間続いた。状況に窮したペッソアは、火薬庫に火を放ち商船を爆破し自害した。この騒動によって、ポルトガル貿易は二年間中断することになり、家康から寵愛をうけていたジョアン・ロドリゲスは、慶長十五（一六一〇）年にマカオに追放されている。かわりにウィリアム・アダムスが重用されたのであった。

マードレ・デ・デウス号事件の延長線上に本多正純の家臣で、キリシタンでもあった岡本大八による贈収賄事件があった（岡本大八事件）。岡本大八は、有馬晴信に対して、マードレ・デ・デウス号の撃沈の功績として、肥前三郡の拝領を家康に斡旋するといって、まずは、正純への贈賄を持ちかけたのである。晴信に旧領回復の偽の辞令まで与え、信用した晴信からは、その運動費まで搾取していた。その後、音沙汰がないことを不審に感じた晴信が、事の次第を正純に確認したところ、岡本大八の偽計が明らかになったのである。

慶長十七（一六一二）年二月二十三日、大八は囚われの身となり、晴信は駿府に召喚されて、両者は大久保長安邸で対決裁判となった。大八は晴信が長谷川藤広を殺害する計画でいることを訴えた。将軍名代ともいえる長崎奉行を殺害しようというのは、幕府に対する謀叛に相当すると判断された。大八は同年三月二十三日に安部川原で火罪となり、晴信は、その翌日に、駿府から甲斐へ配流された。岡本大八、そして、有馬晴信という、両人のキリシタンによる事件は、家康が禁教令を断行する決め手になった。同年に、メキシコへの返書で禁教を告知、キリシタン禁制を発した。その翌年には、金地院崇伝に「伴天連追放之文」を起草させ、発布するに至っている。

岡本大八事件を受けて、家康は駿府の家臣団に対して、キリシタンかどうかを取り調べている。これで十五人ほどが検挙され棄教を勧められるが、信仰を固持したため改易《かいえき》処分となっている。これにともない、家臣団のキリスト教信仰を厳禁とする旨を伝えている。こうして、自身に近い家臣団からキリシタンを廃絶していき、これを全国に展開していこうとしたのであった。

25. 禁教令の発布と元和の大殉教

慶長十七（一六一二）年三月二十一日、幕府は、江戸・京都・駿府のほか、天領に禁教令を発布する（慶長禁教令）。キリスト教会の破壊を命じるとともに、布教を禁止する内容だった。前項で取り上げた岡本大八は、禁教令発布から二日後に処刑されており、この法令に大きな影響を与えた。

江戸では、フランシスコ会の教会や関連施設が、道路拡張などを口実に破壊され、敷地も没収された。これまでは、武士の信仰を禁じていたが、一般庶民にもその対象範囲を広げていった。京都では、家康の許可を得ずに建てられていたイエズス会やフランシスコ会の教会などが破壊された。慶長禁教令が発布された背景には、豊臣氏とキリシタンとの関係を断つ目的があったといわれる。それは、秀吉がキリシタン大名を家臣に抱えていたことから、これを警戒したのである。禁教令の内容は、「国々御法度」として、各大名に伝えられて徹底された。

慶長十八（一六一三）年四月、江戸滞在中だった大村喜前《よしあき》は駿府に招かれ、キリシタン処刑のあり方を尋ねられた。それは、大村氏の禁教政策が評価されていたためで、その手本とすべく聴取を受けたのである。同年六月二十八日と七月二日には、江戸の鳥越で二十二人のキリシタンが処刑となるなど、キリシタン取り締まりは本格化していった。そこで、十二月十九日、幕府は全国に向けて禁教令を発する。この時、幕府の年寄筆頭で小田原城主だった大久保忠隣《ただちか》が総奉行として京都に派遣され、教会を破壊するとともに、棄教を拒んだキリシタン七十一人を津軽氏の所領奥州外ガ浜に流罪にするなど、京坂を中心に大規模な取り締まりが展開された。

九州でも伏見城番山口直友が上使として長崎へ派遣される。そして長谷川藤広や大村氏、松浦氏、有馬氏、寺沢氏、鍋島氏、島津氏の九州諸大名の士卒を動員して取り締まっていった。慶長十九（一六一四）年十月五日以降、宣教師九十六人のほか、キリシタン関係者がマカオやマニラに流罪となるが、このなかには、かつて豊臣秀吉から寵愛を受け、その能力を高く評価されていた高山右近が含まれていた。

元和二（一六一六）年六月一日、家康が駿府において没すると、禁教令はますます厳しくなっていく。その象徴的なものが「元和の大殉教」である。これは、イエズス会やフランシスコ会、ドミニコ会の司祭や修道士、日本人キリシタンたち五十五名が禁教令違反として捕えられ、長崎の西坂で処刑された出来事である。彼らを火罪や斬首で処刑した姿は、「元和大殉教図」として描かれている。これは、セミナリオで西洋絵画を習得した者によってスケッチされ、マカオで油絵として作成、これがのちにローマのイエズス会に送られたとされる。なお、「元和大殉教図」は、現在、ジェズ教会で保管されている。

26. 朱印船貿易の変遷

豊臣秀吉は、天正十五（一五八七）年に九州平定を成し遂げた一方で、朱印船貿易を開始した。しかし、周辺海域では倭寇らが乱暴狼藉を働いており、安定した貿易取引を確立するためには、海賊行為の禁止（海賊停止令）を打ち出して、倭寇らを廃絶することが必要だった。秀吉は、特に、中国の影響が少なかった、交阯《こうし》（ベトナム）や暹羅《シャム》（タイ）、呂宋《ルソン》（フィリピン）、高砂《たかさご》（台湾）などと貿易を展開していく。大名のなかには、領域内に出入りする船舶に対して、特別な免許状を与えて、貿易の統制と安定を図っているところもあったが、秀吉もこれにならって、朱印船制度を始めたのである。文禄二（一五九三）年に、呂宋側から秀吉の印章と署名のある特許状を所望され、これに応じていることを確認できる。しかし、秀吉が下付した朱印状は現存しておらず、その実態は不明な点が多い。

秀吉の朱印船制度は徳川家康にも踏襲され、さらに発展することになる。慶長六（一六〇一）年には安《あん》南《なん》国（ベトナム）へ朱印船を送ったとされる。安南国に対して、朱印状を持参した日本の商船に特別な便宜を図ってくれるように求め、これを持たない商船には貿易を拒否するように要望した。さらに、東埔塞《カンボジア》などにも同様のことを伝達し、南方諸国に日本の朱印船への対応と配慮を求めている。これは、善隣外交を前提としており、朱印状が渡航先で了承されることにより、はじめて効力が発揮されるものであった。

朱印状は原則として一渡航に限り有効だった。そのため、日本に戻ってくると、これは返却しなければならなかった。朱印状の発給は、将軍側近の僧侶が行ない、最初、西笑承兌《せいしょうじょうたい》が担当、没後は閑室元佶《かんしつげんきつ》が引き継ぎ、その後、崇伝が関わることになる。将軍および崇伝らに近い人物を介して、朱印状は発給されたのである。幕府の重臣である本多正純や長崎奉行長谷川左兵衛、金座の後藤庄三郎らが仲介役となっていた。朱印状の雛形も概ね決まっており、冒頭に「自日本到【国名】船（舟）也」とある。これは、日本より渡航国に向かうことを証明したものであり、発給した年月日と左上部に御朱印（「源家康弘忠恕」・「源秀忠」）が押されている。

朱印船貿易に従事したのは、のちに長崎代官や町年寄に就任する末次平蔵や高木作右衛門、後藤宗印や荒木宗太郎といった有力な商人たちだった。また、京都には、茶屋四郎次郎や角倉了以《すみのくらりょうい》、堺には木屋弥三右衛門《きやそうえもん》や西類子《にしるいす》、大坂には末吉孫左衛門がいたことが知られる。長崎・京都・大坂・堺といった、当時の主要な商業都市の商人が多かった。そして、島津や松浦、鍋島、加藤、五島、有馬、細川などの西国大名も朱印船を派遣している。航路は、長崎―澳門《マカオ》・暹羅航路と、長崎―呂宋《ルソン》航路があった。朱印船は日本から銀や銅、鉄、硫黄といった鉱物をはじめ、樟脳《しょうのう》・陶器・漆器などを輸出し、生糸や絹織物、綿布、蘇木《そぼく》、砂糖などを輸入している。

江戸幕府による朱印船貿易は、慶長九（一六〇四）年から始まり、寛永十二（一六三五）年の第三次鎖国令によって廃止された。この間、三五六隻の朱印船が遣わされており、多い年は、一年間で二十九隻（一六〇四年）、年平均では十一隻が渡航している。おおむね十九地方が渡海先として確認されるが、元和三（一六一七）年以降は、東京・交趾・東埔塞・暹羅・呂宋・高砂に集中している。このなかでも、交趾・暹羅・呂宋・東埔塞には、朱印船貿易により移住した人たちで構成される「日本人町」がつくられた。

27. ポルトガル人の将軍拝謁

日本に訪れた宣教師や貿易商にとって、将軍や大名への拝謁や面会は、重要な外交儀礼だった。それは、日本での滞在はもとより、布教や貿易にあたっても、将軍・大名の許可を必要とし、保護してもらうためである。そして、その際、将軍や大名に対して、様々な贈り物（献上品）がなされている。豊臣秀吉の時代においても、天正遣欧使節をともなって聚楽第で謁見を果たしたヴァリニャーノは高価な贈り物をしているが、フランシスコ・カブラルは、これを激しく非難している。それは、宣教師は清貧に徹すべきという考えがあったためで、贈答品を要する日本の慣行儀礼に従うかどうかの検討は絶えず行なわれていた。それは、徳川家康が将軍職に就いてからも、教会内で度々、議論されている。

ポルトガル人が家康に初めて謁見したのは、慶長十四（一六〇九）年八月のことである。この時、家康にオランダ人は海賊であると訴えており、まさに、貿易独占権をめぐる駆け引きの機会となっていたようである。しかし、同年の秋には、マードレ・デ・デウス号焼沈事件が起こると、マカオからポルトガル船の来航は途絶えることになる。貿易の再開を求めて、慶長十六（一六一一）年にゴア総督の使節としてドン・ヌーノ・ソトマヨールが派遣されているが、その目的について、日本とポルトガルの史料では異なった記述がされている。

ソトマヨールが来航を許可された朱印状には、ポルトガルが貿易再開を求めて使者を送ってきたと記されている。一方、ポルトガルの史料には、再開を望んだのは日本側であり、そのために使節を派遣したとある。ソトマヨールに朱印状が下付されたのも、双方の目的が合致したためであろう。ソトマヨールは、林羅山《はやしらざん》が起草した書翰を本多正純から手渡されており、家康時代の外交担当者と積極的に接触していることがわかる。ソトマヨールはマードレ・デ・デウス号事件のあった長崎を避けて薩摩に入港しており、京都所司代の板倉勝重と面会した時には、高価な絹の大羅紗を贈っている。そして、板倉からは、馬を無償で提供され、道中では木管や金管をならしながら行進していった。

大御所（家康）に謁見することになったが、この時、献上品だけが披露され、家康は一言も発しなかった。慶長十七（一六一二）年に来航したポルトガル船長も、駿府で家康に拝謁することになったが、家康は上壇で曲録に腰掛け、その前に献上品が並べられ、船長は鴨居を境にして、畳の上で拝礼している。この時も、何も言葉を交わしておらず、ポルトガル人と将軍・大御所の拝謁は、無言の謁見という形が定着していた。直接、意見を述べる機会がなかったことはオランダと異なるところで、両国間の貿易競争においても、ポルトガルにはきわめて不利に働いていたのである。

28．糸割符制度

徳川家康が征夷大将軍に就任すると、その翌年の慶長九（一六〇四）年、ポルトガル船に対して糸割符《いとわっぷ》仕法をあてることとした。これは、同年五月三日付で、本多上野介《こうずけのすけ》と板倉伊賀守《いがのかみ》の連名で、「糸割符御奉書」が出されたことによる。ここでいう「糸」とは生糸のことで、当時、国内でも生糸は生産されていたものの、外国からの輸入に依存していた。中国産生糸が主に取り扱われており、最も多かったのが白糸と呼ばれるものだった。これを「割符」という、公定基準によって分配する仕組みが、糸割符制度（仕法）である。

生糸を分配されたのが幕府から指定された、三ヶ所と称される堺と京都、長崎の商人である。これら三ヶ所糸割符仲間が白糸を一括購入し、家康からの注文分を差し引いたものを、堺一二〇・京都一〇〇・長崎一〇〇の比率で分配された。ここでの配分は「題糸」でなされた。題糸とは、白糸の丸数のことで、数量そのものを指しておらず、白糸総量を先の数字で分配するというものだった。これに対して、白糸一丸を五十斤、一斤は一六〇目として、白糸の丸数や斤数を定量で分配する「現糸《げんし》」配分とがあった。元禄十（一六九七）年の貿易改革では、現糸配分がとられるようになる。

この三都市の商人は糸割符仲間といわれる株仲間だった。彼らは公的にポルトガル船が長崎に持ち込んだ中国産生糸（白糸）を独占的に取り扱うことができ、これを国内市場に売り出して、そこで得られる利益を確保する権利が認められていたのである。三ヶ所糸割符仲間のこうした権限は、寛永七（一六三〇）年まで続くことになる。

糸割符仲間の代表を糸年寄や糸割符年寄、宿老といい、堺や京都、長崎の町年寄がこの役に就いていた。ポルトガル船がマカオから長崎に来航する六月頃にあわせて、糸年寄たちは長崎に訪れ、長崎奉行の指示に従って白糸の輸入価格の折衝を行なっていく。これを「白糸値組」といい、ここで決定した価格は、翌年の同時期まで一年間適用されることになる。「白糸値組」はマニラなどで行なわれていた一括取引のことで、パンカダ（スペイン語：pancada）・パンカド（ポルトガル語：pancado）ともいった。白糸の輸入価格が決定して、それ以外の品物の輸入が一般の商人に開放されることになる。つまり、白糸以外は、ポルトガル商人と日本人商人との間で取引する相対売買法という、自由売買が許可されていた。

寛永八（一六三一）年、三ヶ所に江戸そして、大坂の商人も加わり、五ヶ所商人となった。これによって、白糸の配分比率は、堺一二〇・京都一〇〇・長崎一〇〇・江戸一〇〇・大坂五〇となった。これに幕府から指示されて呉服物を調達する呉服師（呉服商人仲間）も加わり、利銀の一部が配分された。また、博多や柳川、久留米、佐賀、対馬、平戸、小倉、下関に三十六丸《がん》半の現糸配分が行なわれている（分国配分）。

糸割符制度は、鎖国下においてもオランダ商館との取引で有効とされた。寛永十八（一六四一）年には、五ヶ所商人により統制されることになったが、そこには、幕府が白糸の価格統制を行ない、輸入価格の高騰を抑えるために、独占的な取引を認めたのである。それでも、価格の対立などが生じ、明暦元（一六五五）年には、糸割符制度は廃止されることになる。この三十年後、貞享二（一六八五）年に明暦の貿易制度を修正したうえで復活させ、元禄十（一六九七）年の貿易改革によって大幅に仕組みが変更となる。それは分国配分の廃止と、題糸配分から現糸配分への変更、そして配分比率も、江戸一〇〇丸・京都一〇〇丸・堺一〇〇丸・大坂五〇丸・長崎一五〇丸となっている。しかし、宝永七（一七一〇）年三月の宝永新例、正徳五（一七一五）年の正徳新例といった貿易改革によって、糸割符の存在は希薄なものとなっていった。

29．奉書船制度の開始

江戸幕府成立直後から、将軍からの朱印状を得た貿易船（朱印船）が東南アジアなどを中心に活動していた。しかし、スペイン人が朱印船を攻撃する事態が生じており、寛永五（一六二八）年に暹羅では、高木作右衛門の朱印船が焼き討ちにあっている。こうしたことは、将軍の朱印状が軽視されていることを意味し、幕府としては看過できない問題として認識された。そこで導入されたのが奉書船制度である。

これは、すでに将軍から朱印状を得ている貿易商に対し、年寄（のちの老中）が長崎奉行に宛てた奉書をもとに、長崎奉行が発行する渡航許可書を得なければ貿易できなくしたものである。奉書を有した船は、これを渡航先に携行して貿易していた。寛永八（一六三一）年に始められるが、朱印状の所持を前提とし、さらに年寄からの許可を得、そのもとで長崎奉行が許可書を発行するという、三重の手続きを要したのである。もっとも、将軍発給の朱印状が渡航先で粗末に扱われることを防ぐために、代わりにこの奉書が持参された。いわば、朱印状の権威を保つための措置である一方、奉書を発行する長崎奉行の権限が増すことになった。

奉書の発行に関わった長崎奉行に、竹中采女正重義《うねめのかみしげよし》がいる。豊後府内藩主でもあった竹中は、細川忠興が「日本一之才覚」と称するほどの人物で、幕府の初期外交において辣腕をふるった。先に挙げた高木作右衛門の朱印船焼き討ちの報復で、スペインと同じ国王のポルトガル人は長崎からの出航を許されなかったが、竹中が将軍や年寄と交渉して話をまとめている。また、貿易面では、中国人名義の船に対して、朱印状はもとより、年寄の奉書もないにもかかわらず、竹中は渡海許可状を発行し、長崎から多数、貿易船を送り出している。竹中自身も寛永八（一六三一）年に自身の船を派遣するなど、越権行為を繰り返していた。これは、のちに発覚するところとなり、竹中父子が切腹、所領を没収されたのは、寛永十（一六三三）年二月二十二日のことだった。

竹中を処分した直後の二月二十八日付で第一次鎖国令である長崎奉行宛老中奉書が曽我又左衛門と今村伝四郎正長に出される。ここに、「一異国へ奉書船之外舟遣之儀堅停止之事」が明記され、明らかに前述した竹中の不正を意識した条文が組み込まれている。こうして改めて奉書船制度の厳守が図られ、奉書船以外の海外渡航を禁じたのであった。しかし、奉書船制度は、寛永十二年の第三次鎖国令によって、日本人の海外渡航が禁じられたため廃止されることになった。朱印船貿易から奉書船貿易と形態がかわったが、奉書船は鎖国に至る過渡期の制度だったのである。

30. 華夷秩序と日本型華夷秩序

前近代の東アジアにおいては、国家が権力発動によって外交や貿易権を掌握、さらに周辺諸国との関係をもとにした領域を設定して、自国を「華」、それ以外を「夷」と峻別するようになった。自国を「華」として他国よりも優位な国家と位置付け、「夷」との関係を位階制的に編成することを「華夷秩序」という。

この概念は、中国で生まれ、自国が文化的かつ政治的に世界の中心であり、他国に優越しているという「中華思想」（華夷思想）に基づくものである。中国では伝統的にこうした思想があり、自国を「中華」とし、その周辺国・地域を「四夷」とあてはめた。四夷は、中国より、東方を「東夷《とうい》」、西方を「西戎《せいじゅう》」、南方を「南蛮《なんばん》」、北方を「北狄《ほくてき》」と称した。これは、中国王朝の周辺諸国・諸民族に対する支配イデオロギーであった。

日本は古くから中国皇帝の冊封体制《さくほうたいせい》（中国皇帝が王や首長に爵位や称号を与えたことによって生じる君臣関係、朝貢関係）下にあり、東夷に位置付けられていた。この関係を、日本も受け入れており、古くは、奴国王が金印を下賜されたり、倭の五王が安東将軍の称号を得ていたこと、さらに室町時代には足利義満が「日本国王」の称号を中国皇帝から授かっており、華夷秩序の枠組みのなかにあった。それは、中近世移行期にも概念的に引き継がれており、例えば、東南アジアを中継池として、日本へ来航していたポルトガルやスペインを、「南蛮国」と認識していたのはそのあらわれである。

こうした関係は、中国国内の明清交代、日本の幕藩体制国家の形成によって、瓦解していくことになる。明朝は一六四四年の李自成《りじせい》の叛乱によって滅亡し、清は北京に遷都した。ここに至るまで、清は一六三三年に内モンゴルを併合、一六三六年には朝鮮を服属させるなど、中央集権的な国家体制を整えていった。これにあわせて、日本では日明国交回復が頓挫し、中国とは一線を置いた関係を模索する。後述する鎖国令の発布を通じて、中国人貿易商の寄港地を長崎に限定し、長崎奉行を介した支配下におき、日本の統治機構のなかで管理するようになっていった。また、清に対抗する南明勢力が、「日本乞師《にほんきっし》」という、軍事支援を求めている。鄭芝龍《ていしりゅう》は、乞師のために日本へ使者を派遣、その子、鄭成功《せいこう》や鄭経《けい》も度々軍事支援を要請している。

日本は鎖国令のなかで、ポルトガルやスペインの旧教国と関係を断ち、キリスト教を排除する政策を断行していった。そして、ポルトガルにかわる貿易相手国としてオランダを選定し、オランダ人を将軍の被官と位置付けた。こうして、幕府は、中国とオランダと商業ベースでの交易を行なう「通商国」として関係を築いていったのであった。また、朝鮮は、明と「通信」を仲介する立場から、「通信国」とされ、一六三五年の柳川一件（対馬での国書改鼠事件）の解決をもって、新たに関係が結ばれた。また、琉球は、島津氏が属領とする「異国」、蝦夷地は松前藩が管理する「異域」とした。こうして、日本は、従来の華夷秩序から脱却した、いわゆる「日本型華夷秩序」を構築したのであった。

このように、「通商国」（オランダ・中国）は長崎、「通信国」（朝鮮）は対馬、「異国」（琉球）は薩摩、「異域」（蝦夷・アイヌ）は松前といった対外的窓口を設定した。これらを「四口《しくち》」といい、一六三〇年代以降に築かれた「日本型華夷秩序」に基づいた外交関係が築かれたのである。明清交代によって日本は華夷秩序から脱却し、これは当時の表現からも垣間見ることができる。バタヴィアから来航していたオランダのことを「紅毛」と称しているのも、そのあらわれといえよう。

第二章　鎖国の形成と出島の築造

幕府は貿易形態の変更や日本人の国内出入りに関する規定、キリスト教禁止といった規則を盛り込んだ寛永鎖国令を五回にわたって出しているが、こうした流れのなかで出島は造成されていった。当初、ポルトガル人を出島に収容していたものの、島原天草一揆を経てポルトガル人は追放される。そして、幕府は貿易相手国をオランダと中国とに限定するが、ポルトガル人がいなくなり空き地となっていた出島に、平戸にあったオランダ商館を移転させた。これは、日本人とオランダ人の接触を最小限にするとともに、貿易管理の徹底とキリスト教との関係を断つという幕府の政策的意図があった。そのため、出島に出入りすることができる人も制限し、オランダからもたらされる情報の管理を含めて、幕府、そして長崎奉行の統制下で対外交渉は行なわれていたのである。第二章では、幕府の対外政策の確立過程を出島を通じて紹介するとともに、出島が築造されたことにより国内の状況はどのように変化していったのか、日本とオランダ双方から取り上げていく。

1. 寛永鎖国令の発布

鎖国令は五回にわたって老中連署の形態で出されている。第一次鎖国令は、寛永十（一六三三）年二月二十八日付のもので、奉書船以外の海外往来の禁止、キリスト教の禁止、五年以上の海外滞在者の帰国禁止という十七ヶ条で構成される。第二次鎖国令は、同十一年五月二十八日付けのもので、第一次鎖国令と同文、同十二年五月二十八日付けの第三次鎖国令は、これまでは平戸と長崎に貿易船を集中させていた（二港制限令）が、今後は、入港を長崎に限定し、日本人の海外渡航と、年月にかかわらず海外在住の日本人の帰国を禁止した十七ヶ条である。同十三年五月十九日の第四次鎖国令は、日本人混血児を含む貿易に従事しない外国人をマカオに追放するなど十九ヶ条であり、同十六年七月五日の第五次鎖国令は、これまで貿易相手国だったポルトガル人の国外追放を含んだ三ヶ条である。こうして、日本人の海外渡航を禁止し、さらに貿易相手国や貿易港を指定したことによって、〝鎖国〟状態を創出していったのである。この五回にわたる老中連署を総称して、〝寛永鎖国令〟という。

これらの鎖国令のうち、第一次からは第四次まで、全国法令として出されたものではなかった。その形態は、老中が連署形式で長崎奉行宛に出した奉書（指示書）である。そのため、これを受理した長崎奉行は、選別した法令を必要に応じて西国諸藩に伝えていった。いわば、鎖国令と称される法令は、長崎奉行の職務上の権限を示すものであったが、その内容が幕府の対外政策や近世社会とリンクするものだったため、国是として認識されていくようになる。

そこで、第五次鎖国令をみてみると、次のようにある。

条々

一日本国被成御制禁之きりしたん宗門之儀、乍存其趣、弘彼法之者于今密々差渡之事
一宗門之族結徒党、企邪義則御誅罰之事
一伴天連同宗旨之者かくれ居所え、従彼国つ、けの物送あたふる事
右、因茲、自今以後、かれかた《ママ》渡海之儀被停止之畢、此上若差渡にをひてハ、破却其船、并乗来者悉可処分斬罪之旨所被　仰出、仍執達如件

これから明らかであるように、キリスト教を意識して、「かれかた船《う》」（galeota＝ポルトガル船）の渡海を禁止していることがわかる。また、今後、ポルトガル船が来航したら、その船は破却し、乗組員は斬罪にするとある。実際にこの翌年に通商再開を求めて入港したポルトガル人たちは処刑されており、この法令を根拠として裁かれたのである。

鎖国令は五回にわたって出されているが、これは、予定調和的に出されたものではなく、当時、直面していた状況に応じて発せられた。寛永十四年から十五年にかけて、鎖国令は出されていないが、それは、この年、島原天草一揆が発生していたことや、前年に就任している長崎奉行榊原《さかきばら》飛驒守《ひだのかみ》職直と馬場《ばば》利重《とししげ》が留任していたことが理由とされる。あわせて、徳川家光が病床中で長崎奉行と拝謁しておらず、改めて発布とはならなかったのである。なお、先に示した第五次鎖国令の二条目は、前年に鎮圧した島原天草一揆のことを示唆している。

第五次鎖国令でポルトガル船を追放したことは、キリスト教の国内流入を防ぐためだった。南蛮国によるキリスト教の布教にともなう軍事的影響は、サン・フェリペ号事件以来、潜在的に意識されていた。そのため、ポルトガル船を追放するにあたって、九州諸大名による長崎および九州沿岸地の警備体制を整えっていた。島原天草一揆をキリシタンによる叛乱と幕府が位置付けたことも、ポルトガルやスペインとの貿

易拒否の理由とされた。国内の動乱を外交関係に波及させ、〝鎖国〟という状態を作り上げていったのである。
寛永十八（一六四一）年に平戸オランダ商館を出島に移転させるが、これも幕府の統括下で貿易管理するためである。商館移転に関しても、幕府は島原天草一揆を政治利用していた。これは、オランダ側にも認識されていたようで、『平戸オランダ商館の日記』の一六四一年五月十二日「マクシミリアン・ルメールの日記」からはその様子を知ることができる。

我々の移転と倉庫の取壊しについて、（中略）これは、日本を安定させるという、重大な理由から起ったもので、最近有馬で起った様な叛乱が、再び外国人の援助によって起るのを防ぐためである。またキリシタンが原因であり、またしばらく前に皇帝が、「オランダ人とポルトガル人は皆同じ種族だ。」と悟ったからである。

オランダ商館も日本側の事情を把握しており、その動きを敏感に察して様々な配慮をしていた。それは、対日貿易の独占という、東インド会社としての商業至上的な概念により、幕府のこうした要求を受け入れていたのである。

2. 築島から出島へ

江戸幕府は、禁教政策を強化していくなかで、「元和の大殉教」（一六二〇年）と呼ばれる強硬策を断行し、イエズス会司祭カルロ・スピノラをはじめ、日本人キリシタンたちを火刑や斬首に科していった。あわせて貿易制度の改革に着手し、朱印船貿易から奉書船制度へと転換し、日本の海外貿易を抑制する方針をとった。こうしたなかで、寛永十（一六三三）年に、第一次鎖国令を発布し、奉書船以外の海外渡航を禁じた。同十一（一六三四）年には、第二次鎖国令を発布、この年、長崎で出島の築造が開始された。

長崎出島図（川原慶賀画、一関市博物館所蔵）

当初、この島は〝築島《つきしま》〟と呼ばれており、「ファン・ジーメン書翰」（一六四二年）にも、「つき島」と記されている。人工的に埋め立てられた島で、出島が完成して以降、オランダ人たちは、〝出島〟や〝出島屋敷〟などと呼んでいる。出島が築かれることになった場所は、ワカメが多く生い茂る浅瀬だった。埋め立てるには適した場所のようで、長崎奉行の榊原職直の命によって工事が始められた。なぜ、扇面形の人工島が造成されたのかは明らかではないが、よく知られている説は、出島の形をどのようにするか尋ねられた徳川家光が、扇を差し出して指示したとされるもので、シーボルト著『日本』のなかでも紹介されている。なお、土木工学的な観点からは地形・地質的要因から扇面形に築造されたのではないかといわれている。

　出島築造にあたって、宝暦十（一七六〇）年に完成した長崎の正史である『長崎実録大成』の「南蛮人出島ニ令在住事」によれば次のように記されている。

寛永十一甲戌年ヨリ海中ニ出島地形ヲ築立シム、但是迄南蛮人当表町宿ニテ諸人ト会合スル事甚不可然トテ、今年ヨリ三年ヲ経テ寛永十三年出島屋敷成就ス、仍テ蛮人共不残出島内ニ在留セシメ、表門ニ番人ヲ附置、商売向ノ諸用ニ

テ往来スル者ノ外一切出入ヲ禁止セラル

これまで南蛮人（ポルトガル人）が長崎の町内を宿にしていたこともあって、色々な人と話し合うことが多く、これを幕府は問題視していた。そこで、海中に出島を築造し、約三年の月日を要して完成した。これ以降、南蛮人たちは出島で在留させられ、表門には番人を配置し一切の出入りが禁止されたのであった。当時の貿易相手であったポルトガル人を収容するために、寛永鎖国令の一環として出島は築造されたのである。なお、『長崎実録大成』によると、出島の坪数は、「三九六九坪一分」とあり、約一万五三八七平方メートルだったという。今日的表現でいえば、東京ドームの約三分の一ということになる。

『長崎実録大成』に記されている「会合」は、貿易品の不正取引（密売）のことであるが、これにはキリスト教の布教も含まれていたと解される。これまで西洋諸国は各地に商館を設置するなかで主体的に港市を形成し、貿易・商業圏を構築していた。出島の造成は、この港市とは相反するものである。つまり、平戸時代に形成された〝港市〟とは異なる、長崎奉行所により造成された〝貿易都市〟へと変容したのである。

寛永十六（一六三九）年に第五次鎖国令が発布され、ポルトガル船の来航が禁じられると、しばらく出島は空き地となってしまう。翌年、通商再開を求めてポルトガル船が来航したものの、幕府はその使者たち六十一名を長崎西坂で処刑する強硬な姿勢を示した。ポルトガル船来航禁止にあわせて、幕府はオランダを貿易相手と選定し、この関係は開国まで続くことになった。寛永十八（一六四一）年、幕府は平戸にあったオランダ商館を出島に移設することを決定し、出島は新たな住民を迎え、幕末までオランダ人たちは、ここに滞在することになったのである。

3．島原天草一揆

寛永十四（一六三七）年から同十五年にかけて、島原半島（長崎県）と天草島（熊本県）で同時発生的にキリシタンや百姓たちが蜂起した。島原で代官を殺害したことをきっかけに一揆が広まり、天草では益《ます》田《だ》四《し》郎《ろう》時《とき》貞《さだ》を首領とした一揆勢が富岡城を攻め、さらには島原半島の原城（南島原市）へ移動、籠城して幕府軍と抵抗する。

この一揆の発生は、当時の領主苛政に起因している。この苛政には、いくつかの要因が包摂されており、その一つに、年貢の徴収があった。『勝茂公譜考補』には、佐賀藩家老の多久《たく》美作守《みまさかのかみ》茂辰《しげとき》が江戸藩邸に宛てた寛永十四年十月晦日付の書状に次のようにある。

天草四郎（西南学院大学博物館所蔵）

一右之起りは、①彼地二、三年耕作損耗仕候故、未進なと過分ニ御座候を催促稠敷御座候ニ付而、兎角継命難成候間、②一篇きりしたん宗に罷成、従　公儀為御改御検者衆も御座候半は、其次を以詫言可申上積ニ而候とも申候、又雑説口ニ申候は、若輩之童一人無由諸罷越、奇妙之教を仕、何もきりしたん宗ニ進メ成候故、夫を相改被申候付而、如斯一揆相起り候共申候（後略）

これによれば、一揆集団になるまでの段階過程がみられる。傍線部①により、直近の二、三年間、収穫高が減少し、年貢を納めることができない状況が長く続いているのにもかかわらず、取り立てが厳しく行なわれている実態が述べられている。そのため、いったんキリシタンになったら、幕府からの役人が派遣されるはずなので、この時に「詫言」を申し上げるつもりでいるとある（傍線部②）。この「詫言」とは、領主苛政のことを指しており、幕府役人に直接、訴える手段としてキリシタンになっている様子がわかる。年貢徴収に関する不満からキリシタンとなり、一揆集団を結成していったのである。

さらに、同年十一月六日の熊本藩士佐方《さかた》少《しょう》左衛門《ざえもん》が熊本藩家老に宛てた書状（「御家中文通の内抜書」）には、島原藩政の詳しい実態が記されている。

（前略）嶋原御領分ハ七年此方の古末《未カ》御才足、其外上方へ米三百石参候船破損仕分をも出候へと被仰付、女子を水せめに被成ニ付一揆をおこし申共、又切支丹事共申候

島原で年貢未進分の催促が行なわれているとともに、上方へ送る米三百石を積載した船が破損したので、その負担まで仰せつけられている。さらに、年貢を納めない者については、家族の女子を水責にしたので一揆を起こしたと述べている。この厳しい対応は、キリシタンにも向けられており、様々な要素が混合した一揆の形態が示される。

もう一つの要因としては、キリシタン取り締まりの強化がある。年貢負担を出発点としてキリシタンに

なったことは前述した通りだが、なかにはキリシタンを敵視した行き過ぎた政策を原因とする資料もある。これらは、おおむね後年に記されたものだが、禁教令が出されているにもかかわらず、キリシタンたちの活動が顕著になってきていたため、幕府が厳しく取り締まっていた実態が記されている。『別当杢左衛門覚書』(国立公文書館内閣文庫蔵)寛永十四年十月二十三日の項によれば、次のようにある。

島原領の内南有馬村庄屋次右衛門と申者の弟角蔵、北有馬村の三吉と申百姓、此二人のもの御法度の刻隠置候切支丹の絵像の仏を取出し掛置、諸人に是を拝ませ申候由島原へ相聞申候

角蔵と三吉は、禁教令の発布をうけて隠し置いていた「切支丹の絵像の仏」を取り出して、家内に掛け、これを多くの人に拝ませていた。この噂を耳にした、代官の本間九郎左衛門と林兵左衛門は、各村々を巡検して廻ったのである。その時に、キリシタンたちの抵抗にあった様子が、『耶蘇天誅記』(国立公文書館内閣文庫蔵)には収められており、有馬村の代官林兵左衛門が「デウス様へ御敵対申候間、今日当所にて打殺し申候」とあり、体制側からの圧力に対して、代官殺害という形で抵抗した。キリシタンたちによる武力抵抗をきっかけに、天草でも一揆の動きが活発化することになったのである。

幕府軍は二度にわたり総攻撃を仕掛け、寛永十五年二月二十七日からの総攻撃により一揆勢を鎮圧した。内通者の山田右衛門作を除き、一揆勢は残らず殺害された。中世的軍隊の一揆勢は、幕府の近世的軍隊の前に想定以上に善戦し、これは単に国内動乱の枠を超えた事件となった。そこには、幕府軍とオランダ、一揆勢とポルトガルといった、軍事同盟があったこういわれる。あわせて、幕府は、貿易相手としてオランダがポルトガルに替わりえるのかを検討している。原城総攻撃に参加したオランダは、幕府からの信認を得ることになり、一揆以降の貿易独占権を得ることになったのである。

4. 平戸オランダ商館の出島移設

出島が築造されている時、オランダ人たちは自分たちがここに滞在することになるとは思ってもいなかったようである。当時、平戸オランダ商館長だったニコラス・クーケバッケルは、一六三五年二月三日から五日までの「日記」のなかで、造成中の築島《つきしま》をみて次のように記している。

同地では毎日、海中に石で何か新しい建造物すなわち四角なものを作るため人々が忙しげでしかも懸命に働いているが、そこにはポルトガル人の居留にあてる住居が建てられる筈である。この四角なものは周囲を海水に囲まれているが、市街の側に二つの橋をもつことになる筈で、その橋には番人が配置され、これらの人々は夜間はその中に閉じこめられるのである。

このなかの「四角なもの」というのが築島（出島）であり、ここにポルトガル人の居留に充てられる住居がつくられるはずとしている。そして番人が配され自由な行動が制限されることになると記し、きわめて他人事のような記述が続く。出島が完成して以降、一六三六年七月二九日の「日記」には、クーケバッケルたちが訪れた記載があり、そこで「ポルトガル人の宿舎、すなわち牢獄」を訪ねに行ったとある。これまで市中を定宿としていた時とは異なり、自由が制限された出島での居住はまさに〝牢獄〟と認識されたようである。

寛永十六（一六三九）年の第五次鎖国令によって、対日貿易を独占することになったオランダだが、この時点では、オランダ商館は平戸にあった。オランダ東インド会社（ＶＯＣ）は慶長十四（一六〇九）年に平戸に商館を設置して以降、その規模を順次拡張していく。寛永五（一六二八）年に、長崎代官末次平蔵とオランダ領台湾行政長官のピーテル・ノイツとの間で起こった紛争（タイオワン事件・ノイツ事件）

によって、貿易は五年間途絶えるものの、交易再開となると施設をさらに拡充していった。

平戸に造られていたオランダ商館の倉庫には、竣工した年である「１６３９」の西暦が刻まれていた。寛永十七（一六四〇）十一月九日に徳川家光の命をうけて大目付である井上筑後守政重が平戸に巡見すると、これを指摘する。将軍はオランダ人がポルトガル人と同様にキリシタンであると認識しており、オランダ人は安息日の日曜日を守るばかりか、キリスト生誕の年号まで公然と記していると断罪している。将軍は、西暦が刻まれている建物をすべて破却するように命じているため、その履行を商館長カロンに求めたのであった。あわせて、キリスト教の布教を防ぐために商館長は一年以上の日本滞在を認めず、キリスト教義にかかる行事の一切を禁じたのであった。

こうして平戸オランダ商館はすべて壊され、寛永十八（一六四一）年五月十七日（六月二五日）にポルトガル人が退去して空き地となっていた築島（出島）に移転されることになった。平戸商館を破壊した際に出た硝子や鉄材などは運び出され、持ち帰っている。出島に移転した当時の印象として、マクシミリヤン・ルメールの日記には、「我らは出島から一歩も出られず、ポルトガル人が兼ねて自由貿易を行なっていた時よりも悪い待遇を受けている」と不満が綴られている。当初、ポルトガル人が置かれていた環境が、自身に降りかかるとは思ってもいなかったのであろう。ましてや、この時よりも待遇が悪化しているとも記している。

オランダ商館移転の指揮は井上政重が最後までとり、貿易専従と禁教の遵守を誓わせている。そして、日本の国法に従うことも求め、貿易するもしないもオランダ人しだいとし、強硬姿勢で対応している。すべては、将軍の威光により貿易を許可されているという、日本の優位な立場で交渉されていたのであった。

5. 鎖国と海禁

〝鎖国〟という言葉は、寛永年間に鎖国令が出された当時にはなかった。鎖国は、長崎のオランダ通詞を務めていた志筑忠雄《しづきただお》（一七六〇～一八〇六）による造語である。志筑忠雄は、ドイツ人医師で出島オランダ商館医として来日していたエンゲルベルト・ケンペルが著した『日本誌』の訳出作業にあたることになった。その時、「日本国において自国人の出国、外国人の入国を禁じ、又此国の世界諸国との交通を禁止するにきわめて当然なる理」という論文を担当することになり、同文が題目としては、長文だったことから『鎖国論』として、享和元（一八〇一）年に発表した。これが、〝鎖国〟という言葉の初出である。

実際には、長崎のほかに対馬藩が朝鮮、薩摩藩が琉球、松前藩が蝦夷と交易しており、これらを「四口《しくち》」といった。鎖国という、閉塞的なニュアンスを与える言葉が、当時の日本の対外関係を示すのに適合しないとの意見がある。また、近世日本が築いた国際関係は決して閉鎖的なものではなく、漂流民への対応をみてみると、外交関係のもとに行なわれていることもからも、鎖国観は見直されている。こうした〝鎖国〟状態を作り上げた寛永鎖国令は、海賊対策や密貿易防止のために、明朝や清朝が行なっていた「下海通蕃の禁」（＝海禁）と共通するところが大きいとの指摘もある。

海禁は、洪武帝《こうぶてい》が倭寇の取り締まりのために実施した政策である。明朝期の一三七一年以来、海禁政策が実施され、朝貢貿易以外の交易を制限している。そこには、貿易統制の機能を有したことから、海禁体制は朝貢システムを包摂して国際関係を築いたものといえる。清朝でも、台湾の鄭成功《ていせいこう》を牽制する目的をもって、一六五六年に海上貿易の禁止、さらに一六六一年には遷海令を発布している。遷海令は、広東省から山東省までの沿岸部の住民たちを強制的に内陸部に移住させるものであり、鄭成功の孤立を図ること

唐蘭船長崎入津図（西南学院大学博物館所蔵）

に成功している。一六八三年に鄭政権が崩壊すると、その翌年には展海令を発布し、中国商人の日本渡海も法令上認められることになった。

このように中国が実施してきた海禁政策、そして築き上げてきた国際関係は、日本の鎖国令や鎖国状態と共通するところが大きい。これまで日本は、中国の政治や法制の仕組みを模倣してきた。当時の政策は、中国で行なわれていた〝海禁〟に倣ったとみなすことができる。しかし、オランダ通詞の志筑忠雄が、ケンペル著『日本誌』を翻訳するなかで、当時の国内状況等を鑑みたうえで〝鎖国〟と表現した事実は、決して無視することはできない。オランダ人を出島へ、中国人を唐人屋敷へ集住させている隔離政策を目の当たりにしているオランダ通詞ゆえの感性で、〝鎖国〟という言葉を創造した。いわば、当時の日本の国際的な状況を端的に表現したとして評価することができよう。こうした連綿と続いてきた社会状況の蓄積が鎖国を「祖法」とする概念の素地を生み出していったのである。

6．宗門改と寺請制度

宗門改《しゅうもん》は、幕府がキリシタンを摘発するために創設した刑事手続きの制度だったが、後年になると、キリシタンではないことを証明する行政手続きとなった。江戸幕府の禁教政策が徹底されていくなかで、キリシタンが検挙されることがなくなり、非キリシタンであることを確認するための制度に変容した。宗門改の形態は、各人がキリシタンではないことを町・村役人から証明される俗請《ぞくうけ》と、寺院と寺檀《じだん》関係を結ぶことによる寺請《てらうけ》とがあった。また、それを証明する寺手形や宗門改帳が作成されている。

慶長十八（一六一三）年の禁教令が発布されたことを受けて、慶長十九年正月に京都所司代板倉勝重《いたくらかつしげ》が転びキリシタンに対して寺手形をとったことが寺請の始まりとされる。さらに、同年正月には、細川忠興《ほそかわただおき》領内の豊前や豊後国東・速見両郡では、江戸にいた忠興の指示をうけた国元家老が、キリシタンへの転宗を強要する政策を断行する。そのなかで、武士に対して組頭《くみがしら》が、百姓に対しては庄屋が「伴天連門徒御改」を実施した。そこで、キリシタンが発覚したら、転宗を促し、誓詞や俗請証文、寺請起請文が提出されている。俗請より寺請が確実な非キリシタンの証明となるため、転びキリシタンと寺院との間で寺檀関係を結ばせていった。また、寛永十七（一六四〇）年に幕府は宗門改役を設置し、これに大目付の井上筑後守《ちくごのかみ》政重《まさしげ》が就任したことによって、宣教師やキリシタンの捜索、尋問、宗門改帳の作成を諸国に指示するようになった。

寺請制度がいっそう進展することになったのは、寛永十二（一六三五）年に幕府が領内と家中にキリシタン改を命じたためである。これにより、老中で若狭小浜藩主酒井《さかい》忠勝《ただかつ》は、国元で五人組をつくらせるとともに、五人組連判手形を提出させた。さらに、キリシタンの宗旨ではないことを証明させるには、寺院に所属させることだとし、僧侶が必ず手形をつくって役所まで提出させるように命じている。これは、領内の全領民に科したもので、寺請制度にあわせて、五人組により相互監視体制をしいたのである。豊後国臼杵藩では、慶長十九年に転宗を促し始めてから、寛永十二年にはすべての転びキリシタンに寺請が適用されるようになり、この間、二十一年を要している。寺請制度の定着に時間を費やした背景には、各地での寺院不足があった。いうまでもなく、宗門改が制度的に進展する寛永期でも寺院が充足していたわけではなく、全国的に寺請制度が定着していくにはさらなる時間を要することになり、全領民を寺請制度に組み込むのは、寛文期（一六六〇年以降）まで待つことになった。

寛文三（一六六三）年の武家諸法度《ぶけしょはっと》では、十九条に全国のキリシタン禁制が明記されることになる。武家諸法度は、将軍の代替わりごとに手交されるもので、幕藩間での誓約的要素を含んでいた。これにより、キリシタン禁制も幕藩双方の誓約となり、徹底遵守されることとなった。寛文期には、寺院が増加したことによって、寺請制度が可能となる地域が広がっていった。こうして、寺院は、非キリシタンの証明ばかりでなく、地域の人員管理も含めた行政機能を有していった。寺院は行政機構の一端を担うようになると、これにともなう弊害も生じた。それは、僧侶の役人化を招き、仏教教学の面では停滞を余儀なくした。さらには、僧侶が世俗化するという事態も起こったのであった。

7．宗門人別改帳の作成

当初、宗門改と人別改《にんべつあらため》は別々に行なわれ、帳面も別帳で仕立てられていた。両者は基本的に同じ内容が記されていることから、これを複合したものが、「宗門人別改帳」であり、「宗旨人別帳」などの別称があった。現存する最古の宗門人別改帳は、寛永十一（一六三四）年七月の長崎の「平戸町横瀬浦町人数改帳」で、これには、人別に宗旨《しゅうし》と檀那寺《だんなでら》を記し、男女別に人数の合計を出している。この時、長崎では寺請制度がとられていたことを示しており、宗門人別改帳の原型は、すでにつくられていたことがわかる。

寛永十五（一六三八）年十一月の「美濃国安八郡楡俣村宗門改帳」には、戸別に宗旨と檀那寺が記され、五人（家）組ごとに寺院が証明する印鑑が捺されている。広く「宗門人別改帳」はつくられていたが、その体裁は地域によって様々だった。宗門人別改帳は幕領で作成されていたが、寛文五（一六六五）年には藩にも作成を命じ、同十一年には毎年作成されるようになっている。なお、俗請の地域では、庄屋などが寺院の代わりに証明した。

宗門人別改帳の体裁は、戸主を筆頭に、家族、奉公人、下人の名前が列記される。あわせて宗旨や檀那寺、生所も記録された。戸主は印鑑で押印することが多いが、男子や女性は、爪印《つめいん》や筆軸印《ふでじくいん》が捺されている。一家族は概ね同じ寺院と寺檀関係を結んでいるが、地域によっては、夫婦持寄檀那という半檀家制のところもあった。夫婦で異なる寺院に所属するため、別冊となる場合もあるが、島原藩の場合は同じ帳面に記されている。つまり、宗門に重きを置くか、人別を基本にするかが帳面作成に反映されたのである。

宗門人別改帳に記されることは、戸籍への登録を意味し、ここになければ、無宿《むしゅく》状態で、捕縛の対象となった。宗門人別改帳は、毎年、二部作成され、一部は奉行所や代官所、藩に提出、もう一部は町や村で保管された。行政庁では、当該年の原本が提出されたら、前年のものは廃棄されることが多いため、今日残されている宗門人別改帳は後者であることが多い。

また、人畜改《じんちくあらため》という、村内の牛馬を含めて調査される地域もあった。細川家は小倉藩時代の慶長十四（一六〇九）年以降、「小倉藩人畜改帳」を作成しており、寛永九（一六三二）年に熊本に入国してからも、「人畜改帳」を提出させている。領主として、年貢徴収はもとより、戦闘などの非常に備えて人員や牛馬を把

『宗門御改影踏帳』文化３年（西南学院大学博物館所蔵）

握しておく必要性から調査したものといえる。

また、絵踏《えふみ》をしていた九州地域では、宗門改と人別改が同時に行なわれている。そのため、宗門人別改帳の表紙には、「絵踏」や「踏絵」、島原藩であれば「影踏」の言葉が記されている。寺檀関係の確認と絵踏の実施、人員把握といった行政手続きの重複を解消した「宗門人別改踏絵帳」がつくられたのである。幕府が統一的な雛型を以て、各地域に指示したわけではなく、宗門改の手続きそのものは、ある程度、地域に委任していたため、地域性のある「宗門人別改帳」がつくられた。また、かつてキリシタンだった者やその子孫を管理する「類族改帳」が作成されたところもあり、各藩では、徹底的な管理を行なっていたのである。

8．踏絵と影踏

キリシタンを捜索するために用いられたのが踏絵である。幕府の禁教政策が進められていくなかで踏絵を踏ませてキリシタンか否かを確認したが、このことを「絵踏《えふみ》」といった。つまり、本来、踏む道具が「踏絵」で、その行為が「絵踏」と称されていた。しかし、後年になるほど、この区別は無くなっていき、「踏絵」が行為の絵踏を包摂する言葉として使用されるようになった。

絵踏の開始時期は、寛永三（一六二六）年・同五（一六二八）年・同六（一六二九）年など諸説ある。現在、寛永五年説が有力視されており、当時の長崎奉行である水野《みずの》河内守《かわちのかみ》守信《もりのぶ》が絵踏を開始した。当初、キリスト教を棄教した者（転びキリシタン）にのみ絵踏をしていたが、しだいにすべての人を対象とするようになる。はじめは、キリシタンが信仰していた絵を絵踏に使っていた（紙踏絵）。しかし、絵踏をしていくなかで、破損するようになったことから、長崎奉行の竹中《たけなか》采女正《うねめのかみ》重義《しげよし》は、キリシタンたちが信仰していたメダイ（銅牌）を板に嵌め込んだ「板踏絵」をつくった。紙踏絵や板踏絵は、キリシタンの信心具（聖具）を踏絵に転用したものである。

板踏絵も多くの人に踏まれたため、破損や摩耗を招いたことから、寛文九（一六六九）年に真鍮踏絵がつくられた。これは、長崎の鋳物師である萩原祐佐《ゆさ》が、キリシタン図像を参考にして、鋳造したものである。つまり、絵踏するために製作されたものであり、これまでの信心具を転用した踏絵とは全く質の異なるものだった。この真鍮踏絵は、長崎はもとより、大村藩や平戸藩、島原藩などに貸し出された。長崎奉行による踏絵の貸与は、禁教と幕藩体制秩序の遵守を確認することにもつながった。なお、長崎奉行所で管理されていた板踏絵や真鍮踏絵は、東京国立博物館で現存するが、紙踏絵の所在は不明である。

その一方、自前の踏絵の所持を認められていたのが、小倉藩や熊本藩である。小倉藩は、島原天草一揆を鎮圧する際に、一揆勢の森宗《もりそう》意《い》軒《けん》が所持していた「切支丹仏」を戦利品として持ち帰り、これを踏絵として転用したとする説もあるが、詳細は不明である。熊本藩は、長崎奉行がキリシタンから没収してい

踏絵（シーボルト『NIPPON』第１冊、福岡県立図書館所蔵）

た信心具を下付され、これを踏絵に転用していたが、これが摩耗してくると、再度、長崎奉行に新しいものを所望している。小倉藩や熊本藩は、自前の踏絵で独自の作法により行なっていたが、特に熊本藩は、キリシタンの信心具を踏ませることにこだわっていた。つまり、長崎奉行所が製作させた真鍮踏絵で行なう絵踏とは、一線を画していたのである。

絵踏の呼び名は、地域によって異なっていた。島原藩や熊本藩では「影踏（えいぶみ／かげふみ）」、小倉藩では「像踏《ぞうふみ》」と呼んでおり、宗門人別改帳にもこれが反映されている。例えば、島原藩では「宗門人別改影踏帳」が作成されていた。また、絵踏を実施する時期や作法も地域で様々だった。長崎では正月三日に町年寄、その翌日から町方で行なわれている。熊本藩も正月四日から実施されているが、小倉藩は三月上旬から開始されている。また、絵踏をする場所は、役所や役人宅、神社や寺院であった。一方、長崎では役人が各家に踏絵を持参して巡回し、仏壇の確認をするなど、徹底したキリシタン穿鑿《せんさく》がなされた。

外国人に対しても絵踏は行なわれている。貿易に訪れていた中国人は、長崎に上陸する前に唐通事《とうつうじ》たちの眼前で絵踏をしている。一方、オランダ人は、絵踏をすることはなかった。外国人による史料には、オランダ人が絵踏をしていたかのような記録も残されているが、長崎奉行は彼らに絵踏を義務付けていなかったのである。欧米人でもオランダ人以外、例えば、外国人漂流民に対しては、長崎奉行所で絵踏が行なわれている。絵踏は外国人から蛮行と批難されたが、日本はキリシタンではないことを確実に証明する手段として頑なに実施していたのであった。信仰という人間の内面にある無形のものを有形化する手段として、絵踏は制度化されていったのである。

9．長崎奉行

文禄元（一五九二）年、佐賀唐津領主である寺沢《てらさわ》志摩守《しまのかみ》広高《ひろたか》が長崎の支配を命じられたことが、長崎奉行の端緒である。この時、寺沢は自らが長崎に訪れることなく、家臣を派遣する程度の関与だったが、幕府の禁教政策が厳しくなってくると、その責任も重くなってくる。寺沢自身、かつてキリシタン大名だったものの、棄教して取り締まり側に転じると、家臣に教会等の取り壊しなどを命じるようになる。十七世紀初頭の長崎奉行は、将軍の「こま物御用」（買物掛）を務めており、幕府高官の意に沿って、貿易品の買い付けなどを行なっていた。つまり、長崎に常駐することなく、貿易時期だけに訪れていたのである。

こうした形態が改められたのは、島原天草一揆からである。百姓とキリシタンたちによる抵抗は、幕府の役人による九州内の監視・監督の必要性を痛感させた。そこで、馬場三郎左衛門利重と大河内善兵衛正勝が赴任した寛永十五（一六三八）年以降、長崎奉行は二人体制となり、長崎に常駐するようになる。寛永鎖国令によって、長崎奉行の職権は、こま物御用から、貿易統括権とキリシタン取締権を有するようになった。さらに、異国船来航に備えて海防指揮権、外国との交渉権も帯びてくるようになる。こうした長崎奉行の職権は、長崎に滞在を許されたオランダ人を管理することに直結するものだった。

寛永鎖国令の内容は、熊本藩細川家を通じて、九州諸大名に通達され、受け入れられていった。そのため、九州圏内でキリシタンが発覚すると、長崎奉行所へ連絡され、長崎奉行が現地へ赴き指揮権を行使した。また、必要に応じて、キリシタンを長崎奉行所まで連行して取り調べるなど、強い権限を有していたのである。近隣大名が長崎に訪れた時は、長崎奉行に拝謁、挨拶することが通例となった。また、任期制であり、一年交代で江戸と長崎を行き来していたが、それにあわせて、大名は、面通しを兼ねて挨拶に訪れることもあった。このように長崎奉行は、九州諸大名に対して〝睨みをきかせる〟存在として、江戸から派遣されていたのである。

オランダ船が到着すると、カピタン一行は長崎奉行に謁見することから始まる。それは、将軍名代として長崎に赴任している以上、来日許可のお礼を申し上げなければならなかったためである。出島での滞在を余儀なくされ自由が制限されながらも、将軍に被官された立場として、長崎奉行とも付き合っていた。

長崎奉行は、外国人と接する立場であるため、当初、幕府役人としての地位は低かった。これが見直されるきっかけになったのが、長崎貿易の重要性の高まりである。近世初期の幕閣内では、外国に対する蔑視が色濃くあった。幕府はあえて地位の低い役人に外国人を支配させることによって、かえって幕府の威光が高まると考えていたのである。江戸城内では、長崎奉行は、芙蓉間詰《ふようのまづめ》だったが、この中で長崎奉行のみが布衣《ほい》（無紋で下位の旗本が着用する）の身分で、かつ末席だった。待遇を見直してもらうよう、長崎奉行から嘆願が出されたが、これが認められたのは一六九〇年代だった。それは、一六八〇年代に長崎奉行川口源左衛門が貿易改革を実施して功を挙げたことが大きい。つまり、長崎貿易の利益は、幕府財政に直結し、大きく貢献するものと考えられるようになったのである。長崎貿易のあり方が見直されたことによって、長崎奉行は従五位下諸大夫となり、服装も大紋《だいもん》（紋付の礼服）となった。

長崎奉行の江戸城での地位が高まったのは、幕府にその役割の高さが認められたからにほかならない。定員も二人から三人、四人と増減を繰り返すものの、概ね二人のことが多かった。そして長崎奉行に就任する前任者は目付であることが多く、長崎奉行を退任後は勘定奉行として辣腕を振るう者もいたり、勘定奉行と兼任で長崎奉行を務めたりもしている。当初、キリシタン取り締まりに傾注していた職務も、長崎の行政や司法はもとより、貿易業務や海防指揮権へと重きを置くようになった。より、幕府官僚としての姿を明確にしていったのである。

10. 長崎奉行所の変遷

文禄元（一五九二）年に寺沢志摩守広高《てらさわしまのかみひろたか》が長崎奉行に任命されるにあわせて、職務にあたる奉行所が創設された。長崎奉行所は、「奉行屋敷」や「長崎鎮府」、「九州鎮台」、「政所」などとも呼ばれた。奉行所は、行政庁として、さらには、司法や外交、貿易、警察の拠点などと多岐にわたる機能を有していた。それは、長崎奉行の職権に基づいたもので、奉行所にはこうした業務をつかさどる公的空間と、日常生活を過ごす私的空間とが併存していた。後述する長崎奉行所立山役所がつくられて以降の奉行所の間取りをみると、このように二分することができる。

当初、奉行所は、長崎市中の本博多町に設けられていたが、その面積は狭隘だった。長崎奉行が貿易時期に赴任し、常駐していなかったため、一種の仮庁舎のようなものだった。寛永十（一六三三）年に曾我《そが》又左衛門《またざえもん》古祐《ひさすけ》と今村《いまむら》伝四郎《でんしろう》正長《まさなが》の二人が長崎奉行になると、奉行屋敷が二つ（「今村屋敷」・「曽我屋敷」）に分断される。しかし、同年に火災が起こると、両屋敷を焼失してしまう。この時、江戸と大坂の糸割符宿老《しゅくろう》の外浦町屋敷も焼失したことから、その屋敷地と本博多町の奉行屋敷を交換して再建されることになった。これにより、隣接して二つの奉行所があることは、火災などの非常時に、行政機能をたちまち失ってしまう危険性を浮き彫りにした。この時、交換した外浦町の地が、西屋敷（西役所）の始まりであり、出島の近くに設置されたのである。

さらに、寛文三（一六六三）年には、長崎大火が起こる。この時、市中のほとんどの建物を焼失し、長崎奉行所も被災した。こうしたなかで、西屋敷の地は現地で、西屋敷の東方にあった町年寄高木作右衛門の屋敷を接収して奉行所機能をもたして、これを東屋敷として再建された。寛文十三（一六七三）年、牛《うし》込《ごめ》忠左衛門《ちゅうざえもん》勝登《かつなり》が長崎奉行として赴任すると、西屋敷と離れた立山の地に奉行所をつくり、東屋敷を移転する。これを長崎奉行所立山役所（東役所）と称し、幕末までこの地に置かれた。

こうして長崎奉行所は東西体制が確立した。長崎奉行二人体制の時は、長崎で在勤する奉行（在崎奉行）は一名で、三人体制・四人体制の時は、二人が長崎に赴任した。二人が在崎の時は、東西役所が月番《つきばん》で対応していたが、二人体制が長かった長崎奉行は、月番で西役所と立山役所を開庁することは少なかった。ほとんどの機能は立山役所に集中しており、西役所は儀礼的な場所として使用されている。それは、交替のために江戸から長崎奉行が訪れると、在崎奉行は、西役所で出迎え、挨拶などを済ました後、立山役所に移動することが慣例だった。そのため、オランダ商館長や近隣大名が長崎奉行に挨拶する時は、平時に開庁している立山役所に訪れている。

しかし、幕末期に対外不安が生じると、立山役所から西役所へと機能が移されることになる。海軍伝習所の教場も西役所内に設けられるなど、時勢にあわせて、政庁の機能を移管していたのである。また、最後の長崎奉行河津伊豆守祐邦《かわづいずのかみすけくに》は、自身の長崎脱出にあわせて、慶応四（一八六八）年一月十四日、西役所にあった行政文書や備え付けの武具、家具、什器類を立山役所へ運び入れている。こうして、二ヶ所で分断されて保管されていた行政文書などが立山役所に集積されることになった。長崎奉行所廃止後も立山役所と西役所には行政庁が置かれた。

11. 長崎会所

長崎会所は、元禄十（一六九七）年八月付の長崎奉行宛老中奉書による長崎貿易の改革で設置された。この改革とは、これまで生糸以外の輸入品は、相対《あいたい》売買で行なわれていたのを改めて、目利《めきき》が輸入価格をつけて、外国商人側と交渉するものである。国内の商人たちは、入札によってこれを売却し、利銀は長崎奉行の監督下で町年寄が管理して、ここから長崎の地役人へ役料を支払った。市中には「公儀御救」として分配し、残銀は江戸へ報告すること、そして、糸割符制度を見直して現糸配分に改め、五ヶ所商人と呉服師仲間への配分に加え、幕府御用糸を新設、分国配分を廃止した。また、御用達の職人が必要とする輸入品は、原価で買い取らせるというものだった。

この業務を担う場所が長崎会所であり、会所自体は元禄十年に長崎奉行所立山役所の近くの本興善町に設置され、本格的に始動したのは元禄十一（一六九八）年からとされる。その設置目的は、長崎貿易の官営化であり、貿易利潤を幕府財政に直接組み込むことである。幕府にとっても、長崎貿易が無視できないものとなってきており、長崎奉行の川口宗恒《むねつね》は、自身の地位向上を求めていたように、長崎奉行の職位や長崎貿易のあり方が見直された。

このように、長崎会所の設置は、長崎貿易の重要性に鑑みられた措置であり、唐船やオランダ船との貿易に関わる業務を行なう機関と位置付けられた。また、貿易業務以外の長崎に関する一切の金銭勘定も長崎会所で行なわれている。そのため、一年を通した長崎の決算は、長崎会所から幕府に報告されている。長崎奉行の監督下で、いわゆる公費の管理を行なわせたのである。さらに、臨時で勘定奉行配下の勘定吟味役が派遣されて監査されることもあり、公金の二重チェックがなされている。

長崎会所には、職務分担に基づき、次のような役人が配置されている。糸割符宿老（二名）に、会所糸請払（五名）、三ケ一支配古年行司（四人）、同定役（三人）、花銀役（五人）に加え、江戸・京都・大坂・堺から目利が二人ずつ送られている。また、長崎からは、端物目利（四人）、糸目利（二人）、薬種・荒物目利（六人）、書物目利（三人）、鮫目利（六人）、茶碗薬目利（二人）、漆目利（二人）、油目利（二人）、唐皮目利（二人）、鹿皮呂宋皮目利（十六人）、牛皮目利（二人）が送られ常置させている。人数の増減はあるものの、貿易品目に合わせて細分化されていることがわかる。また、これらの配下に「手伝」や「下役」、「小使」などが置かれている。代物替会所役人には、定役（四人）のもとに、古年行司（四人）と代物替定役（三人）、唐物道具目利（二人）、絵師（一人）が所属していた。

このように、長崎会所には長崎地役人の多くがかかわっていた。また、貿易品を目利する専門性も求められており、立場にあわせた役料銀が支給されている。その役職上、長崎会所は、老中配下の長崎奉行と勘定奉行の双方から管理監督を受けることになっていたのである。

12．江戸時代の通訳官――オランダ通詞

江戸幕府の対外交渉の窓口だった長崎には、通訳にあたる役人として通詞と通事を置いた。オランダ

通詞（蘭通詞ともいう）は、当初、ポルトガル語に精通しており、鎖国体制確立にともなって、オランダ語を専門的に扱うようになっていった。一方、中国語の通訳を担当したのが、唐通事である。唐通事は、暹羅《シャム》語や東京語、モウル語も駆使することができた。彼らは単に通訳にあたるだけではなく、長崎入港の手続きをはじめ、貿易取引やそれにともなう価格折衝、幕府法や長崎奉行からの指示命令を伝達する役割を負った。さらに、海外で生じた出来事をオランダや中国から聴取して、幕府に提出する文書である「風《ふう》説書《せつがき》」を作成するなど、機密文書を取り扱った。

オランダ通詞の設置は、寛永十八（一六四一）年に平戸オランダ商館が長崎に移転されるのをきっかけに、石崎助左衛門と名村八左衛門、肝付伯左衛門らの長崎移住を命じたことに始まる。その後、寛永末期頃に、オランダ通詞に四名が任ぜられており、明暦二（一六五六）年には二人のオランダ小通詞が置かれると、先の通詞は大通詞となった。寛文十（一六七〇）年には、オランダ内通詞が一〇六人置かれ、出島内での身の回りの世話にあたった。さらに、寛文十二（一六七二）年には、オランダ稽古通詞が新設されて四人が就任、機能強化が図られた。

こうして、天和元（一六八一）年には、大通詞（四人）―小通詞（四人）―稽古通詞（一人）―通詞付筆者（四人）、さらに内通詞小頭（十二人）のもと、内通詞（一一八人）が配されるようになった。元禄九（一六九六）年には、通詞目付が二人置かれると、宝永五（一七〇八）年には、大通詞（四人）―小通詞（四人）―稽古通詞（十人）―通詞付筆者（十人）と増員、一方、内通詞小頭は同人数だが、内通詞は九四人と整理されている。

こうして前記した職制に基づきながら幕末まで維持される。オランダ通詞の体系は、通詞目付―大通詞―大通詞助―小通詞―小通詞助―小通詞並―小通詞末席―稽古通詞―内通詞となっており、大通詞を筆頭に序列化された。このなかでも特に小通詞は、職階が細分化している。稽古通詞までが正規の通詞といわれており、内通詞は、貿易業務の下働きを務めた。大通詞と小通詞は毎年交代で、一人ずつ年番で通詞詰所で執務した。

オランダ通詞は、約三十家で世襲されている。このなかで出自を大別すると、唐通事から転じた系統（馬田や茂家）、寛永十八（一六四一）年の平戸商館の移転後に長崎にやってきた（名村や石橋、志筑、吉雄、西家）〝平戸系〟がある。また、長崎移転後に就任（楢林や加福、本木、今村、堀家）した〝長崎系〟がある。唐通事が、帰化した中国人やその子孫であったことに対して、オランダ通詞は、すべて日本人で構成されている。オランダ通詞は、オランダ語でTolkといい、大通詞以下は一種の組合化しており、これらを通詞仲間Tolk Collegieといった。

通詞の収入は、大通詞の年収で銀十五貫目から三十貫目以上だったとされる。その主な内訳は、役料や生糸販売の仲介料、日本の銅商人からの報酬、オランダからの謝礼などだった。銀三十貫目という額は、オランダ商館長の三分の一ほどとされ、オランダ通詞は、その特殊業務性に鑑みて、きわめて高い収入を得ていたのであった。

13. 出島に関わる役人

出島は長崎奉行の管轄下にあったものの、実際にその管理にあたっていたのは、町年寄だった。町年寄は、町方支配の長であり、長崎奉行の補佐役として務め、市中の事情に精通した地役人だった。町年寄が出島の支配にあたっていたのも、〝出島町〟として、長崎の町方の一つととらえられたためである。町年寄の収入にオランダ八朔の礼銀や貿易利銀が含まれていることから、公的にその立場が認められていた。

出島の役人には、前述したオランダ通詞がいる。それ以外には、寛文十二（一六七二）年の『長崎記』によれば、出島金場（三十六人）や通詞筆者（三人）、コンプラ（十七人）、日用頭（二十人）、オランダ料理人（三人）、オランダ台所手伝（一人）、オランダ着物洗（二人）、オランダ水汲日用（四人）、出島草切（一人）が列挙されている。そのほか、出島出入絵師や医師もおり、オランダ人の生活をサポートする役人や長崎町人らが配置されていた。このように、出島を出入りすることを許可された日本人役人たちの数は、約二〇〇人だった。

このなかでもコンプラは、ポルトガル語のComprador（コンプラドール）によった名称で、売り手を語源とする言葉である。コンプラ仲間ともいわれ、彼らはオランダ人の日常生活で必要な食物や飲料、家財などを調達することが任務だった。オランダ人たちは、長崎町人と直接取り引きすることができず、コンプラを通じて購入するしかなかった。

出島町には、長崎の他の町と同じ制度がとられ、乙名《おとな》と組頭が出島内の事務処理を担当した。当初、乙名は一名だったが、元禄九（一六九六）年以降は二人制となり、交代で勤務するようになる。乙名は通詞を補佐するとともに、出島内の建造物の築造や修理をする必要が生じた時に職人を手配したり、出島で働く日本人の監督や指揮にあたった。また、乙名は、後述する出島を出入りするために必要な門鑑を発行している。

出島を築造するにあたって出資した二十五人の系譜をみる出島町人の存在も看過できない。この二十五人の構成は、時代によって変化しており、出島町人の権利は移動していたものと思われる。彼らは、貿易時には出島町乙名宅へ行き、オランダ人の挙動について監視し、不審なことがあったら乙名へ報告する義務を負っていた。また、商館からは賃料を徴収している。

遊女接遇（『蘭館絵巻』複製、個人蔵）

このように、出島でオランダ人を滞在させるために、長崎奉行はあらゆる役人、町人を配置していた。貿易業務に従事する者や滞在しているオランダ人を監視する役人ばかりでなく、日常生活の手助けをする町人を置いた。出島で隔離されたオランダ人の生活は、彼らの手助けなしには成立しなかったのである。

14．出入りを許された遊女

長崎には、博多などから遊女が集まってきて、市内に散在していた。彼女らは、いわゆる私娼であり、公的に認められてはいなかった。寛永年間頃から集住させられるようになると、丸山町と寄合町の二つの遊女町が公的につくられたのである。いわゆる「花街」は、他の地方と同じように、地域に一廓をなしており、周囲が塀で囲まれていた。遊女屋および遊女の数について、丸山町の遊女屋は三十軒あり、三三五人の遊女を抱え、このうち、太夫は六十九人だった。寄合町は遊女屋四十四軒に対し、遊女は四三一人、そのうち五十八人の太夫がいた。概ね丸山町が寄合町より優位にあり、客層も高かった。

長崎の遊女の特徴には、オランダ人や中国人を相手にしていたことが挙げられる。そのため、他の地域では、遊女は廓内に留められていたことが多いものの、長崎の遊女は外出を許され、出島や唐人屋敷へも赴くことがあった。オランダ人や唐人は、出島や唐人屋敷から出ることを禁じられていたため、遊女たちが出向いていたのである。宝永五（一七〇八）年に遊女の外出は禁じられたが、二年後には許可されるようになる。そして、天保十四（一八四三）年に再び禁止されるまで、市中を自由に出歩くことができた。

遊女には三階級があり、太夫―みせ女郎―並女郎という序列だった。太夫は、容姿はもとより、芸事や茶道にも精通しており、揚代《あげだい》も他の遊女より高かった。概ね、太夫は並の三倍、みせ女郎は並の二倍の揚代だった。また、太夫は、出島へ出入りすることはなかったが、唐人屋敷には訪れており、そこには、紅毛人蔑視が背景にあった。遊女の身の回りの世話をするのが禿《かむろ》で、若年女性がついていた。そして、客との折衝や斡旋を行なうのが「ヤッテ」（遣手）で、年配女性が担当している。遊女は相手によって、「日本行」・「阿蘭陀行」・「唐人行」などとわけて呼ばれていた。

出島や唐人屋敷を出入りする時は、遊女も門番から身改めされる。そして、毎年一回起請文を乙名と組頭に提出することになっていた。そこには、唐人やオランダ人から呼ばれた時に、内密に頼まれた書翰や金銀の取次を絶対にしてはいけないこと。また、揚銭としてもらった金銀はもちろん、反物やその切れ端であっても隠して持ち出してはいけない。出島や唐人屋敷に入る時に風呂敷や櫛箱に禁制の品々を隠して出入りしてはいけない。金銀製品は決して持って入らないこと。オランダ人や唐人に日本のことを尋ねられても何も答えてはいけない。そして、外国の話も聞かないことなどが起請文に記されていた。遊女らが出島や唐人屋敷へ訪れるときは、この起請文を読み聞かせたうえで送り出された。なお、寄合町の遊女が、出島や唐人屋敷へ向かうことが圧倒的に多かった。

貿易で市中が潤うほど、花街も繁盛する。唐人やオランダ人から物品をもらうことは禁じられていたが、ひそかに譲り受ける者も多かった。なかには遊女ではない「名付遊女」といって、一般の子女が名義だけ借りて出島や唐人屋敷を訪れることもあった。また、遊女がオランダ人や唐人の子供を懐妊した場合は、すぐに奉行所へ届け出なくてはならなかった。混血児は、オランダや中国に連れて帰ることは許されなかった。もし、死亡した場合は、検使や医師の立ち会いのもとで死亡確認が行なわれている。この背景には、幕府の禁教令や鎖国令があり、混血児の取り扱いは、ひじょうに厳しい監視下に置かれていたのであった。

15．蔵屋敷と長崎聞役

長崎貿易に関わる諸藩は、長崎に蔵屋敷《くらやしき》という出張所を置いた。当初、軽輩《けいはい》や自藩の町人を配し、必要に応じて長崎の町人を雇った。彼らは長崎奉行所との連絡をはじめ、諸藩や自藩の特産品の売買などに従事していた。その後、転機を迎えたのは、正保四（一六四七）年に、ポルトガル船二艘が、通商再開を求めて長崎に来航した時である。これにより、長崎警備が重視されていくなかで、各藩は聞役《ききやく》を置いて、長崎奉行所との連絡を緊密にし、異国船入港やキリシタン対応などにあたっていくことになる。

蔵屋敷で経済的な交流が進展してくると、藩は附人《つけびと》を派遣して組織が強化される。聞役と附人のもとには、長崎町人の用聞（用達）がいて、さらに藩指定の問屋があった。長崎には九州一円、ひいては中国地方の津和野や広島、福山も蔵屋敷を置いている。その数は三十六家に及び、これに加え日田代官と天草代官も設置していた。実際には、熊本・佐賀・福岡・対馬・小倉・平戸・鹿児島・萩・久留米・柳川・島原・

唐津・大村・五島の十四家が蔵屋敷としての機能を有した役所を設置し、それ以外は、用達商人の屋敷で事務を代行している。蔵屋敷の所在地ならびに用達商人は、元禄期にはほぼ固定化する。

聞役の任務は、平日は奉行所から国元への御達や用向があれば連絡をすること、また、なにより、異国船が入港した際の警備といった非常時の処置がその主な職務だった。異国船に関わる対応は、表向きにできない秘密事項であった。そのため、聞役たちは、他藩の聞役と懇意にしておく必要があり、情報の共有のためには、信頼関係を築いておくことが大切だった。烏合の衆の感もあり、お互いをよく知らないため、茶屋で寄合（会議）を行なうこともしばしばだった。

寄合は、茶屋での会議を経て、遊所へ繰り出すのが聞役間の交際として定着していく。遊所へ行く前には、「雑盃」といって相互に饗応し、移動後には、遊女も加わり酒食をともにすることが常となった。寄合のほかにも五節句や祝祭日にあわせて聞役たちが集まっては寄合同様として参会している。こうした交際は、国元にも漏れ伝わるところとなり、遊所での寄合を少なくするように通達を受けている。これにより、聞役たちは蔵屋敷で寄合を行なうようになるが、これが終わったあとは、結局、遊所へ繰り出しており、根本的な改善はみられなかった。

聞役には一年中詰めている「定詰」と、オランダ船が入港する夏から秋にかけて詰める「夏詰」とがあった。先の寄合に参加していたのは、福岡（筑前）・佐賀・熊本・対馬・平戸・小倉の定詰六藩で、これらは組合をつくっていた。また、夏詰の長州・柳川・島原・唐津の四藩も、これとは別に組合をつくっている。当初、薩摩と五島は、定詰の組合に入っていたが脱会し、久留米と共に三藩で互助していた。また、夏詰の大村藩は、定詰の組合に加入している。この組合とは一線を画して、実際の業務は行なわれることが多かった。オランダ船入港にあたっての御達は、組合や定詰・夏詰とは別に出されており、ここには家格の理論が働いた。長崎奉行所の情報は、上位家格から伝えられることがあり、聞役間での信頼関係を築いておくことが情報収集にあたって重要だったのである。

16．長崎大火と復興

寛文三（一六六三）年三月八日、筑後町に居住する日頃から精神的に不安定だった樋口惣右衛門が自宅に火をつけた。惣右衛門が付けた火は、烈風にあおられて燃え広がり、翌朝には市中一体を焼き尽くした。これにより、長崎市中は混乱状態に陥り、ほとんどの町を焼失して自然鎮火した。当時の長崎の町は、貿易の発展にともなって急激に造成されていったため、防火対策が不十分なまま、無秩序に土地開発が行なわれたことが、火災を広めた原因ともいわれている。

この時の長崎の町は六十六町で、そのうち六十三町を全半焼（全焼五十七町・半焼六町）した。長崎奉行所はもとより、牢屋敷、代官所や町年寄邸も全焼し、ほとんどの行政機能を喪失することになる。長崎の一宮である諏訪神社、晧台寺や崇福寺などの寺社は罹災を免れたが、それ以外の三十三社が類焼する未曾有の大火となった。焼失を免れたのが、今町と金屋町、そして出島町だった。牢屋に入れられていた罪人たちは、大火により一時解放され、出島町で拘束されている。

大火後、長崎奉行島田守政は、町人からの要望を受けて、三月二十四日、幕府に復興資金の貸付を願い出ている。同年八月、幕府は銀二千貫目の貸付を決め、これが復興資金に充てられた。内町（長崎草創期にできた町で税免除の特権があった。二十三町ある）の住民に間口一軒あたり二九〇匁三分、外町（税免除のない新興地、出島町や遊女街を含む五十七町あった）に一〇〇匁程が与えられ、これは住宅復興資金に充てられた。また、周辺諸国からは米を購入し、これを安い価格で販売するなど、急場を乗り切る対策を次々に立てていった。

復興にあたっては、区画整理を行ない、本町通筋と馬場は四間（七・二七メートル）、脇町は三間（五・四五メートル）、溝幅は一尺五寸（〇・四五メートル）と画一化した。こうして、整然とした町並がつくられていき、さらに、類焼した寺社は、郷村部へ移転され、海岸部では埋立造成が盛んになった。また、本五島町の乙名である倉田次郎右衛門は、水不足解消や消火用水の確保のために、私費を投じて水道開設に尽力、延宝元（一六七三）年には倉田水樋《すいひ》を完成させた。これは、後世にわたって、使用されていき、長崎町人の生活を支えていった。

このように、長崎大火によって、長崎市中の町はほとんどを焼失した。復興の先には、区画整理された防災機能を備えた貿易都市として相応しい町並みを形成していった。幕府から貸付を受けた銀も十年で完済するなど、長崎の町は早期に復興した。そこには、貿易都市としての経済力が、下支えしていたのであった。

17. オランダ東インド会社の成立

スペインからの支配を脱したオランダは、東洋に進出して新たな市場を形成し、各地に貿易会社を設立していった。その会社の数は十四にも及び（これらを〝先駆会社〟と称する）、乱立状態になっていた。各社の利益を維持することはもとより、航路の安全を確保する意味合いもあり、これらの会社の合併が、オランダ連邦議会で検討され始めることになる。また、スペインやポルトガルへの対抗も、合併促進の背景にあった。

弁護士で政治家でもあったヨハン・ファン・オルデンバルネフェトルが、先駆会社の統合を本格的に検討し始める。アムステルダムグループ（連合アムステルダム東インド会社）、ゼーラントグループ（連合ゼーラント東インド会社）、ロッテルダム・デルフトグループ、北部諸都市グループの合併が議論され、一六〇二年三月二十日に、「諸会社の特許すなわち合併」がオランダの連邦会議で可決され、特許が認可されることになった。この合併が急がれたのは、経済上の動機が第一にあり、そのため、合併された会社も利益追求企業としてとらえる必要がある。正式な社名は、「総オランダ特許東インド会社」とされ、略して、連合東インド会社（Vereenigde Oostindische Compagnie　略称ＶＯＣ）と呼ばれた。

オランダ東インド会社に与えられた特許とは、東インド会社以外の船が東インドへ向かうことを禁じるものだった。また、会社が諸外国と条約を締結して、そこに軍隊を置いて要塞を設け、さらには貨幣を鋳造する権利を認めた。つまり、地方長官や司令官を任命することができるというものだった。この特許には期限があり、二十一年で更新されることになっており、実質的に一七九八年まで継続されている。

形式的には合併されたものの、アムステルダムグループとゼーラントグループとの間で利害対立が生じていた。そこで、採られたのが「カーメル」制であり、先駆会社の軸を残した、いわゆる支部に類するものが設置された。アムステルダム・ゼーラント・ロッテルダム・デルフト・ホールン・エンクハイゼンを、その所在地とした。このカーメルの幹部が取締役会に参加し、定款の人数は六十人だった。そして、最高執行機関「十七人会」には、出資額に応じて各カーメルから選ばれた。「十七人会」には、アムステルダムから八人、ゼーラントから四人、ロッテルダム・デルフト・ホールン・エンクハイゼンから各一人、残りの一人は、ゼーラント・ロッテルダム・デルフト・ホールン・エンクハイゼンのうちから交互に一人が選ばれている。こうした形態のため、オランダ東インド会社は、「一定の出資額の参加者をもつ六つの会社のパートナーシップ」（組合関係）ともいわれる。

オランダ東インド会社は、〝株式会社の起源〟ともいわれ、イタリアでつくられた複式簿記（借方と貸方からなる金銭のフローチャートを記載）の記帳法を採り入れていた。株式会社ゆえに配当も行なわれているが、これは利潤の高低とは無関係だった。取締役により恣意的に配当が決定されていたが、それは不正確な会計処理などが原因とされる。とはいえ、近代の株式会社の先駆的なものであったことは否定できない。

一六〇九年からは東インドにおける命令系統の統一のために総督を任命し、バタヴィア（ジャカルタ）を駐在地とした。ここにインドネシア東部の香料を集積し、西方への中継地とアジアへの貿易拠点とした。そして、日本や台湾、インドシナ半島などに商館を設けるとともに、ポルトガル人・スペイン人・イギリス人に対抗するための要塞を築き、艦隊を組織して防衛機能を強化させていった。こうして、オランダ国の軍事的かつ経済的な拠点として、東インド会社は活動していくことになった。

18. 日本商館の設置――港市から貿易都市へ

東方進出していたオランダは、各地に商館を設置していた。商館が置かれた都市は、〝港市《こうし》〟と呼ばれ、海上交通の要衝として、国家的機能を有したことから〝港市国家〟とも称される。当時の日本は貿易に不可欠な金・銀・銅の産出国で、日本商館は補給地としての役割も果たしていた。『国富論』（一七七六年刊）を記したアダム・スミスは、日本における銅の価格はヨーロッパの銅山の価格に幾分かの影響を与えているとまで評している。

日本商館が最初に設置されたのは平戸だった。オランダ東インド会社は慶長十四（一六〇九）年に幕府から貿易の許可を得て、日本滞在を許されたが、松浦隆信《まつらたかのぶ》が積極的に招致したこともあって、平戸を拠点にしていた。平戸は「Firando」として、西洋諸国にも知られているところで、平戸市中の海岸端の崎方《さきがた》にある土蔵付の一軒家を借りて、ここを事務所として利用した。これが平戸オランダ商館の創始で、初代商館長にヤックス・スペックスが就任した。その二年後には、領主から付与された土地に、社屋と倉庫を建設し、その翌年には竣工している。これ以降、寛永十六（一六三九）年まで、逐次、拡大・整備していき、本館や倉庫、石造の火薬庫、病室、家屋が造られ、この周囲には、砂石を平積みし、貝殻と石灰を混ぜた漆喰《しっくい》のような石塀（オランダ塀）をめぐらした。

　平戸には、イギリス商館も設置されている。イギリスはオランダに対抗する形で長崎を訪れており、家康に寵愛された外交顧問の英国人航海士ウィリアム・アダムス（三浦按針《みうらあんじん》）と協力していく。慶長十八（一六一三）年にクローブ号に乗船して平戸に訪れたジョン・セリーヌは、松浦隆信や鎮信《しげのぶ》（法印）に歓待される。そして、セリーヌは、駿府と江戸を訪れ、家康と秀忠に謁見し、ジェームズ一世の書翰と贈り物を献上し、将軍からの朱印状を得ることに成功する。イギリス東インド会社はオランダ東インド会社より好条件で日本に訪れることを許されたのである。それは、通商貿易の自由と諸税の免除、そして、国内のどこの港に停泊しても自由というものだった。また、イギリス人が犯した罪は、商館長の裁量に委ねられ、初代イギリス商館長には、リチャード・コックスが就任している。

　日本では平戸にオランダとイギリスの東インド会社の商館が設置された。その後、両国による対立は深刻さを増していき、日本国内でも幕府による禁教政策やウィリアム・アダムスの死去により、イギリスと日本の関係は冷え込んでいく。また、オランダと取引した商品がイギリスよりも優れていたこともあって、日英貿易は苦戦を強いられていった。さらに、一六二三年、インドネシア・モルッカ諸島のアンボイナ島でイギリス東インド会社がオランダの攻撃にあって商館員全員が殺される事件（アンボイナ事件）が起こる。これにより、イギリスは経済的基盤にダメージを受け、アンボイナ事件の翌年、平戸にあったイギリス商館は閉鎖されることになった。こうして、日本には、オランダ商館のみが残されたのである。

オランダ商館も、一六二八年に、長崎代官末次平蔵と台湾行政長官ピエール・ノイツとの間で生じたタイオワン事件によって、日本との貿易が一時中断する。再開するも、寛永鎖国令によって、平戸商館は長崎へ移転されることになる。長崎への商館移転は、これまでの〝港市〟からの転換を意味した。つまり、幕府による直接的な統制下において、貿易取引していくことを余儀なくされたのである。

19. オランダ商館員と出島滞在者

オランダ東インド会社の社員は、船員は三年、職員は五年の任期で、オランダから東インドに赴任していた。バタヴィアで働いていた人数には不詳な点が多いが、一六二五年には四五〇〇人が滞在し、このうちの半数は船員であった。これ以外に、オランダから出国した船上に二五〇〇人がおり、本国へ帰国する船には七〇〇人がいたとされ、この年には七七〇〇人が東インド会社で働いている。その後、一六八八年には東インド会社で働く従業員は、船上の者を除き、約一万六千人だった。

十八世紀には、「総兵員名簿」がオランダ本国へ提出されるようになり、正確な人数を把握することができる。一七五〇年には、西洋人を除き二万三千人、一七五三年には二万四八七九人の従業員がいた。このうち、バタヴィアに四八六〇人、セイロンに四六五二人、ジャワに二八二二人がいたが、長崎には、わずか十一人に過ぎなかった。いうまでもなく、出島という限られた空間での滞在のため、商館員の人数も最小限で対応されたのである。

東インド会社の主な従業員には、軍人(兵士・伍長・曹長・軍曹・高級軍人)と行政および貿易関係者(簿記係と助手・下級商務員・上級商務員・その他)、海員・外科医・牧師・学校講師などがいた。これ以外に、

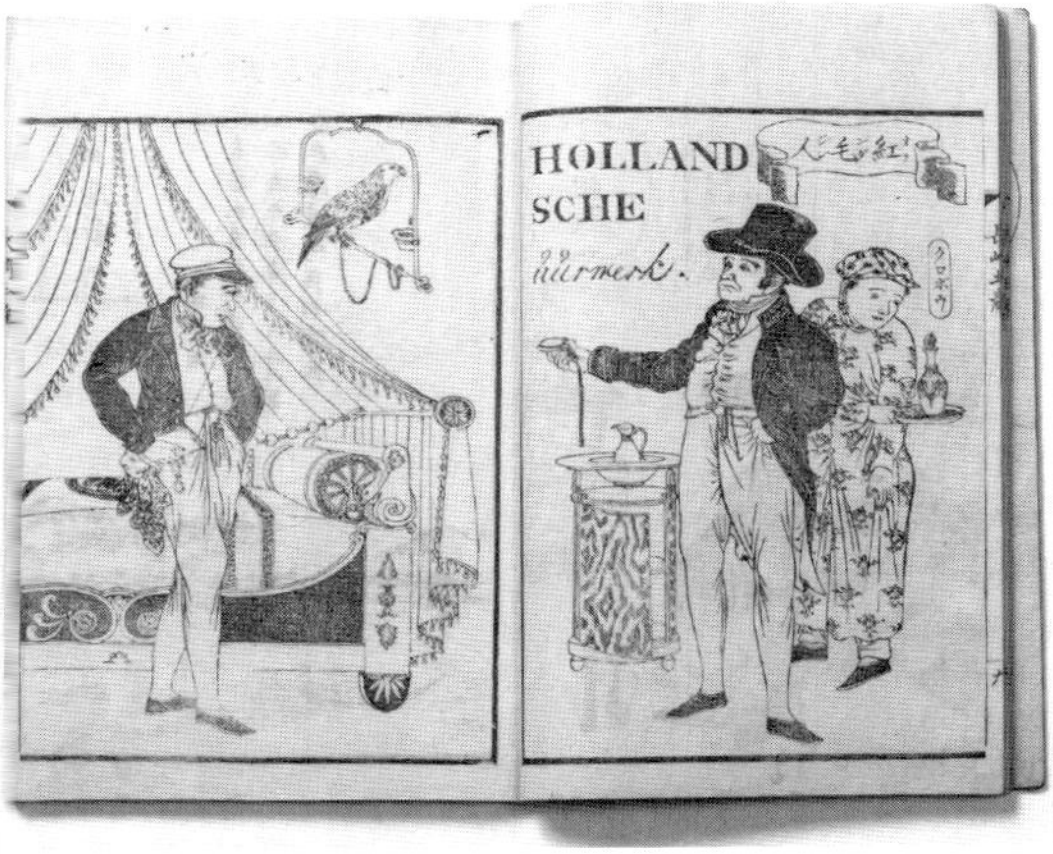

黒坊（『長崎土産』、西南学院大学博物館所蔵）

現地の採用者もおり、職種としても軍隊や職工、書記、料理人、理髪師などで雇用したり、なかには奴隷もいた。奴隷はモルッカ諸島（インドネシア）やコロマンデル（ニュージランド）をはじめ、ベンガル（インド・バングラディシュ）などから集められ、その多くは、バタヴィアやセイロンに駐在させ、倉庫人、織り手、工場労働者、要塞の建設などにあたらせている。

出島オランダ商館でも階級に応じた職掌が与えられていた。多少の例外はあるが、概ね商館長は上級（上席）商務員にあたり、次席には商務員から任命された。日本人は、商館長をカピタン、次席をヘトルといい、ポルトガル貿易からの慣習でこう呼んでいた。出島のオランダ商館長は、初代ル・メールから最後のドンケル・クルティウスまで一五八代が務めている。なお、平戸オランダ商館時代を入れると、一六六代の商館長がいた。

例年、商館長以下、十名から十三名までの正職員が出島で働いている。商館員の主な職種は次の通りである。上級商務員・商務員・下級商務員・商館員補（筆者）・簿記役といった商業かつ外交員、上級外科医・外科医・下級外科医・医師・薬剤師などの医療従事者、大工・一級大工・下級大工などの職人、給仕長などの料理人などである。これ以外に、黒坊など東南アジアで取引された奴隷が雑務にあたっており、様々な人々が出島に滞在していたのである。

20. オランダ船入港の手続き

幕府のキリスト教禁教政策の確立、そして長崎奉行による貿易管理の強化によって、オランダ船が長崎入港するにあたっての手続きは厳重に決められていた。まず、入港したオランダ船は、そのまま長崎港に着岸することはできず、沖合に投錨したうえで、長崎地役人による身改め（乗組員の身辺調査）を受けなければならなかった。オランダ船入港にあたっての長崎地役人が対処する詳細な規則は、『唐阿蘭陀船入津ヨリ出帆迄行司帳』（長崎歴史文化博物館蔵）に収められている。

これによると、オランダ船が沖合に見えたら、野母《のも》番所から合図の印があげられる。これが小瀬戸《こせど》番所で確認されたら、すぐに遠見番一人が奉行所へ向かい、オランダ船入港の報告を行なう。あわせて、長崎警備を担当する藩の聞役からも、白帆の船が何艘あるかの連絡（白帆注進）が入る。これを受けて年番通詞が役所へ行き、用人たちとその内容を確認する。そして、オランダ船との「旗合《はたあわせ》」（照合）のために船に近寄り、稽古通詞、検使（二人）、足軽（四人）、御役所付役人（二人）に加え、「旗合」したオランダ人を連行する足軽（二人）と御役所付役人（二人）が派遣されることになる。

「旗合」が済んだら、小瀬戸番所から遠見番へ連絡が入る。「旗合」の間、オランダ船は、出港地や乗組員人数等を記した書付を提出し、これが受理されると小通詞から検使に差し出された。こうした諸手続きを経て、挽船によってオランダ船は曳航されて長崎に入港する。そして、オランダ船は港口で、石火矢（空砲）を放ち、慶賀の意を表するのであった。

長崎港で投錨されたら、波戸場役人は長崎奉行所まで連絡し、この時、オランダ船に常備されている〝ばってら〟（小舟）を奉行所は一時、預かることになる。そして、人別改に移行し、検使（二人）、足軽（四人）、御役所付（二人）、船番、町使、大通詞、小通詞、稽古通詞に加え、通詞付筆者も同行し、オランダ船に乗り込む。検使は、石火矢玉薬を船から卸すと、これを稲佐にある塩硝蔵に納めた。出島の水門から、必要な物資が運び込まれることになっていた。

このような長崎入港の様子を、元禄三（一六九〇）年に来日したエンゲルベルト・ケンペルは、『江戸参府紀行』のなかで次のように述べている。

夜半に湾の前に至れば、五十絲の深さなり。我らの知らざる岩礁や島嶼・湾口を塡めて夜なれば見定むること叶はぬゆゑに、それよりは進み能はず。風を斜に受けて控へ、翌朝となり四十三尋の水深に砂底を得てより、船を港に向けたるが。風急に凪ぎて少しも進み得ざりしかば、大砲二発にて我到来を告げたるに。二哩隔たりたる和蘭の商館にても之を耳にしたりと云ふ。

長崎港に入港するにあたっては、夜であったならば、岩礁や島嶼などを見きわめて進むことはできない。そして、風が強かったら進むことが難しいとも記している。また、来航にあわせて空砲（号砲）を二発打ち、これは、出島のオランダ商館にも伝わった。ケンペルの記述からは、不慣れなオランダ船の入港は、長崎奉行所の挽船で曳航された方が、安全だと認識されていたこともうかがえる。長崎港の印象を、「高い山や島、礁に囲まれ、暴風波にも耐えうる〝自然の障蔽〟」と述べ、貿易港として適したところと評価している。元和七（一六二一）年から嘉永元（一八四八）年までの間、オランダ船七一五隻が来航し、年平均にすると三・一隻だった。なお、明暦三（一六五七）年には、十一隻が来航しており、年によってばらつきもあった。

21．オランダから伝わる情報——風説書

オランダは、長崎貿易にあわせて、海外の情報を提供することになっていた。それは、鎖国体制にあった日本にとって、重要なものであり、オランダと中国は、貿易するにあたっての条件となっていた。オランダからもたらされた海外の情報を翻訳して日本文を作成、幕府に提出したものを「オランダ風説書」という。オランダとしては、敵対関係にあった南蛮国（ポルトガル・スペイン）の動向を、適宜、届け出て、幕府に警戒体制を整えさせる協力をしていた。当初は、オランダにとって自国の貿易に有益となる情報操作が行なわれたことは容易に想像できる。第五次鎖国令の発布により、ポルトガル人が追放され、オランダが貿易を独占すると、南蛮国に限らず、広く海外の情報が提供されるようになった。これは、鎖国下の日本にとって貴重な情報源だった。

海外からの情報は、長崎港に来航してすぐ長崎奉行所の役人に手渡された。これは、寛永十八（一六四一）年に幕府が命じて十数か条にまとめて提出させたことが契機で、これ以降、慣例化した。この情報源については、二つの説がある。一つは、オランダ人が作成した原文（テキスト）が存在し、これを和訳したもの。もう一つが、オランダ商館等からの口伝をオランダ通詞が聞き取り、これに意見を加えて風説書を作成したものである。

日本側の史料『崎陽群談』によれば、オランダ船で船籍や乗組の人数、積載の貿易品を物色したうえで、「異国風説書」を受け取ったとある。これは奉行所で封切りされてから、通詞に翻訳を依頼、これを出島に持

参して、カピタンと一緒に翻訳している。両者で下書きをつくったのち、奉行所に提出する風説書を清書した。つまり、オランダ船は蘭文で書かれた原文を所持しており、これが奉行所に提出されているのである。

これに対し、風説書の原文が存在すれば、重要な部分から最初に翻訳するはずとし、順番を入れ替えたり、内容を操作することなく、そのまま和文を作成するのではないかというのが後者の説である。つまり、原文は存在せず、商館長や船長らが口頭で語った内容に通詞の意見を加え、これに商館長が署名、通詞が連印して提出したとする。原文が現存しないとして、前者に対して否定的な見解が示されている。

平穏な時代が続いてくると、風説書の内容も形式的になってくる。しかし、一八四〇年に中国で起こったアヘン戦争をきっかけに、詳細な情報提供がなされる。天保十三（一八四二）年から、これまでの風説書にあわせて、さらに詳しい情報が「別段風説書」として幕府に提出されるようになった。清書が二通作成され、新旧オランダ商館長が署名、通詞目付や大小通詞数人が連署捺印して、そのうちの一通を早飛脚で老中に進達している。

欧米諸国のアジア進出によって、これまでの国際情勢が変化してくると、鎖国体制にあった日本にとってオランダからもたらされる風説書は重宝された。その内容は、老中や長崎奉行所関係者などのごく少数のみが知り得る機密情報だった。しかし、この情報は、通詞などから漏れ伝わることになり、黒田や島津、鍋島など有力な大名は、それを入手し、対外政策の参考にしていた。また、幕府は、原文を江戸に設置した蕃書調所で翻訳させるようになると、オランダ通詞の役割は低下していくことになる。安政五カ国条約を締結して開国すると、オランダ風説書は、安政六（一八五九）年七月をもって、その役割を終えることになった。

22. オランダ人も通行した長崎街道

長崎街道は、正式には長崎路といい、江戸幕府の交通体系の一貫として整備されていった脇《わき》街道である。街道の整備は、長崎貿易の確立によるところが大きく、特に糸割符制度の施行にともない、幕府の意向を受けた福岡藩や佐賀藩を中心とした行政的な道路計画が遂行された。例えば、慶長九（一六〇四）年に佐賀領主の鍋島勝茂《なべしまかつしげ》は、将軍家の長崎御銀《おぎん》を大村藩境まで伝馬二十五疋で領内を継ぎ立てるように家来に指示している。宰領として馬奉行五人をつけるなど慎重に送り届けており、人馬体制を整えている。このように、幕府の長崎貿易にかかる行政手続きのなかで、公的な交通網の整備が図られていったのである。

長崎街道の始点は当初、小倉城下の常盤橋であった。近世中期以降になると、門司《もじ》の大里《だいり》が始点となる。それは、九州の多くの大名が参勤交代の時に、大里から渡海したためで、事実上、小倉から大里まで延長されることになった。大里番所では、往来する船舶や人馬の切手改め、抜荷取り締まりにあたるなど、重要な拠点となった。

終点は、長崎奉行所西役所前の札の辻である。出島は、街道の終点にきわめて近い場所に設置されている。大里・小倉から長崎奉行所西役所まで至るルートは、豊前・筑前内では一ルートだが、肥前佐賀領の小田宿で彼杵通・塩田通・多良通の三ルートに分かれている。これらはすべて「本通り」、換言すれば、「本道」として公認されていた。小田宿から分岐されたことによって、通行量も分散されて急減する。そのため、人馬継立機能のみならず、休泊機能も低かった。一方、大里・小倉から筑前六宿（黒崎・木屋瀬《こやのせ》・飯塚・内野・山家・原田）は、参勤交代の大名が多く通行したことから、その機能は充実していた。

長崎街道は、江戸から長崎に赴任し、または、江戸に帰参する長崎奉行やその家来、各地を監察してまわる巡見使、参勤交代や長崎奉行への挨拶のために大名などが通行した。また、福岡藩や佐賀藩は長崎警備に訪れるため、定期的に利用している。長崎に遊学する者や全国各地の文人墨客が長崎に訪れている。長崎街道を通った多くの紀行文が残されているのは、その所以である。なにより、江戸参府でオランダ商館長らが通っていることは、ほかの脇街道とはその様相が少し異なる。

江戸参府によるオランダ商館一行の通行は、文化や情報、学問の伝播もあった。各宿場を通行するにあたっては、先触が出されるが、休息する予定場所や宿泊地は活況した。道は清掃され、橋梁は修復されたり、宿駅では桶水・箒、夜中には行灯・松明を用意している。オランダ商館長らは脇本陣（町茶屋）に休泊することになっており、本陣（御茶屋）には立ち寄らなかった。医者をともなって参府することから、街道宿場町の人のなかには治療をうけるものもいたようである。シーボルトが積極的に宿場町の人たちと交流したことはよく知られている。筑前六宿の飯塚宿は、オランダ人の定宿だったため、「オランダ屋敷」とも呼ばれていた。

なお長崎街道を通行したのは、人ばかりでなくモノもあった。長崎貿易での取引品は、長崎街道で運ばれており、とくに、当時、貴重だった砂糖もここを通ったことから、〝シュガーロード〟とも呼ばれる。街道筋の宿場町には、こうした文物による影響が多分にあり、砂糖をつかった菓子などもつくられている。

長崎街道の情趣は、日本人ばかりでなく、オランダ人も外国人目線から記録している。ケンペルやシーボルトは「参府紀行」として人間模様なども記しており、当時の様子を知ることができる。

23. オランダ商館長の江戸参府

オランダ商館長（甲比丹・カピタン）は、将軍に「被官」している立場として日本に滞在していた。将

オランダ使節団の行列（シーボルト『NIPPON』第１冊、福岡県立図書館所蔵）

軍に拝謁することが求められており、「江戸参府」が義務付けられていた。これは、日本滞在を許可してもらっていることへの謝意を述べる機会でもあり、「御礼参り」や「拝礼」とも呼ばれる。将軍拝謁にあわせて、老中らにも献上品が贈られていたことから、まさに、「御礼」の意味合いの強い儀式だったといえよう。

商館長の拝謁は、駿府《すんぷ》にいる家康にオランダ使節が出向いた慶長十四（一六〇九）年が最初とされる。これは、平戸での貿易が幕府から許可されたことをうけての返礼で、それ以降に行なわれていた江戸参府とはやや性格を異にする。

その後、一六二八年のタイオワン事件以降、日蘭貿易は五年間中断されるが、再開する寛永十（一六三三）年に江戸参府して以降、毎年一回行なうようになる。これは、出島にオランダ商館が移転されてからも続けられ、当初、前年の冬に出発し、旧暦正月頃に拝謁していた。しかし、寛文元（一六六一）年以降には、旧暦正月頃に長崎を出発し、三月初旬（朔日か十五日）に江戸城での儀礼の運びとなった。寛政二（一七九〇）年には四年に一回と変更されたが、これは、貿易取引額の半減にともなっての措置である。約九十日の行程を経て、長くて三週間程の江戸滞在だった。江戸幕府の鎖国体制を象徴するような儀式であり、嘉永三（一八五〇）年まで、一六六回行なわれている。

江戸参府には多くの同伴者があった。商館長以下、書記や外科医などのオランダ人のほか、通訳をするための江戸番大通詞・小通詞、身辺の警固を行なう町使《ちょうじ》、食事を担当する料理人も同伴した。各宿場での滞在先も事前に決められており、小倉では大坂屋宮崎、京都では海老屋村上、江戸では長崎屋源右衛門などが定宿だった。ここには、普請役などが配されており、彼らの許可なく、面会することは許されなかった。また、長崎から同伴している町役人たちの警固もあり、周囲は物々しい雰囲気だった。それでも、街道筋の人々は、江戸参府で訪れる機会に一度はオランダ人をみてみたいと、馳せ集まってきていたのである。

江戸城での拝謁の時は、通詞を伴って、カピタン一人で大広間の所定の位置で平伏する。同行していたオランダ人や長崎屋は殿上間の次間に控える。宗門奉行と長崎奉行がカピタンを呼び出し、長崎奉行の左側で平伏する。奏者番が「オランダ・カピタン」と声をあげると、将軍への献上品が並べてあるところと将軍の高座の間まで進上して膝をつき、頭を畳につけたまま対峙し、奉行が裾を引く合図をもって、そのまま退出する。この間、一言も発しなかったようで、江戸参府に同行した商館医のケンペルは「ザリガニと同じように」と表現している。

拝礼が終わると、オランダ人たちは本丸の白書院《しろしょいん》で御台所《みだいどころ》（将軍の正妻）や大奥の前に連れ出されて見物される。彼女たちは簾《すだれ》の後ろから覗いてみており、この時の絵がケンペル『日本誌』のなかにも残されている。一方、老中たちはオランダ人が見える所に着座して見物するが、このことを「蘭人御覧」といっ

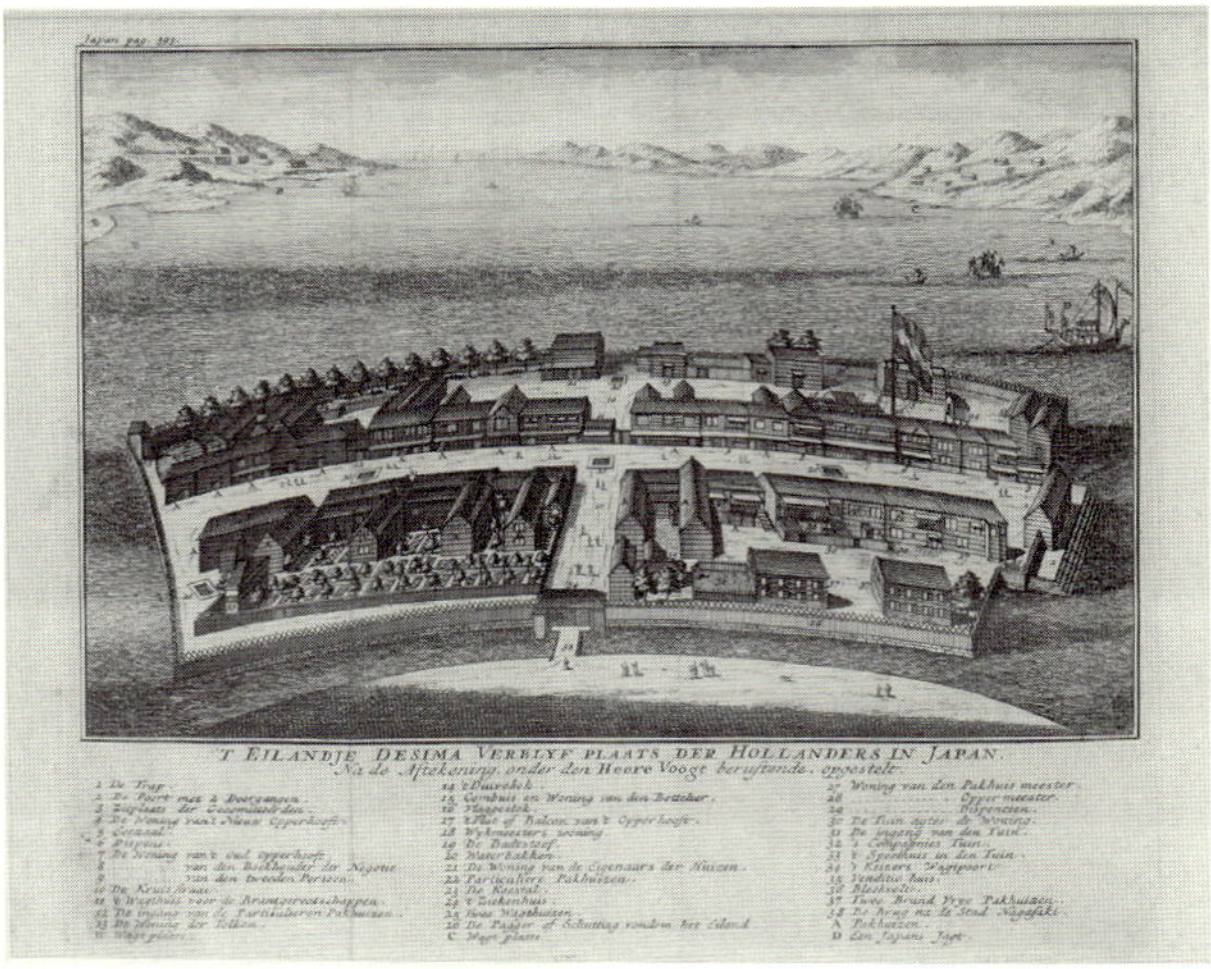

出島図（西南学院大学博物館所蔵）

た。オランダ人は、貿易を許可してもらっていることへの謝辞を述べたり、質問がされたらこれに答えるばかりか、立ち上がって歩いて回ったり、踊らされたりと、まさに見世物とされていた。

これら一連の儀式が終わると、老中、若年寄、町奉行、寺社奉行、長崎奉行のところへ行き、無事に完了したことを報告する。これを廻勤《かいきん》といい、この時に、外国の品々が贈り物として渡された。江戸出立の命が下ると、カピタンは再び江戸城に登城する。老中らが大広間に列席するなかで、宗門奉行が貿易に関する五箇条の御条目を言い渡した。これが通詞を介して伝えられ、承知した意を示す。こうして、「暇乞《いとまご》い」の儀式が終了し、長崎への帰路につくのであった。

24. 出島の構造

出島の敷地と周囲について、長崎の正史である『長崎実録大成』には、総坪数三九六九坪（一五三八七平米）、南側一一八間二尺七寸（約二一三二メートル）、北側九六間四尺九寸（約一九〇メートル）、東側三五間四尺五寸（約七〇メートル）、西側三五間三尺八寸（約七〇メートル）とある。また、道幅は一間半（二・八五メートル）で、石垣の高さは水位の高いときは水面から二メートルもなかったようである。

出島の表門をくぐると、中央に一本の道が貫き、その中央部で東西へ通じる道と交わっている。扇面形の右側（北西方向）には水門があるが、ここは貿易船の荷揚げと積込みの時に開門された。出島内の構造は時代によって異なっているが、江戸時代中期には大部分が固まっていく。そこで、扇面形の右上部（西部）・右下部（北部）、扇面形の左上部（南部）・左下部（東部）とにわけて紹介していく。

西部には、海側に沿って「通詞部屋」と「紅毛人台所」、「カピタン部屋」、「乙名部屋」、「御物蔵」、「町人部屋」が並立し、それより内側に、検使部屋と紅毛人部屋（ヘトル部屋）がある。西部に主要な職場と生活空間が設けられていたことがわかる。検使部屋は、与力《よりき》や同心《どうしん》が滞在するところであるが、オランダ船の出入港時や貿易取引時の監視のときに、出島に出向いたため、ここに滞在した。また、カピタン部屋は、商館長の居宅を兼ねており、宅内には客室や玉突場（ビリヤード場）があるなど、応接や娯楽を兼ねたところだった。

北部には、水門近くから、「イ蔵」と「ロ蔵」があった。この二つの蔵をオランダ人は、ゆりを意味する「レリー」（De Lely）と、いばらを意味する「ドールン」（De Doorn）と呼んでいた。この前には、オランダ国旗を掲揚する旗竿があった。オランダ国旗は毎日掲げられたわけではなく、日本の新年やオランダの記念日、長崎奉行が出島に来訪する時などの特別な日に限られていた。また、北部には、「入札場」があり、貿易取引の時に入札する時に利用されていた。

南部は、その大部分が「菜園」である。それ以外に、オランダ人が食用のために飼育していた家畜小屋

（「牛小屋」や「豚小屋」）があった。時折、牛や豚は小屋から出されることもあったようで、この近辺で放牧されている。その様子は、出島蘭館図を作成した長崎の絵師によって描かれている。

東部は、「花畑」が大部分を占めている。ここには、二階建ての「阿蘭陀涼所」があった。寛政十（一七九八）年の出島大火によりカピタン部屋を焼失するが、「阿蘭陀涼所」がカピタン部屋に充てられている。この隣には「伊万里焼物見世小屋道具入」という建物があり、伊万里焼や蒔絵道具、銅器、小間物などを販売した店だった。

以上のように、出島の構造は、西部・北部という扇面形右側には、外交や貿易を行なう主要な建物と、日本人役人が詰めた番所が立ち並んでいた。一方、南部と東部の扇面形左側には、食料品の保存供給地と位置付けられるものが配置されている。このように、公的・私的の両空間が、出島内に設けられていたのである。

25. 出島の建物とカピタン部屋

出島内の建物は、出島町人二十五人の出資により、日本人職人の手によって建築された。寛永十八（一六四一）年に平戸オランダ商館が閉鎖されると、その解体材は台湾方面に運ばれている。この時、用いられてたガラス窓のような異国風の建具は、禁教政策を強化していた幕府から警戒されており、出島移転にあたっても、これらの解体材を持ち込んで借家に転用することを許さなかった。そのため、和風建築の外観に、内部には西欧風のしつらえが少し認められている程度だった。外観で西洋建築が取り入れられるのは、これから一〇〇年以上の月日を要した。

安永四（一七七五）年から同五年まで、出島に滞在したツュンベリーは、自著（『ツュンベリー日本紀行』）

のなかで、バタヴィアからガラスが持ち込まれたことにより、部屋は明るくなり、外の景色も眺めることができるようになったと記している。これまでは、日本建築の伝統的な紙障子が使われていたが、この時から出島内でガラス窓を使用し始めたのである。これが、出島内の建物が西洋化してきた端緒といえる。建物の西洋化は、カピタン部屋から他の部屋にも広がっていき、これは内装にも波及していった。椅子にテーブル、食器やスプーンなどを用いて食事をし、部屋は火を灯し、装飾品がしつらわれた。長崎を訪れ、カピタン部屋で饗応をうけた司馬江漢《しばこうかん》は、「皆ヒイトロ銀細工ナリ」と、その内装に驚いている。

また、部屋での居住スタイルにも変化が生じている。当初、オランダ人たちは、二階建て住宅の二階部分だけに住んでおり、階下は倉庫として活用していた。出島に入居したときからこうしたスタイルで、オランダ人たちは畳敷きの部屋に土足であがり、机と椅子が並べられた室内で生活をしていた。しかし、十八世紀後半には、一階でも生活するようになり、その変化がみられるようになった。

こうした建物の洋風化や生活スタイルの変化は、オランダ人がそこで生活する以上、避けられるものではなかった。室内では西洋式の暮らしが営まれ、一種のオランダ文化が形成されていた。禁教政策が定着し、オランダ人もこれを遵守していたため、長崎奉行もこうしたことに寛容になっていたのである。また、日本人も出島の文化に親しんでいったことによって、当初の警戒感は薄れていき、外観・内観の西洋化はいっそう進んでいったのである。和風建築を基本とした西洋式、そこに中国式などが相互に絡み合いながら、建物の外的・内的な変化が生じたのであった。

26．出島の土質と護岸

出島周辺の基盤岩は、新生代第四紀の安山岩質《あんざんがん》凝灰角礫岩《ぎょうかいかくれきがん》で、その上位に未固結の沖積層が最大で一〇メートル程度の厚さとなっている。さらに、地表部には、二～五メートルの層厚で埋土が行なわれている。出島の大部分は、おおむね砂や砂礫層の良好な地盤の上に造成されていた。しかし、貝殻片を含むシルト層（砂より小さく粘土より粗い砕屑物）が分布していることから、海側、とくに東南部には圧密沈下と圧密による不同沈下が大きかったものと推測されている。このシルト層の場所は、菜園や花畑として利用されていた。

出島の埋立にあたって使われた土砂は、長崎奉行所西役所（旧長崎県庁）がある洪積段丘の北部という説と外浦町方面からという説があるが特定されていない。また、埋立土量は、六二〇〇〇立方メートルと推定されている。今日の発掘成果により、土層は、下から①出島築造時の基盤層、②埋立て土、③整地面、④盛り土、⑤出島オランダ商館時代の焼土層、⑥生活面（盛り土）、⑦近代の攪乱といった七層にわかれている。

石垣をつくるにあたっては、根入《ねいれ》をして木杭《きぐい》を打って基礎をつくる。そのうえで石垣が積まれていくが、出島の護岸石材として、石垣本体の大部分は、丸みを帯びた輝石《きせき》安山岩や砂岩の玉石で、礫岩もみられる。これらは、長崎周辺で容易に入手可能なものだった。裏込め石は人頭大から、こぶし大の砕石が多く、新しい輝石安山岩の岩塊、岩片が多い。石垣本体の石材の出所は、海岸の転石であり、裏込め石材の出所は長崎港周辺の輝石安山岩の分布地域とされる。

護岸の構造様式は、重力式・捨石式で、当時、唯一のものだった。石組みは、寛永年間以降、民間に定着した間知《けんち》積《づ》み技法（間知とは加工面の有無にかかわらず石材の規格化を意味する）である。

今日、見つかっている遺構の成立は、十八世紀以降に積み直されたと推定される。部分的に修築している箇所がみられ、たびたび護岸の部分的な損壊や欠損が起こっていたと考えられる。それは、度重なる暴風雨はもとより、寛政十（一七九八）年三月には出島で火災が発生しており、こうした災害の頻発により、その都度、修復されていった。

出島の形は扇面形であるが、その決定過程について、よく知られているのがシーボルト著『日本』の記載である。それは、築島の形状をどのようにするか聞かれた将軍が、自分の扇を与え、この形にするようにと指示したというものである。これは、シーボルトの虚構であることはすでに言われており、ウィットに富んだ記述といえよう。土木工学的な観点からは、隣接する江戸町の地形に沿って埋め立てられたため、扇面の形状にしたと指摘されている。また、市中を流れる中島川の河口で遠浅であること、長崎奉行所西役所から近く、出島を監視しやすかったためにこの場所が選定されたといわれる。このように、長崎の地形を考慮した出島の築造が行なわれたのである。

27. 門鑑と高札

出島と唐人屋敷を出入りしていたのは、事前に許可が得られた日本人だけだった。それは、両施設が築造された経緯からもわかるように、オランダ人と日本人の接触は、キリスト教伝播との関係から、最低限とされており、出入りするにあたっても許可を必要とした。出島で隔離された生活をオランダ人が維持するためには、長崎町人の助力は必要だった。そこで、出入りを許された者に与えられたのが門鑑《もんかん》である。門鑑を発給したのは出島町乙名である。門鑑は、出島表門の通行を許可する木札で、その裏面には、「出島乙名」の墨書と焼印が押されている。また、表面には、所有者の滞在する町の乙名と本人の名前を記し、さらに門鑑を発給した年月日が墨書されていた。

これを携行した商人は、門前の番所でみせたうえで、探番から身改めを受けて異常がなければ通行を許された。門鑑の発行を出島町の乙名が行なっており、重要な職責だった。奉行所ではなく自治の役人である乙名に委任されているのは、市中の事情に精通していたからであろう。そして、乙名にその権限を与えたことによって、オランダ人の要望を受けた時も、必要な商人を可及的速やかに手配することができたといえる。

なお、唐人屋敷を出入りする際にも、同じように門鑑の携行が求められている。現存する唐人屋敷門鑑をみると、中心と「唐人屋敷」、その下部右側に「乙名」、左側に「組頭」が墨書で列記され、それぞれに焼印が捺されている。形状も出島門鑑より細長く、右肩には、発給したと思われる年次が墨書されている。このように、出島門鑑と唐人屋敷門鑑とは、形状や形式に差異はみられたが、門鑑の発給主体は乙名（唐人屋敷に関しては組頭を含む）にあったことは共通する。

出島や唐人屋敷の門前には、高札が掲示されている。ここには「定」と「禁制」の二枚が掲げられている。「定」には、日本人とオランダ人の密談が発覚したらすぐに奉行所まで訴え出るようにとある。訴え出た者には、褒美を与えるとも明記しており、これはいわゆる訴人褒賞札といわれるものである。「禁制」は、概ね次の五箇条が、禁止事項として挙げられている。

①傾城《けいせい》、つまり遊女以外の女が入ること。②高野聖《こうやひじり》（高野山を本拠とした遊行者）以外の出家や山伏《やまぶし》が入ること。③勧進《かんじん》者や乞食が入ること。④出島の周囲の傍示杭の中に船で入ること。また、橋の下を船で通ること。⑤許可なくオランダ人が出島の外に出ることの五点である。

①女性の出島の出入りは、遊女のみに限られていた。一般女性との接触を厳しく制限していたのである。②高野聖以外の宗教者の出入りに関しては、無用な宗教争論を防ぐことにあった。また、③勧進や乞食が出入りするのは施しをうけることになるため、犯罪の温床と判断された。④の傍示杭や橋の下を船で通る

ことも犯罪につながると考えられた。傍示杭は、出島の沖合に建てられた杭で、幕末期の「出島図」（長崎歴史文化博物館蔵）には、出島の弧の中央に一本、左右軸の起点と終点に一本ずつの計五本が立てられていることがわかる。
⑤に関しては、オランダ通詞を介して出島に滞在するオランダ人へ伝えられている。これが高札に掲げられたのは、オランダ人が出入りしているのをみた日本人に注意喚起をするものといえよう。

28．貿易品取り扱いの手順

長崎港に入港したオランダ船の荷卸には、日本の荷漕船が用いられ、日本人の日雇などが担当した。荷役の初日には家老が出島まで赴き、新旧の商館長やヘトルを伴ってオランダ船へ向かう。オランダ船の積み荷は、水門から運び込まれるため、その鍵をもつ検使が一人、水門の封をあけて待機する。水門へ近づく荷漕船には、長崎の地役人とオランダ商館員が同乗した。本船で品物を確認した検使から出島の検使宛に差紙《さしがみ》（送り状）が送られると、水門の検使が、引き上げた荷物と照合し、差紙に裏書して確認した。

荷蔵に納める時も、検使が立ち会って、個別に封印した。これにあわせて、御役所付役人や唐人番、船番、町使、散使《さじ》といった警察機能を有した役人も同席している。それは、荷卸の時に、積載していた物がこぼれ落ちることがあり（こぼれ物）、これを拾って自分のものにする日雇がいたためで、その監視をしていたのである。また、取引できない物が含まれていたら、検使が封印して乙名へ預け、帰航する時に返却された。差紙は、本船検使へ送り届けられ、荷卸しが完了するには概ね十日を要した。

この時、運ばれた荷物には、会社の主要な取引商品である〝こんぱにや〟という「本方荷物」と、会社役員の物品である「脇方荷物」があった。両者は別々の蔵に納められ、検使が封印した。脇方荷物も額は

出島近景并阿蘭陀船図（個人蔵）

決まっているものの、個人取引が認められていた。そして、出島に荷揚げされたものは、御用物掛でのちに代官となる高木作右衛門が、将軍献上品の選定（「御用物撰び」）を行なう。鮫皮や竜脳《りゅうのう》等、その年の状態に応じて、目利《めきき》たちが吟味していくことになる。これが済んだら、長崎奉行所立山役所での「大改《おおあらため》」に入る。これは、長崎奉行が積荷のサンプルに目を通す手続きで、本方荷物や脇方荷物のなかから厳選されたものが見分を受けることになった。

大改が済むと、用人・給人《きゅうにん》の立ち会いのもと、乙名・通詞目付・年番通詞が呼び出され、カピタンへ商売の許可を申し渡す。一般取引に先立っては「除《のぞ》き物《もの》」といって、奉行や上級役人が原価に近い金額で商館から買い求めることができた。これは、「役得」として公認されていたものだった。除き物以外は、出島内にある「入札場」という場所で、入札によって取引されていくことになる。オランダ商館への支払い方法は、年によって異なっているものの、出島役人方から長崎会所へ「荷渡帳」が提出され、買い取った商人から代金の授受が行なわれる。「本方荷物」の場合は、出島乙名と通詞が出島へ赴き、オランダ人へ渡し、印形《いんぎょう》をとって授受の証明となした。「脇方荷物」の時は、内通詞小頭《こがしら》がそれぞれのオランダ人へ渡して印形をとっていた。

29. 出島の注文書

日蘭貿易での取引で、日本側からの発注を受けて、商品が持ち込まれることがあった。発注することができたのは、将軍はもとより、老中など幕府高官のほか、長崎奉行、町年寄や長崎会所調役、オランダ通詞といった長崎の役人だった。いわば、特権として認められており、この注文書は「脇方荷役」の商品として扱われ、それぞれの発注者ごとに毛筆のオランダ語で記されている。当時の発注書はオランダのデン・ハーグ図書館でその一部が保管されている。注文書は、縦三一～三二センチメートル×横二〇～二三センチメートルの和紙で、左端を紙こよりで綴じられている。

注文品をみてみると、各種織物のほか、動物（馬・犬・らくだ・猫・オウム）、植物（苗・種）、生活用品（カットグラス製品・時計・眼鏡・鑑・皿・吊り下げランプ・コップ・金属製品）、服飾品（腕輪・金製品）、食品（バター・リキュール・ジェネヴァ・ワイン）、文房具（紙・ナイフ・ペン・インキ）、科学器具（望遠鏡・顕微鏡・気圧計・温度計・天球儀・地球儀・製図用具）、医薬品（テリアカ・オクリカンキリ）、武器（ピストル・小銃）、書籍（百科事典・天文暦・辞書・地図・ケンペル著書）などだった。こうした品物からは、〝異国趣味〟ともいうべき、当時の嗜好品がわかる。

注文書は、簡単なものであれば、品名と数量だけが記されている。しかし、品物によっては、具体的な発注をする必要があった。例えば、ノエル・ショメール著『家事百科事典』を例にみても、何年版を入手したいかによって、発注者の意に沿わないことがある。また、時計であっても、金製か銀製か、大きさや形といった細部にわたって記さなければ、輸入品と発注者との間で相違が生じる。そのため、入手したいものが明瞭な場合は、注文書に寸法や形状、構造、デザインなどを記し、図や見本を添えて発注していた。

織物であれば、その小キレを貼付したり、小銃であれば、全体図まで記している。また、懐中時計の発注には、見本として帯紐が記されている。

これらの注文書からは、当時の日本人の趣向や嗜好性が垣間見られる。具体的にいくつか例を挙げると、長崎町年寄の久松碩次郎《ひさまつせきじろう》は、天保七(一八三六)年に白色のガーゼ一包を発注している。おそらく医療用と考えられるが、シーボルトが鳴滝塾《なるたきじゅく》で医学講義をしていたことによって、日本人にもその使用法が広まっていたのであろう。また、天保八(一八三七)年には高島四郎太夫(秋帆《しゅうはん》)が小銃を発注している。高島秋帆は、長崎町年寄であり、砲術家だった。高島秋帆はその後も発注しており、これら洋式銃を用いた練兵演習を、長崎田上ノ原や武蔵徳丸原(現在の東京都板橋区)で行なっている。このように、時代変遷のなかで、注文内容も異なってきたことが、オランダ側に発注されたリストからも明らかになるである。

30. もう一つの〝出島〟、唐人屋敷

オランダ人がいち早く出島での滞在を強いられたのに対して、中国人は長崎市中での滞在がしばらく許されていた。それは、同じ東洋人であること、宗教もキリシタンではないということを理由に、長崎市中での生活が認められていた。しかし、こうした環境が幕府の懸念材料として表出し、日本人との接触を制限する必要が生じたのである。そこで検討されたのが唐人屋敷の造成で、その背景には、①長崎市中の風紀上の問題、②貿易に関する問題、③禁教の問題があった。これらには、社会的かつ経済的、政治的問題が相互に絡み合っていたのである。

日本に滞在している中国人と長崎町人との間ではしばしば喧嘩が起こったり、トラブルも生じていた。そこには文化の違いがあったことは否めず、長崎市中で暮らしているために生じる問題だった。また、貿

易に関しても、密貿易が横行していた。唐船は、取引不調となった商品を自国に持ち帰るよりも、少しでも多く売りさばきたいという気持ちがあった。そのため、日本人と秘密裏に私的な取引を行なっていた。長崎市中に散宿していたことで、密貿易の計画が立てやすく、こうした環境が犯罪の温床となっていたのである。幕府としても私的取引を禁止する意向が強かったため、一刻も早い唐人屋敷の造成が求められた。また、キリシタンに関しても、中国におけるキリスト教伝播が風説書などによって知られるところとなっており、中国人キリシタンの潜伏が懸念され始めた。このように、キリシタンと密貿易という問題から、出島と同じく隔離政策として唐人屋敷の造成が始まったのである。

幕府は、貞享五（一六八八・元禄元）年七月二十三日付奉書をもって在崎している長崎奉行山岡対馬《やまおかつしまの》守景祐《かみかげすけ》と宮城主殿頭《とものかみ》和澄に対し、長崎御用を命じられている島原藩主松平《まつだいら》主殿頭忠房《ただふさ》と平戸藩主松浦肥《ひ》前守《ぜんのかみ》鎮信と相談のうえで建設計画を立てるようにと指示している。そこで、八月に入り町年寄らを連れ立って実地見分することになり、長崎郊外の十善寺薬園が選定されたのである。

造営工事は、元禄元（一六八八）年九月二十九日に起工され、工事の総責任者は、町年寄高木四郎兵衛、建築主任としては町年寄の後藤庄左衛門、今下町・内中町などの乙名が諸事差配役となって進められることになる。この年の十二月初旬に敷地の整理が終わり、翌年正月上旬には上段の方から家屋の建築が始まった。こうして、元禄二年閏正月二七日に、長崎に入港した唐船乗組員たちが入居させられることになった。全工程が終了したのは、同二年四月十五日のことで、以降、唐人屋敷が中国人の生活拠点となる。竣工時の唐人屋敷入居者数は、『華夷変態』によれば四八八八人に及んでいた。

唐人屋敷という呼称は、元禄二年閏正月十六日に決まっている。十善寺村で造成していた当初は、〝構〟や〝囲〟と呼んでいた。『唐通事会所日録』には、十善寺でつくっている施設の名称がまだないとして、「尤唐人町とも可被仰候へ共、夫ニてハ構之詮無之候、就夫、あなたニハ向後唐人屋敷と御意可被成由被仰渡候」とあり、〝唐人町〟ではなく、〝唐人屋敷〟にするという長崎奉行の指示が出されており、以降、唐人屋敷と呼ばれるようになったのである。唐人屋敷の周囲は竹垣や土塀、堀などで幾重にも取り囲まれ、適宜、番所も置かれて、厳しい監視下に置かれた。そして、唐人には三貫九七〇匁七厘五糸の地子銀《じしぎん》（敷地にかかる税金）と、家賃年間一六〇貫が科されることになった。

第三章　出島の生活と文化

オランダ人にとって出島は〝牢獄〟のようなものだった。長崎奉行所から許可を得た者だけが出島の出入りを許され、日本人との接触もきわめて制限されていた。こうした日本側の要求を受け入れてオランダ東インド会社は、出島に商館を移転したのであった。一方、出島内では比較的自由な生活が許されており、飲食はもとより、娯楽や音楽など、自国の文化がある程度、認められていた。その様子は、オランダ人と交流のあったオランダ通詞や蘭学者などによって、日本人間でも共有され、それを模倣する習慣も生まれた。日本国内でも孤立していた出島ではあったが、ここから発信される文化や情報が、日本に与えた影響も大きかった。第三章では、出島で営まれたオランダ人の日常生活をはじめ、趣味や娯楽などから形成された文化を紹介するとともに、出島で起こった自然災害や火事に至るまでを取り上げ、〝出島の生活史〟を解説していく。

1. 食卓と料理

カピタン部屋での食事スタイルは西洋式だった。机に並べられた大皿料理を、椅子に座って、スプーンやナイフで食べており、日本人絵師が描いた出島内部の絵図をみても、商館長（カピタン）が上座に座り、大皿に西洋料理が盛り付けられた食事が配膳されている。各人の前には取り皿があり、酒は身の回りの世話をした黒坊らが注いでいる。また、隣の部屋には、同じく黒坊らが楽器を演奏していたりと、リラックスした空間が演出されている。食事の席には日本人遊女が同席することもあったようで、多くの絵にその様子が描かれている。

オランダ人の出島での食事については、享保九（一七二四）年にオランダ大通詞の今村市兵衛と、小通詞名村五兵衛が問答形式で記した『和蘭問答』に詳しい。ここには、机に「白い木綿」がかけてあると述べられているが、これは、テーブルクロスだろう。その上に、汁椀に軽く飯が盛られ、さらに、銀の茶菓子盆のようなものに椀を入れ、銀のサジと皿、そして柄が象牙で施されたナイフが置かれているとある。洋食器に盛り付けられた様を具体的に伝えている一方、ナイフについては、「爪むき」のようだと表現されている。料理はもとより、食器や配膳等、西洋式の食事風景は、当時の日本人には斬新に映ったのである。『長崎土産』（一八四七年刊）にも、「阿蘭陀の食事をなすには、箸を用ひずして、三叉鑽・快刀子・銀七の三品を以てす」と紹介されている。オランダ人は箸をつかわずに、フォークとナイフ、スプーンを用いていたことがわかる。

また、白色の木綿マットが畳まれ、この上に飯台が置かれていた。この木綿マットは、食事の時に広げて膝にかけるもので、ナフキンのことを指しているのであろう。また、料理で「鳥の丸煮」が出された時は、包丁で切り分けられて、各人の盆に取り分けて渡したようである。その煮汁は、サジですくって飲んでいた。肉料理ばかりではなく、魚も提供されており、同じテーブルにはパンも置かれている。料理が替わると、使っていたサジや皿は、適宜、取り替えられていたようで、食事中の世話をしていたのが黒坊だった。

　料理について、大槻玄沢著『蘭説弁惑』（一七八八年刊）によれば、オランダ人は、鳥や鴨、牛、豚を常食としており、日本人には馴染みのない食材として紹介されている。そして、その調理方法は、煮ることが多かったようで、決して、刺し身など、生で食べることはなかった。それは、オランダ人は、生ものを消化できないためとする。魚は、鮟鱇《あんこう》や蛸《たこ》、烏賊《いか》には手を付けず、鯛《たい》やヒラメ、鱒《ます》、鯉《こい》を食べていた。肉も犬や馬は食用とはせず、鳥肉も脂身のある部分はあまり口にしなかったようである。

　また、パンは古くから日本に持ち込まれており、南蛮煎餅ともいった。かつて、宣教師はパンを〝キリストの肉〟として扱い、ぶどう酒を〝キリストの血〟として持ちこんだ。これらは、天文十九（一五五〇）年にポルトガル船が日本に伝えたといわれ、長崎には出島が造成された寛永十三（一六三六）年にポルトガル人が持ち込んだという。パンやワインは、西洋人に常食されたものだが、日本人には薬用として受け止められている。

　慶長十四（一六〇九）年には、江戸でパンがつくられていたともいわれる。西洋人は普段から食するものは自分たちで作っており、このレシピは日本人にも伝わった。パンは、蒸餅や麦餅とも書き、広川獬著『長崎聞見録』には、原料は麦麺、味は淡味、脾胃《ひい》を消和する薬用作用があると紹介されている。西洋人たちには一般的な食べ物も、日本人たちには稀少で、薬用として認識されていたのである。

2. 食材調達とパン製造

オランダ人は、出島に滞在している間も、基本的には本国と同じ食生活を送ることを許されていた。そのため、日本にない食材は、バタヴィアから運んできたり、出島内の庭や近郊でも栽培していた。また、類似の食材で代用することもあったようで、生活の基本となる食事は、自国の慣れ親しんだものだった。特に商館長は、オランダと遜色のない食生活を過ごしていた。

こうした食生活を保つために、バタヴィアから持ち込まれる食材があてがわれることが多かった。一七七八年に日本に向かう途中に死去したデュルコープが、持ち込もうとしていた積載リストが残されている。そこには、ハム・チーズ類、バター、ビスケットパン、日本米、じゃがいも、カリフラワー、ザワークラウト、マッシュルーム、玉葱、干野菜、豆類、オリーブ、筍《たけのこ》等のインドネシアの酢漬け、ピクルス、酢漬けの牛胃、燻製のタンやサーモン、牛の股肉、鮭、鳥の巣、塩漬けしたレモン類、砂糖漬けのグレープフルーツやフランスの果物、リムーンシロップ、リムーンジュース、砂糖、ゼーランドのチョコレート、白いドロップ、コーヒー豆、紅茶、ビール、ワイン類、リキュール類、ジンが記されている。食べ物は個人の好みも反映されるだろうが、日本では入手困難なバターやマッシュルーム、オリーブなどが持ち込まれていた。さらに、インドネシアの食品やチョコレート、珈琲、酒類などの嗜好品もリストに含まれており、多彩である。なお、これに日本米が含まれていることも看過できない。

商館長以下の社員も自分用の食材を持ち込んでいた。インドネシア産米や塩漬け肉、ベーコン、砂糖漬け、バター、干しぶどう、氷砂糖、粉砂糖、砂糖漬けしょうが、オリーブ油、やしの実油、胡椒、シナモンなどの香料、ばらのエッセンス、オランダの酢、インドネシアの塩、フランスやスペインのワイン、オランダビールなどの酒類を船載していた。日本で生活するために、当面必要となる調味料や酒類などを、オランダ産に限らず、バタヴィアでも調達していたのである。

これらの食材がなくなってくると、日本人役人が代替品などを融通することもあった。食品の提供はもとより、なかにはジンを蒸留したり、ブランデーをつくったりもしている。また、オランダ人自らがワインやビールの製造を試みたりしている。飲食に関しては、出島で比較的自由な暮らしをしていたことがわかる。

長崎近郊の桜馬場というところでは、借り受けた畑でじゃがいもを収穫している。野菜ばかりでなく、豚や羊、鶏は長崎近郊でオランダ人へ販売するために飼育されていた。なお、牛は日本では労働力とみなされていたことから、バタヴィアで用意したものが送られてきており、出島内で飼育されたのち食された。長崎には、豚を煮たり、調理して販売する店や、出島を商売相手としたパン屋があった。パン屋については、オランダ通詞の楢林重兵衛著『楢林雑話』のなかで次のように記されている。

蘭人は常食にパンというものを用ゆ、長崎にこれを売ることを業とするものあり、パン屋と云う、蘭人みなパン屋より買て食す

ここには、オランダ人を相手にした長崎のパン屋があったことが記されている。出島にオランダ人が滞在する以上、商売として成立していたのであろう。年間二〇〇両ほどの利益があったようで、それほどオランダ人は頻繁に購入していたことがわかる。パンのレシピのようなものも残されており、「小麦四升に醴酒一升」を入れ、よくこねたら銅器に入れて〝かまぼこ〟をつくるようによく焼くとある。長崎では「月餅」や「明月餅」などともいわれ、よく知られた食べ物だった。『長崎土産』でも「紅毛人の常食はパンなり。パンとは小麦を粉にして固めむし焼きにしたるものなり」とあり、江戸時代後期になると広く知ら

れるところとなっていたのであった。

3．日本産の塩とオランダ産岩塩

出島では日本の調味料が使われることもあった。大槻玄沢《おおつきげんたく》が天明八（一七八八）年に著した『蘭説弁惑』によれば、「食盤の上におく硝子きりこ様のしほ入なり」とあり、食卓の上に切子ガラスのような塩入れがあったことがわかる。これは食卓塩であろうが、海外使節との饗応の際には卓上に常置されるほど、定着していくことになる。実際に、ペリー一行が饗応している時の様子を描いた「武州横浜於応接所饗応之図」には、鯛と思われる魚の横に塩焼壺が置かれている。

出島跡からは塩焼壺も出土しており、オランダ人たちが塩を使っていたことが知られる。また、「出島持出入之品御割印帳」（長崎歴史文化博物館蔵）には、文化十一（一八一四）年に、焼物商人平次衛門が焼塩三樽と一箱、諸色売込人寅蔵が焼塩一樽を取引している。さらに、文政十一（一八二八）年にも同じ量の焼塩が出島で取引されており、一般的な調味料として定着していたのであろう。

しかし、若槻楚青著『瓊浦遊記』には、天保五（一八三四）年十一月二十六日に出島を見物した時のことが記録されている。ここには、オランダ人が用いていた調味料について、次のように記されている。

　阿蘭陀ハ味噌醤油等は曾て用えず、何れも塩而已にて焚事なるが、味を付るハボウトリを入用る也、塩も此日本製は用えず、蘭製の塩ハ明礬のごとくかたまりたる物、尤上品の由相聞ゆ

これによれば、オランダ人は日本の味噌や醤油などを以前から使っていないことがわかる。そして、どんな料理も塩だけで焚いているが、この塩も日本産のものではなかった。オランダ産の塩は明礬《みょうばん》のように固まっており、とても上品であると記されている。明礬のように固まっているという表現から、岩塩が

用いられていたことが窺える。日本産の塩は、通常、使われていなかったようで、自国の塩を日常使いしていたものと思われる。「ブタの塩漬け」などの加工品が出島ではつくられていたようだが、主としてオランダ製の岩塩が用いられていた。料理に向き不向きがあろうが、西洋料理には本国の調味料が用いられていたのである。

そのため、先に挙げた「出島持出入之品御割印帳」に記されていたのは、オランダ船が輸出するために樽の単位で取引したものと思われる。食卓塩など補助的な味付けで使われることもあろうが、主として、日本産の塩は、貿易商品として売買されていたのである。

4．醤油の輸出

若槻楚青著『瓊浦遊記』に、「阿蘭陀人ハ味噌醤油等は曾て用えず」とあるように、日本に古くからあった味噌や醤油は、オランダ人にとって日常使いするような調味料ではなかった。しかし、醤油は、輸出品としてオランダ商館と取引されており、多くの醤油が海を渡った。正保四（一六四七）年にオランダ商館は十樽の醤油を、当時、東インド会社が統治下においていた台湾の安平《あんぴん》へ輸出している。これをきっかけに、京都や堺で醸成された醤油が度々輸出されていた。

醤油が樽で運ばれていたのは、寛政年間（一七八九～一八〇一年）頃までである。これ以降、ワインなどを入れる四角形のガラス製「ケンデル瓶」に加熱した醤油を詰め、栓をコールタールで固めて密封した状態で運ばれるようになる。一度、醤油を加熱したのは、防腐のための処置とされる。醤油が入れられたケンデル瓶十五本を一箱とする「ケンデル箱」に詰められて輸出されていた。ケンデル瓶が不足してくると、長崎の波佐見で焼かれた白磁染付の徳利型の「コンプラ瓶」が用いられるようになる。寛政二（一七九〇）

コンプラ瓶・醤油（個人蔵）

年には、コンプラ瓶に詰めた醤油が輸出されるようになったのである。

コンプラという言葉は、ポルトガル語の（Comprador 略称ＣＰＤ）に由来する。仲買人という意味で、江戸時代初期に「出島諸色売込人」という、特定商人である。寛文六（一六六六年）年には、十六人の株仲間が長崎奉行から承認されるに至っている。毎月二人が出島に出仕し、オランダ人の求めに応じて日用品を手配したり、日本商人との仲介役を果たしていた。彼らは、オランダ商館からは高利を貪る者として認識されており、あまり良い印象ではなかったようである。

醤油もそのなかで取引されており、長崎商人が「金富良株仲間」を結成し、オランダ商館からの輸出醤油を取引していたのである。醤油輸出用のコンプラ瓶には、「JAPNSCHZOYA」と染め付けられていた。「ZOYA」が醤油のことであり、「ヤパンセ・ソヤ」（日本の醤油）という特別に輸出用の瓶がつくられたのである。また、「JAPANSCHZAKY」とある染付瓶もあるが、これは「ヤパンセ・サキ」（日本の酒）専用のものである。出島からの出土品にもコンプラ瓶は多数みられ、当時、行き交っていた様子を窺い知ることができる。なお、瓶の容量は、約五〇〇ミリリットルだった。

日本の醤油について、安永四（一七七五）年に出島を訪れた植物学者ツュンベリーが、自著『日本紀行』のなかで紹介している。ここには、「ひじょうに上質の醤油を作る。これは支那の醤油に比し遥かに上質である。多量の醤油樽がバタヴィア、印度及び欧羅巴（ヨーロッパ）に運ばれる」と記している。出島内では、醤油はあまり使われていなかったようだが、海外では相応の需要があったものと考えられる。また、ツュンベリー著『日本紀行』より少し遡って刊行されたフランスの啓蒙思想家ディドロとダランベールらが著した『百科全書』（一七五一〜七二年刊）のなかで、日本の醤油が肉の味を引き立てる調味料であり、アジア人に人気の高いソースとして紹介されている。そして、オランダ人も醤油を高く評価しており、自国に持ち帰ったと記している。このように、日本の醤油は、海外でも高く評価されており、その多くが取引・輸出されていたのである。

5．茶と珈琲

当初、日本の茶は、ヨーロッパで飲むための輸出品だった。一六一〇年にはオランダ東インド会社の貿易船が平戸から茶を持ち帰っている記録があるが、この頃、ヨーロッパでは、茶の効用や危険性について議論されている最中だった。それは、頭をつかう人には害を与えて病気にするという説、茶は精神を闊達にして眠気を払い、意識を明敏にする説とが対立していた。これが、十八世紀になると、オランダ東インド会社の重要な輸入商品の一つとなっていく。日本よりも中国産が流通しており、日本茶は高価な品とさ

コンプラ瓶・酒（個人蔵）

れていた。

王室や上級階級の人々は茶を入手すると、喫茶という流行を作り出す。イギリスでは、一六六二年にチャールズ二世がポルトガル王室出身のキャサリンを王妃として迎えたことにより、イギリス王室に喫茶の習慣が持ち込まれた。オランダでも、上流階級層で広まっており、とりわけ女性の社交場で重宝された。茶会（サロン）を開くことは一種のステータスとなっており、〝アフタヌーンティー〟といわれる、昼食後の午後一時から二時頃に宴が始まった。ここで飲まれていたのは緑茶で、日本や中国の慣習に倣ったとされる。一六八〇年代には緑茶に加え、紅茶がオランダに輸入されるようになる。オランダ東インド会社では、一七三〇年代には、紅茶の輸入量が圧倒的に増え、オランダ人たちも好んで飲んでいた。そのため、出島で飲用されていたのも紅茶と思われ、常飲されていたのであろう。『和蘭問答』には、中国茶を飲用していることを記している。食事の最後には、煎茶を飲んでいたようで、氷砂糖を茶菓子として食べていた。

珈琲は、オランダ人たちの間では飲まれていたが、日本人にはなかなか普及しなかったようである。オランダ商館医のツュンベリーも、日本人は茶と日本酒を飲み、これ以外のヨーロッパの飲料を味わうことは滅多にないと記している。そして、二〜三人の通詞のみが珈琲の味を知っているくらいであると記しており、日頃からオランダ人と付き合いのあった日本人役人のみで飲用されていたようである。

文化元（一八〇四）年に勘定奉行吟味役として長崎を訪れた大《おお》田《た》南《なん》畝《ぼ》（蜀山人《しょくさんじん》）に、珈琲が振る舞われている。自著の『瓊《けい》浦《ほ》又綴《ゆうてつ》』のなかで、大田南畝はオランダ船で珈琲を勧められたと記している。また、珈琲豆について、「豆を黒く煎ったもの」と表現し、これに白砂糖を入れて飲んでいる。味については、「焦げ臭くて耐え難い」と感想を綴っている。

大田南畝の口には珈琲は合わなかったようだが、文政六（一八二三）年に来日したシーボルトは、「日本人は大変珈琲を好む」と記している。そして、珈琲を粉にして缶に詰めて輸入すれば利益を挙げることになるであろうと、オランダ政府に伝えている。シーボルト自身は、日本に珈琲飲用を浸透させようとした。そのため、珈琲を飲めば延命できると保健剤として飲むことを推奨した。こうした成果もあって、日本人の間でも、珈琲を飲用する文化が定着していったと思われる。西洋料理を構成する一つとして受容されていき、紅毛料理には欠かせないものとして、江戸時代後期に珈琲の飲用が進んでいったのである。『長崎土産』（一八四七年刊）にも「コーヒー　日本の大豆に似たる木の実なり、是を煎り砕き、湯水に入れ煎し、白糖を加へて常に服す」と紹介されている。この頃は、加糖の珈琲が一般的だったことがわかる。

6．ぶどう酒とビール

南蛮貿易時代から、多くの外国酒が日本にもたらされた。宣教師たちにより、ぶどう酒（ワイン）が、既に日本へ持ち込まれており、キリシタンたちにも「南蛮酒」が振る舞われたといわれる。いわば、キリスト教布教の一環で、ぶどう酒は伝わってきたのである。

鎖国時代には、特に出島内においてワインは飲用された。オランダ人はアルコール度が四十パーセントある〝ジェネーバ〟というジンをよく持ち込んでおり、そのボトルの破片が出島から出土している。また、出島で飲まれていた酒について、『蘭説弁惑』によれば、〝うゑいん〟と言い、そのほとんどにぶどうが使われていたとする。そのなかでも、〝ちんた〟酒（ちんだ・珍太・珍陀・珍駄）とよばれるぶどう酒の一種があった。〝ちんた〟（tint）とは色付けられたという意味があり、赤色のぶどう酒を指した。饗応の時には必須のものとして、こうした酒が提供されていたのである。

長崎にいた本草《ほんぞう》学者で儒医でもある向井元升《むかいげんしょう》（一六〇九〜一六七七年）は、珍しい酒として、〝はあさ〟という同じくぶどう酒の類、〝阿刺吉《あらき》〟や〝まさき〟という焼酒《やきざけ》に卵や砂糖などを入れて料理に使うものを挙げている。嗜好品としての酒以外に、料理酒も持ち込まれていたことがわかる。なお、元升は、外来酒について否定的であり、毒薬とまで言い放ち、飲むことを勧めなかった。

また、享保九（一七二四）年三月には、ビールを飲んでいたことも確認される。それは、オランダ商館長ヨハネス・テイデンスたちが、参府中に江戸の定宿である長崎屋で飲んでいたようである。『和蘭問答』には、次のことが記されている。

酒はぶどうにて作り申候、又麦にても作り申候、麦酒給見申候処、殊外悪敷物にて、何のあぢはひも

無御座候、名はヒイルと申候

これによれば、酒はぶどうで作るものと麦のものがあると紹介している。この麦酒の名前を〝ヒイル〟といい、味については、とにかく悪く味もないと酷評されている。一方、ビールは薬として認識されており、清涼・渋潤・止渇・散欝・爽神に効果のある栄養剤とも記録されている。

酒の飲み方について、同じく『和蘭問答』には、次のようにある。

コップと申水器の盃に、酒つぎ申候、右コップ三人一所によせちんちんとならし合せ、何れも戴き給申候

これは、コップにお酒を注ぎ、三人で杯を重ねて音を鳴らし、乾杯している様子を記している。〝ちんちん〟という擬音語でその様子を表現しており、オランダ人が酒宴を行なっているさまを端的に表現している。食事前の乾杯を記しており、当時の飲酒と食事の関係について記している。

『蘭説弁惑』には、〝びいる〟とあり、食後に飲用して、消化を助けるものとして紹介されている。また、〝うゑいん・わふとる・がらす〟という、酒や水を注ぐグラスや、〝びいる・ガラス〟というビールを飲む専用のグラスも記されており、ワインとビールを飲む時は別々のグラスが用いられていたことがわかる。

7．オランダの菓子

『阿蘭陀人日本渡海記』という史料には、オランダ人が食していた料理が記されている。このなかには「菓子の類」というのがあり、それを列挙すると、①パステイ②ソイクルブロート③ワアフル④ボウフルチイ⑤ブルードル⑥カネールクーク⑦スペレッツ⑧スース⑨ヲベリイ⑩ヒロース⑪タルタ阿ん、といった十一種類が記載されている。これらはオランダから日本・出島にもたらされた菓子であり、その材料や製法な

どを伝えている。

これらオランダ菓子に共通するのは、大量の砂糖が使われていることである。日蘭貿易では多数の砂糖が輸入されていたため、これらの菓子をつくることも可能であった。また、すべての菓子には卵が使用され、粉はヒロース以外の十種類に小麦粉が用いられた。小麦は日本では中力粉が生産され、輸出されていたが、菓子には輸入の薄力粉が用いられたものと推測される。菓子によっては、砂糖に甘酒、バターが加えられている。バターは、オランダ本国からのもの、もしくは中国、東南アジア、ヨーロッパからの輸入品だったといわれている。また、香辛料は六種の菓子で使用、そのうち五種類にはシナモンが使われている。

先にあげたオランダ菓子は、焼き菓子七種（蒸し焼き六種・焼き一種）、揚げ菓子が四種である。パステイは、蘭語で「pastei」といい、パイ生地を器にしき、鶏挽き肉、小麦粉、葱をあわせてバターで焼き、椎茸やいも、燕の巣、ゆで卵を入れ、だいだい酢やナツメグ、胡椒をかけて味を調えて、生地で蓋をして焼いたものである。軽食・前菜として食されていたようである。②ソイクルブロートは、蘭語「suiker brood」で、直訳すると砂糖パンである。卵二十個と砂糖（一キログラム）を十分に混ぜ、小麦粉六〇〇グラムを混ぜて焼いたもので、スポンジケーキの形状をしており、カステラなどに似ている。③ワアフルは、蘭語「wafel」で、ワッフル・ウェハウスである。小麦粉に卵、甘酒を加え発酵させて焼いたものである。④ボウフルチイ（「poffertje」）は、小さい球状の焼き菓子である。ワアフル生地にぶどうの砂糖漬けを入れ、油で揚げたものである。⑤ブルードル（「vruchtvlee」）は、果肉を意味する言葉で、ワアフル生地にぶどうの砂糖漬け、花水（香料）を型に入れて焼いたものである。⑥カネールクウク（「kaneel koek」）は、シナモンクッキーのことで、小麦粉に砂糖と卵を加え、シナモン、バターでこね合わせ、薄くのばして花形に切り焼いたものである。⑦スペレッツ（「sprits」）は、バタークッキーのことで、小麦粉に水を加え、卵とシナモンを混ぜ合わせたものを、絞り出して油で揚げた。⑧スース（「soes」）は、シュークリームを意味し、スペレッツの生地に卵を五個増やして油で揚げたものである。⑨ヲベリイ（「oblie」）は、ウエハースのことで、小麦粉に砂糖、卵、シナモンに水を加えて練り合わせ、薄く延ばして焼いたものである。⑩ヒロース（ポルトガル語「filhos」）は、油で揚げたケーキである。上新粉、白玉粉、水を練り茹で上げ、卵黄八十個を練り合わせて油で揚げたものである。⑪タルト（オランダ語「taart」）は、ケーキのことで、上皮は、小麦粉に卵とバターを加え、水で練り合わせる。この生地を鉢にして、栗や南瓜、梨、プラム、桃、あんず、さつまいもなどを使った餡を入れ、パイカッターで切った紐状の生地を菱や格子かけにして焼いたものだった。

これらは、西洋での伝統菓子で、出島でも好まれたのであろう。本国でも日常的に菓子を食することが多かったオランダ人は、出島でもこのような菓子をつくり、食していたのである。

8．たばことクレーパイプ

出島に滞在したオランダ人の嗜好品にたばこがある。日本国内では、慶長四（一五九九）年に長崎の桜馬場の地にたばこが植えられたことがはじまりで、南蛮船が持ち込んだ。多葉粉や多葉古、丹葉粉、淡姑などといった字があてられ、日本人にも愛用されていた。日本人には、嗜好品や医薬品として定着しており、瘴気を晴らしたり、頭痛に効いたりといった様々な効用がいわれている。一方で、その害悪の点も知られるところだった。幕府は、慶長十四（一六〇九）年以来、たびたび禁煙令を出しており、商品作物であるたばこを作りすぎて米作が停滞するのを懸念した。生産にあわせて、販売も処罰の対象として規制を強めていた。

タバコを吸うオランダ人（「紅毛人遠見之図」、西南学院大学博物館所蔵）

オランダ人たちは、クレーパイプという、白色粘土（クレー）を型どって成形し、焼成したパイプで喫煙している。南北アメリカの先住民が使用していたことが起源といわれ、十六世紀にヨーロッパにその風習が伝わった。とくに、イギリスを中心に各国に広まっていったようである。パイプ職人がオランダに移住すると、急速にオランダ人の間で喫煙の文化が定着していったようで、一六〇七年にアムステルダム、一六一二年にライデン、一六一七年にハウダ、一六二七年にはロッテルダムといったように各地でパイプ生産が始まっている。一六三〇年代にはオランダ国内でクレーパイプの使用が確立されたともいわれる。形状は、たばこを詰めるボウル、軸筒のステム、さらにボウルとステムの接合部分であるヒールからなる。時代を追うごとにボウル部分は拡大し、たばこを詰める量が増えていった。

出島からは総数約七万点のオランダ製のクレーパイプが出土しており、いかに嗜好されていたかがわかる。当時、消耗品だったことが、こうした出土数にあらわれているのであろう。かつて、平戸オランダ商館長が、銀製のきせるを所持していたが、のちにクレーパイプの生産数が高まったことを受けて、容易に入手できるようになり流通した。出島から出土したものは、十八世紀代に生産されたものが主である。クレーパイプは脆く壊れやすい性質上、破損して出土することが多い。各部位に趣向が凝らしてあり、例えば、ヒール部分には、アムステルダムの紋章や帽子、風車のマークが入っているものがある。また、ステム部分には、様々な字句が刻まれており、パイプメーカー名などもある。ボウル部分には、王室関係の肖像などが刻まれた記念パイプもある。

オランダ製のパイプばかりでなく、イギリス製のものも出土している。オランダ製とさほどかわらないが、ボウル部分の装飾に凝っている。また、日本製のきせるも見つかっており、出島の出入りを許された遊女が使用したものと推察される銅製きせるがみつかっている。クレーパイプを手にした商館員たちの姿は、日本で作成された版画などに数多く描かれている。それだけ、出島内で喫煙文化が定着していたことを示し、多くの日本人の目にも止まっていたことがうかがえる。クレーパイプは、貿易品として持ち込まれたというよりは、商館員個人が、日常使いや贈答品用として、出島に持ち込んでいたのである。

9．服装と趣向

出島に滞在したオランダ人たちの服装は、『紅毛雑話』に絵入りで説明されている。衣服の総称を「ケレイド」、上着を「ロック」、下着を「カミフール」といった。上着は長く、下着は丈の短かいものを着用した。裾の方には小物を入れるところ（ポケット）があったという。ボタンは金銀の金具で巻かれた鮮やかなもので、身分によって着衣の区別はなかったとも記されている。

ズボンに相当するものが「ブルーク」で、丈は短く、前にボタン付きのポケットがある。また、「ゲスプル」

という金物で止めるところがあった。「ゲスプル」は大きいのは足袋に付け、小さいのは袴につけられた。「コウス」という股引きがあり、模様を編み入れたものもあったようだ。

その他、「ヘムト」という、白い西洋布でつくられた上着にあわせて、「ヲンドルブルーク」というズボンがあった。これらは部屋着のようなラフな仕立てとなっている。

履物を「モイル」といい、底は革でしつらえ、上部は天鵞絨《びろうど》を張り、金具や銀具で模様がつけられていた。なお、天鵞絨にかわって革を張ることもあったようで、その仕様は一様ではなかった。また、足袋《たび》に相当する「ターピス」というのがあり、裁断して製作されている。

帽子に相当するものが、「ウート」である。「ベイフル」という獣の毛でつくられ、黒・白・褐色のものがあった。縁は金銀の笹縁をかけることもあった。また、「プロイク」という鬘《かつら》もあり、これは長髪・巻髪の仕様で、饗応の場などで被って参加している。今日でいうウィッグのようなものであろう。

このように、オランダ人は、自国の服を着用して生活していた。自分とは異なる服装をしているオランダ人の姿は、多くの日本人の目にとまった。長崎奉行筒井政憲が長崎聖堂の饒田喩義《にぎたゆぎ》に命じて市中の名勝・風俗などを記した『長崎名勝図絵』にも「メリヤス　足袋・てぬき・股引　紅毛人の伝来」とある。メリヤスとは靴下であるが、長崎の町人たちにも一般的に知られた装いであった。また、前述したボタンも、阿蘭陀趣味として流行している。長崎のオランダ通詞は、江戸の蘭学者などに新年の挨拶状に紅毛ボタンを添えて送る習慣もあったほどだ。オランダ人たちが持ち込んだ衣類も、日本人たちの間で、しだいに定着していったのである。

10．建造物と内装

出島内の建物は、日本人職人によりつくられ、その意匠には中国様式が随所に取り入れられている。その代表的なものが、唐紙《からかみ》である。唐紙は中国を起源とする木版印刷紙で、平安時代には、貴族など身分の高い屋敷の装飾として用いられた。特に、ふすまや屏風の建具などに使用され、さまざまな図柄が考案されている。出島内の住居の内壁や天井の一部には、唐紙が貼られている。

建物の内装には、オランダ人の好みも反映されていた。当時、西洋で邸宅の内部に壁紙を貼ることが流行すると、オランダ商館員たちは、日本でつくられた唐紙をこれに代用して、居住空間に彩りを添えたのである。こうした内部の意匠は、当時の絵画史料や模型などによって知ることができる。一八一七年から二三年までオランダ商館長を務めたヤン・コック・ブロムホフは、出島の模型製作を発注する。完成した一八一八年には、これをオランダ本国に送り、一八二〇年にはデン・ハーグの王立骨董陳列室に登録されている。現在はライデン民族学博物館で収蔵されているこの模型には、その内部に唐紙が用いられているなど、当時の建物を忠実に再現しようと試みられている。なお、この模型には、実際にあてがわれていた唐紙がつかわれているとされる。

例えば、一番船船頭部屋には「牡丹唐草」、カピタン部屋には「松菱・大菱」が使われている。また、カピタン部屋二階の玄関の間には「一松皮菱に松」の模様が用いられたことのほかにもカピタン部屋には、「小花柄七宝」、「大八ツ藤」、「拾七菊稲妻」、「瓢箪唐草」など、さまざまな唐紙文様が貼られていたことがわかる。

唐紙は、中国ルーツでありながら、時代が経つと日本で良質のものが生産されるようになった。西洋での壁紙の流行を背景にオランダ商館から発注を受けると、出島の建物内の装飾にも使われた。こうした建物内部の意匠には、日本や中国、オランダ文化が反映されていたのである。

11．庭園と植栽

出島内には当初、作物を栽培するための畑があった。それに、観賞用の植栽がなされるようになり、庭園ができたのは享保十三（一七二八）年頃とされる。この頃は、方形状の小さな区画が多数ある整形式庭園であり、文化四（一八〇七）年までこれが続いた。以降、しだいに風景式庭園に移行していき、嘉永四（一八五一）年には完全に風景式庭園へとかわっていった。

ここに植栽されていたのは、薬効が認められるものが多かった。享保十三年から天明元（一七八一）年までには、松が植えられていたが、これは、肌荒れや咳、虚弱体質に効くとされた。これ以降、梅（健胃・整腸・止血など）や桃（便秘・気管支炎・咳・肌荒れ）、蜜柑（利尿・腹痛）、胡桃《クルミ》（滋養強壮）、牡丹《ぼたん》（消炎・解熱・鎮静）などと三十七種類の薬用植物が植えられている。限られた空間のなかで、実用的な植物が栽培されていたのである。その姿は、薬用植物園さながらだった。

出島で生活していくうえで必要な品種が意識的に植えられている。商館員たちは、遊女と接する機会もあったため、性感染症対策と思われる植物もあった。利尿作用をもった植物が数多くあり、尿道炎や膀胱炎、風邪などに効能のあるものなど、日常生活に密接したものが育てられていた。

オランダ商館医たちは、常備薬として生薬を使っている。そこで、出島内に植えられていた植物をみると、次のものがあった。

松・梅・桃・蜜柑・扉木《とべら》・胡桃・牡丹・山桃・肉桂《シナモン》・花水木・花梨・ジャスミン・粗樫《あらかし》・雛芥子・阿蘭陀芹・枝垂柳・蜀葵《たちあおい》・笹百合・葡萄・丁子（クローブ）・ゴムの木・大葉櫟《おおばくぬぎ》・柏槇《びゃくしん》・石竹（カー

ネーション）・アロエ・赤花檀独花・巴担杏（アーモンド）・金盞花・海桐花・蘇鉄・ナツメグ・擬宝珠・サトウキビ・セージ・トマト・金木犀・バナナ

出島の敷地面積の四分の一を畑が占めている。そこに母国の作物の種や苗を植え育てている。畑にも、しだいに鯉を泳がせた池をつくったり、ぶどう棚をかけ、涼所を設けたり、観賞用の牡丹なども植栽されるなど、時を経ることに趣向を凝らしていくようになった。また、薬草園はオランダ商館医にとっては必要不可欠だったといえ、実を兼ねた植物を栽培していたのである。野菜畑とともに実用的な側面を維持しながら、娯楽的な要素をもつ庭園が設えられていった背景には、出島での生活に余裕ができてきたあらわれともいえる。

12. 出土した動物の骨

出島内には、多くの動物が飼育されていた。このなかには食用も含まれており、バタヴィアから連れてこられた動物もいた。食用として飼育されていた動物は料理された後、出島内で埋骨して処分されており、今日でも大量の骨が出土している。これらからは、出島内での〝動物園〟の実態も垣間見ることができる。

出土した骨で最も多いのは牛である。その骨は、頭部・胴体部・前肢・後肢の各部分が確認される。しかし、頭骨は少しの断片を残すのみで、角鞘《かくしょう》と呼ばれる角はほとんどみられない。頭骨と角鞘は、四肢と別に処分されたと思われ、特に牛の角は利用価値があったために別に取り扱われた。また、骨には解体の時についたと推測される傷がある。大型の骨には打ち割ったような痕があるが、これは、骨を煮詰めて出汁をとるためであろう。これらの牛の品種ははっきりしていないものの、石崎融思著『長崎古今集覧名勝図絵』には「蛮国牛之図」として今日に伝えている。

動物（『蘭館絵巻』複製、個人蔵）

これによれば、出島にいた牛は、和牛よりも光沢のある毛並みで太くて大きいとある。角は長く背中に甲のような異形があると記している。なお、牝は角が短く甲は小さかった。また、牛の解体や調理について、まず、頭を切断し、臓腑を抜き熱湯をかけ、毛を剃って皮を剥ぎ、細かく切って、塩漬けにして食べるとある。これは食べ方の一つであろうが、日本の牛との違いや出島内での調理方法について紹介している。

牛に比べると出土骨は少ないものの、重要な動物だったのが豚である。豚の遺骸の出土例は、日本では少なく、出島では若い個体が多かった。『長崎古今集覧名勝図絵』には「蛮国豚」として記されている。日本の豚より形が太く面長、荒毛で牙があったようで、オランダ人が好んで食用としており、肉はもとより、臓腑帯腸まで食べている。肉は塩漬けにしたり、丸焼きにしていた。また、『長崎聞見録』には、「家猪」とあり、中国人やオランダ人が常々食べていたと記してある。長崎の立山や稲佐などでは彼らに販売するために飼育されている。その姿は、野猪によく似て肥えていた。

出土数は少ないものの羊もおり、出島では大型成獣の骨が出土している。『長崎古今集覧名勝図絵』には、「阿蘭陀野羊」とあり、オランダ人の食用の獣として紹介されている。犬より少し大きく毛色は色々あり、子供をたくさん生む。そして乳汁を飲んで薬用としていたようである。鳴き声は子供の鳴き声に似ているとある。また、単に「羊」としても収められており、ここには、毛が長くて綿毛の用途があり、そしてオランダ人の食用になっていたとも記されている。これ以外にも、日本の鹿類に相当する「ヤマムマ」というものもいた。

このように、オランダ人は日本で馴染みのない哺乳類を出島で飼育していた。これらは、オランダでは日常的に食されていたもので、日本で入手が困難なものは持ち込まれていたのである。こうした動物を奇異に思った日本人たちは、これらをスケッチしていったのである。

13. オランダ冬至

キリスト教の信仰が厳禁の時代に、出島内であってもクリスマスを祝することは禁じられている。それは、オランダ人が日本に滞在するにあたり、幕府の法令に従うことを条件としていたためで、キリスト教に関する行事は一切禁じられていた。貿易品のなかに、キリスト教関連の書籍があったら厳しく咎められたように、日本にキリスト教文化や慣習に関連するものを持ち込むことは許されていなかった。

オランダ人にとって、ほかの西欧圏の国と同じように正月よりもクリスマスは大切な行事だった。正月は、日本でも祝賀する行事だったことから、出島内でも容易に行なうことができたが、クリスマスを催すには工夫が必要だった。そこで、目をつけたのが冬至である。太陽暦の十二月二十二日頃が冬至にあたったことから、オランダ人たちはクリスマスに近いこの時期を盛大に祝っていた。これを〝オランダ冬至〟といった。つまり、冬至を隠れ蓑として使いながら、クリスマスを祝っていたのである。日本国内でも冬至祭りが行なわれていたため、これに重ね合わせる形で催すことができたのである。

この日は、出島に出入りすることを許されていた日雇などが、出島内の各部屋を巡回した。オランダ船の模型を製作し、ドラを鳴らしながらカピタン部屋やヘルト部屋などを廻り、冬至の挨拶をして祝儀をもらっていた。あわせて、出島乙名やオランダ通詞などもカピタン部屋などを訪れ、冬至の挨拶をしている。オランダ冬至の祭祀としての形態は、今日のハロウィーンに近いものだった。

また、この日は、カピタン部屋の一室では、特別な料理が振る舞われている。『長崎古今集覧名勝図絵』をみると、豚の頭の料理が置かれている。当時、西洋のクリスマスに猪の頭を調理した〝boar's head〟が饗応に出されていたが、これに模した祝宴が出島で催されていたのである。

14. オランダ正月

江戸時代の日本の暦は太陰暦（旧暦）だったが、オランダ人は太陽暦（新暦）を用いていた。そのため、日本の正月とオランダの正月とはずれており、出島では独自に新年の祝賀が行なわれていた。この時、オランダ商館に関わる日本人役人たちも招待され、饗応をともにしたのである。参加していた日本人たちは、この行事を〝オランダ正月〟と称していた。オランダ正月は、一七〇〇年頃から始まったと推察され、出島では、イースターやクリスマスの祝宴は認められていなかったため、ことのほか盛大に開催されていたようである。

ここに招待されていたのは、乙名（二名）と組頭（二名）、通詞目付や通詞（大通詞・小通詞・小通詞助・

小通詞並）ら二十八名だった。これに、奉行所関係役人たちも加わっている。この宴席は、西洋風の接待だった。安永四（一七七五）年にオランダ商館医として訪れていたツュンベリーは、『日本旅行記』のなかで次のように記している。

スープは誰でも食べたが、牛乳入りの焼豚、ハム、サラダ、サンドウィッチ、ソウルと及びその他の生菓子等の如き料理は一寸味うだけで満足していた。彼らが是くも少食であるのに皿の上には何も残っていなかった。それは彼らは薦められるものを一枚の皿に移し入れ、この皿がいっぱいになると町に送るからである。

ここにあるように、オランダ正月で振る舞われた料理は少しだけ口にして、その多くは持ち帰っていた様子がわかる。それは、当時の人は、西洋料理を薬と考えていたためで、年に一度の饗応で振る舞われた食事は、町に持ち帰り、親類縁者とに分け合って大切に食されていたのである。日本人は肉やバター、塩で加工された食品を普段は食べなかったようで、肺病の薬として貯えていた。また、日本人の習慣として、豪華な食事は、家族で分け合うことがあったため、持ち帰っていたのは自然な行為だったといえる。

オランダ正月で振る舞われた献立について、『紅毛雑話』には二十一種類が挙げられている。そこには、魚や鯛、豚やヤギの丸焼き、鳥肉料理、鴨丸煮などのメインに加え、菓子として、カステラやタルタ（タルト）などもあった。この時に給仕役として、遊女が呼ばれることもあった。このオランダ正月の慣習は、安政の開国後にも行なわれている。

オランダ正月の文化は、日本の蘭学者のなかでも取り入れられていった。大槻玄沢（一七五七～一八二七年）は、寛政六（一七九四）年の元日に、友人や蘭学者を自身が開いた芝蘭堂《しらんどう》に招待して饗応している。これには、二十九人が出席したようで、その様子は、「芝蘭堂新元会図」（早稲田大学図書館蔵）

に描かれている。そこには、床に座って饗宴しており、椅子には一人の人物のみが座っている様子が描かれている。机の上には、ナイフやフォークのようなものもあるなど、西洋を模倣したスタイルも垣間見られる。こうして蘭学者によって、西洋の習慣が日本人にも伝わっていったのである。

15. 素人芝居

出島の商館員たちは、以前から出島内で芝居をやりたいと商館長に申し入れていた。趣味・余興の一種であろうが、彼らは真剣だった。この時の長崎奉行は筒井《つつい》政憲《まさのり》（のちの江戸の南町奉行）で、彼が江戸へ戻る際に、歓送のために演じたいと訴えていた。この願いを商館長ブロムホフが受け入れ、文政三（一八二〇）年に実現するに至る。芝居は、閏八月十一日（新暦：九月十七日）、九月七日（十月十三日）、九月十四日（十月二十日）、九月十六日（十月二十二日）の計四回上演されている。

上演された場所は、商館長の住居で、「庭園の家」や「花畑亭」、「玉突き部屋」、「避暑棟」と呼ばれるL字形の建物である。この建物の一階には遊女部屋があったが、ここは楽屋にあてられた。舞台には商館長の住居の広間がつかわれ、見物席（客席）は広間の一部があてられたとか、屋外だったともいわれ、はっきりわかっていない。観客席は、ガラス蓋の燭台で照らされ、舞台の正面にはじゅうたんが敷かれ、オレンジ色の布で飾られるなど、他の席とは区別されていたようである。約二十名が観覧できる客席だったと推測される。

閏八月十一日の一回目の上演は、「芸術は長く、人生は短い」というテーマだった。筆者頭のJ・F・フィッセル、書記のH・スミットとバウエル、二等書記L・E・フィッセルらによって、喜劇「結婚の策略」（別名「二人の兵士」）が上演された。この時、乙名や通詞など、長崎奉行の許可を得たものが見物している。最後は、劇団が合唱し、書記のオーフルメール・フィッセルが自分の詩を朗読して幕を閉じた。

九月七日の二回目は、喜劇「気短な人」にはじまり、オペレッタ（歌劇）「二人の猟師とミルク売りの娘」でしめくくっている。この時、出島で当番だった検使とすべての通詞たちが見物している。見物した者たちは、オランダ人の芝居をぜひ、奉行にもみてもらいたいと言っているほどで、大変好評だった。

九月十四日の三回目は、新旧二人の奉行の見物が実現した。奉行は、勘定方役人と二人の家老、検使を同伴して出島を訪れた。上演の前に一行は「玉突き部屋」へ通され、荷倉役が玉突き（ビリヤード）をしてみせ、奉行らを楽しませている。玉突きには奉行も関心を示しており、自らも興じている。最初の芝居は「気短な人」が上演された。これが終わった後、夕飯の時間となり、オランダ風の軽食と菓子が振る舞われた。次の芝居「二人の猟師とミルク売りの娘」の準備が整うと、奉行たちは自席に戻っていった。上演後は、歌や踊りを取り入れたパントマイムが行なわれている。最後に、「両長崎奉行万歳」という照明具が舞台に運ばれ、これは拍手で迎えられた。すべての演目が終わると、商館長ブロムホフは長崎奉行たちを表門まで見送り、別れの挨拶をしたのであった。

九月十六日の四回目は、三回目に観れなかった町年寄たちのために実施された。三回目と同じように「気短な人」が終わると食事の時間となり、ハムと骨付きの肉、菓子が振る舞われた。「二人の猟師とミルク売りの娘」が終わると、拍手がおくられ閉幕となった。

これらの上演は、午後六時頃に始まり、夕食をはさんで、九時頃には終わった。ブロムホフも『オランダ商館長日記』に「若い芝居愛好家」と記しているように、素人による芝居であったが、見物客には大変好評だったようである。「結婚の策略」のストーリーは不明だが、「気短な人」は金貸しが起こした訴訟を手伝って、その娘と結婚する気短な男の物語である。また、「二人の猟師とミルク売りの娘」は、熊狩りで儲けたい猟師が、恋人と別れて牛乳で儲けようとする娘に想いを寄せる。熊があらわれ猟師は仰天し、娘は牛乳をこぼす。そして、後悔して行方を探しにやってきた元恋人と結ばれるという話だった。

この時の出島で行なわれた素人芝居は、『川原慶賀筆阿蘭陀芝居図巻』として描かれている。これは、将軍に送るためにスケッチされたもので、それだけ素人芝居の上演は多くの関心を集めたことがわかる。

16．儀式と奏楽

オランダ人にとって、奏楽は大切なものだった。自身の余暇や食事、歓談中であったり、祝祭行事に、西洋楽器が演奏されている。行事に華を添えるため、西欧国では重要なセレモニーに欠かせなかった。それは出島でも同様であって、例えば、日本人役人が訪れた時にも音楽で歓待され、公式行事に必要なものとなっていた。

出島の行事のなかでも、ワーテルロー戦勝記念日は特別であった。ワーテルローの戦いとは、一八一五年にベルギーのワーテルロー近郊で起こったイギリスとオランダ、プロイセンの連合軍とフランス軍との戦闘である。一七九五年からフランス革命軍に占領されて、オランダ国（ネーデルラント連邦共和国）は消滅していたが、この戦いに勝利したことでネーデルラント連合王国が建国されたのであった。王国の復活を祝して、すべての商館員に加え、出島乙名、大小通詞たちも加わり、オランダと日本料理でもてなし、ささやかな軍楽を奏でて国旗を掲揚する儀式が催されている。また、晩餐会の時にも、西洋音楽の演奏やオランダの舞踊、日本人の踊りもあったようで、公式行事として執り行なわれていたのである。

また、ジャガタラ占領記念も祝されている。これは、一六一九年にバタヴィアの根拠地をイギリスから奪還したことを記念したものである。毎年、五月三十日に開催され、オランダの国家的行事の一つとされていた。『長崎オランダ商館日記』には、音楽について記載したものはないが、国旗掲揚の際に奏でられていたものと推測される。国王の誕生日や商館長、商館員らの生誕を祝う時にも演奏されている。

ワーテルロー戦勝記念日や新年の祝祭、国王生誕記念日には、「ウィルヘルムス」が奏でられた。なお、「ウィルヘルムス」は、この頃、正式な国歌ではなかったが、ブロムホフらは好んで演奏させていたようである。一八一五年にオランダが主権を回復し、ネーデルラント連合王国を成立させた時の国歌は「オランダの血の流れる者」だった。

商館内ではピアノも演奏されており、一八一七年十月十五日の『長崎オランダ商館日記』によれば、楽士たちにより「小曲」が演奏されたり、書記バウエルがピアノで「小アリア」を弾き、これには長崎奉行もたいへん喜んだようである。これ以外にも、巡見で来訪した島原藩主松平家の一行や、中国人を商館に招いた時、紀州徳川家の家臣が来訪した際にも奏楽で饗応していることがわかっている。

出島内では洋楽そのものが禁じられていたわけでなく、商館員に関しては、賛美歌も認められていた。祝祭行事の音楽上演や出島を訪れた日本人たちへの接待、饗応などでも上演されるなど、一種の公的なもてなしとして定着していた。演奏にあたった「楽士」や「音楽隊」の存在はこれを裏付けるものである。また、「召使い」も奏楽に加わっており、これは、黒坊たちがバタヴィアなどで習得していた技術を披露している。なかには、三味線などの日本の楽器を学んでいたものもいたようで、出島では音楽に関しては広く許容されていたことがわかる。

17. 寛政十年の出島火災

出島内では二度、大きな火災があった。一度目は、寛政十年三月六日（新暦：一七九八年四月二十一日）

のことで、この時の商館長はヘンミーだった。ヘンミーは、火災当時は江戸参府に出ており、不在中に大規模な火災が起こったのである。

夜の十二時過ぎ、カピタン部屋の東にある縫物師部屋から出火した。西北の風をうけて燃え広がると、カピタン部屋にも飛び火した。結果的に、水門側の右半分（西側）の建物をことごとく焼失する事態になったのである。出島内にある荷物は、鯨船や番船、唐船などを出動し、総動員で水門から運び出された。また、火の手の及んでいない東側の石垣を数か所壊して荷物を運び出している。出島にいた大小通詞は朱印状を持って水門から脱出、出島からほど近い西役所へ小通詞と年番通詞が付添って手渡し、預かってもらった。貿易許可書である朱印状は、書類のなかでも最も貴重なものとされ、ことのほか大切に取り扱われたのである。

消火活動には、奉行所や諸藩の役人が、火消し道具を携えて騎馬で出仕した。長崎警備にあたっていた黒田家は、日の出を待って、沖番所から一〇〇人を召し連れて飛船《とびふね》で駆けつけた。翌日になっても火は衰えず、長崎の町からさらに三十町ほどの火消しが動員された。八日夜から十二日まで幸いにも降雨となったことで、しだいに鎮火していった。ひとえに出島内での消防体制の不備がこの大火を招いたのである。

オランダ人たちは、水門から助けを求め、その声は対岸の稲佐や聖徳寺まで響き渡ったようである。救援に多くの船が集まってきて、当時出島に滞在していたオランダ人十六人は、七日朝に西役所へ避難し、その日の十時頃には類焼を免れていた花畑の建物に入った。また、火元となった縫物師のところにきていた三河という遊女と十四歳の禿《かむろ》（遊女の手助けをする幼女）が自室から逃げ遅れた。事態に気づいた遊女は、五間半（約十メートル）もある二階から飛び降り、怪我をしたものの命は助かった。ここから飛び降りることができなかった禿は、落ちてきた屋根の桁の下敷きになって、身動きがとれずに焼死してしまった。

これを受けて火元のオランダ人縫物師は奉行所で尋問を受けることになった。彼は「押込」（一定期間外出を禁じる刑罰）となったが、出火の原因は禿の不注意が原因と主張した。結局、出火原因は不明のまま処理されている。また、この火事に乗じて日本人による盗みが発生している。恵美酒町に住む弥七は、出火の翌日に消火活動を行なっていた。一時搬出していた荷物を水門から荷揚げする時に、ガラス器を一つ盗み取って海中に沈めていたことが発覚する。後日、取りに行くつもりで隠しており、このことは、不届きであるとして「敲《たたき》」刑が申し渡され、さらに、今後は、唐人屋敷と出島への立ち入りを禁じられた。まさに、混乱に乗じた〝火事場泥棒〟が横行していたのである。

この出島大火をうけて奉行所は出島中央の道幅を二間半（約四・六メートル）から三間半（約六・四メートル）に拡張させている。焼失したカピタン部屋は、なかなか再建されず、文化六（一八〇九）年まで待つことになった。そして、火の元を用心する十三項目からなる規則が、出島商館員たちに周知されることになる。これは、内部規則というより心構えとして、大火の教訓とされたのであった。

18．出島の火の用心規則

長崎市中でも度々火災は起こっており、火事の程度によっては、出島オランダ商館も対応を迫られることになる。文化十一（一八一四）年、金屋町を火元として、十二町三三九軒を類焼する大火が発生する。この時、商館長ヘンドリック・ドゥーフは、万一の事態に備えて、朱印状や重要書類の入った箱、銀細工、将軍から贈られた時服五十着などを箱に入れて持ち出す準備を整えていた。

火の手が出島の近くにあたる、島原町や大村町に及ぶと、類焼の危険が迫っていたのである。日本人役人はドゥーフに出島から避難するように提案する。しかし、ドゥーフは町に出ることを断るとともに、水門を開いてもらい、重要な品物を船に乗せて運び出したいと願い出た。この願い出は奉行所にも届けられ、水門は開かれることになった。しかし、この時、小舟四隻を手配していたものの、小舟には火災によって沿岸に住む舟子たちの家財が積み込まれており、利用できなかった。火の手がしだいに近づいていたことをうけて、ドゥーフは水門を通りかかった小舟の舟子に頼み込んで商館員を乗せてもらった。商館員は朱印状を携帯し、江戸参府の時に使う日吉丸まで送ってもらい、それ以外の重要な品々もこの小舟で次々に運んでいった。

この火災をうけて、出島内でも火の始末などについて規則がつくられた。ドゥーフは出島に滞在していた人々を集め、次の十三ヶ条を申し渡した。

①オランダ人は毎晩カピタン部屋に集まる習慣となっている。この時、各人、暖炉の火を消してその扉を閉めてくること。

②火鉢を使っている場合は火を消すこと。外出中に猫がもぐり込んで火事になることもあるので、すり鉢をかぶせて蓋をすること。

③留守中に風が吹き込んで火が吹き散らされないように窓を閉じること。

④夜、カピタン部屋から戻ってきても暖炉や火鉢に火を付けてはいけない。帰ったらすぐに寝る習慣にすること。

⑤女たちは夜、部屋に帰ってたばこを吸ってはいけない。たばこ盆やたばこ用の火入れに火を入れてはならない。そしてたばこにランプで火を付けてもいけない。

⑥カピタン部屋での会合がない時は、各人は寝る時に、先に挙げた点に注意すること。

⑦夜、カピタン部屋に集まる時、ローソクやランプに火をつけたままにしてはいけない。注意深く消し

てくること。

⑧寝室にはランプを一つだけ使うこと。ローソクを使ってはいけない。火災の用心のために、行灯《あんどん》の油皿に紙・ローソクくず・ランプの芯・マッチ類を置かないこと。

⑨残り火は火事の原因になりやすいから注意すること。提灯《ちょうちん》のローソクも完全に消すこと。

⑩火災の原因になるため、薪や火付け用の材料を台所の竈《かまど》の下に置かないこと。

⑪夕方、竈の中が真っ赤に焼けているかどうか注意し、焼けている時は水をかけ、竈の口をふさぐこと。

⑫これまでの事項に違反した時は、一回目は月給半分の罰金、二回目は、どんなことであっても月給一ヶ月の罰金、三回目は不注意の度合いによる罰、そして、同居人にも責任を負わせる。

⑬災害防止のため、荷倉役は、勝手方手伝のひとりをつれて、毎月一日、十日、二十日に、竈や台所を検査すること。火鉢を木の枠から取出して、枠が焼け切れる危険がないか、内部に灰が十分入っているか調べること。

火の不始末がないように、ひじょうに細かな取り決めとなっている。ランプといった自国のもの以外に、不慣れな日本の竈やローソクといったものも使われており、それらの取扱の注意が申し渡された。こうした火の用心に関する規則を出島にいる人々に定着させ、習慣づけようとしていたのである。また、これに違反したら罰金が科されるなど、ドゥーフは内部規律をもって、これを徹底させようとしていたことがわかる。

19. 安政六年の出島火災

寛政十（一七九八）年の出島の大火については、日本側の文献に数多く記録されており詳細に知ることができる。日本側の記録にはないものの、安政六（一八五九）年に、出島は二度目の大規模火災に見舞われている。第二次長崎海軍伝習の教官としてカッテンディーケら三十人が長崎に赴任するが、その一人の海軍中尉ウィヘルスは、その火災の様子をつづっている。一八五九年三月七日から八日にかけて出島で火災があったようで、その被災状況（焼失部分）を出島図に落とし込んで添付したものがアムステルダムのオランダ海事史博物館に所蔵されている。

この三月八日の記録によれば、三月七日から八日と日が変わる頃、日本人の店から炎が上がったようである。これに気付いたウィヘルスは、外に出て火事だと叫び、カピタン部屋の前にある鐘を鳴らした。そして、複数人を引連れて消火用ポンプのある倉庫に向かい、消火の準備を整えた。しかし、出島内にはどこにも水がなく、表門近くの井戸、さらには出島の周辺も干上がった状態だった。こうしている間に火の手は広がっていき、消火にあたろうとした日本人たちもポンプはもっていたものの、水がない状況で、為す術なかった。

延焼していくなかで、商館内にある家具を持ち出そうとする者たちがいた。衣類や寝具、書籍、家具など主要なものが運び出されたが、混乱のなかで破損したり、消火活動にあたっていた者から盗まれた品もあった。消火にはロシアの水夫二〇〇人も支援したが、なかなか鎮火には至らなかった。そこで、類焼を防ぐために家屋を引き倒すことが有効だと考え、ロシア人の掛け声のもとで、一斉に引っ張り、逆さまに引き倒して鎮火をすすめることができた。なお、救助に当たった外国人水夫のなかにも、〝火事場泥棒〟がおり、反物や酒、道具、漆器、陶器などの箱を自分たちの船に持ち運んでいた。

火事が発生すると、奉行所役人の検使が、商館長（ドンケル・クルティウス）のところへやってくる。検使は、この時、将軍の朱印状を受け取り、これを避難させている。先の寛政の火災と同じような動きをとっているのは、この朱印状を優先的に扱うことが、日蘭間で決まっていたものと思われる。また、火事装束をまとった長崎奉行と目付、海軍伝習所教官のもとに伝習生たちも訪問して見舞っている。長崎奉行からは、果物や鶏肉、魚、酒、ティーポット、紅茶茶碗などがオランダ人へ贈られた。

火災原因ははっきりとわかっていないが、おそらく日本人の火の不始末とウィヘルスは考えていたようである。火災の原因も二つあげており、一つは暖炉の火の不始末で、もう一つは地震によってもろくなった家を倒壊させた屋根の木組みが暖炉裏や火鉢に落ちて燃え移ったのではないかともする。出火元について、カッテンディーケは『長崎海軍伝習所の日々』のなかで、「日本人商人所属の羅紗庫」といっている。そして、おそらく商人が夜遅く帰る時に、火鉢の火を消し忘れたのが原因であろうと指摘している。

今回の被災規模は、出島の四分の一を焼失したという。具体的には、七軒が全焼し、損害額は約二十万グルデン（ギルダー）にのぼったとも、三、四十万グルデンの商品を焼いたともされる。被災したオランダ人は類焼を免れた商館長の家にいたり、一部は出島外の飽の浦の工場近くの家に移ったりと、安政五カ国条約の締結によって、鎖国体制下とは異なる措置がとられていたのである。

20. 自然災害

出島は火災ばかりでなく、台風による暴風雨にも見舞われることがあった。一六四五年九月十八日「オーフェルトワーテル日記」によれば、七時間から八時間ほどの間、烈風が吹き続き、出島の石垣は吹き飛ばされ、大きな家屋一棟が倒壊している。樟脳五万斤を納めていた倉庫が危険な状態になっていたため、商館員たちに搬出させている。また、出島の波止場は流され、その痕跡がなくなった様子を記している。また、一六五〇年九月十一日の「ブロウクホルスト日記」によれば、暴風雨により、南側の建物は崩壊し、食料品貯蔵室や料理場などが流失してしまったようである。この時、奉行から事前に許可を得て、倉庫への浸水被害を防いでいた。これは、時期的なことからも、台風被害のことを記録したものと思われる。

また、一六五二年六月に、大雨で菜園の果樹やぶどうの土が流され、木の枝が折れて枯れてしまったり、一六五三年九月には、降雨による水害で、出島の倉庫数棟が倒壊している。さらに、一八一〇年の暴風雨では、二日間土砂降りの雨に雷鳴が続き、稲妻とともに港内海水が押し寄せ、船は避難するために出島と江戸町の間に集まってきている。この大雨により、出島のいたるところで、一フィートから一フィート半(三十から四十五センチメートル)の浸水があった。そして、塀や倉庫の一部も崩れてしまい、大きな被害を受けている。

出島も度々、地震に見舞われ、一七世紀頃からオランダ商館員の記録にも残されている。ここには「数分間継続」、「二回あった」、「激しい地震があったが、長くは続かなかった」などと表現はさまざまであるが、その規模を伝えている。また、一八〇八(文化五)年三月五日の地震では、「不思議なことが起こった」と記されている。それは、「長崎湾内の水が五分もしないうちに一四から一五フィート(約四・五メートル)引き、同様な速さでもとの高さにもどった。そして、ふたたび同じ速さで引き、今度はゆっくりともとにもどった。湾内の船は大きな流れのために風もないのに大ゆれにゆれた」というものである。これは、津波で、海に突き出た出島ゆえにその現象を正確に書き留めることができたのである。

家屋に被害があった時は、家主である出島町の二十五名が修復することになっており、急場の手当を含めて、現状回復しなければならなかった。しかし、町の復興が最優先とされるため、出島は後回しになることが多かった。また、費用負担をめぐっての交渉もあるため、こうした自然災害による不測の事態に、オランダ人たちは頭を悩めることになった。

21. 気象観測

日本では明治五（一八七二）年に函館の気象官署によって、初めての観測が始まっているが、江戸時代にも個人的に行なわれている。それは、出島のオランダ商館員らによってなされており、一八一九年から一八二八年までの間、シーボルトらによって観測された記録がドイツのボッフム・ルール大学に、そして、一八四五年から一八八三年に出島で記録された原簿や統計集が、オランダ王立気象研究所（KNMI）に所蔵されている。

一八一九年から一八二八年までの観測データは、商館長だったヤン・コック・ブロムホフとオランダ人医師シーボルトによるものだが、一八二三年十一月から一八二四年十二月までは記載がない。ブロムホフの一八一九年から一八二三年までのデータには気温のみが記され、観測場所は、一八一九年六月までは屋内、その後、屋外に移動し、一八二一年一月からは屋内外で行なわれている。

シーボルトのデータには、一八二五年十一月から一八二六年十一月の空白期間があるが、一八二五年までが気温のみ、一八二六年以降は気温に加えて気圧湿度も測定されている。また、シーボルトのデータには、一八二五年の一年間、江戸と長崎で同時に観測を行なった記録もあり、さらに、一八二六年三月から七月の江戸参府の際にも、出島から観測器を持参し、長崎から江戸までの移動気象の観測を実施している。気温は華氏で記録され、このデータは、『オランダ商館長日記』などにも反映されている。ブロムホフやシーボルトの観測は、個人的な研究心によるところが大きかったようだが、のちにオランダ政府から要請されるようになり、公的なものとなった。

そのため、一八四五年から一八五三年までの出島データは、オランダ政府の公式記録ともいえるものである。最初の観測者はモーニッケとその助手バッスル、ルーカスである。モーニッケはオランダ商館医として来日、日本で初めて種痘《しゅとう》を成功させるとともに、日本に聴診器をもたらした人物として知られる。彼自身、インドネシアでの気象観測に従事しており、オランダ本国で、世界的な気象観測ネットワークを形成する動きに対応したものだった。その後の気象観測は商館医のブロック、そして、軍医であるポンペに引き継がれている。

この出島データは、気温・気圧・湿度・降水量・風向・風速・雲量など多岐にわたる。観測時間は、六時・九時・十五時三〇分・二十二時と四回行なわれている。これは規格化されたものではなく、十日間の平均値のみを記録したり、月平均値を記録した時期もある。気温は、風通しの良い三つの異なった部屋に、各々設置された温度計の平均値が記載されている。気圧計は水銀柱製で、観測を開始した頃、シーボルトから送られたものが使用され、その後、同タイプのバロメーターが使用されている。

一八七一年から一八七八年までは、ポンペが設立した長崎病院で観測されている。出島から南東に五〇〇メートル離れた丘の上にあるため、これまでのデータとは異なる数値になった。ポンペは一八六二年十一月に離日し、それ以降、一八七一年までは観測されなかった。一八七一年十一月から薬剤師ゲールツにより観測が再開されると、一八七四年には医師のダウフェンボーデに引き継がれていった。

22. 取引されたコイン——長崎貿易銭

寛永十三(一六三六)年に寛永通宝《かんえいつうほう》が鋳造されるようになると、幕府はこれまで使っていた明銭《みんせん》(永楽《えいらく》通宝)などの古銭の国内流通を禁止した。すると、これらの古銭は、オランダと取引され輸出されるようになる。しかし、中国やオランダとの取引で銅銭の需要が高まってくると、古銭だけではまかないきれな

長崎貿易銭（個人蔵）

くなった。そこで、長崎貿易における取引のみに使う銭の鋳造願いが、町年寄や長崎奉行から幕府に出された。これが許可されて、造られたのが長崎貿易銭である。正式に幕府から許可を得て造られたことから、「公認模鋳銭」ともいわれる。

万治二（一六五九）年七月十四日に銭座で銅銭の鋳造が始まった。幕府からは寛永の文字を使わないことを条件に鋳造が許可されていたため、宋銭銘を用いた銭がつくられていった。特に北宋の銭名を付しており、これらは、貞享二（一六八五）年までつくられている。

ここでは、元豊《げんぽう》通宝・治平《じへい》元宝・祥符《しょうふ》元宝・天《てん》聖《せい》元宝・嘉祐《かゆう》通宝・熙寧《きねい》通宝・紹聖《しょうせい》通宝の七種類十六枚の貿易銭が鋳造された。字体が篆書《てんしょ》や楷書、行書と異なっていたり、茶褐色や黄色といったように異同があった。これらは、すべて円形方孔で、量目や大きさは貿易銭によってまちまちであった。これらのなかで元豊通宝の鋳造量が圧倒的に多かった。量目と直径については、次のようになる。

銭銘	量目	直径
元豊通宝	一・八〜五・七	二・二〜二・八センチメートル
祥符元宝	三・一〜四・二	二・四〜二・六センチメートル
天聖元宝	三・〇〜四・一	二・四〜二・五センチメートル
嘉祐通宝	三・三〜四・二	二・四〜二・五センチメートル
熙寧元宝	三・〇〜四・四	二・三〜二・六センチメートル
紹聖元宝	二・五〜三・九	二・四〜二・六センチメートル
治平元宝	三・三	二・四センチメートル

また、幕府は大坂に銅座を設け、輸出用の銅の確保に尽力する。輸出品は、銀から金へ、そして銅が主要な取引と移っており、幕府直営で生産から流通までを管轄していた。輸出の銅は、大坂の泉屋（住友）らが精錬し、棒状に引き延ばしていた形状から「棹銅」とも呼ばれた。純度が高い棹銅は、一〇〇斤ずつ箱詰めし、「長崎御用棹銅百斤入」と蓋に書かれて長崎に運送され、出島表門の右手前にある「銅入場」から搬入された。また、オランダと取引される時は、改めてオランダ側が計量（銅掛改め）して、輸出された。

なお、オランダ東インド会社は、ＶＯＣの貨幣を鋳造している。貨幣鋳造は、オランダ本国から許可されており、日本から輸出された棹銅を鋳直してコインを鋳造していたのである。これは、特にバタヴィア周辺で使用され、純度が高かったことから広く流通していた。出島での交易を通じて、日本にもＶＯＣコインは持ち込まれていた。

23．娯楽と余興

出島での余暇にまでは、幕府や長崎奉行は介入しなかった。オランダ人や黒坊たちにはある程度の自由

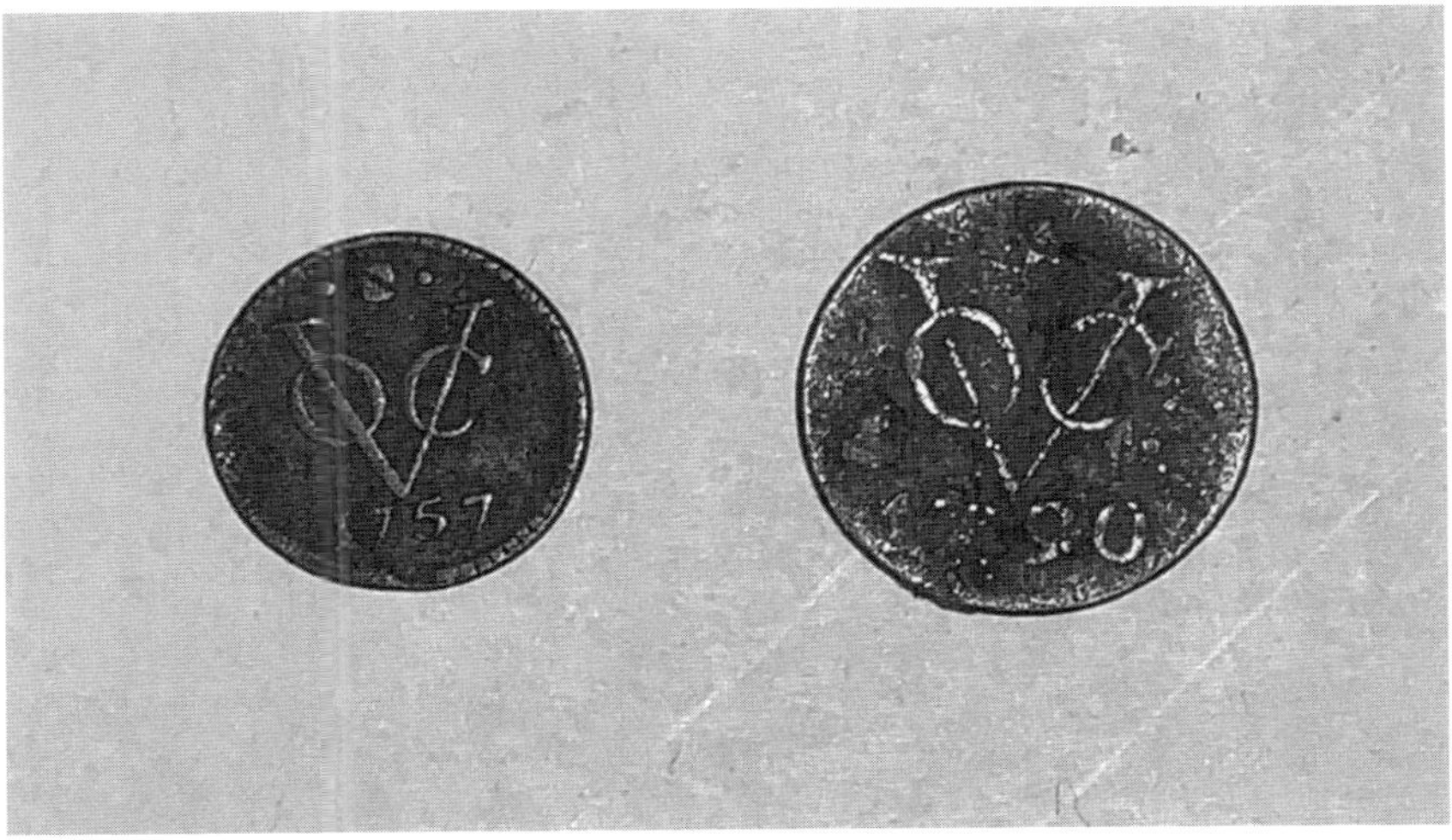

VOC コイン（個人蔵）

が認められており、出島内においては自国の遊興が嗜まれていた。彼らは主に「玉突き」と「羽子板」に興じており、その様子は、出島の様子を描いた『長崎蘭館図巻』（長崎歴史文化博物館蔵）や『長崎唐蘭館図巻』（神戸市立博物館蔵）などでも、確認することができる。

「玉突き」とは、今日のビリヤードにあたるもので、オランダ人たちの遊びだった。絵図には、オランダ人が遊女や黒坊を伴い、飲酒しながら興じている姿を収めている。「玉突き」は、「射玉」とも呼び、「射玉台」で「象牙の玉」を突いて遊んでいた。なお、玉突きは、オランダ人は単に娯楽だけではなく、接待の時にも見物させている。

例えば、長崎奉行はもとより、福岡藩や平戸藩主、島原藩主が出島の見物に訪れた時に、玉を突く様子を披露している。ある種、余興的に行なわれていたのであろうが、これをみた日本人役人に興味を惹かせており、長崎の町年寄福田清太郎に関しては、不意に出島を訪れて商館長ブロムホフに玉突きをして

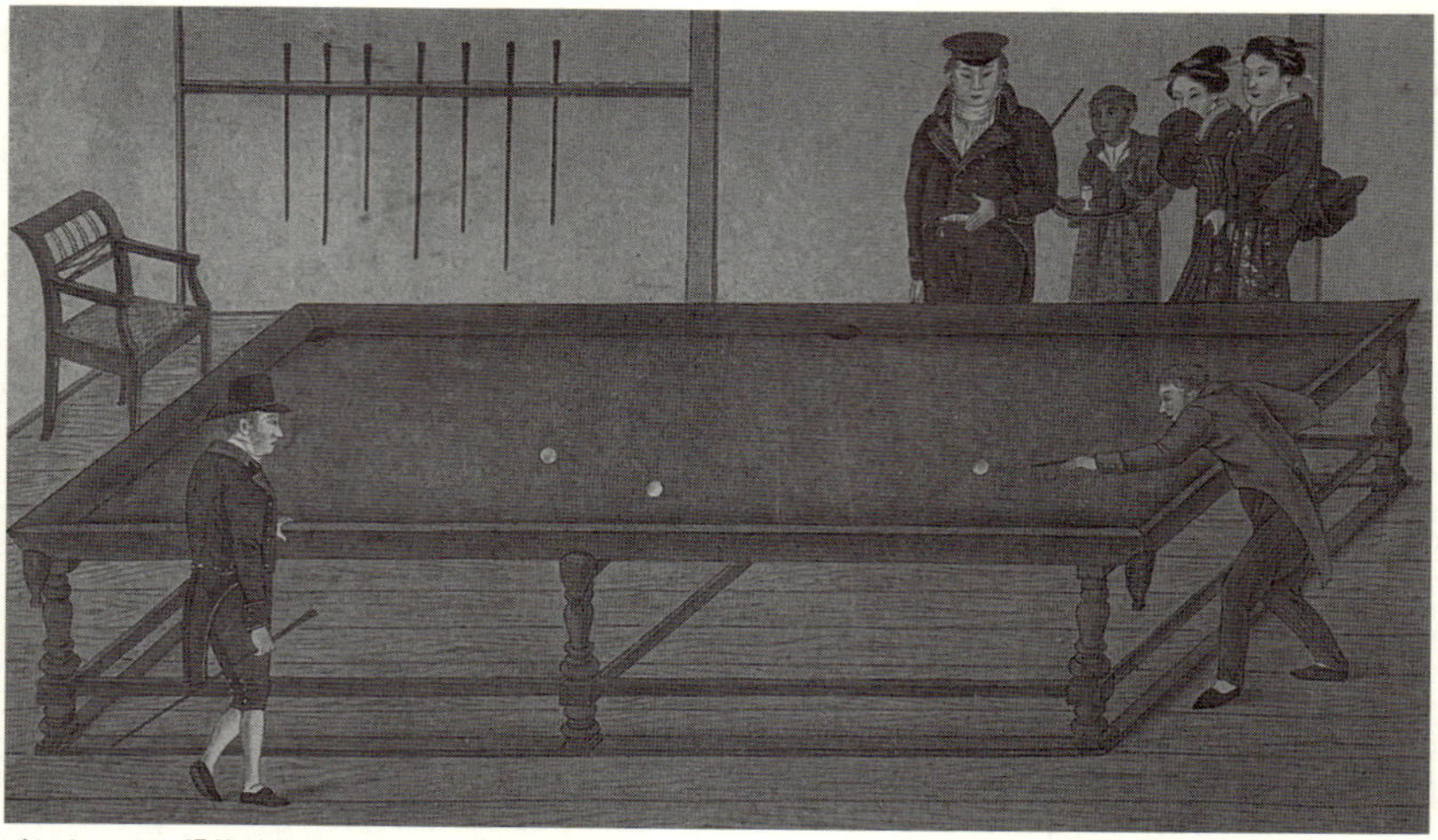

ビリヤード（『蘭館絵巻』複製、個人蔵）

みせるように要求したばかりか、自らも興じている。このように、要人たちが出島を訪れた時に行なわれる「玉突き」は接待の一つとなっていたのである。

一方、黒坊（主にインドネシアからの使用人）らによる遊びにバドミントンがあった。『紅毛雑話』には、「羽子板」と「羽根」が絵付きであり、「羽子板」を〝ラケット〟、「羽根」を〝ウーラング〟と称したとある。ラケットは長さ一尺七寸（五一センチメートル）で縁が曲がっており、縁と柄には、「金《きん》唐革《からかわ》」で巻かれていた。そして、両面を薄い皮で張り、アンペラ（むしろ）や古い皮で張っていたようである。ウーラングは、五色で染められた矢羽の下に〝キヨルク〟（コルク）を白い革で包んだ袋があると記している。ラケットはガット部分が異なっているが、ウーラング（シャトル）は今日の形状とほぼ変わりがない。

なお、オランダ人がバドミントンに興じている絵を見つけることはできない。『紅毛雑和』にも「黒坊の弄ひなり」と記されているのに加え、「西洋館

バドミントン（『出島蘭館図巻』部分、西南学院大学博物館所蔵）

にて閑暇の時に」遊んでいたとある。つまり、バドミントンはオランダ人以外の遊興として日本人は認識していたことがわかる。また、ビリヤードが接待の時に興じられていたのに対し、バドミントンはそれがなかった。それも、西洋の遊びとインドネシアとの遊びが出島内で峻別されていたためであろう。こうして出島内での娯楽も、オランダ人とそれ以外とでは異なり、多国籍な文化が混合していたのである。

24．出島にいた動物

将軍に献上するため、そして、幕府高官、長崎の役人たちに渡すために、貿易品として多くの動物も運ばれてきた。オランダ商館からの将軍献上品としては、寛永十九（一六四二）年に「金鶏一羽、珏三鶏一羽、はるしや鳥三羽、紅白いんこ一羽、鶴一羽」（『徳川実紀』）が贈られていることを確認できる。江戸時代中期になると、後述する象や駱駝《らくだ》など、大型の動物も日本に持ち込まれるようになった。

江戸時代初期は、外国の鳥類は珍しかったようで、幕府高官からの問合せも多かった。この仲介役を長崎奉行が行なっており、そのなかで最も美しい鳥は、将軍用として優先的に取り扱われた。献上品に関しては、江戸参府中に死ぬことを考えて、複数羽が送られていた。献上される動物は、まず、長崎で外見をスケッチして着彩する。そして、大きさなどを記した図版を長崎代官の高木家の責任で作成している。これが、幕府に送られてから受取の是非が検討され、受領することになれば、江戸まで送り届けられることになった。

高木家が記した『外国地珍禽異鳥図』（国立国会図書館蔵）には、唐船伝来のものも含めて、複数羽の珍しい鳥が描かれている。「類違からくん」（冠鳩）は、天明七（一七八七）年にオランダから食用として持ち込まれたものであるが、珍しいため献上品（御用鶏）となっている。文化十年（一八一三）年には「五色音呼」（インコ）、「猩々音呼」、「大紫音呼」、翌年には「五色紅音呼」、「錦鳩」がもたらされている。「錦鳩」は御用鶏として幕府に窺うつもりだったようだが、これは琉球にもいる鳥で京都や大坂では飼育している者もいるということで献上するか否かの問い合わせがなされた。その結果、琉球にいる同種と判断され、江戸に運ばれることはなかった。厳密に珍鳥かどうかは、現場レヴェルで慎重に検討されていたことがわかる。文政五（一八二二）年には牝牡の「ポルポラアト鳥」（ホロホロ鳥）、同十（一八二七）年には「碧鳥」、同十一（一八二八）年には「鸚鵡」（オウム）、同十三（一八三〇）年には「ピルポタート」（コモンシャコ）が日本に持ち込まれている。

献上品ばかりでなく、オランダ人が出島内で飼育している動物もいた。『蘭館図絵巻』（長崎歴史文化博物館蔵）をみると、家畜と思われる牛や山羊、鶏のほかに、小型犬の狆《ちん》、駝鳥（火喰鳥）や孔雀なども収められている。駝鳥は、寛永十二（一六三五）年に平戸藩から幕府に献上されており、以降、たびたび

『外国珍禽異鳥図』（国立国会図書館デジタルコレクションより）

持ち込まれ、出島で飼育されている、また、寛政四（一七九二）年にはオランウータンが日本にもたらされている。蘭学者の大槻玄沢は、『蘭畹摘芳《らんえんてきほう》』（文化十四〈一八一七〉年刊）のなかで、「阿郎悪烏當」として紹介している。ここには挿絵もあり、寛政十二（一八〇〇）年に渡来したオランウータンを長崎の荒木如元が描いた。その他、ナマケモノの一種とされるロイアルトなどもおり、さまざまな動物が出島に持ち込まれたのであった。

25．献上された象

応永十五（一四〇八）年六月二十二日に足利義持への献上品として、南蛮船が若狭国に象をもたらしたといわれる。これが、日本で初めての象の上陸で、約一ヶ月をかけて京都へ向かい、無事に献上されたという。飼育するには大量の餌が必要となり、その調達に困った幕府は、応永十八（一四一一）年に朝鮮国王へ貢物として象を贈った。その後、天正三（一五七五）年には明船が臼杵に到来するが、この時、大友宗麟へ象と虎を贈呈している。また、慶長二（一五九七）年には、ルソン総督が豊臣秀吉に象を献上し、これは、京都の人たちも見物している。

慶長七（一六〇二）年には、交趾国《こうし》（ベトナム北部）から虎と孔雀にあわせて、象一頭が徳川家康に献上されたが、家康はこの象と虎を秀吉に贈ったとされる。こうした対応からは、徳川家康は象を好んではいなかったのであろう。先の足利義持の時のように、飼育面などを憂慮していた感がある。しかし、八代将軍の徳川吉宗は、自ら象を所望して発注し、正式に取り引きされている。

享保十三（一七二八）年六月七日に吉宗が注文していた牡牝二頭の象が唐船（鄭大成《ていたいせい》）を通じて広南《カンナン》（ベトナム）から長崎に到着する。当初、唐人屋敷内で飼育されるが、牝は上陸して三ヶ月後に死んでしまう。牡は翌年の三月十三日に長崎を出発し、江戸へ向かった。長崎街道を東上し、四月二十六日に京都に上洛、二十八日に中御門《なかみかど》天皇が上覧する運びとなった。天皇上覧にあわせて、〝広南従四位白象〟という官位が授与されるなど、人間同等に扱われている。その後、江戸へ向かい、五月二十五日に到着し、吉宗に献上されるに至っている。

吉宗が象をみた時の様子は、『徳川実紀』五月二十七日の項に残されている。

大広間にいでたまひ、象を　御覧あり。布衣以上の諸有司みなみることをゆるされたり

吉宗自らが初めて象を実見し、さらには、お目見え以上の旗本たちにも、象の見物を許したある。なお、象は道中を一日五里（一九・六三キロメートル）、または三里（一一・七八キロメートル）を歩いていたとも記されている。

この象は浜御殿で一時飼育されるが、莫大な飼育料がかかるうえに、飼育員への事故などもあって、民間に払い下げられることになる。寛保元（一七四一）年四月から中野村の百姓源助らが「象厩」で飼育し、

見世物にされながら、寛保二（一七四二）年十二月十一日まで生存した。

　農政家でのちに旗本となり、武蔵野新田開発に従事する川崎平右衛門定孝は、象の糞を加工した「象洞」という薬を開発する。これは疱瘡《ほうそう》に効能があるとして、享保十七（一七三二）年に販売の許可が与えられている。この利益は新田開発にも充てられていった。巨大な象に人々は驚き、後世に伝える刊行物も作られ、梅英軒が著した『象志』（享保十四〈一七二九〉年刊）はよく知られる。海外からの珍奇な動物は、多くの人を魅了し、後世にわたって絵画にもしたためられるなど、芸術面にも影響を与えることになった。

　また、文化十（一八一三）年六月二十八日には、セイロン産の牝象を載せてオランダ船が入港する。このオランダ船は実は、イギリス東インド会社の船で、総督ラッフルズが出島を奪い取るために訪れたのであった（第五章9を参照）。これには商館長のドゥーフが対応し、出島を固守しているが、象は出島につながれた。これを当時の長崎奉行の遠山《とおやま》左《さ》衛《え》門尉《もんのじょう》景晋《かげみち》なども見物に訪れている。その他、長崎の地役人にも披露され、唐絵目利だった渡辺鶴洲は出島にいた象を描いた「象図」を残している。

26．受け取られなかった駱駝

　江戸時代に駱駝がもたらされたのは、三回あったようだ。一度目は、享和三（一八〇三）年で、アメリカ船がフタコブ駱駝を載せて訪れたが、通商国ではないアメリカの申し出は却下されている。その後、オランダがヒトコブ駱駝を長崎に連れてきたのは、文政四（一八二一）年のことである。七月一日（新暦：七月二十九日）に、オランダ船フォルティテュード号が長崎に来航した。この時、二頭の駱駝と一頭のカモシカを積載しており、翌日に所持品とともに駱駝とカモシカを船から卸すことを許された。カモシカは、オランダ船入港時の号砲などに驚いて暴れたようで、船上で繋がれていたものの、その取り扱いに苦労したようである。

駱駝の扱いについては、『長崎オランダ商館日記』（ブロムホフの日記）に詳しい。この駱駝はアラビアのメッカ産で、牝は四歳、牡は五歳だった。幕府に献上するつもりで、オランダ側は用意していた。七月二日（七月三十日）に将軍宛の献上品リストには、クリスタル製のオルゴール付き振り子時計などとともに、駱駝二頭が載っている。七月七日（八月四日）には、長崎奉行間宮信興《まみやのぶゆき》のところへ駱駝を連れて行って見物させている。ブロムホフは、間宮信興が大変満足しているという印象を記しているが、駱駝は献上品として、いったん受理されたものの江戸へ行くことはなかった。

その理由として、十月二十五日（十一月十五日）、駱駝は江戸に運ぶにあたって多額の経費がかかるためと伝えられた。これに対して、ブロムホフは不満だったようで、出島で五～六ヶ月間、駱駝を飼育する経費ほどはかからないと訴えている。そのまま、出島で飼育することとなったが、出島にいる駱駝を長崎の町年寄などが見物に訪れている。文政五（一八二二）年正月十五日（二月六日）にブロムホフが江戸参府するのにあわせて、昨年とは別の駱駝が連れて行かれることになった。街道筋では、まだ見ぬ駱駝に多くの人が集まった。

駱駝の大きさについて、『唐蘭船持渡鳥獣之図』（慶応義塾大学附属図書館蔵）に詳しい。牝は、頭から尾まで九尺（約二七二センチメートル）、首の長さ三尺五寸（一〇六センチ）、背までの高さ五尺八寸（一七五センチ）、顔の長さ一尺八寸（五四センチ）とある。また、牡は頭から尾まで九尺二寸（二七八センチ）、首の長さ三尺八寸（一一五センチ）、背までの高さ六尺三寸（一九〇センチ）、顔の長さ二尺（六十センチ）だった。駱駝の版画が製作され、これは広く頒布されると、実際にみていない人も含めて、多くの人の知るところとなったのである。

この駱駝は、その後、オランダ通詞に贈られたであるとか、長崎の丸山町の遊女（大夫連山）に贈られたともいわれる。特に遊女の連山に渡されたという話は、『駱駝之世界』（文政八〈一八二五〉年）で絵付きで記されている。渡された遊女も、大量の餌を食べる駱駝の世話に困ってしまい、最終的に見世物興行師に譲っている。興行師は、駱駝は霊獣で絵姿を描いて壁に貼ると悪魔除けになるなどと喧伝し、多くの見物客が訪れては、絵姿を買い求めたようである。あらゆる病気に効くという噂も後押しして一大ブームとなったのであった。

27. 蘭学と長崎蘭学

十六世紀にキリスト教と一緒に南蛮文化が日本にもたらされた。ポルトガル人やカトリック勢力により、医学や天文学なども流入し、これらは南蛮学と呼ばれた。鎖国時代になると、オランダ人を通じて西洋の文化や学問が伝わってくる。学問の分野も天文学や医学、科学、薬学、博物学などさまざまで、これらを総称して蘭学といった。

西洋各国の学問をオランダ語に翻訳した書籍を、知識人たちは入手し、吸収していった。蘭書を直接手にすることができたのはオランダ通詞だったため、蘭学はオランダ通詞によって始まったともいわれる。蘭学のなかで最も早く発達したのは医学だった。当初、南蛮医学（ポルトガル流医学）を学んでいたオランダ通詞の西吉兵衛《にしきちべえ》は、出島のオランダ商館医を師事するようになり、寛文八（一六六八）年にオランダ商館長から医学学習証明書を授与されている。

また、オランダ大通詞となる本木良意と楢林鎮山も出島に出入りし、医学を学んでいる。本木良意は、J・レメリンの『解剖図譜』に依拠して解剖図と訳説を記した。楢林鎮山はダニエル・ボッシュらの商館医たちに学んでおり、商館長ウィレム・ホフマンから贈与されたフランス人パレの外科全書を翻訳した『紅夷外科宗伝』（慶安二〈一六四九〉年刊）を著している。このように、蘭学は、出島への出入りを許され、オランダ人の近くで学ぶ環境にあった長崎の通詞によって発展していったのである。

しだいに他藩から長崎に出仕して医学研究する者もあらわれた。平戸藩からは、医師の嵐山《あらしやま》甫安《ほあん》が出島に訪れている。ここで医学を学び、寛文五（一六六五）年には商館長ヤコブ・フライスと医師ダニエル・ボッシュらの連署の医学習証明書をもらうまでになっている。甫安の弟子である桂川《かつらがわ》甫筑《ほちく》は、出島でオランダ外科を学んでおり、のちに甲府藩主徳川綱豊《つなとよ》の侍医となった。綱豊が将軍に就任（徳川家宣《いえのぶ》）すると幕医となり、宝永五（一七〇八）年には奥医師にまでなった。

これによって、紅毛流（オランダ流）医学は、幕府の奥医師という特権的地位を得ることになった。同じく儒学者の新井《あらい》白石《はくせき》も徳川綱豊に仕えており、将軍就任にともない、幕府の政治にも携わるようになる。新井白石は、宝永五（一七〇八）年に屋久島に潜入したイタリア人宣教師シドッチを江戸の小石川の切支丹屋敷に監禁し、この時、尋問した内容をもとに『西洋紀聞』と『采覧異言』を記した。これによって、世界情勢が多くの人に知られるところとなり、蘭学の土壌が各地につくられていくことになった。こうした動きにより、長崎の通詞たちによる〝長崎蘭学〟から脱皮して、まさに幕府にも認められた〝蘭学〟となったのである。

28．江戸蘭学の隆盛

長崎蘭学は、その後、江戸にもたらされる。〝蘭学〟として発展していった背景には、幕府に認められたことが大きい。その足がかりをつくったのは桂川甫筑で、徳川家宣の奥医師になった影響は大きかった。

その後、八代将軍吉宗は、自ら蘭学に興味を示し、享保五（一七二〇）年には、キリスト教に関係のない漢文に訳した洋書の輸入を認めるなど、外国文化を積極的に容認していった。そして、江戸の学者たちにオランダ語を学ばせるなど、〝江戸蘭学〟の素地をつくっていった。

これを担ったのが、青木昆陽《あおきこんよう》と野呂元丈《のろげんじょう》だった。漢学者であった青木昆陽は大岡忠相《おおおかただすけ》に取り立てられ、幕府書物の閲覧を許された人物である。そして、享保二十（一七三五）年には『蕃薯考《ばんしょこう》』を発表し、甘藷（さつまいも）の栽培や利点について述べるとともに、その普及に努めた。儒学者で本草学者である野呂元丈は、幕命により薬草採取をして評価を高めていた。吉宗は二人に江戸参府中のオランダ人や、オランダ通詞たちからオランダ語を学ぶよう指示している。青木昆陽は、『和蘭文訳』や『和蘭文字略考』、野呂元丈は『阿蘭陀本草和解』などを記し、〝江戸蘭学〟を確固たるものにしていった。

二人の功績は、弟子たちに引き継がれていく。青木昆陽に入門しオランダ語を学び、長崎にも遊学して研鑽を積んだ人物に中津藩の藩医である前野良沢《まえのりょうたく》がいた。前野良沢は小浜藩医の杉田玄白《すぎたげんぱく》と中川淳庵《なかがわじゅんあん》らとともに、明和八（一七七一）年三月四日に小塚原で死罪になった青茶婆《あおちゃばばあ》の死体の腑《ふ》分《わ》け（解剖）を見に行っている。ここで杉田玄白と前野良沢は、ドイツ人ヨハン・アダムス・クルムス著『解剖書』をオランダ語に訳した『ターヘル・アナトミア』が、漢方医の書いた『身内図』と違って、正確であることに驚いている。そこで前野良沢の自宅で玄白と淳庵は翻訳に取り掛かり、その後、オランダ人が江戸参府する時に付き添ってきていた通詞を介して質問して、安永三（一七七四）年に杉田玄白訳・中川淳庵校・桂川《かつらがわ》甫周《ほしゅう》閲として『解体新書』が発表された。なお、ここに前野良沢の名前がない明確な理由はわかっていない。そして、杉田玄白は小塚原での腑分けを『蘭学事始』（文化十二〈一八一五〉年刊）のなかで記している。

杉田玄白と前野良沢の共通門人である大槻玄沢によって、彼らの遺志は受け継がれていく。大槻玄沢は『蘭学階梯』を著し、京橋に芝蘭堂という私塾を開き、弟子を育て、蘭学の隆盛を下支えした。蘭和事典である『波留麻和解』（江戸ハルマ）を記した稲村三伯《いなむらさんぱく》も門人だった。そして、芝蘭堂では、新元会というオランダ正月が行なわれるなど、一種のサロンのような状況を作り上げていた。〝江戸蘭学〟によって、さまざまな人たちに蘭学を学ぶことができる環境が整えられ、各方面で活躍する人物が育成されていったのである。

29．阿蘭陀趣味と蘭癖大名

十八世紀に江戸蘭学が確立され、広く蘭学が知られるようになると、オランダからもたらされた文物（＝「オランダ渡り」）に興味を示す愛好者が増えていった。特に蘭学者は、オランダ式の酒宴を催したり、オランダ正月を模した饗応も行なっていた。蘭学の広まりにともなって、庶民の間でも異国の文物に興味を示すようになっていった。こうした状況を、〝阿蘭陀趣味〟や〝異国趣味〟などといった。長崎では、西洋人やオランダ船が描かれた版画（長崎版画）や、オランダ人をモチーフにした工芸品が製作されていた。これを〝長崎土産〟といい、長崎に訪れた者たちは、買い求めていたのである。
また、九州諸藩の大名のなかには、〝蘭癖《らんぺき》大名〟とよばれるものが多かった。蘭癖大名には、薩摩藩主の島津重豪《しまづしげひで》や島津斉彬《なりあきら》、福岡藩主の黒田斉清《なりきよ》や黒田長溥《ながひろ》、平戸藩主の松浦静山《まつらせいざん》、佐賀藩の鍋島直正《なおまさ》、熊本藩主の細川重賢《しげかた》などがいる。彼らは、自らが蘭学研究を行なったり、自藩で積極的に学問を奨励した大名である。そして、長崎貿易を通じて洋書を入手していった。

蘭癖大名のなかでも、平戸藩の松浦静山は、洋書の収集に努め、長崎貿易で入手した洋書の一部を幕府天文方へも貸し出していたことがわかっている。しかし、静山の場合は、個人的趣味の領域にとどまっていたこともあり、藩内にまでは波及しなかったことから、一部からは反発もあったようである。また、福岡黒田家や佐賀鍋島家は、長崎警備を務めていたこともあって、オランダ人と交流があり、阿蘭陀趣味に傾倒していった。

蘭癖大名は、本草学を研究している者が多かった。中国の李時珍著『本草綱目』が日本に輸入されて以降、各地で本草学の研究が行なわれていた。薬種である植物や動物、鉱物などを体系的に取り扱う本草学は、中国に模倣しながら日本で研究されていたが、その欠陥を是正した日本の本草学も生まれるほどになった。江戸時代中期になってくると、藩主自ら本草学を研究する者が増え、蘭癖大名は、博物学を取り入れて研究していった。

また、幕末維新期の近代化の立役者となったのも蘭癖大名である、佐賀藩主鍋島直正は、西洋の軍事技術を取り入れ、反射炉の導入、三重津海軍所の設置、アームストロング砲や蒸気船の製造に取り組んでいる。薩摩藩主の島津斉彬も、富国強兵のもと、軍事機関の設立を進めていった。大砲や蒸気船の製造はもとより、殖産興業を意識した集成館事業を展開している。このように蘭癖大名は、対外関係の変化に適応していきながら、幕末維新期を乗り越えていったのである。

30．オランダ人墓地

オランダ商館員らが、出島やその航海途中で死に至ることがあった。これにあたり、埋葬をどうするかは、幕府とオランダとの間で協議されていた。例えば、寛永十九（一六四二）年、ヤコブ・ヤンスゾーンが船中で死んだ水夫の死体を陸で埋葬するか、海中で水葬するかを問い合わせている。この時の幕府の返答は、キリスト教徒の屍であるとして、地中での埋葬を許さず、首に石をつけて海中に投げ捨てるようにというものだった。当然、オランダ側は陸での埋葬を望んでいたものの、幕府の禁教政策のなかで、その思いは拒絶されたのであった。

それ以降、歴代商館長たちは、幕府と交渉を重ねていき、陸地での埋葬が許可されるようになったのは、承応三（一六五四）年だった。商館長ガブレイル・パッパルトの希望が受け入れられたのである。しかし、出島は墓地に利用する余地がないため、あてがわれたのが、対岸の稲佐にある悟真寺の墓地だった。悟真寺は、来航した外国人の墓地となり、オランダ人墓地だけではなく、ロシア人墓地、唐人墓地がつくられている。

オランダ人の葬礼は、死者に黒衣を着せて棺に納める。そして、柩は黒の天鵞絨《びろうど》（織物）で覆い、棒を縦に二本・横に三本渡して、二十人程の人夫で担がれる。柩は日本側が用意した船に乗せられ、出島の水門へ向かい、さらに稲佐までは水路で行く。悟真寺までは担がれたまま、住職からの読経をうけることになり、日本の寺院の作法に従っている。オランダ人であっても仏式の形態をとったのであるが、鎖国下にあってキリスト教式で弔うことは不可能だった。また、日本では、仏教はすべて人類に通じる宗教と考えられていたため、仏式で埋葬されたのである。しかし、墓石の形状までは、強制されておらず、オランダ人たちに委ねられていた。

オランダ人墓地で最も古いのは、商館長ヘンデレキ・ゴットフリード・デュルコフのものである。安永七（一七七八）年、長崎に向けての渡航中に死去し、到着後、悟真寺に埋葬された。この時の処置は、まず、屍の腹を割いて臓腑を取り出し、詰め物をして切り口を縫い合わせている。これは防腐のためであり、オランダ人たちは貴人に対してこうした措置をとるのが一般的だったようである。悟真寺に運ばれると、前

ウランダー墓

述したように和尚が読経し、この時、通詞が同伴していなかったため、埋葬されるデュルコフ本人はさておき、同道していたオランダ人たちは意味がわからなかったのではないかと言われる。そして、オランダ人たちは七日間、喪に服していたのである。

デュルコフ墓地がつくられてから十年後の天明八（一七八八）年に、この墓地をみた司馬江漢は、かまぼこ形の形状に、蘭字が刻まれ、金箔が入れられていたと記している。また、上部には砂時計とこれを取り囲む二つの翼があったとも記録する。そして、そこには〝時は絶え間なくとぶ〟という人生訓がラテン語で刻まれていた。なお、この箇所は、今日では風化していて詳らかではない。

長崎に限らず鎖国下につくられた外国人墓地は各地にある。例えば、琉球には「ウランダー墓」（オランダ墓）というのがある。これは、一八四六年六月十一日に病死した二人のフランス人を埋葬したものである。当時、琉球では、西洋人を総称して〝ウランダー〟（オランダ）と言っていたようで、これに因んだ呼称である。港近くに西洋式に埋葬されており、鎖国体制下においても外国人に対して人道的な配慮がとられていたことがわかる。

第四章　出島で紡がれた日本人とオランダ人

出島に出入りすることができる人は、長崎奉行所から認められた者だけである。それは、業務上必要なオランダ通詞、出島に食料を提供する商人、オランダ人から求められた遊女、出島の見学を許されて訪れた藩主や遊学者たちである。このなかでもオランダ通詞は、長い間、直接オランダ人と交流していたため、彼らからもたらされる情報は、先進的なものだった。一方、オランダ人も日本人と接していくなかで様々な情報を入手、日本の文化や慣習を海外に発信していった。そこには、日本人とオランダ人との間で信頼関係が築かれていたのである。第四章では、出島を介して活躍した人物を、オランダ人の通訳官であるオランダ通詞（Ⅰ）、長崎に訪れた遊学者と長崎の地域に根ざした役人である地役人（Ⅱ）、オランダ文化に興味を傾けていった蘭癖《らんぺき》大名（Ⅲ）。そして、オランダ東インド会社の責任者である商館長（Ⅳ）、医療に従事するとともに日本の研究にあたった商館医（Ⅴ）、日本の近代化にともない設置された施設で教鞭をとった伝習所教官（Ⅵ）という、日蘭双方で人を通じて築かれていった近世日本を紹介していく。

I．オランダ通詞

1．西玄甫（にし・げんぽ）

西玄甫（?～一六八四年）の出生年は不詳だが、初めは新吉、その後、父名の吉兵衛と称したようである。西家は、長崎に居住し、ポルトガル語に精通していた家系で、元和二（一六一六）年には南蛮大通詞となった。平戸オランダ商館の出島移転にともないオランダ通詞となったが、もっぱら、ポルトガル語の通訳にあたっていた。正保四（一六四七）年にポルトガル船が通商再開を求めて来航した時にも対応にあたった。承応二（一六五三）年に父の跡を継ぎ玄甫が大通詞に任命される。

明暦二（一六五六）年、長崎奉行甲斐庄正述《かいのしょうまさのぶ》は、南蛮文字で書かれた天文書の和解を西玄甫と向井元《むかいげん》升《しょう》（一六〇九～一六七七年）に命じる。こうして作成されたのが『乾坤弁説《けんこんべんせつ》』で、これは、伴天連《ばてれん》が所持していた天文書を訳して注釈をつけたものである。かつて、沢野忠庵《さわのちゅうあん》（ポルトガル人のイエズス会士フェレイラ）に宗門改《しゅうもんあらため》役の井上重政が翻訳を命じたものだが、忠庵は日本語が不得手で、ローマ字体で和訳されていた。これは、のちに西家で保管され、玄甫がローマ字を読解、元升が筆耕して完成した。

玄甫は、当初、帰化人の沢野忠庵に師事していた。忠庵はかつてキリスト教の布教活動をしていたが、禁教政策が厳しくなってくると、潜伏を余儀なくされる。寛永十（一六三三）年に捕縛されて、取り調べられていくなかで棄教を決意し、日本名を与えられて長崎での居住が許された。忠庵は〝南蛮流医学の祖〟と呼ばれ、西玄甫も彼から教授をうけるとともに、その他のポルトガル人やオランダ人からも医術を学んでいる。

寛文八（一六六八）年二月二十日には、オランダ商館長や商館医などが連署した医学証明書を得ている。

この証明書には、オランダ人が教育した日本人医師のなかで最高であると評価され、その資格が与えられた。その翌年の寛文九（一六六九）年には通詞職を退役しているが、こうした高い評価を得て、医学に特化した道を歩もうとしたと考えられる。

延宝元（一六七三）年に、井伊家や酒井家などの推挙によって、江戸に召し出されると、宗門改の通詞目付と外科医を兼務して仕官することになる。西久保（現在の東京都港区）に屋敷を与えられ、この時、玄甫と名乗るようになった。医官としての仕事ばかりでなく、江戸参府したオランダ商館関係者と幕府高官との仲介を果たしている。長崎でオランダ通詞を務めていた時には、万治三（一六六〇）年、寛文四（一六六四）年、同八（一六六八）年に江戸参府に同行し、江戸番詰となっていた。そのなかで、江戸の蘭学者とも親交しており、江戸で仕官してからは、積極的に後進の指導にあたった。久原甫雲《くはらほうん》には、延宝五（一六七八）年十月吉日付の「阿蘭陀流外科免許状」を与えている。杉田玄白《すぎたげんぱく》は、自著『蘭学事始』のなかでも、玄甫を蘭学の祖として取り上げて評価している。

貞享元（一六八四）年に江戸で病死するが、その遺志は、門人である江戸の蘭学者に受け継がれていった。門人のなかには、他藩へ仕えるものもいた。なお、孫にあたる西玄哲《げんてつ》も医学を志し、紅毛流外科書を作成している。南蛮流医学と紅毛流医学に携わった西玄甫の実績は多くの知識人に高く評価されていった。

2．楢林鎮山（ならばやし・ちんざん）

楢林鎮山（一六四八〜一七一一年）は、慶安元（一六四八）年十二月十四日に長崎で生まれ、名は時敏、通称は彦四郎・新五兵衛・新右衛門といった。晩年には剃髪し、栄休と名乗っている。オランダ通詞楢林家の本家筋で、鎮山はその祖である。なお、楢林家には、鎮山の次男で栄久の養子である栄左衛門（本家三代長右衛門の子）からはじまる系譜もある。

鎮山は、明暦二（一六五六）年にオランダ語の稽古を命じられる。この頃、儒医で本草《ほんぞう》学者の向井元升がオランダ商館医のハンス・ユリアーンに医術を教授してもらっており、その成果が、明暦三（一六五七）年に通詞八名の協力を得て報告書としてまとめられた。この写しを鎮山は入手しており、関心を医学（紅毛医学）に向けていった。この時、入手した報告書は、楢林家に伝わる最初の医学資料となった。

寛文二（一六六二）年から出島に滞在していた外科医のブッシュに学び、また、「西洋ノ医達涅児」の膏薬方は、楢林流外科の特徴となった。寛文六（一六六六）年に実施されたオランダ語の試験（御吟味）では、優秀な成績を挙げると、オランダ小通詞となった。幕府からの要請を受けて、オランダ東インド会社は、寛文九（一六六九）年に薬剤師ヘック、同十二（一六七二）年に薬剤師ブラウンを派遣する。そして、奉行の命を受けて長崎湾岸部で実施された薬草調査を報告、さらに、出島で行なわれた史上初の西洋式薬油蒸留に関する報告にも通訳として参加している。

延宝三（一六七五）年、臼杵《うすき》藩稲葉家の典医である江藤幸庵《えとうこうあん》が長崎に遊学し、外科医ホフマンから教示を受けた時に、鎮山も立ち会っている。紅毛医学に接していくなかで実績を積んでいき、貞享三（一六八六）年には大通詞に昇進した。この翌年、スペイン船が漂着した時の対応にあたったが、鎮山は「南蛮文字」（スペイン語・ポルトガル語）に関しては不得手だったようで応対に苦慮している。一方、商館医ケンペルと懇意にしており、外科に関する教授を受けている。鎮山は、そのお礼として、植物標本や『日本誌』に載録された山伏《やまぶし》に関する情報の提供をしている。

元禄十（一六九七）年の秋に長崎に来訪し、オランダ商館長として就任したデ・フォスと、長崎奉行所との間で鎮山は奔走する。デ・フォスは、長崎奉行所の役人たちとあらゆる騒動を起こしており、彼らの職務にも介入していた。大通詞だった鎮山は、仲介していたなかで、オランダ人に荷担していると認識され、勤方《つとめかた》に不届きがあると判断されている。その結果、同十一（一六九八）年九月二十七日に奉行所から閉《へい》戸《こ》を命じられた。年末には大通詞を解任され、剃髪して栄休と名乗った。

元禄十一（一六九八）年に退役するまでの間、年番通詞を八回、江戸番通詞を九回務めている。職を辞した後も、医学研究を続けており、宝永三（一七〇六）年には、『紅夷外科宗伝《こういげかそうでん》』を編纂する。これは、医学を学ぶ人たちのために、鎮山がオランダ人医師から伝授されたことに、自分の意見を加えて編纂したものである。多数のオランダ人医師との交流を通じて得た情報を、ここにしたためていった。

スクルテタス著『外科の武器庫』やパレ著『外科全書』に掲載されている図版を正確に筆写するとともに、長年集めてきた報告書や、ブッシュやホフマン、ケンペルなどから得た情報を、自分が経験した症例に基づき記している。序文を福岡藩の本草学者である貝原益軒《かいばらえきけん》（一六三〇～一七一四年）が執筆し、本文には多数の絵図を収めている。これは、紅毛流外科医である鎮山が挙げた成果の集大成として高く評価されている。

宝永五（一七〇八）年四月には、将軍徳川綱吉《つなよし》（一六四六～一七〇九年）から召されるも固辞。筑前の黒田綱政《つなまさ》（一六五九～一七一一年）からも懇請をうけるが応じなかった。楢林鎮山をルーツとする医学は〝楢林流〟といわれた。宝永八（一七一一）三月二十九日に逝去し、享年六十四だった。

3．今村英生（いまむら・えいせい）

今村英生（一六七一～一七三六年）は、平戸在住で寛永九（一六三二）年に没した源右衛門、その子息でオランダ商館移転にあわせて長崎に移住した四郎兵衛の系譜をひく、オランダ通詞の公能を父にもつ。

つまり、平戸系のオランダ通詞の一族で、英生は、寛文十一（一六七一）年に公能の次男として生まれた。当初、源右衛門と称していたが、享保四（一七一九）年に市兵衛と改称する。

通詞であった公能からオランダ語やポルトガル語の手ほどきをうけ、早くから語学の習得に努めた。十代の初め頃からオランダ商館付医師に使用人として仕えて出島を出入りするようになると、語学と医学を修練する。元禄三（一六九〇）年に長崎を訪れた商館医ケンペルとの出会いは画期となり、ケンペルのもとで二年間、修練する機会を得た。出島乙名《おとな》の吉川儀部右衛門《ぎべえもん》の配慮もあって、ケンペルとの時間を長く過ごした。こうした環境もあって、英生は、オランダ語の才覚を発揮していく。その能力の高さは、ケンペル著『日本誌』のなかでも、「オランダ語を自ら書けるようになり、そしてどんな日本人通詞よりもはるかに上手に話せるようになった。私は彼に真剣に解剖学と薬学を教えた」と記されている。

元禄八年（一六九五）年八月十五日に商館長立会いのもとで実施された通詞採用試験で好成績をおさめると、稽古通詞に採用される。翌年には、小通詞に昇進、吉川儀部右衛門の姪にあたる〝はる〟と結婚、宝永四（一七〇七）年には、大通詞となった。翌五年、屋久島に潜入したイタリア人宣教師シドッチが長崎に護送されると、ポルトガル語もできる英生が通訳を担当する。しかし、十分な意思疎通ができず、そこでラテン語が話せる当時の商館長のダウの助力もあって調書を作成することができた。これを機に、ダウからラテン語も学ぶようになっている。

シドッチはその後、新井《あらい》白石《はくせき》に召喚されて江戸に送られることになる。この時、英生もシドッチに付き添って江戸に向かい、白石の尋問をラテン語で通訳した。これをきっかけに新井白石と交流を深めていき、度々、面会していたようである。白石がシドッチとの遣り取りをもとにまとめた『采覧《さいらん》異言《いげん》』や『西洋紀聞』を発表した背景には、英生の助力が大きかったことはいうまでもない。

享保九（一七二四）年、オランダ商館長の江戸参府に同行した英生は、江戸城中で、オランダ人医師と幕府医官の牧野升朔《まきのしょうさく》、そして蘭方医の桂川甫筑《かつらがわほちく》（一六六一～一七四七年）らとの遣り取りを通訳した。また、同年、将軍徳川吉宗《よしむね》の命を受けた奥坊主三人が、オランダ人の定宿である長崎屋を訪れる。奥坊主水《みず》谷甫閑《たにほかん》が吉宗の質問を伝える際、その質疑応答にも英生は関与した。この時、西洋料理での会食も催されており、これら一連のことを『和蘭問答』としてまとめている。

徳川吉宗は、洋馬の輸入と国産化を図る。享保十（一七二五）年以降の洋馬二十八頭の輸入にあたり、英生は交渉面などで携わった。幕臣の富田又左衛門と斉藤三右衛門は、調馬師ケイゼルやクリーデマンと意見を交わすが、ここで遣り取りされた馬の飼育法や馬術、獣医学に関する質疑応答の内容を『紅毛馬書《こうもうばしょ》』、『乗方聞書《のりかたききがき》』としてまとめた。享保十三（一七二八）年に通詞目付に昇進すると、ファン・クール著『馬療書』の翻訳に着手する。享保十五（一七三〇）年に発表した『阿蘭陀馬療治書和解』は、日本初の西欧獣医学の翻訳書となった。このように、出島で研鑽を積んだ英生は、幕府の政策にも積極的に関与していき、大きな役割を果たしていった。

元文元（一七三六）年八月十八日に六十六歳で逝去する。その亡骸は、長崎市の大音寺に葬られている。

4．吉雄耕牛（よしお・こうぎゅう）

吉雄耕牛（一七二四～一八〇〇年）は、父藤三郎と吉雄寿山娘との間に長男として生まれた。吉雄家は、オランダ商館の長崎移転にともない平戸からやってきた肝附伯左衛門《きもつきはくざえもん》を始祖とするオランダ通詞である。父藤三郎も、本草学者の野呂元丈《のろげんじょう》（一六九四～一七六一年）の蘭書翻訳にかかわる御用を務めるなど、著名なオランダ通詞だった。耕牛は、はじめ定次郎、寛延元（一七四八）年頃より幸左衛門、安永年間から幸作と称した。耕牛・養浩斎・成秀館などと号し、諱を永章といった。

元文二（一七三七）年に十四歳で稽古通詞、寛保二（一七四二）年に小通詞、寛延元（一七四八）年には大通詞に昇進する。オランダ商館員や国内の蘭学者と親交を深め、十八世紀後半の蘭学の発展に大きく寄与することになる。商館付医師であるムスクルス（出島滞在期間：一七四〇～四七年）・エーフェルス（一七四〇～五四年、途中離日あり）・バウエル（一七五九～六二年）・ツュンベリー（一七七五～七六年）の四人とはとくに懇意にしており、オランダ語はもとより、医学についても教授され、吉雄流という医術を興して門人を一時、千人近く抱えたという。蘭方医（紅毛流医師）としても名声を得ており、家塾成秀館《せいしゅうかん》では、オランダ語や服薬法、整骨法からなる十ヶ条の秘事相伝を行なっていた。ツュンベリーが教えた水銀療法は、耕牛の蘭方医としての地位を確立することになった。そして、プレンク著『Materia Chirurgica』を翻訳した『紅毛秘事記』を残している。

吉雄家の屋敷は〝オランダ座敷〟とも呼ばれ、室内には阿蘭陀琴や望遠鏡、顕微鏡、天球儀、地球儀などが所狭しと置かれていたという。耕牛のもとには西洋の文物や知識を求め、多くの遊学者が集まっていた。『解体新書』の翻訳に従事した前野良沢や杉田玄白は、吉雄邸を訪れて教えを受けており、『解体新書』を上梓した時は、耕牛が序文を寄せている。なお、天明五（一七八五）年に長崎を訪れた大槻玄沢は、十二月二日に耕牛の屋敷で開催された「オランダ正月」に出席している。また、宝暦二（一七五二）年、平賀源内《ひらがげんない》は長崎に遊学した際に耕牛のもとを訪れ、二人の交流が始まった。同十二（一七六二）年に源内が企画した物産会「東都薬品会」には、「光明塩　蛮産上品」を耕牛が出品している。

吉雄耕牛は洋書の蒐集家としても有名である。ゴットフリート著『史的年代記』・ショメール著『家庭百科事典』・ウォイト著『医薬宝函』・ケンペル著『日本誌』などはその一例に過ぎない。杉田玄白は、ヘイステル著『外科書』を借りて閲覧していたという。これらの蘭書には、アルファベットの蔵書印を捺して、管理していた。吉雄耕牛旧蔵品は、現在、松浦史料博物館や京都大学附属図書館、天理大学天理附属図書館、国立国会図書館などで所蔵されている。これらの蔵書からは、耕牛の見識の広さを知ることができる。まさに〝オランダ趣味〟としてあらゆるものを集めており、医師で思想家の三浦梅園も「吉雄亭奇貨多し」と評するほど、舶来品を蒐集していた。

オランダ通詞として活躍してきた耕牛だったが、寛政二（一七九〇）年に幕府が発した半減商売の趣意書を誤訳してしまう（第五章４を参照）。その責任を問われた耕牛は、十一月十八日に三十日間の戸締《とじめ》となり、寛政三年三月十日に五ヶ年の蟄居《ちっきょ》が申し付けられた。寛政八（一七九六）年にこれが赦されると、翌年には蛮学指南を命じられている。その後、寛政十二（一八〇〇）年に自宅の平戸町で病没し、墓碑は禅林寺の吉雄家墓地にある。

5．本木良永（もとき・りょうえい）

本木良永（一七三五～一七九四年）は、名を良永、通称は栄之進、仁太夫といった。先祖は、平戸系のオランダ通詞である。享保二十（一七三五）年六月十一日、長崎の御用医師法橋西松仙《ほうきょうさいしょうせん》と本木氏三代目仁太夫良固《じんだゆうよしもと》の妹の多津との間に次男として生まれた。寛延元（一七四八）年二月二十七日に本木良固の養子となり、二月四日に稽古を命じられた。翌年、稽古通詞となり、明和三（一七六六）年小通詞末席、安永六（一七七七）年小通詞並、天明二（一七八二）年小通詞助役、同七年小通詞、その翌年に大通詞となった。天明五（一七八五）年・同八（一七八八）年・寛政二（一七九〇）年には、江戸番通詞を務めている。

本木良永は、平戸藩の松浦静山や老中松平定信《まつだいらさだのぶ》などの命を受けて、天文学や地理学などの翻訳に携わった。平戸系のオランダ通詞だったことから、松浦静山はとりわけ頼りにしており、「本栄」（本木栄之進の略）などと愛称で呼んでいたようである。実際に、良永は、ボハールト著『東西ローマ帝国史』（一六九七年刊）やホーフト著『オランダ史』（一六七七年刊）の解題を担当している。

良永の成果として特に知られるのが、コペルニクスの太陽中心説（地動説）を紹介したことである。安永元（一七七二）年に『阿蘭陀地球図説』で初めて取り上げ、さらに、安永三（一七七四）年にはブラーウの天文学書を翻訳した『天地二球用法』を発表する。そして、松平定信の命により、アダムスの蘭訳本を翻訳し、解説した『星術本原太陽窮理了解新制天地二球用法記』（寛政五〈一七九三〉年刊）は、良永の地動説研究の集大成と位置付けられている。このように、職務を通じて幅広い学術書の翻訳に努めていった。

良永のもとには多くの遊学者が訪れている。司馬江漢は、地動説を直接学ぶために来崎し、大槻玄沢も同じく門をたたいた。三浦梅園や平賀源内、前野良沢らも長崎遊学した時には、面会したとされる。多くの蘭学者から良永の研究は周知されており、その知見が教授されていった。安永期から寛政期にかけて、『翻訳阿蘭陀本草』や『太陽距離暦解』、『象眼儀用法』、『阿蘭陀海鏡書』などの十四種の訳書に携わっており、その功績は蘭学者からも一目置かれるほどだった。吉雄耕牛も、良永の『阿蘭陀海鏡書』について、後学の者にもありがたい書物と評価している。一方、杉田玄白は、『蘭学事始』のなかで、本木良永について、「十二の天文暦説の訳書ありとなり。その余はきくところなし」と辛辣な意見を述べていることも見逃せない。なお、志筑忠雄《しづきただお》は、良永の弟子として、その影響を多分に受けたとされる。

寛政二（一七九〇）年、半減商売令の伝達で誤訳したことによって、大通詞吉雄耕牛らとともに良永も連坐で処罰されることになった（第五章4を参照）。寛政三（一七九一）年三月十日に「五十日押込《おしこめ》」が言い渡され、しばらく謹慎することになる。同年十一月「御用天地二球用法之書和解」の命を受けて、前述した『星術本原太陽窮理了解新制天地二球用法記』を献じるなど、その能力は幕府からも高く評価されていた。寛政六（一七九四）年に病没し、墓地は長崎の大光寺にある。

6. 志筑忠雄（しづき・ただお）

志筑忠雄（一七六〇～一八〇六年）は、宝暦十（一七六〇）年に生まれ、本姓を中野、名を盈長《みちなが》、忠次郎、忠雄という。号を柳圃《りゅうほ》と称す。平戸系通詞の志筑孫次郎の養子となり、安永五（一七七六）年に家督をついで（八代目）、稽古通詞となった。稽古通詞になるためには、オランダ商館員たちの立ち会いのもとで、口頭試問のような面接を経て認定されなくてはならない。それを考えると忠雄は、一定の語学レベルには達していたものと思われる。

『長崎通詞由緒書』によれば、その翌年に、病身になったとして暇願いを出し、その職を養子次三郎に譲っている。しかし、今日の研究成果では、天明二（一七八二）年の二十三歳までは通詞職に留まっていたとされ、忠雄が出していた辞職願いは預かりの状態だったといわれる。志筑忠雄が職を辞した病気は、内臓というよりも、外的障害に類するものと解されている。身体、手足、四肢、腰部などの疾患と思われ、志筑忠雄自身も「蟄居《ちっきょ》」と表現するほど、身体的に不自由な状態だったと思われる。通詞には、江戸詰があったように、身体的負担を伴うこともあり、自ら辞職を願ったのであろう。しかし、通詞職から離れたことによって、蘭学研究にいっそう没頭するようになる。なお、退役するにともない、本姓の中野に復している。

本木良永にオランダ語の指導を受けながら、数多くの書物の翻訳に尽力した。『和蘭詞品考』や『助辞考』といった蘭文法書を刊行する。『暦象新書』全三冊（上編：一七九八年、中編：一八〇〇年、下編：

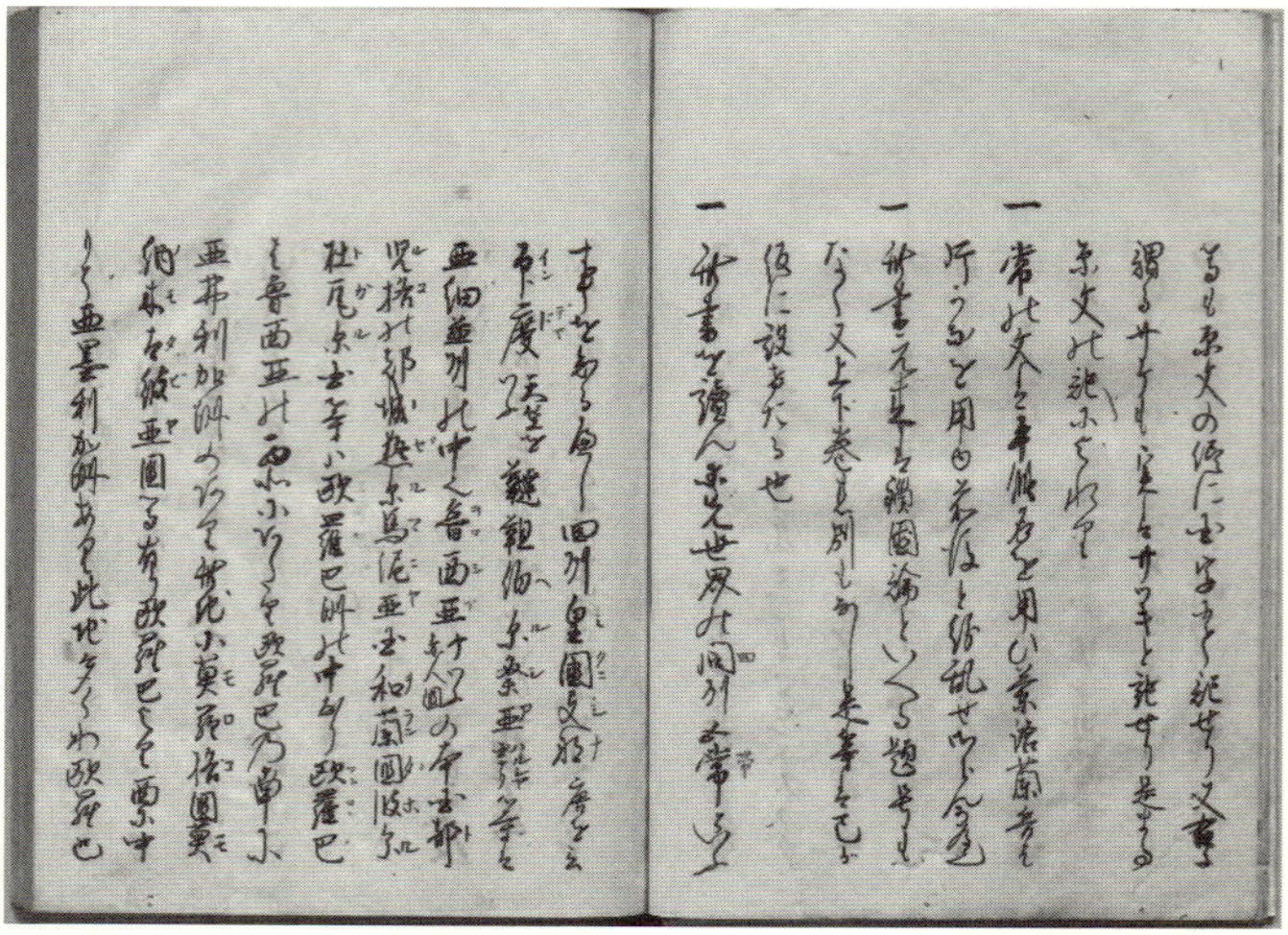

『鎖国論』（国立公文書館デジタルアーカイブより）

一八〇二年）は、高く評価される。『暦象新書』は、ジョン・ケイルが解説したニュートン力学やケプラーの諸説、地動説を紹介するとともに、自己の見解も収めており、天文学・物理学の入門書として位置付けられている。

　また、ケンペル著『日本誌』の蘭訳本付録「現在のように日本帝国を鎖して、国民にいっさい外国貿易に関係させぬことの可否についての探求」を訳出し、これを『鎖国論』（享和元〈一八〇一〉年刊）として発表した。これは、国際情勢が混沌としているなかで、日本の置かれた状況を紹介したものである。その内容は、『日本誌』の純然たる翻訳ではなく、補足説明や誤りの訂正、さらに、キリスト教関連の記述を避けるなどの改編が確認される。鎖国肯定で論旨は展開されており、志筑忠雄自身もこれを是認する立場にあったことがわかっている。

　鎖国論訳例には、「此書元来は鎖国論といへる題号もなく又上下巻の別もなし。是等はおのれが仮に設たるなり」とあり、〝鎖国論〟が自身の訳出であることを記している。これは、多くの写本がつくられていることから、近世日本の状況が〝鎖国〟として、本書を通じて認識されていった。また、天文学的知識や歴史史料としても『鎖国論』は用いられるなど、日本に与えた影響はひじょうに大きかった。

志筑忠雄・中野柳甫の名前で残した著訳書は数多くあり、これらを分類すると、①天文学・物理学、②オランダ語学、③世界地理・歴史、④その他（数学・兵学・医学）となる。本木良永に続いて、地動説を紹介、その基礎となるケプラーやニュートンの天文学、ニュートン物理学を解説している。日本で初となる訳業は、多くの蘭学者・洋学者の参考にされている。

志筑忠雄は、文化三（一八〇六）年に自宅で亡くなった。蘭学者として高く評価され、幕府も江戸への招聘を図ったが実現せず、かわりに弟子でオランダ通詞・蘭学者の馬場《ばば》佐十郎貞由《さじゅうろうさだよし》（一七八七～一八二二年）が江戸へ赴いている。また、文化十三（一八一六）年に杉田玄白が著した『蘭学事始《らんがくことはじめ》』でも、忠雄の功績は絶賛されている。

7．本木正栄（もとき・しょうえい）

本木正栄（一七六七～一八二二年）は、名をはじめ元吉、のちに正栄となる。通称、庄左衛門、字を子光、蘭汀と号す。明和四（一七六七）年三月二十八日、父良永の子として長崎で生まれた。安永七（一七七八）年に十二歳で稽古通詞となり、寛政元（一七八九）年に小通詞末席見習、同四年には小通詞末席筆頭となる。その翌年には、小通詞並、寛政六年には小通詞助役、同八年には小通詞に昇進する。この時、三人扶持となっている。文化二（一八〇五）年には大通詞見習、同十年には年番の大通詞を務めている。

正栄は、対外交渉に従事することが多かった。寛政四（一七九二）年七月には筑前沖異国船見届出張、享和元（一八〇一）年には五島異国船漂流人通弁掛を務めた。また、文化元（一八〇四）年にロシア使節レザノフが来航した時は、魯船渡来沖出役通弁掛、同五年のイギリス軍艦フェートン号が長崎に入港した時には、横文字御糺方和解を務めている。このように、異国船来航にあたって、その通訳・交渉役にあたるなど、これまでのオランダ通詞の役務を越えた渉外にあたることが多くなっていた。

寛政二（一七九〇）年九月に幕府が「半減商売」を発する。これにより、カピタンの江戸参府は、四年に一度と改定されるが、三ヶ年の「休年」には、半減の献上品をカピタンに代わって通詞が江戸まで警固して出府し、呈上することになっていた。これを休年出府通詞といい、正栄も寛政八年・文化元年・同五年に休年出府通詞を務めており、さらに江戸番詰にもあたるなどの要職にあった。

文化五年に休年出府通詞を務めた時は、そのまま江戸残留を命じられ、阿蘭陀炮術之書和解に携わることになる。これが『砲術備要』全四冊としてまとめられる。そして、天文や暦術、地誌編纂や翻訳業務を行なう浅草天文台へ移り、万国地図和解や和蘭陀軍艦図解に従事し、『軍艦図解考例』や『海程測験器集説』を編纂する。

その後、払郎察《フランス》語修行、文化六（一八〇九）年二月には、魯西亜《ロシア》并諳厄利亜《アンゲリア》文字言語修行を命じられ、さらに諳厄利亜語開業世話役となった。この時、オランダ商館の荷蔵役だったブロムホフから、通詞たちは英語を学ぶことになるが、正栄がその世話役を務めた。こうして、文化八年七月に『諳厄利亜《あんげりあ》興学小《こうがくしょう》筌《せん》和解書《わげしょ》』十冊を呈上し、白銀十枚が下賜された。同九月には諳厄利亜邦字字引仕立方を命じられると、編集主幹として、ブロムホフの指導を受け、吉雄権之助や楢林栄左衛門らの力を借りながら、『諳厄利亜興学小筌』をまとめ、そして、英日辞典『諳厄利亜語林大成《ごりんたいせい》』が完成する。

このように、オランダ通詞だった本木正栄は、英語やフランス語に加え、ロシア語も学んだ。フランス語は商館長ドゥーフに師事した。そして、英語とフランス語の辞典編纂に従事し、通訳業務の実用書をつくっていった。その一方で、薬剤師かつ商人としての顔もあり、「テリアカ」（的里亜加）という西洋でよく知られた万能解毒薬があったが、これをオランダ渡りの万能薬、回生解毒剤と称して、大坂へ送っている。テリアカが固くなったら焼酒《やきざけ》を少し加えて交ぜるように指示している。効能は疑問視されているが、通詞以外のこうした活躍も看過できない。長崎のオランダ通詞には、多彩な顔があったことがうかがえる。

II．遊学者・地役人

8．嵐山甫安（あらしやま・ほあん）

嵐山甫安（一六三三〜一六九三年）は、寛永十（一六三三）年に筑前から平戸へ移住した商人の半田三郎兵衛の次男として生まれた。名は春育、号は委庵、甫庵といった。甫安が誕生して間もなく、寛永十八（一六四一）年に平戸オランダ商館は出島に移転される。これにあわせて、バタヴィア総督府は、商館医のポストを常置する。こうして、オランダ商館医と日本人医師との交流は続けられることになった。

平戸藩主である松浦《まつら》鎮信《しげのぶ》は、商館が出島に移転されて以降も、オランダ東インド会社と交流を続けていた。寛文元（一六六一）年に、鎮信は、長崎奉行黒川与兵衛正直へ甫庵の出島出入りの許可を所望する。同九月四日にこれが許されると、オランダ外科の稽古が認められることになった。出島を出入りするにあたっては、日本の風俗をはじめとする諸情報の漏洩や、オランダ人との商売、酒宴等に参加することが禁じられ、規定された任務以外は一切行なわないことを誓約する血判起請文を提出した。

甫安は、商館医ヘルマヌス・カッツに師事し、紅毛流医術を習得する。そして、寛文二（一六六二）年正月二十六日の商館長の江戸参府にあたっては、長崎奉行の配慮で随行を許された。松浦家と長崎奉行の良好な関係が特段の配慮を受けた理由であろう。ヘルマヌスは、寛文二年九月二十三日に帰国の途につくが、この時、平戸藩主から御礼として銀三十枚が贈られている。かわってオランダ商館医として赴任したのが、ダニエル・ブッシュだった。甫庵は、ブッシュから引き続き指導を受けることなり、さらに紅毛流医術の研鑽を積んでいる。

　こうして、一六六五年一月二十一日付のオランダ語で書かれた修了証が手渡された。これは、商館長ヤーコブ・フロイスと商館長代理ニコラース・デ・ロイ、出島外科医ダニエル・ブッシュの連名で発行されている。書面には、甫安は、オランダ人外科医に師事し、オランダ医薬の効能を完全に修得したことを証明する。そして、甫安を〝良外科医〟と認定したことが記されている。

　これには、和文の付録があり、オランダ通詞や出島乙名の名前、修行の内容が記されている。膏薬の製造と効能、使用法、そして、シロップの製造法、薬草の利用法や薬油蒸留といった薬学に関すること、さらに、腫れ物の治療や打撲、骨折といった外科、目や鼻、耳、歯、喉の治療法、瀉血《しゃけつ》、解剖学に至るまで記されている。甫安がこうした多方面にわたって教育を受けることができたのは、平戸藩とオランダ東インド会社との親密さはもとより、松浦家が長崎奉行と良好な関係にあったためで、藩からの支援が大きかった。のちに発表する『蕃国治方類聚伝《ばんこくちほうるいじゅでん》』には、紅毛流医学の内容だけではなく、江戸参府に随行した時のエピソードも収められている。

　甫安は、療養のため摂津《せっつ》の有馬温泉を訪れる。快方したのち、京都で一条摂政内房《うちふさ》内大臣、八条宮第四代長仁《おさひと》親王の治療にあたり、その功をうけて、〝法橋《ほうきょう》〟に叙せられ、嵐山と名乗ることを許可されている。寛文十三（一六七三）年に京都から平戸に戻り、延宝八（一六八〇）年には扶持一〇〇石を受けた。そして、元禄六（一六九三）年に死去するまでの間、平戸藩に仕えた。甫安の門下には、江戸の蘭学を牽引する桂川《かつらがわ》家の祖、桂川《かつらがわ》甫筑《ほちく》邦教《くにみち》がいた。こうして藩から多大な支援を受けながら、平戸藩に蘭学・紅毛流医術を伝えていったのである。

9．川原慶賀（かわはら・けいが）

川原慶賀（一七八六年～？）は、通称登与助、諱を種美、慶賀や聴月楼と号す。天保六（一八三五）年からは、「田口」と称していたことがわかっている。父は川原香山で、天明六（一七八六）年に長崎の今下町に生まれた。香山は、知識人で、絵画も嗜む多才な人物だった。唐絵目利で写実性のある洋風画を確立した石崎融思《ゆうし》（一七六八～一八四六年）の実父である荒木元融《げんゆう》と親交があり、香山はもとより慶賀も石崎融思から絵を学んでいたとされる。

川原慶賀は正統な画家というよりは、職業画家（町絵師《まちえし》）である。長崎奉行所に仕えた唐絵目利とは異なり、在野の職人である。慶賀の肩書は、長崎奉行所判例集『犯科帳』に「出島出入絵師」と記され、オランダ商館に仕える職業画家だったことがうかがえる。こうした絵師は「蛮館画工」ともいわれており、長崎奉行所から出島への出入りを許された特定の職人だった。慶賀は、文化八（一八一一）年には、唐人屋敷や出島を出入りすることができたと推測されている。

慶賀は、シーボルトの指示に従って、多くの作品を残したことから、まさに〝シーボルトの眼〟として活躍した人物と評価されている。出島の出入りを許されていた慶賀は、シーボルトに仕える以前は、商館長ヤン・コック・ブロムホフや商館員フィッセルらとも交流していたことが知られる。ブロムホフは、日本や長崎の風景などを慶賀に描かせており、商館長の注文を受けて絵画を作成するという受注関係が成立していた。また、文化十四（一八一七）年にブロムホフが来日した際に、妻子を同伴していたことから問題となるが、この時の絵を残している。フィッセルも自著『日本風俗備考』のなかで、「オランダ人が持ち帰る事のできる絵は、長崎において唯一人の画家によって書かれたものであり、この画家以外の画家が描いたものは売ることが禁じられていた」と記しており、これは慶賀のことを紹介している。

シーボルトに慶賀を紹介したのもブロムホフやフィッセルだった。シーボルトは、オランダ政府から日本の科学的総合調査の命を受けていたことから、日本人画家を抱える必要があった。シーボルト自身は、当初、慶賀の植物の観察図はともかく、動物を描く技術力に不安を抱いていた。ヨーロッパ人の画家を一人日本に送ることができればと心中を吐露している。それが叶って、文政八（一八二五）年にオランダから、画家のカルロス・フーベルト・デ・フィレニューフェ（一八〇〇～一八七四年）が派遣され、シーボルトの助手として加わった。フィレニューフェは、慶賀に西洋画法の指導も行なっていた。こうして、慶賀は画技を身につけ、シーボルトの信頼を得ていった。それを示すように、シーボルトは自著『江戸参府紀行』で「長崎の巧みな画家で、殊に植物の画に巧みである。肖像画・風景画においてもヨーロッパ風に画き始めた」と評価するようになっている。江戸参府には慶賀を同行して、各地のスケッチを描かせ、これらは、『日本』や『日本植物誌』、『日本動物誌』に載録されている。

慶賀は二度にわたり、長崎奉行所から処分を受けている。一度目は、文政十三（一八三〇）年の江戸参府時のことである。シーボルトへの贈り物のなかに禁制品が含まれていたことは不届きであり、これは同伴していた慶賀の注意不足がまねいた問題だと断罪されている。これにより、入牢から町預《まちあずけ》を経て、叱《しかり》が申し渡された（第五章6を参照）。二度目が、天保十三（一八四二）年で、この時は禁止された絵を描いたことが罪状である。これにより「江戸払《ばらい》・長崎払」となった。罪状にあった禁止されていた絵とは、九曜紋（細川家）と茗荷紋（鍋島家）で、これを描いたことが不始末とされた。こうして慶賀は江戸市中と長崎市中に立ち入ることができなくなり、長崎郊外に追放され、そこで余生を過ごしたとされる。なお、没年や墓所とも不明である。

10．司馬江漢（しば・こうかん）

司馬江漢（一七四七～一八一八年）は、延享四（一七四七）年に町人鈴木氏の子として江戸で生まれ、本名を鈴木峻という。名を勝三郎・吉次郎・孫太夫などといい、字は君岳、号は無言道人・春波楼・西洋道人など数多くある。また、浮世絵師の名として、鈴木春重を名乗っている。絵師であるとともに、蘭学者、博物学者、随筆家としての多彩な顔をもつ。

絵師としては、最初、狩野美信《かのうよしのぶ》（一七四七～一七九七年）に師事し、狩野派に属していた。その後、美人画で著名な鈴木春信（一七二五～一七七〇年）に学び、浮世絵師となった。そこで、鈴木春信の贋作に携わることになり、鈴木春重などの落款で美人画を描くが、その作品は好評だったようである。そして、「和画は俗なり」と思うようになった江漢は、享保十六（一七三一）年に来日した来舶清人である沈南蘋《しんなんぴん》の教えを受けた南蘋派の宋紫石《そうしせき》（一七一五～一七八六年）の門に入り、写実的な画法を学び漢画家となった。江戸の宋紫石の周りには、平賀源内をはじめとする蘭画家も集まっており、ここで彼らと知り合い、西洋画を修めていくことになる。

天明八（一七八八）年、西洋画の研究のために長崎へ遊学する。四月に江戸の芝を出発し、六ヶ月以上かけて長崎に到着、寛政元（一七八九）年四月には江戸に戻った。この間の道中記録や、長崎をはじめとする九州諸藩を滞在していた時に見聞きしたことを詳細に記録しており、これを寛政二（一七九〇）年にまとめ、同六年に『西遊旅譚《さいゆうりょたん》』として刊行する。

『西遊旅譚』には、江漢が描いた出島図が収められている。ここには、「阿蘭陀人ハ出島ヲ築、館を作」、「一年ニ銀五十五貫目、地代ヲ日本へ出ス」と記している。また、出島の周囲の長さなども書き込まれており、長崎で見聞きした内容を反映したものと思われる。出島図にはオランダ国旗が掲揚され、「通詞館」や「カピタン居所」、「薬園」、さらに「臺所」からは煙が上がっている。そして、黒牛をひっぱっている男性三人やオランダ人と思われる四名が描かれているのも特徴である。

記録には、出島にカピタンの居所は二ヶ所あり、一ヶ所は外からハシゴをかけて登る。二階に四五間（七・二四〜九・〇五メートル、三十二〜五〇畳）くらいの部屋があり、欄間《らんま》の下に硝子額が十品ほどかけられている。その絵は人物や山水花鳥で、今にも動き出しそうな絵であると感想を述べている。また、室内には多くの椅子が並べられ、飾り物も多いとある。カピタン部屋の二ヶ所というのは、旗竿の側にある建物と、薬園とある庭園の東側の建物である。薬園側の建物は、交替で来日した新任カピタンが入るところである。

また、『西遊旅譚』には、カピタン部屋の内部の絵が収められている。右壁には、椅子が四脚、左壁には本棚があり、その前に机と椅子が置かれ、机の上には水差とワイングラスがある。天井には「瑠璃燈」（シャンデリア）が吊られている。そして、壁には前述のような人物画や帆船画がかけられている。「障子びいどろにて張ナリ」とあり、カピタン部屋の内装を伝える。これは、江漢がスケッチしたものだが、透視画的な技法を使っており、西洋画の影響を受けたものとして当時では珍しかった。

この他にも、オランダ船や悟真寺にあるオランダ人墓地もスケッチしている。オランダ人の墓は「ヅウルコプ」というカピタンの墓で、墓石に文字を彫り、金色を入れ、上に時計の彫刻があると記している。これは、安永五（一七七六）年にオランダ商館長を務めたデュールコープという人物の墓地で、これを見物したのであろう。デュールコープの墓は、悟真寺にあるオランダ人の墓石で最も古く、江漢はこれを描写した（第三章30を参照）。このように、『西遊旅譚』には、様々な画技を学んだ江漢ゆえの詳細な記録が収められており、評価も高い。

江漢は長崎へ行き、西洋文化に触れたことで、新しい知見を得ることにつながった。晩年は、世間から離れて過ごし、文政元（一八一八）年十月二十一日に江戸で没し、深川本材木町の慈眼寺に葬られた。

11．大田南畝（おおた・なんぽ）

大田南畝（一七四九～一八二三年）は、寛延二（一七四九）年三月三日、江戸牛込仲御徒士町に生まれる。父親は幕臣の大田正智で、名は覃、通称は直次郎、四方《よも》赤良《あから》・蜀山人《しょくさんじん》などと号した。儒者の松崎観《かん》海《かい》（一七二五～一七七五年）に師事し、平賀源内（一七二八～一七八〇年）とも親交があった。十九歳の時につくった狂詩文を平賀源内や狂歌・漢詩に造詣のある文人、平秩東作《へづつとうさく》（一七二六～一七八九年）に勧められ、『寝惚先生文集』として刊行し、注目を集めることになる。

狂歌師や戯作者として名高い大田南畝だが、本来は幕臣である。寛政六（一七九四）年の学問吟味では首席で通り、二年後には支配勘定に昇進する。その後、孝行奇特者取調御用、御勘定所諸帳面取調御用などを歴任している。文化元（一八〇四）年六月には、長崎奉行所詰を命ぜられると、七月二十三日に江戸を出立する。九月十日に長崎に到着するが、道中で病気となり、一ヶ月ほど寝込んでしまう。文化二（一八〇五）年十月十日まで長崎で勤務している。

南畝の出島に関する仕事は、文化元（一八〇四）年十一月付で出された出島の建物に関する調査報告書から知ることができる。これは、寛政十（一七九八）年の出島火災（第三章17を参照）により多くの部屋を焼失してしまったことをうけて、カピタン部屋をはじめ再建されていない建物を調べたものである。また、制札場や表門番所、出島外周の練塀など、修理が必要な箇所を江戸へ報告している。このなかには、オランダ人の部屋や荷物蔵は、家主である町人が費用を出して修復するが、住居の室内については、オランダ人が出費すること、イ蔵やロ蔵、花畑の住居、土蔵一軒、牛小屋、豚小屋はオランダ人の費用で修理するといった内容も伝えている。火災後の出島再建の段取りを幕府へ報告しているのである。

また、文化二（一八〇五）年三月二十一日には、長崎奉行遠山左衛門尉《さえもんのじょう》景晋《かげみち》と肥田《ひだ》豊後守《ぶんごのかみ》頼常《よりつね》と一緒に、出島を巡見している。西泊と戸町番所、小瀬戸を巡った後、出島へ船で向かい、水門から出島に入っていった。この時、カピタンの仮住まいである花畑の邸宅に入り、玉突きをみたり、接待をうけている。外科医のアゲイーケスは銀貨を使った手品を披露している。

長崎滞在中に西洋暦にふれ、「阿蘭陀ノ一年」（太陽暦）のことを理解したようである。一年は十二ヶ月の三六五日で、四年に一度閏月があると記録している。これは、天明八（一七八八）年に吉雄幸作、本木仁太夫が刊行した『阿蘭陀永続暦和解』で知ったようである。また、八月九日には、オランダ船に乗船しており、この時、珈琲が振る舞われている。豆を黒く炒って粉にしたものに、白砂糖を加えて飲んでいる。味については、焦げ臭くて耐え難いという印象を残している。これ以外に、ぶどう酒や肉桂酒（シナモン酒）が提供されてもてなされている。

このように、出島やオランダ船などで、直接、オランダの文化に触れることができた。また、長崎の知識人たちとの交流を通じて見聞を広めていった。文人としても活動しており、長崎各所の情趣を詠んだ句を残している。江戸に戻ってからも幕臣として、多くの業務に携わっていった。七十歳を超えても支配勘定の職にあったが、御目見《おめみえ》以上には昇進しなかった。文政六（一八二三）年四月六日に江戸で逝去し、江戸小石川の本念寺にて葬られている。

12．楢林宗建（ならばやし・そうけん）

楢林宗建（一八〇二～一八五二年）は、楢林流外科の開祖である楢林鎮山《ちんざん》からの系譜をひく家である。十八世紀末の楢林家は、通詞楢林家二家と、長崎在住医師楢林家の三家あり、父親の栄哲高連《たかつら》峡山《きょうざん》は、長崎在住のまま鍋島藩医となっている。藩主鍋島斉直《なりなお》の侍医として、江戸参勤の時は同道している。宗建は享和二（一八〇二）年に、栄哲高連とイセとの間に生まれた。諱は高房、字は孔昭、名は潜、和山と号した。

兄の栄建《えいけん》も医師で、のちに京都へ赴くが、宗建が文政十（一八二七）年に佐賀藩医の家督を継ぐまでは、兄弟で長崎に住んでいた。宗建はオランダ医学を修めるとともに、舎密《せいみ》（化学）にも精通した。文政六（一八二三）年に長崎を訪れたシーボルトに師事し、この時、天然痘を防ぐための牛痘《ぎゅうとう》接種法を伝授されている。

嘉永元（一八四八）年にオランダ商館医としてドイツ人医師モーニッケ（一八一四～一八八七年）が来日する。モーニッケは、ボン大学医学部で学び、一八四四年にオランダ東インド陸軍の三等軍医となり、この年の十一月二十九日にバタヴィアに赴任した。モーニッケは聴診器を日本にはじめてもたらした人物でもある。日本では牛痘接種法が蘭方医たちから認識され、牛痘苗が待ち望まれていた。モーニッケは牛痘漿を持参して接種したが、効果がなく失敗に終わる。しかし、その翌年に、痘痂（瘡蓋）を取り寄せて成功させた。宗建は、牛痘漿ではなく、痘痂を取り寄せてくれるようにとモーニッケに進言している。嘉永二年に長崎で成功した牛痘接種は、日本で最初の事例であった。なお、モーニッケの後任のファン・デン・ブルックは、牛痘苗を取り寄せなかったことから、その技術はしだいに衰退していった。

宗建は、息子の建三郎らに牛痘を接種して発痘させると、この病痘を佐賀藩主直正《なおまさ》の嗣子淳一郎に接種する。これも発痘に成功させ、宗建は牛痘接種の普及に尽力する。長崎ではモーニッケの意向により、種痘する場所を出島以外に求めると、奉行所は江戸町のオランダ通詞会所に種痘所の開設を許可した。このように宗建は、長崎と佐賀で天然痘を防ぐ医術の普及につとめたのであった。佐賀では医学校の好生館《こうせいかん》の教授となった大石良英《りょうえい》も牛痘普及に尽力した。

こうした医学面で活躍する一方で、宗建のもとには、佐賀藩から度々、密命が届いていた。それは対外的な情報収集にあたることで、例えば、天保十五（一八四四）年にオランダ軍艦パレンバン号が長崎に入港し、国王使節コープスが開国勧告に訪れた時には、宗建を通じて捜査させている。宗建は、使節応接係担当通詞の楢林鉄之助と接触し、オランダ国王から将軍への手紙の翻訳を入手し、これを佐賀藩に伝えている。また、オランダ軍艦の能力を知るために、宗建は鉄之助に情報収集させ、さらに直正はオランダ軍艦の見学も行なっている。

このように、鍋島斉直は医師として宗建を雇いながら、長崎での情報収集をさせていたのである。長崎在住医師として築いていた人的ネットワークの利点を大いに発揮させたのである。長崎聞役とは異なるルートでの情報収集は、佐賀藩に有益だった。また、幕末に佐賀藩は、軍力強化を図っていくなかで、ゲベール銃の輸入を画策する。嘉永二（一八四九）年に幕府がゲベール銃五十挺をオランダ商館に注文していることを知った斉直は、宗建を通じて長崎会所や商館長に相談している。宗建は出島出入医師だったこともあって、様々な情報収集を可能とし、融通を図ってもらうことができたのである。

Ⅲ．蘭癖大名

13．島津重豪（しまづ・しげひで）

薩摩藩主島津重豪（一七四五〜一八三三年）は、幼名善次郎といい、宝暦四（一七五四）年に松平又三郎忠洪《ただひろ》と称する。同五年七月に父重年の跡をついで十一歳で藩主となり、重豪と名乗るようになる。襲封した宝暦五年は、木曽川治水工事にともなう借金に加え、藩債も膨れ上がっている状況にあり、藩主自ら質素倹約に努め、藩政一新を図っていった。

安永二（一七七三）年には、幕府の湯島聖堂を模範として、鹿児島城下に聖堂（藩校造士館）を開く。ここでは身分を問わず門戸を開き、八歳以上の子弟を選抜して、朱子学の講義を行なった。学問教授の体制を整えるとともに、聖堂に隣接した場所に武芸稽古場を設置した。さらに、安永三（一七七四）年には医学院を設け、医学教育にも尽力する。そして、藩内には、山川薬園・佐多薬園があったが、安永八（一七七九）年には、新たに吉野薬園を開き、薬用植物を栽培する。藩独自の暦を作るために、天文観測機能をもった明時館《めいじかん》（天文館）を設置している。こうした機関の創設は、重豪自身が、本草学や博物学に興味を持っていたことが大きいといえる。

重豪は、若くして蘭学に興味を持っていたようで、薩摩藩の江戸屋敷に滞在中の宝暦五年三月十四日、江戸参府で長崎から訪れていたオランダ人を見物しに行ったことを日記に記している。それ以外にも、オランダにまつわる記録が随所にみられ、大きな関心事になっていたことが窺える。年を重ねるごとにその想いは強くなっていったようで、明和八（一七七一）年には、自らオランダ文化に触れるために、江戸から薩摩への帰路に長崎に立ち寄っている。七月十六日から八月九日までの二十三日間、長崎に滞在した。

この時の重豪の長崎行きの表向き理由として、薩摩藩は異国船通行にあたっての特別な任務を負っていたため、長崎で事件が発生したら警固を命じられるので、実情視察をしておきたいというものだった。オランダ商館長とも懇意にしていたこともあり、オランダ船ブルグ号に乗船している。また、大通詞の今村英生《えいせい》の屋敷も訪れており、ここで、商館員たちと面会している。さらに、オランダ商館長のイサーク・ティチングの紹介でオランダ通詞の松村元綱《げんこう》を薩摩藩で任用する。それは、安永二（一七七三）年から始まった博物学書『成形実録』の編纂にあたって、オランダ語調査をするためだった。松村が死去し、寛政元（一七八九）年には、同じくオランダ通詞の堀門十郎を招聘し、『成形実録』を改選した『成形図説』のオランダ語を担当させるとともに、重豪自身のオランダ語の習得にも助力させている。

ティチングとの親密さは、松村や堀の推挙からも裏付けられるが、そのほかにも、ロムベルグやレーデ、ヘンミー、ドゥーフ、ブロムホフなどといった歴代商館長と懇意にしていた。ドゥーフが、蘭和辞書『ドゥーフ・ハルマ』を編纂していった時、清書用の用紙を送るなど後方支援している。積極的にオランダ人や通詞たちと交流を重ねており、当時の藩主としては、きわめて開明的な視野を持ち合わせていた。しかし、こうした付き合いには、多大な出費をともなうことになり、文化四（一八〇七）年には藩債が一二六万両、文政十（一八二七）年には五〇〇万両に達したとされる。そして、財政改革のために調所広郷《ずしょひろさと》を登用し、債務返済を成し遂げていった。重豪は天保四（一八三三）年に江戸高輪藩邸で没するが、この性格は曾孫でのちに薩摩藩主となる斉彬《なりあきら》に受け継がれている。西洋式の科学技術を導入した集成館事業は、蘭癖大名の系譜をひく一大事業となった。こうして、明治維新の立役者としての地位を築いていったのである。

14．朽木昌綱（くつき・まさつな）

朽木昌綱（一七五〇〜一八〇二年）は、寛延三（一七五〇）年に丹波福知山藩の六代藩主綱貞の長男として江戸で生まれた。幼名は斧次郎、のち左門となる。安永九（一七八〇）年に従五位下隠岐守となり、天明七（一七八七）年十一月二十二日に七代藩主舗綱《のぶつな》の死去に伴い家督を継いだ。寛政六（一七九四）年には近江守と改め、竜橋・宗非・不見・真了などと号す。

若くして古銭収集を趣味にしており、オランダ商館長のイサーク・ティチングからは、洋銭を収集している。銭形やここに鋳込まれている銘文を模写した『新撰銭譜《しんせんせんぷ》』（天明二〈一七八二〉年刊）を発表するほどだった。また、ドイツやオランダといった西洋諸国で鋳造された金貨・銀貨・銅貨の表裏図や大きさ、重量などを解説した『西洋銭譜』（天明七〈一七八七〉年刊）を著し、さらに、『和漢古今泉貨鑑』（寛政十〈一七九八〉年刊）は、中国貨幣などを図入りで収めた詳細な目録となっている。これらはひとえに、墨竹《ぼくちく》を好み、花鳥山水を描いていた、昌綱の画力が発揮された成果といえる。

昌綱は前野良沢に師事して蘭学を学んだ。同門の大槻玄沢が長崎に遊学する際には、経済的支援を行なっている。大槻玄沢が書いた蘭学入門書である『蘭学階梯《かいてい》』（天明八〈一七八八〉年刊）の序文を「龍橋源昌綱」の名前で寄せている。また、前野良沢のところに入門してきた杉田玄白や桂川甫周、司馬江漢など、あらゆる知識人たちと交流をしていった。オランダ通詞の荒井宗十郎らの助力を得ながら、海外諸国の地理研究を行なう。

地理研究にあたっても、前述したティチングの力を借りた。昌綱は、ティチングとオランダ語で直接、手紙の遣り取りをしており、ティチングから添削された書翰が送られるほどだった。ティチングとは江戸で面会した程度であったものの、文通を介してオランダ語の能力を磨いていった。そこで、ヨーロッパの地誌についてまとめた『泰西輿地図説《たいせいよち》』（寛政元〈一七八九〉年刊）を発表している。ティチングからは「Atlas Nouveau」という地図が贈られており、こうした二人の遣り取りからは親しい間柄がわかる。

天明期の蘭癖大名として、薩摩藩主島津重豪と平戸藩主松浦静山と並んで、朽木昌綱も評価が高かった。江戸で蘭学者たちと研鑽を積む一方、ティチングとは文通しながら、自身の能力を高めていった。寛政十二（一八〇〇）年閏四月九日、倫綱《ともつな》に家督を譲ると、同二十四日、剃髪し近江入道となる。そして、享和二（一八〇二）年四月十七日に、江戸で死去した。

15. 松浦静山（まつら・せいざん）

松浦静山（一七六〇～一八四一年）は、宝暦十（一七六〇）年に父政信と母友子との間に生まれる。名を清といい、安永四（一七七五）年に平戸藩九代藩主となるが、文化三（一八〇六）年には、熈《ひろむ》に藩主を譲り、静山と号するようになる。安永八（一七七九）年には藩校維新館を開校し、藩士教育に力を入れる。これにあわせて、平戸城内に楽歳堂、江戸藩邸に感恩斎を創設している。静山は、松浦家の家史編纂に取り組むかたわら典籍の収集を始め、これらは楽歳堂に収められていった。

楽歳堂と感恩斎は、静山が収集した貴重な文物を所蔵した施設で、今日の博物館（収蔵庫）に相当するといわれる。感恩斎は、文化三（一八〇六）年に上屋敷を焼失した時に被災してしまい、多くの文物を失った。一方、楽歳堂には、オランダ製の地球儀や天球儀をはじめ、海外や蝦夷関係資料、国文学の図書類が保管されていた。また、オランダのデルフトで刊行された『字義的・実践的聖書釈義―創世記』二冊（一七四一年・四三年刊）や『字義的・実践的聖書釈義―出エジプト記』も楽歳堂にあった図書である。これは、マシュー・ヘンリー著の聖書で、禁教下のなかで、静山がこれを入手していることは看過できない。

【図説】
平城京事典

平城宮・京に関する発掘調査に加えて、文献史料や自然科学的方法による研究から得られた知見をもとに、奈良時代全体を多角的に解明する画期的な事典。

本書の特色

1. 平城京遷都1300年を記念した初の総合事典
2. 京のかたち、政治・行政システム、人々の暮らしから平城京研究とその方法にいたるまで、約650の項目にまとめる
3. 500点を超えるカラー・モノクロ図版を掲載
4. 巻末には理解の助けとなる付録と約1400項目の索引を完備

奈良文化財研究所＝編

B5判／上製／函入り／606ページ
定価：本体15,000円＋税
ISBN978-4-903530-48-2
〈呈内容見本〉

江戸幕府諸役人 御用番名鑑

万治4［寛文元］年（1661）3月から慶応4年（1868）3月まで、200年間における江戸幕府の諸役人の勤務状況を一覧できるリファレンス。図書館・資料館などに必備の資料！

本書の特色

1. 1100人の御用番担当者を収録
2. 詳細な註を設け、御用番担当者の変更理由（忌中・病気・転役）や官職名が異なる場合についても言及
3. 史料による異同についても註で言及
4. 索引も完備

深井雅海＝監修
大滝敦士／嵩田紋子＝編

B5判／上製／函入り／312ページ
定価：本体18,000円＋税
ISBN978-4-86498-022-7
〈呈内容見本〉

1001 Children's Books

世界の絵本・児童文学図鑑

長く読み継がれてきた古典はもちろん、現在にいたるまで各国で人気のある本を収録。子どもに読んで欲しい本が見つかり、子どものころに好きだった本に出会える奇跡の一冊。

本書の特色

1. 全1001冊を対象年齢別にグループ分けして出版年順に紹介
2. 原著出版国の初版の書影をできる限り掲載
3. すべての本に、書誌データ［作家・画家の国籍、生年／原題（出版年）／出版社（国）／テーマ／邦訳書情報］を付記
4. 巻頭に「書名索引」、巻末に「作家名・画家名一覧」「英題一覧」を掲載

ジュリア・エクルスシェア＝編
クエンティン・ブレイク＝序
井辻朱美＝監訳

B5変型判／上製／960ページ／フルカラー
定価：本体15,000円＋税
ISBN978-4-903530-52-9
〈呈内容見本〉

1001 Books : You Must Read Before You Die

世界の小説大百科

死ぬまでに読むべき1001冊の本

多様で創意や機知に富む小説ばかりを集め、その魅力を作り出しているもの、読まずにいられない気持ちにさせる要素を解説。小説の原点へのたしかな理解と読書への情熱に満ちた一冊。

本書の特色

1. 千夜一夜物語から現代小説まで、無数の小説の中から選んだ1001冊を出版年順に紹介
2. 本の表紙や挿絵、作家の肖像画や写真もできる限り掲載
3. すべての本に書誌データ（作家の生没年、出版社、原題、邦訳書情報等）を付記
4. 巻頭に「書名一覧」「作家名一覧」、巻末に「英題一覧」を掲載

ピーター・ボクスオール＝編
別宮貞徳＝日本語版監修

B5変型判／上製／960ページ／フルカラー
定価：本体15,000円＋税
ISBN978-4-86498-005-0
〈呈内容見本〉

静山が生きた時代は〝博物学の世紀〟とも呼ばれる。長崎のオランダ通詞たちにより修められていた蘭学は、江戸をはじめ各地の知識層に享受され、さらに、藩主や町人層にも受け入れられていった。静山もこの時流にのった人物で、多くの人的ネットワークを形成していた。天明三（一七八三）年には、大坂で儒者の皆川淇園《みながわきえん》と面会し、師事することになる。さらに、大坂の町人で本草学者である木村蒹葭堂《けんかどう》や福岡藩校甘棠館《かんとうかん》の亀井南冥《なんめい》などとも交流を深めている。こうしたネットワークにより、多くの文物が集まってくるようになると、天明五（一七八五）年八月には新書庫を竣工する。さらに、天保十（一八二七）年には、新書庫「金剛庫」を新築している。

楽歳堂の蔵書は、『平戸藩楽歳堂蔵書目録』（天明五〈一七八五〉年刊）や『新増書目』（寛政十一〈一七九九〉年刊）としてまとめられた。蔵書数は、国書七千巻、漢籍九二九九巻、洋書一五八巻の総計一万六四五七巻だった。このうち、静山旧蔵の洋書として、現存確認されているのは六十三部一四四冊であるが、本来は六十六部一六三冊にも及ぶと推測されている。楽歳堂に集められた洋書コレクションの解題は、静山が依頼したオランダ通詞たちによって作成された。これに関わったのは、吉雄耕牛と本木良永、志筑善次郎、石橋助左衛門、楢林栄左衛門、本木正栄である。吉雄耕牛以外は、平戸系のオランダ通詞であり、松浦家とは、出自が平戸というつながりのなかで、懇意にしていた様子がうかがえる。

静山が書籍を入手したルートは、オランダ通詞であることが多かった。最初に入手した洋書は、テンペレ著『日本誌』（一七三三年刊）で、天明二（一七八二）年秋に吉雄耕牛から得たものだった。それ以外にも、吉雄耕牛から入手したものには、ヨンストン著『動物誌』（一六六〇年刊）、メテレン著『オランダ史』（一六六三年刊）などがある。また、馬田清吉からメイエル著『語彙宝函』（一七四五年刊）、名村三太夫からはマーリン著『仏蘭辞典』（一七一〇年刊）、楢林重兵衛からプレヴォー著『旅行記集成』十五冊（一七四六～六〇年刊）やワルター著『アンソン世界周航記』（一七六五年刊）を入手している。また、志筑忠雄が利用していたとされる蘭書も、楽歳堂には数多くあった。

直接、出島に赴いて見聞を広めたというよりは、オランダ人と近い立場にあるオランダ通詞や蘭学者らを介して、博物学や蘭学に傾倒していった。静山は〝学芸大名〟とも称され、蒐集家としても高く評価されている。晩年二十年間を費やして執筆した随筆『甲子夜話』は、二七八巻にも及び、静山の蘭癖としての知見も反映した集大成といえるものである。

16. 黒田斉清（くろだ・なりきよ）

黒田斉清（一七九五～一八五一年）は、寛政七（一七九五）年二月六日に父斉隆と母渡辺氏との間に生まれる。初名を長順といい、楽善堂と号した。斉隆の急逝にともない、同年十月に福岡藩十代藩主となった。幼年藩主であったため譜代重臣たちによる合議制によって藩運営がなされ、成清が成人してからもこの体制が維持されていたといわれる。文化五（一八〇八）年に従四位下に叙任、備前守となり、斉清と称した。文政十二（一八二九）年には左近衛少将となる。

幼少より、動植物に関心があり、特に鳥類の習性に造形が深かった。あわせて、本草学を修めていき、各地の本草学者と親交を深めていく。江戸の桂川《かつらがわ》甫賢《ほけん》や飯室庄左衛門、田村藍水《らんすい》の次男の栗本丹洲《たんしゅう》（瑞山院）らと懇意にしている。天保五（一八三四）年に、失明したことなどを理由に三十九歳で隠居し、養子の黒田長溥《ながひろ》（島津重豪の九男）があとを継いた。

同じく本草学に精通していた富山藩主前田利保が発起人となって天保七（一八三六）年に立ち上げた「赭鞭会《しゃべんかい》」の会員に斉清（楽善堂）も名を連ねた。当時、頒布された「愛物産家相撲番付」には、東の大関に前田利保、西の大関に黒田斉清と掲載されており、その名声は全国で知られるところとなっていた。これまでの本草学書の大著には、稲生若水《いのうじゃくすい》が編纂した『庶物類纂』（元文三〈一七三八〉年刊）や小野蘭山著『本草綱目啓蒙』（享和三〈一八〇三〉年刊）などがあった。斉清は、『本草綱目啓蒙』に自らの研究成果や知識を反映させて補訂した『本草啓蒙補遺』を発表し、これは主著書として知られる。

福岡藩は佐賀藩と隔年で長崎警備を担当していたため、当番年には藩主が長崎巡視を行なっていた。文政十一（一八二八）年三月、斉清は養子の長溥と一緒に長崎へ向かった際、出島のオランダ商館も尋ねている。この時、商館医シーボルトと面会し、意見交換している。シーボルトとの質疑応答をまとめたのが、安倍龍平が記録した『下問雑載』である。安倍龍平は、福岡の蘭学者青木興勝《おきかつ》に師事し、志筑忠雄にも学んだ人物である。斉清とシーボルトの問答にあわせて、自身の意見も書き加えながら、『下問雑載』は編纂された。

斉清はシーボルトに、日本の梅や桜、紅葉の品種について尋ねたり、燕や鶴の渡り鳥の飛来について、緯度や気候との関係から意見を述べている。また、カッパの存在の是非については激しく意見をぶつけ、斉清は島津重豪が実物を写実したというカッパの写生図を提示して存在を主張したが、シーボルトはその実在を否定する。そして、仮にいたとすれば、それは亀の一種と返答している。両者の間では、自身の関心事の研究成果をもとに、植物学や動物学、人類学などといった幅広い学問分野の議論が交わされていたことがわかる。失明しながらも、珍しい草木が贈られると、手で触り、香りをかぎ品種を分別したといわれる。

また、出島を訪れてオランダ人の鳥の飼育法をみた斉清は、「本邦人ノ鳥ヲ畜フ如クニ細密ナラザル所アリ」と記している。幼少期から鳥を研究していた自負が、ここから見受けられる。それは、『鵞経』や『鴨経』などの鳥類に関する著書を出していることからも、鳥の飼育法には自信を持っていたのであろう。また、食用の鳥については、味の善し悪しについても記録している。藩主を退いてから本草学・博物学にいっそう傾倒していき、飼育から食用に至るまで、さまざまな見識を有していたのである。

　嘉永四（一八五一）年一月二十六日に江戸の桜田屋敷で没した。その遺志は、長溥に受け継がれ、彼も開明的な藩主として知られる。福岡藩は長崎警備の担当藩として、そして出島のオランダ人を通じて西洋へ目を向けていき、激動の幕末維新期を乗り越えていったのである。

17．鍋島茂義（なべしま・しげよし）

　鍋島茂義（一八〇〇～一八六二年）は、武雄《たけお》領主の茂順《しげより》（一七六〇～一八三五年）の五男として、寛政十二（一八〇〇）年十月二十五日に佐賀城下与賀町の武雄鍋島家の下屋敷で生まれた。幼名を孟太郎や富八郎、通称、十左衛門といった。天保三（一八三二）年八月に茂順が隠居するにともない、武雄鍋島家の家督を継いだ。武雄鍋島家は佐賀藩の請役《うけやく》を務める家柄で家老格だった。茂義も請役に就いたものの、佐賀藩主鍋島斉直らと折り合いが悪く、辞職や罷免を繰り返している。文政十（一八二六）年には三度目の請役に就任、そして、鍋島直正《なおまさ》の姉の寵姫《ちょうひめ》と結婚したことから、直正の義兄となっている。

　武雄では砲術研究が盛んで、茂義は最新式の火打ち銃を輸入するとともに、大砲技術の習得にも努める。長崎で著名な西洋砲術家であった高島秋帆《しゅうはん》のもとに、家臣の平山醇左衛門《じゅんざえもん》を派遣している。その二年後には、茂義自身も入門し、砲術や大砲鋳造、火薬製造について学んだ。ここで得た知識により、天保七（一八三六）年に武雄で青銅製の大砲が造られ、さらには領内で砲術訓練も行なわれている。天保八年には、茂義も自ら大砲の試射をしている。天保十年に病気を理由に家督を子の茂昌《しげはる》に譲るが、実質的な権限は茂義が持っていた。

このほか、茂義は、武雄の医師の中村涼庵に長崎で牛痘法を習得させ、武雄で種痘を実施したとされる。また、長崎貿易での輸入品を買い付けており、その品目は、個人的な嗜好品から、器物、書物、薬品、植物など多岐にわたる。『長崎方控』（武雄市蔵）という資料には、「焼酒」（ブランデー）や「ローウェイン」（赤ぶどう酒）、「珈琲」、「タバコ」、「五三焼」（カステラ）、「饅頭」など、具体的な物品が記されている。広く、西洋の文物を入手しようとしていた武雄鍋島家の様子がわかる。

また、文久三（一八六三）年二月に作成された『西洋原書簿』（武雄市蔵）によれば、二六二冊の蘭書があったことがわかる。文学書や測量書、医学書、軍事、科学などの分野にわたり、オランダ以外にもフランス語や英語の洋書も含まれていた。これらは翻訳されているものもあり、茂義自らが西洋文明の入手を図っていたことがわかる。

茂義は自ら博物学を研究していたため、西洋文化を積極的に取り入れていった。茂義は鉱物を採集したり、鳥や昆虫を飼育して繁殖させたり、花卉《かき》の栽培も行なっている。また、自身の食事で出された魚でさえも、骨格標本にしていたと言われている。茂義自身が鳥や金魚などを描いた画帳が残されているほどである。また、ウチワサボテンやボタンなどを収めた『植物図絵』や舶来植物も収めた『葉帖』もあるなど、博物学に傾倒していた様を知ることができる。

茂義は、文久二（一八六二）年に死去するが、その翌年には、三重津海軍所で日本初の国産蒸気船「凌風丸」が完成した。茂義は、嘉永七（一八五四）年に佐賀藩の蒸気船製造の責任者に就いており、その形が凌風丸として結実したのである。

Ⅳ．商館長

18．フランソワ・カロン

フランソワ・カロン（一六〇〇～七三年）は、一六〇〇年にベルギーのブリュッセルに生まれる。日本には、元和五（一六一九）年にオランダ東インド会社の料理方助手として平戸に訪れた。滞在中に日本人女性（江口十左衛門姉）と結婚、日本語にも堪能であることから、通訳を担当するようになり、商務員に昇進した。寛永三（一六二六）年には、商館助手となると、その翌年、台湾長官のピーテル・ノイツがオランダ東インド総督特使として来日した時、通訳として江戸に同行している。

一六二八年に起こったタイオワン事件（台湾〈現在の台南安平〉で起こった長崎代官末次平蔵と台湾行政長官ピーテル・ノイツとの紛争、浜田弥兵衛事件ともいう）では、カロンは人質として日本に送還される。そして、タイオワン事件以降、悪化した日蘭関係の改善のために尽力し、事件解決までの交渉に携わった。人質となっていたノイツの釈放交渉のために、一六三三年と三六年に数ヶ月間江戸に滞在、その仕事ぶりは、幕府からも信頼を得ていった。寛永九（一六三二）年に平戸オランダ商館が再開されるようになると、商館長次席を務め、同十五（一六三八）年には商館長に昇進する。

カロンは、オランダ商館の出島移転時の商館長を務め、日蘭貿易の転換期に日本商館の指揮をとった。幕府側の禁教政策に対しても遵守する姿勢を示し、平戸オランダ商館の取り壊しなどにも従っている。また、オランダ商館の出島移転にともない、商館長の日本滞在を一年以内にするという幕府の命令を受けて、二十余年滞在していた日本を退去する。幕府がオランダを貿易相手として選定した重要な時期に商館長を務め、タイオワン事件などの日蘭紛争を処理するなど、オランダ東インド会社の日本市場独占を成し遂げたことに寄与した。

　カロンが商館長に就任する前の一六三六年、バタヴィアのフィリップ・ルカースゾーン副総督から、各商館にその地域の地理、統治、軍事、法律、宗教、儀礼、生活、貿易、産業についての質問状が送られてくる。これは、ルカースゾーンがアジア貿易の全体像を把握するために指示したもので、これに応えたカロンの日本報告は、『東インド会社の起源と発展』に収められ、「日本大王国志」として記されている。これは、ケンペル著『日本誌』が発表されるまで、プロテスタント世界で日本に関する基本書となっていた。その報告内容からは、貿易政策に役立てるための実務的データ集というよりも、創作を含めた話も含まれており、内からみた日本文化の本格的な分析を提供したものだった。

　カロンは、日本を退去後、台湾長官（一六四四～四六年）、バタヴィア商務総監（一六四七～五〇年）を歴任する。その後、フランス東インド会社が設立されると、首席理事（一六六五年）となっている。その後、一六七三年四月五日、乗っていた船がリスボン港外で沈没してしまい溺死した。

19．イサーク・ティチング

　ティチング（一七四五～一八一二年）は、アムステルダムの医者の家系に生まれ、ライデン大学で医学と法学を学んだ。一七六五年にオランダ東インド会社の下級商務員として、バタヴィアに赴任する。安永八（一七七九）年に商館長として初来日、以降、天明四（一七八四）年まで三度（三年半）、出島商館長を務めた。この頃、オランダ東インド会社は内部汚職が表面化し、立て直しが急務な状態だった。また、日本では、田沼意次《たぬまおきつぐ》が権勢を振るっており、日蘭貿易も低調していた。ティチングはそうした状況を好転させるために奔走し、対日貿易の改善を果たした。

出島滞在中には、長崎奉行の久世広民《くぜひろたみ》、吉雄耕牛や本木良永、本木正栄、楢林重兵衛などのオランダ通詞、使用人に至るまで広く親交を深めていき、日本の情報を聞き取りしている。オランダ語を教えるかわりに、日本語を習うなど、積極的に日本人と交流していった。長崎の住民以外にも、福知山藩主朽木昌綱《くつきまさつな》や薩摩藩主島津重豪《しげひで》、蘭学者の桂川甫周や中川淳庵とも交流した。また、安永九（一七八〇）年と天明二（一七八二）年には江戸参府しており、田沼意次・意知《おきとも》親子ともこの時に接点があったのではないかといわれている。

ティチングと日本人との交流で特筆すべきは、離日後も長期間にわたって彼らと文通していたことである。一七八四年十一月に日本を去ってバタヴィアに向かい、一七八五年から九二年までオランダ東インド会社のベンガル総督としてチンスラ（カルカッタ近郊）に滞在している。ティチングは、バタヴィアやチンスラから日本滞在中に親交のあった者に手紙を送っており、通詞に送った手紙は確認できるだけでも二十五通、江戸の朽木昌綱らに宛てたものが十八通ある。また、日本人がティチングに宛てた手紙は、二十五通にのぼっている。双方で頻繁に遣り取りしている背景には、ティチングが日本研究をするにあたっての材料収集があり、これに通詞が協力していたのである。日本の書物を蘭訳して送ったり、当時の政治や社会状況も伝えている。こうした手紙の遣り取りを可能としたのは、ティチングと親交のあった長崎奉行久世広民が配慮したためである。これも寛政の改革により、自由な通信は難しくなっていった。

ティチングは、日本の歴史や風俗・習慣に関心を寄せており、それに関する情報を収集していった。ティチングの死後、一八二二年に刊行された『日本風俗図誌』は、彼の研究成果の集大成である。これは二部構成で、一部は、歴代将軍ごとの事件や逸話、年中行事、日本人の婚礼や葬儀などが収められている。また、二部には、浅間山《あさまやま》の噴火や久世広民との西洋式船舶造船技術の導入に関する折衝、田沼意知が江戸城内で佐野政言《さのまさこと》に襲撃され命を落とした時の落首〝鉢植えて／梅か桜か咲く花を／誰れたきつけて／佐野に斬らせた〟を収める。この田沼意知の死によって日本の開国は閉ざされたという私見を添えている。

ティチングは収集家としても知られ、文物はもとより、房楊枝（歯ブラシ）や鼻紙などの日用品でさえ注文・収集している。シーボルトは、自著『日本』のなかで、ティチングを「学識ある政治家」・「一、三の著しい貿易の利益を挙げた」と称え、その能力を高く評価している。一八一二年二月にパリで病没。生前に収集された日本の書籍や古銭、地図、絵などのコレクションや日本研究の草稿は、競売にかけられた。

20. ヘンドリック・ドゥーフ

ドゥーフ（一七七七〜一八三五年）の最初の来日は、寛政十一（一七九九）年で、この時、オランダ商館の書記として赴任している。フランス革命やナポレオン戦争によって、オランダは一七九五年から一八一三年までフランスの属国となっていた。この影響は、出島オランダ商館にも及んでおり、財政の窮状を伝えるため、ドゥーフは、バタヴィアにいったん、帰国する。翌年、商館長ワルデナールと再来日、荷蔵役《にぐら》を務めた。そして、享和三（一八〇三）年には、商館長に就任することになる。

商館長の任期は、寛永十七（一六四〇）年の幕府の令達によって、一年と決められていた。しかし、前述したオランダ本国の状況を受けて、任期の延長が認められることになると、文化十四（一八一七）年まで商館長の職にとどまった。長期間滞在したこともあって、多くの日本人と交流している。プライベートでも遊女の園生《そのお》との間に女児おもん（九歳で病死）、さらに遊女の瓜生野《うりうの》との間に男児丈吉をもうける。なお、丈吉は道富（どうふ・みちとみ）の姓が与えられている。本来は、瓜生野の土井姓を名乗らなければならなかったが、長崎奉行所は、これまでのドゥーフとの関係から、特段の配慮を行なったといえる。

ドゥーフが出島に滞在していた期間は、日本を取り巻く国際情勢の変化にともない、対外的危機が長崎に迫っていた。文化五（一八〇八）年には、イギリス軍艦フェートン号がオランダ船に偽装して長崎に不正に入港する。長崎奉行松平図書頭康平《やすひら》は、対抗措置として強硬政策をとろうとするが、ドゥーフはオランダ人が人質にとられていたこともあり、穏便に対処することを提案。結果、松平康平は、食料や水、薪などをフェートン号に提供して、事態の収束につとめていった。

文化十（一八一三）年には、イギリス東インド総督のトーマス・スタンフォード・ラッフルズが、シャルロッテ号とマリア号で長崎へやってくる（第五章9を参照）。ラッフルズは、オランダの植民地ジャワを占拠し、さらに出島を奪取しようと試みて長崎を訪れたのである。これはオランダに降り掛かった危機だったが、対応にあたったドゥーフは、大通詞石橋助左衛門以下、中山作三郎、名村多吉郎、本木庄左衛門らと一緒に、出島の権益を死守した。

滞在中は、オランダ通詞や蘭学者と積極的に交流している。特に、通詞たちのオランダ語の習得に助力しており、蘭和辞典をつくったことは、高く評価されている。江戸時代、「ハルマ」（波留麻）といえば蘭和辞典であるが、これは、十八世紀にオランダで使用されていた『蘭和辞典』の編者で書店主のフランソワ・ハルマ（一六五三〜一七二二年）の名前に由来するものである。寛政八（一七九六）年に、江戸でハルマ『蘭仏辞典』第二版（一七二九年刊）をもとにした、日本最初の蘭和辞典である『ハルマ和解』が出版される。これは「江戸ハルマ」とも呼ばれ、稲村三伯《いなむらさんぱく》が、石井庄助や宇田川玄随らの協力を得て作成したもので、初版は三十部余りだったという。

「江戸ハルマ」に対して、ドゥーフはオランダ通詞の吉雄権之助（吉雄耕牛の子）らと協力して、ハルマ『蘭仏辞典』第二版をもとに、蘭和辞典を編纂する。これを『ドゥーフ・ハルマ』といい、文化八（一八一一）

年から同十三（一八一六）年までの間に、私的に編纂したものだった。これは「江戸ハルマ」を凌駕した正確な内容であったが、長崎方言も多く散見された。

文化十三（一八一六）年八月、幕府は、ドゥーフや中山作三郎、吉雄権之助（耕牛の子）らに初稿の増訂を命じた。つまり、公的な事業として着手されることになり、ドゥーフは帰国直前の文化十四年十月までで打ち込み、第二稿をほぼ完成させた。ドゥーフ帰国後も、通詞は第二稿のさらに増訂が命ぜられ、第三稿が天保四（一八三三）年十二月に完成した。『ドゥーフ・ハルマ』は、蘭学者の間で重宝され、大坂の適塾《てきじゅく》の「ドゥーフ部屋」では、福沢諭吉たちが昼夜なく利用していたことが知られる。

一八三三年に、ドゥーフは『日本回想録』を著している。長期間、長崎に滞在していたなかで直面した出来事や日本人との思い出などが記されている。なにより、この期間、オランダ本国が存在しない状態で、唯一、オランダ国旗を掲げられていたのは出島だけだった。こうした激動のなかで、日本で商館長を務めていたドゥーフの功績は大きい。『日本回想録』を刊行して二年後の一八三五年、オランダで死去した。

21. ヤン・コック・ブロムホフ

ブロムホフ（一七七九～一八五三）は、一七七九年八月五日に、父ヨハネス・ブロムホフ、母ドロテア・コックとの間に、アムステルダムで生まれた。士官候補生として陸軍に入り、一七九四年には対フランス戦に参加している。そして、英国に渡り、一八〇二年のアミアンの和約（英仏間で交わされたフランス革命戦争の講話条約）後にオランダに帰還する。一八〇五年にジャワに向かい、総督ダーンデルスの幕僚となった。

日本を最初に訪れたのは文化六（一八〇九）年で、出島商館の荷蔵《にぐら》役に任命されて着任する。この時から、通詞たちと交流を始めており、彼らに英語を教えていたようである。そして、文化十（一八一三）年に出島のオランダ商館を接収するためにおとずれたラッフルズが、前商館長のウィレム・ワルデナールを派遣して交渉にあたらせた時、商館長ドゥーフを助けて事態の収束に努めている（第五章9を参照）。そして、ドゥーフからラッフルズとの折衝役を命じられ、ジャワに向かうが、ここで捕虜となってしまい、イギリスに身柄が送られた。一八一五年のウィーン会議により、オランダが独立を回復すると、本国に帰ることを許された。

文化十四（一八一七）年に商館長ドゥーフと交替するために、長崎を訪れる。この時、妻子を伴って来日したため、幕府と長崎奉行所は協議することになる。ドゥーフと一緒に健康上の理由で家族同伴の許可を求めたが、これまでに先例がないことから、妻子の長崎上陸は許されず、前商館長ドゥーフとともに妻子はオランダへ帰国する。同伴した妻ティティアは、長崎でたちまち話題となり、「ブロムホフ家族図」などが描かれている（第4章9を参照）。

商館長のブロムホフは、文政元（一八一八）年と同五年に江戸参府している。そこでの交渉で、輸出銅の増加の許可を得ることに成功する。また、指導した本木正栄《しょうえい》（一七六七〜一八二二年）は、文化八（一八一一）年に『諳厄利亜興学小筌《あんげりあこうがくしょうせん》』、同十一年には『諳厄利亜語林大成《あんげりあごりんたいせい》』という、英和辞典を編纂している。

日本人とは広く接しており、江戸の蘭学者である桂川甫賢や大槻玄沢、薩摩藩主の島津重豪らとも懇意にしている。何より、長崎の地役人とは、物品を贈答し合う仲だったことからその親密さが窺える。出島乙名と組頭は、新年の挨拶で肴一皿と酒一樽、通詞たちは米二十袋を贈っている。本木正栄は、調理済みの味噌汁一鍋や西瓜二つを贈るなど、日頃から親しくしていたことがわかる。一方、日本人から所望されることもあったようで、吉雄権之助はパン一切れを求めたり、インクやペンを貸してくれるようにとも依願している。また、薬として西洋食品を望むことが多かったようで、ミルクや赤ぶどう酒など求めているが、このなかでも赤ぶどう酒は持病の喘息のために欲している。その他、自身の嗜好品や知人に渡すためと思われる舶来品を日本人は求め、ブロムホフも可能な限りこれに応えていた。

長崎奉行とも懇意にしており、文政三（一八二〇）年には江戸の町奉行に栄転する筒井政憲《まさのり》のために、出島で送別の宴を開いている。この時、商館員の有志による芝居が上演されている（第三章15を参照）。また、新旧長崎奉行が出島を訪問するときも、相応の接待をしている。例えば、文政四（一八二一）年に長崎奉行の間宮信興（前任）と土方勝政（新任）が出島を尋ねてきた時、オランダ船に乗船させて見学させたり、オランダ人が踊りを披露してもてなしている。そして、出島では、カピタン部屋で菓子やリキュール酒などを提供したり、玉突き（ビリヤード）を披露している。玉突きの際は、コンスタンティア（喜望峰産ぶどう酒）とムスカデル（フランス・イタリア産のぶどう酒）が振る舞われた。

こうして、多くの日本人と交流しながら、文政六（一八二三）年に日本を離れることになる。一八二四年にオランダ本国に帰国、一八五三年十月十三日、アメルスポールトで死去した。

22. ヤン・ヘンドリック・ドンケル・クルティウス

クルティウス（一八一三〜七九年）は、一八一三年四月二十一日にアムネルに生まれる。オランダからジャワに渡り、バタヴィア高等法院評定官、同高等軍事法院議員を務めている。一八五二（嘉永五）年七月二十一日に来日し、テフィスゾーン・ローズと交替して十一月二日に商館長となった。クルティウスは、オランダ国王ウィレム三世の開国の意向を伝えるオランダ東インド総督トゥイストの信書（通商条約の素案）を長崎奉行に渡す特命を帯びて来崎する。幕府の対応次第では、日蘭条約締結交渉に入る全権が与えられていた。

　クルティウスは、アメリカ艦隊の日本遠征を告げるとともに、この非常事態を乗り切るために、オランダ政府、ひいては商館長が親身に献言する用意があることを伝える「別段風説書」を長崎奉行に提出した。これは、幕府にも届けられることになり、クルティウスはその返信を待っているなか、一八五三（嘉永六）年七月八日、ペリー率いるアメリカ東インド艦隊が浦賀《うらが》に、さらに少し遅れてプチャーチン率いるロシア極東艦隊が同年八月二十二日に長崎に来航した。

　とくにプチャーチンとの対露交渉は、長崎奉行の依頼に応じて、ロシア側と長崎奉行所との間に入り、両者の意思疎通に尽力している。その後、ロシアとは、一八五五年一月二十六日に下田で日露和親条約が締結されている。さらに、一八五四年五月十日にスターリング率いるイギリス東インド艦隊が長崎港に訪れると、同年十月十四日に日英和親条約が締結される。フランス艦隊も長崎に寄港するが、このときもフランス語の援助を行なっている。アメリカ・イギリス・フランス・ロシアの軍事力をみせつけた条約締結に対して、クルティウスは否定的な考えを持っていた。これまで築いてきた日蘭関係には、信頼が前提にあり、こうした関係を維持しておくことが大切だと認識していた。そうした想いから日本と西洋諸国との間に入り、通訳などを行なっていたのである。

　そこで、クルティウスは、オランダ語教育を実施するとともに、西洋の科学技術の導入を支援する啓蒙的な援助を通じて、日本人のオランダへの依存を高めようと考えた。これを実行に移すべく、オランダ政府に軍艦派遣を進言し、一八五四年には、蒸気艦スームビング号（観光丸）が日本に献上された。さらに、ファビウス中佐を司令官とするオランダ海軍派遣隊が長崎を訪れ、海軍教習を行なった。幕府は、安政二（一八五五）年に長崎海軍伝習所を創設し、オランダ海軍講師陣による蘭学や航海術などが教えられた。ここには、永井尚志《なおゆき》や勝海舟、矢田堀景蔵らの幕臣をはじめ、薩摩藩（五代友厚ら）や佐賀藩（佐野常民ら）の藩士などが集まった。これは第一次海軍伝習といわれ、ペルス・ライケンの指導のもと、軍事教育を受け、欧米諸国と対等になるために、軍事力強化が図られたのである。

安政二（一八五五）年十二月二十三日（新暦：一八五六年一月三十日）には、日蘭和親条約が結ばれる。さらに、安政五（一八五八）年には、日蘭修好通商条約が締結され、これまでの両国の外交関係が改められることになった。出島オランダ商館は事実上の閉鎖となり、クルティウスは、最後の商館長の職を務め上げ、そして、最初の領事官（外交官）として日蘭間の交渉にあたっていくことになった。日蘭修好通商条約締結にあたっては、ポルスブルックがクルティウスの秘書官として派遣され、交渉にあたらせた。クルティウス自身、日本語の習得に努めており、一八五七年には『実用日本語文法』を発表している。コミュニケーションツールとして、語学教育には力を入れていたことがわかる。一八六〇年に離日し、一八七九年十一月二十七日にアーネム（オランダ・ヘルダーラント州）で死去した。

V．商館医

23．ケンペル・エンゲルベルト

ケンペル・エンゲルベルト（一六五一〜一七一六年）は、聖ニコライ教会の主任牧師ヨハネ・ケンペルの次男として北部ドイツのレムゴーで生まれた。歴史学や地理学、哲学、古典学などを幅広く学び、クラカウ大学で医学と哲学、ケーニヒスベルク大学で医学、アルベルトゥス大学で法学を修めた。数ヶ国語を話すことができ、とくに、自然科学の分野に関心をもっていた。その後、拠点をスウェーデンに移し、研究活動に励むことになる。

一六八三年、スウェーデン王は、ロシアやペルシャと通商条約を締結するために、使節団の派遣を検討するが、その書記官としてケンペルは参加することになる。ロシアに二ヶ月間ほど滞在し、シベリアに関する資料を収集する。そして、イスファハンに一年以上滞在することになり、オランダ東インド会社の商人で東洋学を修めるデ・ヤーヘルと出会い、親交を深めていった。スウェーデンの使節団は、帰途につくことになったが、ケンペルはペルシャに残る選択をする。

一六八四年十二月、ケンペルはオランダ東インド会社に採用される。一六八八年までバンダール・アッバースで勤務し、一六八九年にバタヴィアに異動する。バタヴィアでは、医師で植物研究者でもあり、出島商館長を務めたクライヤーのもとで事務をつかさどっている。この時、日本に興味を抱くようになり、出島商館医に応募し、これが認められて来日することになった。一六九〇年五月にバタヴィアを出発、同年九月に長崎に到着した。

日本語が不得手だったケンペルは、オランダ通詞の今村英生らの力を得て調査を行なっていった。英生以外にも、楢林鎮山や名村権八、馬田市郎兵衛、横山与三右衛門らの通詞とも懇意にし、日本の自然や歴史、社会、文化、宗教など、あらゆる情報を入手していった。また、商館医として九一年と九二年に商館長の江戸参府に同行し、見聞を広めていった。江戸までの道中で植物標本を収集したり、風景や寺社、日本人の容姿などのスケッチをしていった。また、ケンペルは、徳川綱吉と謁見する機会があり、その時、白書院《しろしょいん》で踊りを披露している。

元禄五（一六九二）年八月に長崎を離れ、バタヴィアに滞在したのち、一六九三年十月にアムステルダムに到着した。十一月にライデン大学医学部に入学し、翌年四月に「海外で観察された一〇の医学の問題について」を提出、医学博士号を取得した。その後、故郷レムゴーに戻り、開業医などで生計を立てた。

一七一二年に、『Amoenitates Exoticae』（『廻国奇観』）がレムゴーで刊行される。この第五巻『日本植物誌』は、日本植物研究の嚆矢となった。

一七一六年十一月二日、六十五歳でこの世を去るが、遺言によって、ケンペルのコレクションは、甥のヨハン・ヘルマンが受け継いだ。未発表だった「今日の日本」の原稿もヘルマンの手元にあったが、ヘルマンが財政難に陥ったことを知ったイギリス王の侍医で蒐集家としても知られるスローン伯爵が買い取った。そして、自身のスイス人司書ショイヒツァーに依頼した英語訳『The History of Japan』（『日本誌』）が、一七二七年に二冊本としてロンドンで刊行されることとなった。さらに、仏訳本と蘭訳本が一七二九年にハーグで刊行されている。一七七三年にケンペルの相続人だった姪の遺品から二つの『日本誌』の独語稿本（一つはケンペル、もう一つは甥の写本）が発見されると、これをウィルヘルム・ドームが、七七年から七九年にかけてレムゴーのマイヤー書店で二冊本を出版している。

内容は、一巻にバタヴィアから長崎までの記録、日本の地理や気象、鉱物、植物、魚介について収められ、二巻には政治体制や日本の歴史、三巻には宗教、四巻には長崎と貿易、五巻に参府紀行が記されている。また、付録には、「鎖国論」などが収められていた。日本研究の体系的な研究書で、この蘭訳本は、安永年間（一七七二～一七八〇年）頃には日本に輸入され、当時の外国人がどのような日本観にあったかが、蘭学者らによって学ばれていった。

24．カール・ペーテル・ツュンベリー

ツュンベリー（一七四三～一八二八年）は、スウェーデンのヨンショピンで生まれる。一七六一年にウプサラ大学に入学し、神学や法学、哲学を修め、化学や医学も学んだ。大学医学部には、植物学者で「分

類学の父」と称されるカール・フォン・リンネがおり、博物学や薬物学などを教わった。一七七〇年八月にパリに留学が決まるが、途中、アムステルダムでリンネの友人の植物学者ビュルマンに師事した。八ヶ月間、パリに滞在している間、ビュルマンらの尽力でオランダ東インド会社への就職の道を開いた。そして、アムステルダムでオランダ外科医の試験を受験して採用された。

一七七一年十二月、オランダ東インド会社の員外外科医として南アフリカへ赴任した。三年間、ケープタウンに滞在し、この時、植物採集を行なったり、オランダ語の習得にも努めている。一七七五年三月には、バタヴィアへ向かう。そこで、日本行きが命じられることになり、八月に長崎に到着、商館付医師として出島商館に入った。この間、一七七二年六月、ウプサラ大学で医学博士号を授与されている。

日本滞在中は、出島周辺の植物採集を行なうとともに、オランダ通詞や長崎の役人たちと交流していく。そのなかで、吉雄耕牛らに、当時、日本で蔓延していた梅毒に対する水銀療法などを教授し、耕牛は、この時のことを『紅毛秘事記』として記録している。また、耕牛は日本の古い銅銭を収集しては、これをツュンベリーに渡している。ツュンベリーは、帰国後の王立アカデミーで「日本の貨幣について」という講演を行なっているが、耕牛から譲り受けた古銭をもとにしていることは言うまでもない。

安永五（一七七六）年三月、商館長フェイトの江戸参府に同行する機会を得る。江戸参府は、長崎以外の地で調査することができる絶好の機会であり、箱根では駕籠をおりて、自ら植物採集を行なっている。江戸では、蘭学者の桂川甫周や中川淳庵らと親密になり医学などを教え、彼から『訓蒙図彙《きんもうずい》』などの本草学書を譲り受けている。五月に江戸を出発し、六月に出島に戻ると、その年の十二月に長崎を出港した。ツュンベリーの日本の滞在は、十六ヶ月間だった。

一七七八年十月にオランダに帰国すると、そのまま東インド会社を辞職している。一七七九年三月にスウェーデンに到着すると、一七八一年にウプサラ大学で教鞭をとり、一七八四年にはウプサラ大学医学・植物学教授に任命される。この年、日本に滞在していた研究成果として『日本植物誌』を出版している。その後、ウプサラ大学学長を務め、ヴァーサ勲章やコマンダー勲章を授与されている。

前述した『日本植物誌』のほか、日本に関連する書籍として、『日本植物図譜』（一七九四～一八〇五年刊）、『日本動物誌』（一八二三年刊）がある。『日本植物誌』は、八一二種の日本の植物を収め、新属二十五、新種三九〇、採集場所も長崎近郊が三〇〇種のほか、箱根六十二種、江戸四十四種あった。この内容からは、江戸参府にあたって、各所で採集活動していたことがわかる。『日本植物誌』には、リンネの分類方式と命名法に従って記述されており、重要な形態形質が詳細に記録されている。この成果は、日本の植物研究の基礎を築いたとされる。

25．フィリップ・フランツ・バルタザール・フォン・シーボルト

シーボルト（一七九六～一八六六年）は、ヴュルツブルク大学医学部で生理学の教授であった父ゲオルク・クリストフ・フォン・シーボルトと、母アポロニア・フォン・シーボルトとの間に長男として生まれた。祖父の代から医学部教授をつとめる名家だった。しかし、一七九八年に父親が急逝したため、伯父ロッツの元に身を寄せる。一八一五年から一八二〇年までの間、ヴュルツブルク大学医学部に在籍し、外科学の理論と実践的な外科治療について学んだ。理論と実践を兼ね備えた大学教育は、当時、先進的なもので、シーボルトもその高度な技術と知識を兼ね備えていった。また、植物学や動物学が医学教育のカリキュラムに組み込まれていたこと、そして、地理学や民族学なども幅広く学んでいたことから、異国への興味をしだいに持つようになっていった。

シーボルト肖像画（長崎歴史文化博物館所蔵）

大学卒業後は、隣町ハイデングスフェルトで病院を開業していた。友人のオランダ陸軍軍医総監ハルバウルから、東インド勤務のオランダ陸軍医の話をもらうと、ここに就職することを決意、オランダ領東インド陸軍外科軍医少佐に任ぜられる。一八二三年、バタヴィアに赴任し、さらに、出島商館医師として日本勤務を命じられることになった。

オランダは、ナポレオン戦争により一八一〇年にはフランスに併合され、国家としてのかたちを失っていった。しかし、一八一四年から一八一五年まで開催されたウィーン会議により、ネーデルラント王国として認められることになる。こうした、国家再建に着手しているさなかに、シーボルトは対日貿易を再調査するために、日本への赴任が命じられたのである。職名としては商館医だが、日本の総合的科学的調査の任務を与えられ、そのための多額の研究費も支給された。

こうしてシーボルトは、文政六（一八二三）年八月十一日に「商館付医官」として来日した。この翌年、商館長スチュルレルは、長崎奉行高橋越前守重賢に対して、シーボルトはオランダでも有名な医師で、日本人に医学や学術的知識を教授するために派遣されたことを伝えている。また、シーボルトに医療活動を行なわせたいので、市内への出入りを認めてやって欲しいと願い出た。これは、シーボルトが日本研究に携わりやすくなるように、商館長が配慮したものであり、結果、これが認められ、蘭方医の吉雄幸載《こうさい》や楢林栄建《えいけん》・宗建《そうけん》が開設していた私塾を訪れるようになる。さらに、文政七（一八二四）年には、長崎郊外に鳴滝塾《なるたきじゅく》を開き、シーボルト自ら診療するかたわら、日本人医師たちに医学を教えていった。ここでは、患者を診察しながら治療法を教授する、西洋式の臨床講義が行なわれていたのである。

シーボルトは、鳴滝塾に集まってきた門人たちに、さまざまな課題を与え、オランダ語の論文でレポートを提出させた。日本を自由に出歩くことができなかったシーボルトにかわって、門人たちが調査してまわっていたのである。このレポートのなかに、美馬順三著『日本産科問答』、高野長英著『日本における茶樹の栽培と茶の製法』、伊藤圭介著『勾玉記』などがあった。日本の著名な蘭学者、本草学者による調査は、シーボルト著『日本』のなかでも引用されている。

シーボルトの日本研究に欠かせないのが、川原慶賀《かわはらけいが》である。出島出入絵師であった川原慶賀は、シーボルトの指示により、多くの写生画を残していった。長崎の風景をはじめ、植物や動物、日本人の容姿や年中行事など、日本の事象を絵画にしたためていった。これらは、シーボルト著『日本』の図版のなかに収録されている。

文政十一（一八二八）年八月、猛烈な台風が九州を襲い、帰国予定だったシーボルトたちも被害を受けてしまう。シーボルトの素行を調べていた幕府は、当時、日本から持ち出すことを禁じていた絵図などを所持していたことを突き止める〝シーボルト事件〟が起こった（第五章6を参照）。これにより、シーボルトは〝国禁〟処分（国外強制退去・再来日禁止）が申し渡され、文政十二（一八二九）年に日本を離れることになった。しかし、日蘭修好通称条約の締結にともない、国禁処分が解かれると、安政六（一八五九）年に再来日を果たす。

シーボルトは、『日本』・『日本動物誌』・『日本植物誌』の三部作を刊行する。これらは分冊により発表され、シーボルトの日本研究の集大成となった。日本滞在中に遊女たきと懇意にしており、二人の間にはのちに産科医となる楠本イネが生まれた。また、長男のアレクサンダー・フォン・シーボルトは、明治政府のお雇い外国人として、ウィーン万国博覧会の参加交渉などに尽力した。父子二代に渡って、江戸幕府、そして明治政府の学術、行政、外交面で尽力した。

Ⅵ. 伝習所教官

26. ヘルハルドゥス・ファビウス

ファビウス（一八〇六〜一八八八年）は、一八〇六年十二月十三日に牧師の長男として生まれ、デルフトで過ごした。アムステルダムの商船学校を中退して水夫となり、その後、二十一歳で海軍士官学校を卒業する。ファビウスは、一八五三年にオランダ東インド艦隊所属の軍艦スームビング号の艦長に任命される。嘉永七（一八五四）年三月三日に締結された日米和親条約に関する情報収集のため、そして、商館長ドンケル・クルティウスから日本に海軍を創設するにあたっての教授陣派遣要請があったことをうけて、同年七月二十八日（新暦：八月十一日）に長崎に来航した。

来日したファビウスは、長崎奉行水野忠徳《ただのり》に対し、海軍創設への具体的な意見書を提出する。それは、欧米諸国が展開する海軍の情勢を説明したうえで、その必要性を説いたものである。そして、海洋国であることに加え、地理的、人材的にも日本は海軍をもつことに適していること、さらに、将来的に、船を建造するなら造船所についても理解しておく必要があり、士官以下乗組員養成には、学校（伝習所）で教育すると良い。それにあたっては、先進国へ留学すると、より高度な教育が可能になると述べ、オランダは、その二つに力を貸す用意があると伝えた。ペリー来航を受けて幕府は、軍艦二隻を発注するが、そのためには、海軍伝習は必須と考えるようになった。

　さらにファビウスは、オランダ海軍伝習所の内容を紹介し、具体的なイメージを提示する。伝習生には、地理学・窮理学《きゅうりがく》（物理学）・星学・測量学・機関学・按針学・船打建方学・砲術学のほか、軍用武備に関する諸学を修めることになると補足する。これまでのように通詞を介して教育しては手間がかかるため、長崎にオランダ語学校をつくり、あらかじめ語学研修をさせておく必要があること、伝習は基礎から時間をかけて体系的に行なうべきであるとも伝えている。これを検討した水野忠徳は、幕府に海軍創立の必要性と、海軍伝習所設立の構想を答申した。幕府は、短期間育成を望んでいたものの、この構想はほぼ受け入れられ、海軍創設に向けた施策を打ち立てていくことになる。

　ファビウスは、意見書を提出した数日後に、幕府から派遣された伝習生に対して、蒸気機関術の講義をした。伝習生はひじょうに熱心だったようで、その後も、毎日のように造船術や砲術などを教えていった。長崎地役人や黒田・鍋島両藩士にも海軍伝習が行なわれ、スームビング号乗組員たちも伝習に協力した。こうした功績をもって、ファビウスは将軍から日本刀を下賜されている。来日して二ヶ月後に離日することになるが、その前日には、二〇〇人あまりの伝習生が集まって、感謝の意を伝えており、彼らの熱心な指導は、多くの日本人に感銘を与えたのである。

　ファビウスはオランダに帰国し、国王ウィレム三世と謁見、植民大臣宛に日本に関する機密報告書を提出する。そこには、海軍伝習の続行、オランダ商館長の職名を「特命全権領事官」にすること、カピタン部屋や内装もそれに相応しい設えにすること、日本人を珈琲に馴染ませて、今後、購入させるために珈琲豆を贈ること、そしてスームビング号の贈呈が提案され、これらは認められることになる。

安政二（一八五五）年に、ファビウスはヘデー号艦長としてスームビング号（艦長はペルス・ライケン）を率いて長崎に再入港した。約四ヶ月間、蒸気機関術の伝習と、洋式海軍創設の基礎知識などの具体的な意見書を提出した。また、ヘデー号やスームビング号の士官たちも、長崎や肥前、筑前から集まった伝習生たちを指導していった。スームビング号の贈呈式では、オランダ国王肖像画も渡されるなど、西洋式のセレモニーが行なわれている。ドンケル・クルティウスに対して、長崎奉行川村修就《ながたか》はファビウス中佐の懇切な伝習に対して感謝の辞を述べ、伝習が今後も続行されるように要望している。

贈呈されたスームビング号は、観光丸と命名された。そして、ペルス・ライケンが士官たちを統率し、日本人たちを引き続き指導していった。ファビウスは、安政三（一八五六）年にメデュサ号で三度目の来日を果たすと、長崎海軍伝習所の進捗状況を観察している。その後、海軍大佐、海軍少将、オランダ海軍東インド艦隊司令長官などを歴任している。ファビウスの功績は日本人にも讃えられており、勝海舟も『海軍歴史』のなかで、その意を表わすなど、日本海軍創設にあたって、多大な影響を与えたのであった。

27. ウィレム・ホイセン・フォン・カッテンディーケ

カッテンディーケ（一八一六〜一八六六年）は、一八一六年一月二十二日に生まれる。一八三五年に少尉候補生となると、一八五一年に大尉となる。一八五六年に勅命によって植民大臣付きとなると、日本のためにキンデルダイク造船所で建造された蒸気船ヤパン号を日本に届ける任務に就く。そして、安政二

（一八五五）年からペルス・ライケンが指揮している海軍伝習の派遣隊と交代する命令を受けることとなる。

ヤパン号は幕府が発注した軍艦で、最新のスクリュー式蒸気コルベット艦である。その竣工は予定より遅滞していたが、一八五七年三月に完成する。カッテンディーケは第二次派遣隊三十七人を率いて、軍港ヘレフートスロイスを三月二十六日に出立し、リスボンに寄港し、喜望峰、ジャワ、マニラを経て九月二十一日午後九時に長崎港に到着する。ペルス・ライケンらが行なっていた第一次伝習にも参加していた勝海舟は、カッテンディーケが担当する第二次伝習生として残った。

第二次伝習には廻送したヤパン号が使われたが、これが、幕府に引き渡されると、咸臨丸《かんりんまる》と命名された。第二次伝習のカリキュラムは、教授陣分担で行なわれ、中佐の受け持ちは、綱索《こうさく》の取り扱いや演習、一等尉官は艦砲術や造船術などだった。また、二等尉官は運転術や数学代数、帆の操縦法、主計士官は算術、軍医は物理や化学、分析学、機関士は蒸気機関学理論などといったように多岐にわたる。このカリキュラムは、第一次伝習を経て日本側から出された要求でもあり、オランダ側はこれに応えたのであった。この第二次伝習には、木村喜毅《よしたけ》（一八三〇～一九〇一年）が総督、幕臣の伊沢謹吾と勝海舟が学生長を務めた。また、戊辰戦争で旧幕府軍を率いて戦った榎本武揚《えのもとたけあき》（一八三六～一九〇八年）もこの伝習に参加している。

カッテンディーケは、約一年半日本に滞在し、多くの日本人伝習生を養成した。しかし、安政六（一八五九）年、幕府は突如、長崎海軍伝習の中止を通達する。これは誰も予期していなかったことであり、カッテンディーケも不快感を抱いている。それは、オランダ人教授陣の教育に不満を感じて、解雇することを決定したと受け止められたからである。そして、カッテンディーケは「日本人の特性として、なんでも自分でやっつけたいという希望から、ついに我々の援助も教育ももはや無用であるという結論に到達したに相違ない」と断罪している。日本人の国民性を伝習していくなかで、感じとっていたのであろうが、いかに海軍伝習中止の通達が一方的なものであったかがうかがえる。

四月一日になると、伝習生の一部は江戸に引き上げていった。そして、同十八日には、教室での講義は中止され、長崎に残っているわずかな生徒に授業するのみだった。こうして、十一月一日に日本を出発することが決まり、日本をあとにした。その後、カッテンディーケは海軍中佐を経て、一八六一年には海軍大臣に就任し、一時、外務大臣も兼ねたという。また、幕府が派遣した西周《にしあまね》らの留学生を受け入れたり、発注を受けた最新鋭の開陽丸（一八六七年に横浜へ廻送）も大臣として斡旋するなど、帰国後も、日本の海軍力強化に尽力したのであった。

28. ポンペ・ファン・メールデルフォールト

ポンペ（一八二九〜一九〇八年）は、一八二九年五月五日にブルージュ（現在はベルギー）で陸軍士官のヨハン・アントニーの三男として生まれた。祖父は、ウィレム一世からヨンクヘールという貴族の称号を得て、ライデン近郊のフォールスホーテンの町長をしていた家柄である。自身は、一八四五年にユトレヒト陸軍軍医学校に入学し、この時、ボードウィンに師事している。卒業後は、オランダ陸軍に入隊、さらに、一八五六年には二等海軍軍医となった。

第二次海軍派遣隊長カッテンディーケの医学伝習への参加要請を受けて、メンバーに加わった。安政四（一八五七）年、ヤパン号に乗船し、長崎に赴任する。安政四年九月二十六日（新暦：一八五七年十一月十二日）に、長崎奉行所西役所の一室で、幕府から派遣された将軍御目見医師松本良順《りょうじゅん》らに医学教育を始めた（長崎医学伝習所）。まず、物理・化学・包帯学を教えたのち、解剖学、生理学、病理学、衛生学を講義する。そして、薬理学や病理学各論（内科学）、内科治療学、外科学、眼科学、法医学、医事法制などを教えるとともに、化学分析と顕微鏡検査による体液の近代臨床検査学を教授している。このカリキュラムは、自身が学んだ、ユトレヒト陸軍軍医学校に倣ったものだった。ポンペは最新医学を惜しみなく日本人たちに教えていったことがわかる。

解剖学では、最初、人体解剖紙製模型キュンストレーキを用いて教えていた。そして、安政六年八月十三日（新暦：一八五九年九月九日）には、日本で初めてとなる人体解剖実習を実施する。これは、ポンペが申し出たためであるが、この人体解剖となったのは囚人で、長崎奉行所から許可を得て行なわれた。長崎町人が抗議するなかで、約一五〇人に守衛されながら、学生たちの前で実習した。この時、シーボルトの娘、楠本イネら四十六人の学生がポンペの実習に参加している。

また、ポンペは公開種痘を開始し、安政五（一八五八）年に二一八人、翌年には一三〇〇人の小児に施術している。この時の痘苗が各地に送られ、種痘は全国に流布することになった。そして、安政五年に流行したコレラに対して、解熱のためのキニーネや腸の運動を抑えるモルヒネを使用して治療し、生存率向上に努めた。日本に滞在した五年間の間に一万四五三〇人を診察し、コレラや天然痘の蔓延を防ぐ努力をしていった。その結果、将軍より日本刀が下賜され、さらに、西洋式病院の建設への動きも起こった。

こうして、文久元年八月十六日（新暦：一八六一年九月二十日）に、小島郷に養生所が設けられることになる（小島養生所）。そして、医学伝習所もここに移転され、医学所として併設された。養生所二棟の屋根の上には日本国旗とオランダ国旗が掲揚されていた。ここは、一二四床のベッドを備えた日本初の近代西洋医学教育病院だった。ポンペの助手を務めた松本良順《りょうじゅん》が頭取、ポンペは教頭という立場で、医学生を教育していった。ポンペの教え子には、のちに江戸の医学所頭取となる松本良順、大学東校（東京大学医学部の前身）の佐藤尚中《たかなか》、大坂医学校を開設した緒方惟準《いじゅん》、衛生医療行政を創始した長与専斎《せんさい》、日本赤十字社の創設者である佐野常民《つねたみ》らがいた。

万延元（一八六〇）年、ドンケル・クルティウスが離任し、新領事にデ・ウィッテが着任する。長崎奉行に就任した高橋和貫やデ・ウィッテとの考え方の相違に直面したポンペは辞意を示し、後任であるボードウィンの着任と入れ替わるかたちで、文久二（一八六二）年九月十日に帰国した。帰国後も、オランダで日本人留学生の世話をしたり、一八七四年には、榎本武揚の外交顧問として、ロシアのサンクト・ペテルブルクに二年間滞在するなど、日本との関係は続いた。また、赤十字運動にも加わり、オランダ代表として参加。日本の赤十字運動参加に反対が多かったなかで擁護して後押ししている。ポンペが日本に滞在した時の記録として『日本滞在見聞記』が残されている。

29. アントニウス・ボードウィン

ボードウィン（一八二〇〜一八八五年）は、一八二〇年六月二十日、父フランシスクス・ドミニクス・アンドレアス・ボードウィンと母マリア・ヤコバ・マションとの間にドルドレヒトで生まれた。ユトレヒト陸軍軍医学校で学び、一八四七年からは同校で教官を務めた。一等陸軍軍医となったボードウィンは、文久二（一八六二）年九月に出島を訪れる。着任する以前に、弟のアルベルト・ボードウィンがオランダ貿易会社駐日筆頭代理人を務めており、彼は兄のアントニウス・ボードウィンに養生所教頭として赴任するように勧めていた。こうした状況をうけて、ボードウィンは着任するに至ったが、養生所で教えていたポンペをユトレヒト陸軍軍医学校で指導していたことも背景にあった。なお、ポンペは、ボードウィンが著していた軍医学校専用の生理学の教科書を養生所の講義で利用していた。こうしたことから教頭が交替しても、相違ない円滑な引継ぎを可能としたのである。

ボードウィンは最新の神経生理学を体系的に教えていった。また、検眼鏡と喉頭鏡を日本に初めて導入し、網膜疾患や話声の生理学を教えていった。物理学や化学等の基礎的な自然科学を充実させるために、養生所を改名した精得館《せいとくかん》に分析窮理所《ぶんせききゅうりしょ》を建設した。慶応二（一八六六）年三月、その教員として理化学を専門とするクーンラート・ハラタマ（一八三一～一八八八年）を招聘する。ボードウィンは、同年十二月に離任するが、バタヴィアに帰ると、海軍病院と海軍医学校を江戸に設立する計画があることを知り、同三年二月に再来日する。

慶応三（一八六七）年、幕府はハラタマを江戸の開成所に招聘して理化学校を設置しようとしたが、大政奉還によりこの計画は頓挫する。そして、明治政府は、あらためてボードウィンとハラタマを大阪に招聘し、医学校と理化学校の建設を計画する。明治元（一八六八）年、ハラタマは大阪舎密《せいみ》局の建設に着手した。さらに、明治二（一八六九）年一月、ハラタマが診察していた大福寺の仮病院にボードウィンが着任する。同年二月にオランダ留学から帰国した緒方惟準が、大阪府仮病院の院長となり、大阪医学校でボードウィンが教頭となった。ここでは、同年十一月に、兵部大輔だった大村益次郎《おおむらますじろう》（一八二四～一八六九年）を治療している。

明治三（一八七〇）年、ボードウィンは大学東校で二ヶ月間講義し、この時の講義録を島村鼎甫《ていほ》が『日講紀聞』としてまとめた。その後、明治政府はオランダ医学からドイツ医学に転換することを決定する。ボードウィンと師弟関係にある相良知安《さがらともやす》と岩佐純は、明治政府の医学校取調御用掛に任命され、ドイツ医学の導入に関してボードウィンらを説得することになる。明治三年閏十月には、江戸小石川薬園で盛大な宴が催された。ボードウィンらには三千両の褒賞が贈られ、さらに、天皇から勅語を賜っている。

ボードウィンは帰国後、ハーグの軍事省医務局で一等軍医統率官となった。残された弟子たちも、日本で着実に医学普及に努めた。一八八四年に退役した後、その翌年にハーグで没した。

30. ヘンドリック・ハルデス

ハルデス（一八一五〜一八七一年）は、一八一五年一月十日にアムステルダムに生まれる。一八三四年に海軍に入り、艦船の機関部の検査などを行なう機関将校だった。

安政二（一八五五）年に、長崎海軍伝習所総裁の永井尚志《なおゆき》は、第一次海軍伝習にあたり指導していたファビウス中佐に、艦船を修理する施設として鎔鉄所《ようてつしょ》（製鉄所）の建設を依頼する。これを受けてファビウスは、オランダ政府に要請して人選に着手する。一八五六年にハルデスは責任者として選任されると、派遣にあたっては部署を異動する必要があったため、海軍から植民地省へ転属となった。そして、部下として働く十人を選抜し、第二次海軍伝習で派遣されたカッテンディーケらとともに、安政四（一八五七）年八月五日に長崎を訪れた。

日本が海軍を有するようになると、国内で艦船を修理する施設が必要となる。その建設指導がハルデスに託されたのであった。安政四年の秋には、艦船修理で必要となる機械が到着すると、同年十月十日に飽《あく》ノ浦《うら》（現在の長崎市）の地で建設が開始された。飽ノ浦は、のちに外国人居留地となるところで、この地で日本初となる近代的西洋式工場がつくられたのである。ここでは、工場建設に必要なレンガの製造から指導していった。赤土を原料とし、窯を造ってレンガを焼成する製法を伝えた。こうしてできたレンガは、建物はもとより、煙突や塀などに使用された。やや薄い形状だったことから〝こんにゃくレンガ〟や、製造者にちなんで〝ハルデスレンガ〟とも称された。

三年五ヶ月をかけて工事が行なわれ、文久元（一八六一）年四月に落成となった。ここでは、蒸気機関などの工作機関が稼働し、長崎鎔鉄所は、日本の近代産業の原点となった。これは、ハルデスの熱心な指導が結実したものである。長崎鎔鉄所は長崎製鉄所と改称、今日の三菱重工業長崎造船所の前身にあたる。

この間、ハルデスは建設指導だけではなく、海軍伝習所で蒸気理論の講義を担当している。また、長崎だけでなく、福岡藩や薩摩藩への技術指導も担当し、ロシア軍艦アスコルド号の修理、観光丸のボイラー換装の修理に携わった。こうして幅広い指導を行なっていたが、当初目的である工場建設が竣工するのを見届けて、文久元（一八六一）年三月二十九日に日本を後にした。一八七一年四月十日、ロッテルダムの病院で五十六歳で死去した。

第五章　出島の解体過程と近代化

二〇〇年以上にわたって、オランダ人は出島で生活してきた。当初、〝牢獄〟と認識されていた出島での暮らしも、オランダ人たちのなかで定着していった。出島で形成された文化は長崎の町に浸透するとともに、出島を舞台とした犯罪も起こるようになる。こうして、しだいに、長崎の町に出島は同化していった。そんななか、幕府はアメリカ・イギリス・フランス・ロシア・オランダと修好通商条約を締結する。これにより、これまでの出島の機能は瓦解し、新たに居留地として生まれ変わった。オランダは日本の近代化のために、海軍や造船、医学、語学などの面で積極的に協力し、新しい〝日蘭関係〟を築いていったのである。第五章では、出島や居留地で起こった犯罪や、日本人とオランダ人とのトラブルについて取り上げ、これを裁いた司法制度について紹介する。また、日本の対外関係の変化を時系列的にとらえ、出島と長崎の変化を都市機能の変容から解説していく。

1.『犯科帳』の編纂と資料的意義

『犯科帳』は、寛文六（一六六六）年から慶応三（一八六七）年までの間、長崎奉行が裁いた判例を集約した法律書である。あわせて、罪人の基本台帳としての性格もあり、再犯者や追放者が長崎に立ち帰って処罰された場合、さらに、恩赦が出た時には、該当人物の箇所に下札を付けて記録していった。『犯科帳』には、罪を犯した長崎の住民はもとより、長崎に訪れた商人、所属する町や村から欠落してきた無宿者《むしゅくもの》、さらには、日本への滞在が許されたオランダ商館員や唐人、漂流民なども記されている。つまり、長崎奉行所で裁かれた事件の関係者がこのなかに収められており、当時の地域社会の実情も浮き彫りにする。

『犯科帳』は、全部で一四六冊が現存し、そのうちの一冊は年代未詳の冊である。このことが示すように、『犯科帳』は裁かれる度に、判例として記録されていったものではなく、後年に数度、編纂し直されている。判例法として、要・不要が取捨選択されて編纂していったのである。特に、表紙については、明治時代以降に付け直されたものと思われる。それは、年号の誤植であったり、在勤奉行に対して敬称がないものがあったりと、右筆《ゆうひつ》が作成する当時の公文書の体裁をなしていない。なかには、赤鉛筆で後筆されている箇所さえある。

時代がさかのぼるほど、『犯科帳』所収の事件の内容は簡略化している傾向にある。それは、古い判例は、新しく裁かれた判例に優先されるためで、後年に編纂する時に、意図的に簡略化、もしくは削除されたものもあった。そのため、『犯科帳』に収められている内容が、長崎で起こったすべての事件ではなく、換言すれば、判例法として残しておくべきと判断されたものだけが収められた。つまり、裁判記録というアーカイブズとしての公文書ではなく、長崎奉行所の現用文書として作成されていたのである。

そのため、長崎奉行所は『犯科帳』にも利便性を求めていた。それが明確に示されたのが、嘉永二（一八四九）年で、これまで荒板紙を使っていたが、美濃紙に変更することになっている。それは、厚くて硬い紙質の荒板紙に対して、美濃紙は、楮《こうぞ》製で紙質が良く、耐久性にも優れていたためである。このような紙質の変更にあわせて、『犯科帳』の規格も変更されている。嘉永二年の判例を収める一三一冊目以降から小型化し、紙質にあわせて手引しやすい形態となったのである。

当初、『犯科帳』は一年分の判例が一冊にまとめられ、大部になった時に、二分冊で管理されていた。ここでいう一年は、新旧長崎奉行が交替する九月頃を境にしており、これは長崎奉行の在任期間にあわせて作成されていたのである。しかし、過去の判例ほど、数年分をまとめて所収するようになっており、一冊目には、寛文六（一六六六）年から元禄四（一六九一）年、二冊目は、元禄五年から同十四年、三冊目は、元禄十五年から宝永四（一七〇七）年までの複数年分が収められている。一年単位となるのは、寛延四（一七五一）年から宝暦二（一七五二）年までを収める十七冊目からである。

『犯科帳』の雛形は原則定式化している。氏名に続いて、その右肩には、現住所や身分、職業が書かれる。住所は生所《せいしょ》の場合もあり、特に、無宿者が捕らえられた時は、こうした記載になることが多い。氏名の下には、捕らえられた日、入牢日や預け（牢屋に入らず、町や村などの自治に預けられる）日、刑罰が申し渡されたことが主に記されている。これらは省略されていることもあるが、この場合は、犯罪内容や罪状を記した本文に記されている。こうした基本的な文書の形態をもって、慶応三（一八六七）年まで編纂されていったのである。

『犯科帳』には、殺人や傷害、盗みといった判例を収めている一方、江戸時代の鎖国体制に違反する行為、具体的には、抜荷《ぬけに》（密貿易）やキリシタン容疑、漂流民など、長崎の特色が反映された事件も含まれている。

これらは長崎奉行の職権に裏付けられたもので、ここから長崎の司法制度はもとより、長崎町人の生活形態、オランダ人や中国人との交流実態さえも見受けられる。また、居留地が設置されてからの外国人トラブルも多数収められ、当時の政情を反映している。現在、『犯科帳』は、長崎奉行所関係資料一二四二点の一部として、国指定重要文化財となっている。

2. 出島に関わる犯罪

『犯科帳』には、出島で発生した事件が多数収められている。それは、日本人とオランダ人との間で行なわれた抜荷《ぬけに》や抜買《ぬけがい》（密売）、日本人窃盗犯による盗みなどである。また、オランダ船が入港した時には、日雇《ひやとい》らが出仕するが、積荷を運搬した際に横領する者もあり、今日の刑事罰に相当する事件がある。シーボルト事件のような、幕府による裁きを要する案件や、オランダ通詞に業務上瑕疵が認められた者も含まれ、長崎奉行所で裁かれた幅広い判例が『犯科帳』には収められている。出島で発生した事件は、貿易都市長崎を象徴した事件であり、他の地域では類をみないものである。

例えば、抜荷は、正規手続きで貿易品を入手できない者や、窃盗犯が関与することが多かった。舶来品は高額で取引されるため盗みの対象になっていたが、その分、逮捕される危険性も高かった。出島の周囲は海に囲まれており、内部に通じる出入口には門番が常に立っていた。陸続きの唐人屋敷も、出入口は言うまでもなく、周囲には堀と土塀がめぐらされ、いくつもの門番が配置されている。こうした厳しい警備体制を見越して、唐人屋敷に通じる抜け穴を掘って侵入を試みて盗みを働く者もいたほどである。それだけ舶来品は、羨望の的だった。

出島でどのようにして犯罪が行なわれていたのかをみてみると、延宝五（一六七七）年には、長崎町人が出島でオランダ人と密談して、夜になるのをまって、塀越しに反物を受け取り売り払ったとして捕らえられている。これは、のちに訴人が出て事件が発覚したことから、現行犯で捕らえられたのではなかった。つまり、この者は、警備のうすい海から出島に近づき犯行に及んでいたのである。これにより、実行犯は左右の小指を切ったうえで、長崎十里四方に立ち入らないことを申し渡され追放となっている。寛文十（一六七〇）年には、出島の蔵にあった貿易品である錫《すず》を盗み取ったとして磔《はりつけ》に処されている事件がある。磔刑《たっけい》は当時、最も重罪犯に科されるものだが、これが申し渡されたのは、貿易品は公儀（幕府）の取引品だったためである。先の延宝五年に取引された反物は、オランダ人個人の持ち物だったため、比較的軽い量刑が申し渡されている。

　抜荷や密売買によるものは、その後、取引して金銭に替える必要がある。法を犯して入手した品物のため、秘密裏に遣り取りすることになるが、これを狙った窃盗犯がいた。つまり、抜荷物を横取りすることで、これを〝せらい〟といった。せらいにあった者たちも、不正に入手した品であるため、奉行所に被害届を出すことができず、泣き寝入りするほかなかった。こうした弱みにつけこんだ犯罪も長崎ではたびたび起こっていたが、抜荷犯には厳しい刑罰が科されたことに比べると、せらい犯には寛大な措置がとられていた。抜荷は、幕府が禁じた犯罪の上位にあり、公儀に背く行為で貿易品を入手すること、さらに、私的に外国人と接すること（キリスト教伝播）を問題視したため、厳刑が処されていたのである。これに対し、せらい犯は、単なる盗み犯として判断されており、さらには、一般の盗みではなく、犯罪人を対象とした行為であるため、軽い量刑となっていたのである。

　このような出島を舞台にした犯罪が起こっていたが、抜荷や密売買といった犯罪は、幕府の対外政策に抵触する行為であるため、日本人の犯罪人には、厳しい対処がなされた。犯行にあわせて、キリスト教との接触も危惧されたためで、対外的な犯罪には、幕府は厳しい姿勢であたっていった。しかし、享保年間になると、抜荷犯とキリスト教の接触は無関係と認識されるようになり、単なる窃盗と同義と考えられるようになる。そこで、抜荷犯には寛刑が科されるようになった。しかし、いっこうに抜荷犯が減らないため、寛政年間には再び厳刑となる。こうして、出島を抱える長崎奉行は、幕府との連絡を密にしながら、これらの事件に対処していったのである。

3. オランダ人罪人と刑罰

オランダ人が抜荷や抜買などの犯罪に関与した場合、身柄はオランダ商館長（カピタン）に預けられることになる。日本人を収容する同じ牢屋に入れられるのではなく、「カピタン預け」となり、出島で監禁された。身柄拘束権をオランダ側に付与しているが、それは、禁教政策による措置で、日本人との相牢（一緒の牢棟に入れること）にはしなかった。カピタンに加え、出島役人が監視することになるが、拘束するために「手錠」が渡されており、これを用いて拘束していたのである。日本人抜荷犯のなかで主犯格であれば、必ず牢屋で取り調べられて量刑が言い渡されたが、これに比べると、オランダ人は軟禁状態にあった。なお、唐人の場合は、桜町にある日本人を収容する牢屋に入れられることがあった。

オランダ人への処罰は、長崎奉行が判決理由と罪状を確定させ、刑罰の適法性の確認と、執行許可を得るために、幕府評定所へ上申されたのち言い渡される。この手続きを「江戸伺」といい、これを審議した老中下知状を得て刑罰執行となる。「江戸伺」は、長崎奉行所の場合は、死罪や流罪となる日本人重罪人や、先例のない事件、長崎奉行の判断だけでは困難な事態の時にとられる手続きである。オランダ人が関与した事件は、長崎奉行所の独断で処理することはできず、幕府への裁可を必要としたのである。長崎奉行は、対外的な交渉にあたることは認められていたが、処罰する権限までは有していなかった。

オランダ人へ申し渡される刑罰は、原則として「国禁《こっきん》」のみだった。国禁とは、日本からの強制退去を命じ、再来日を禁じるものである。これは、家康以来、「異域民」の処罰はその主権者に委ねていたためで、この先例に忠実だった。つまり、外国人に対して、幕府は属人主義を採用しており、日本の法を彼らには適用しなかったのである。犯罪に関与したオランダ人を、今後、日本に近づけないという措置がとられたわけだが、これにあわせて、本国の法令に従って罪人を処分するようにと、長崎奉行はカピタンに要請している。この要求には強制力はなかったことから、単なる通告に過ぎなかった。日本人抜荷犯が磔や獄門（首を晒すこと）などになっていることに比べると、きわめて寛大な処分となっており、こうした対応が抜荷を根絶できなかった理由でもある。

具体的な事例をみてみると、貞享三（一六八六）年、二十八人の日本人が出島でオランダ人と密談して生糸や反物を盗み出そうとしていたことが発覚する。これにより、オランダ人八人も捕えられることになった。本件に関与した日本人のほとんどに死罪が申し渡されたことに対して、オランダ人には、手錠がかけられたうえでカピタンに預けられ、本国で厳しい法令を必ず科すようにと伝えられているに過ぎなかった。また、元禄四（一六九一）年には、二人の日本人が出島に商売しに行った時に、オランダ人と密談して龍《りゅう》脳《のう》を買い取った。これにより二人は有罪とされ、獄門に科されたが、オランダ人に、今後は日本に渡海させないようカピタンに申し渡されただけである。

この二つの事件は、共通してオランダ人に「国禁」処分が申し渡されている。そして、「江戸伺」もなされており、幕府の判断でもあった。家康以来の外国人への処罰を、引き続きここでも行なっていたのである。また、元禄四年に関与した日本人二人は、オランダ人にみせしめるために、出島で獄門にかけられている。今後、同じような犯罪が起こらないようにとられた処置である。しかし、日本人だけを処罰している様子を、外国人にみせしめても無意味だと判断され、享保年間以降には行なわれなくなっていく。

　日本人とオランダ人とのこうした犯罪は、幕府法でも上位にあたる鎖国令に違反した行為であるため、日本人には厳刑が科されていた。一方、オランダ人に対しては、一貫して「国禁」処分を科しており、それは家康以来の先例にしたがったためだった。

4. オランダ通詞の誤訳事件

　日蘭貿易の転換を図っていったのが、老中松平定信《まつだいらさだのぶ》である。これを寛政の改革の一環としてみることができるが、寛政二（一七九〇）年には、長崎貿易の縮小・制限のために商売半減令（貿易半減令）を通達する。長崎奉行の水野忠徳《ただのり》と永井直廉《なおかど》の立ち会いのもと、九月六日に市中へ伝えられた。あわせて、オランダ商館や唐人屋敷にも申し渡されており、関係者にその趣旨を理解させている。

　これまでオランダ船の来航は、年間二隻までだったが、これを一隻と改めている。これにともない、日本が取引する銅を六十万斤までとし、日本側で買い入れる限度額を七〇〇貫目までにするという定高制《さだめだかせい》とし、日本から輸出される銅高を減じている。そして、商売半減令の発布と同時に、オランダ商館長の江戸参府を五年に一度とする措置をとった。また、『御触書天保集成』によれば、同二年七月に目付に対して、オランダからの献上品をこれまでの半分とし、長崎の町年寄や宿老《しゅくろう》の年頭挨拶も隔年に変更、町年寄からの献上品も半減にすることを通達している。

　商売半減令は、日本における銅の産出減少が顕著となってきていたことを受けての措置で、貿易制限を行なう必要性から施行された。その参考とされたのが、正徳五（一七一五）年に発布された正徳新令（海舶互市新例）で、商売半減令もこれに類したものである。しかし、商売半減令には罰則規定を伴っており、その違いをみることができる。九月に伝えられる前に、六月付でオランダ商館長や唐船主らに銅の減産を理由とする貿易改正の趣意書を出しており、事前交渉が行なわれていた。

商売半減令を公式に伝えるにあたって、オランダ通詞が蘭訳するが、正確な訳出が求められた。主担当は、通詞目付の吉雄耕作《よしおこうさく》と年番大通詞楢林重兵衛《ならばやしじゅうべえ》、年番小通詞の西吉兵衛《にしきちべえ》らであった。しかし、彼らは、商売半減令の後半部分を故意に翻訳せず、仲間に連印させたとして入牢処分となり、奉行所からの取り調べを受けることになった。故意に翻訳しなかったというのは、半減商売で余った分は、「焼捨」という訳語を欠いていたことだった。この文言は、幕府が考えていた商売半減令の強硬性を示しており、法令の本質であった。これを訳さないことは、通詞としての職務不誠実と判断されたのである。これを重くとらえた松平定信は、吉雄・楢林・西に対して、御役取放（免職）のうえ、五ヶ年の蟄居を申し付けた。また、大通詞本木仁太夫、同役加福安次郎、小通詞中山作三郎、同役吉雄左七郎、小通詞助今村金兵衛は、町預《まちあずけ》となった後、五十日押込《おしこめ》（一定期間自宅で謹慎すること）に処された。

職を解かれたうえに五年間の蟄居になっているが、業務上瑕疵としては、ひじょうに重い量刑であった。これは、幕府へ「江戸伺」したうえで処決されたことから、幕府による判断である。老中松平定信は、それだけ本件を重くみていたということがいえるであろう。また、松平定信の長崎貿易改革に対する本気度ともいえ、オランダ商館と通詞の馴れ合った関係を正そうとした。逮捕された吉雄耕作・楢林重兵衛・西吉兵衛は、オランダ商館長や商館員と懇意にしており、商館に近い立場にあった。こうした人物を処分したことは、従来の関係を断とうとする幕府の意図もうかがえる。

商売半減令をうけて、町年寄の高木清右衛門が会所調役に任命される。これまで、同役にあった町年寄

フェートン号（『崎陽録』、長崎歴史文化博物館所蔵）

の久松半右衛門は退任している。この交替も、久松がオランダ商館長に近い立場にあったためとされる。幕府は、貿易体制を見直すなかで、オランダ通詞や長崎会所の役人を含めた、綱紀粛正を図っていったのである。

5．イギリス軍艦フェートン号事件

文化五（一八〇八）年八月十五日（新暦：一八〇八年十月四日）、午前七時頃、一艘の白帆船が長崎港に入港する。この時、長崎警備を担当していた佐賀藩は、「白帆注進《しらほちゅうしん》」という異国船が来航したら長崎奉行所に連絡する手続きをとった。この時の長崎奉行松平図書頭《ずしょのかみ》康平は、担当役人に対して、万一、異国船だったらすぐに連絡するように伝え、オランダ船の場合、例年の通り対処することと申し渡した。そして、この時、年番大通詞だった中山作三郎へ、旗合《はたあわせ》の検使を派遣するため、同伴する「見届紅毛人」を差出すようにと、商館長ドゥーフに通知させた。

外国船の入港手続きのために、長崎奉行所の検使や通詞、オランダ商館の簿記役のホウゼマンと商務員補のシキンムルらが派遣された。その船にはオランダの国旗が掲げられていたことから、オランダ船に間違いないと判断され、長崎奉行所にも連絡が入れられた。そして、役人たちが近づいていくと、白帆船から端艇（小舟）が降ろされ、オランダ人が乗っている船へ向かっていた。こうして、役人たちとオランダ人が本船に乗船しようとしたところ、十四、五人の異国人が剣を振り上げて恫喝し、オランダ人の船に乗り移り、二人を連れ去っていった。これに驚いた日本人たちは、それぞれ、海に飛び込み難を逃れた。

すると、白帆船はオランダ国旗を降納し、イギリス国旗を掲揚する。この船は、オランダ船に偽装していた、ペリュー大佐率いるイギリス軍艦フェートン号だったのである。当時、オランダはフランスの侵攻を受けて統治権を喪失しており、イギリスはフランスと交戦しているさなかだった。イギリスはフランスの属国である東南アジアのオランダ領植民地を攻撃対象としており、日本に侵攻したのである。つまり、ナポレオン戦争の余波が、長崎出島にも波及したのであった。そのため、フェートン号乗組員はオランダ商館員をターゲットにしており、日本人役人を拉致することはなかった。

ペリュー大佐は、八月十六日、人質にとったオランダ商館員を盾にして、食牛四頭、野牛（山羊）十二頭、野菜などといった食料と飲料水を要求、これが受け入れられなければ、しかるべき対応に出ると強硬姿勢を示した。この要望に激怒した松平康平は、長崎警備を担当していた佐賀藩、大村藩などに派兵を要請、これが整いしだい、フェートン号の焼き討ちと、乗組員の拘留を命じた。しかし、本来、警備していなければならなかった佐賀藩士が一五〇人程度しかおらず、十分な兵を確保できていなかった。さらに、商館長ドゥーフの力強い説得もあって、松平康平は態度を軟化させる。オランダ商館から肉類の提供を受け、これに長崎奉行所が用意したものを添えて、フェートン号へ運び入れるとオランダ人の人質は解放された。そして、十七日にフェートン号は長崎から退去していった。

フェートン号への対応は、これまでにないことで、従来の異国船への措置を逸脱したものだった。これに加え、現場を指揮していた松平康平は、国辱をうけたと責任を痛感し、長崎奉行所西役所で遺書を残して自刃してしまう。あわせて、長崎警備に不始末のあった佐賀藩の家老らも自害に及んでいることから、この事件の大きさを物語る。幕府としても、本件を問題視しており、関係者の取り調べを行なっている。その内容は、『犯科帳』八十四冊に所収されており、事件発生から翌年、文化六（一八〇九）年に判決が言い渡されている。

まず、オランダ通詞八人は、オランダ人と別船で沖に出たうえに、拉致された時も付き添っていなかった。また、旗合でも不備があったことは不埒《ふらち》であるとして、五十日間の「押込」が申し付けられた。船頭や水夫たちは、オランダ人が拉致されても何もせずに逃げたことを問題とした。船頭には「急度叱《きっとしかり》」（厳重注意）、水夫には「叱」（注意）が申し渡されている。そして、長崎警備の不備の責任として、佐賀藩主鍋島斉直《なべしまなりなお》は百日間の「閉門《へいもん》」となっている。

このように、フェートン号事件は、西洋での覇権争いが日本に波及したものだった。これを受けて、幕府は長崎警備の体制を強化するとともに、事件を招いた当事者たちを処分して綱紀粛正を図っていったのである。

6．シーボルト事件

シーボルトは、オランダ商館医として文政六年七月六日（新暦：一八二三年八月十一日）に来日した。オランダ政府から日本の総合的科学調査を命じられ、自ら調査するかたわら、多くの日本人と交流していっ

シーボルト（『蘭館絵巻』複製、個人蔵）

た。長崎郊外に設けた鳴滝塾《なるたきじゅく》で医学を教授するとともに、ここに訪れた知識人たちを通じて、日本の情報を収集していった。また、文政九（一八二六）年に商館長の江戸参府に同伴すると、道中はもとより、江戸でも多くの人と面会している。この時に出島出入り絵師の川原慶賀《かわはらけいが》を同行し、多くのスケッチを描かせている。

博物学者でもあったシーボルトは、日本のあらゆるモノ（資料）を精力的に集めていった。それは、民俗・民族資料はもとより、植物や動物、鉱物など多岐にわたる。しかし、その収集熱が災いして、日本からの持ち出しが禁じられていた物品を所持していたことが発覚する。これを〝シーボルト事件〟といい、その入手経緯が調べられるとともに、シーボルトと交流のあった日本人も尋問されている。

シーボルトと懇意にしていたなかでも、幕府天文方を務めていた高橋景保《かげやす》には厳しい取り調べが行なわれた。高橋景保は、伊能忠敬《いのうただたか》が全国を実測していった成果を、「大日本沿海輿地全図」として、文政四（一八二一）年に完成させている。日本の最新地図を入手したかったシーボルトは、景保に接近する。景保も極東アジアの地理やロシアの動静に関心をもっており、シーボルトから情報を得たいと考えていた。シーボルトがクルーゼンシュテルン（ロシア海軍提督としてレザノフの長崎来航にあたっても指揮をとっていた）の航海記を所持していることを知ると、景保は所望する。これと交換にシーボルトは日本の物産記録、日本や蝦夷《えぞ》地《ち》の地図を要求した。

　文政十一年三月、シーボルトから景保のもとに手紙と小包が届く。ここに幕臣で樺太《からふと》を調査した探検家でもある間宮林蔵《まみやりんぞう》に宛てた手紙が含まれていた。これを景保は林蔵に手渡したが、当時は、外国人との私的な遣り取りを禁じられていたことから、林蔵は開封せずに勘定奉行の村垣淡路守定行《むらがきあわじのかみさだゆき》に届け出た。奉行所で開封されると、中にはシーボルトの署名とオランダ語で書かれた手紙、そして輸入品の更紗《さらさ》が入っていた。手紙の内容は、林蔵の学問的業績に敬意をあらわすあかしとして、この花柄模様の布を進呈する。そして、帰国したら他国の地図を送るので、蝦夷地の植物の押し花を欲しいというものだった。奉行所は、手紙の内容というよりも、景保とシーボルトの関係を問題視して、身辺調査を開始した。

　文政十一年九月十七日（新暦：一八二八年八月九日）に長崎を台風が襲い、シーボルトが帰国する予定だったコルネリス・ハウトマン号が座礁してしまう。傷付いた船体から陸揚げした積荷のなかに、禁制品が含まれていたという。これは、今日でも通説とされているが、実際には、座礁した船には船体を安定させるために輸出銅のみが積み込まれており、日本地図などはなかったという指摘がある。

　シーボルト事件に関連して処罰された日本人については、『犯科帳』に収められている。ここには、座礁したコルネリス・ハウトマン号から押収された禁制品について記されておらず、江戸参府中の不手際が咎められ、罰せられていることがわかる。つまり、高橋景保とシーボルトの関係が疑われて調査が進められていたなか、コルネリス・ハウトマン号の座礁とは関係なく、国外への持ち出しが禁じられていた日本地図が発見されたというのが実態である。

景保は文政十一年十月十日に町奉行に捕らえられたが、入牢中に病死してしまう。幕府は長崎に急使を派遣し、シーボルトは商館長預とされた。その他、眼科医の土生玄碩《はぶげんせき》からは葵御紋の帷子《かたびら》が贈られていたことも発覚する。また、川原慶賀は、細川家の家紋である九曜紋《くようもん》や鍋島家の家紋の茗荷紋《みょうがもん》を描いたものを渡していることが明らかとなり、処分された。

こうして、シーボルトは翌年九月十五日に国禁処分が申し渡され、再来日が禁じられた。関与した約五十人には相応の刑罰が申し渡されたことに比べると、甚だ軽い量刑だったが、これは、当時の外国人への量刑相場だった。

7．創造されたシーボルト事件

シーボルトから間宮林蔵への贈答品を取り次いだ高橋景保に、シーボルトとの関係に嫌疑がかかった。調査をしていくなかで、シーボルトが禁制品を所持していたことが発覚する〝シーボルト事件〟が起こった。発覚するまでの過程のなかでコルネリス・ハウトマン号が長崎に直撃した台風（シーボルト台風ともいう）によって座礁し、積荷などが陸揚げされる出来事があった。長崎学の創始者古賀十二郎《じゅうじろう》（一八七九～一九五四年）が唐人番倉田氏の日記から出島に関する部分を抜粋して編纂した『紅毛庫雑撰』には、出島でシーボルトから没収したことが、時刻を含めて正確に記載されている。これらを検討すると、コルネリス・ハウトマン号の座礁と禁制品の持ち出しはリンクしないことがわかる。しかし、いつしか、台風直撃→コルネリス・ハウトマン号の座礁→禁制品の発覚というストーリーがつくられた。

このストーリー展開の原型は、平戸藩九代藩主松浦清《まつらきよし》（静山《せいざん》）が書いた『甲子夜話《かっしやわ》』と思われる。『甲子夜話』は、文政四（一八二一）年十一月十七日から書き出した随筆集であるが、ここには文政十一年十一月十五日付で長崎の住人から松浦静山側近に宛てられた手紙にしたがった、「風説」として記されている。そこには、高橋景保からシーボルトへ送られた日本地図などが長崎奉行所で取り上げられたこと、関係するオランダ通詞が捕らえられたこと、さらに、シーボルトが帰国する予定であったコルネリス・ハウトマン号が座礁したことが同じ手紙に書かれて伝えられている。これらが混同して、後世に伝わったのであろう。

これにストーリーを加えたのが、熊本藩士で国学者の中島廣足《なかじまひろたり》で、天保四（一八三三）年に著した『樺島浪風記』のなかでみられる。三十歳で隠居した廣足は、文政十一（一八二八）年に長崎に滞在しており、八月七日の昼過ぎに熊本藩の船で長崎を出発した直後にシーボルト台風に遭遇した。九日には樺島付近で潮待ちしている時に暴風雨に襲われて、船は難破してしまい、十一日に奇跡的に長崎へたどり着いた。そのため、台風直撃後の長崎市中の様子やオランダ船（コルネリス・ハウトマン号）の座礁の様子を詳細に伝えている。この時の自らの経験を書き記したものが『樺島浪風記』であり、当時を伝える貴重な情報とされている。この巻末に、オランダ船が帰国する時に台風に遭って、日本地図をはじめ、外国に持ち出すことができない禁制品が発覚したと記されている。この跋文は、天保四（一八三三）年の『樺島浪風記』完成直前に追記されているが、信憑性をもつものとして広まっていった。

明治になると、外交官の田沼太一が明治三十一（一八九八）年に『幕末外交交談』を発表する。これにより、コルネリス・ハウトマン号座礁による禁制品の持ち出し発覚説を補強することになる。さらに、東京帝国大学医科大学教授である呉秀三が『シーボルト先生　其生涯及功業』でもこの説を採用したことは、いっそう、学術的裏付けを与えて広まっていくことになった。そして、東京帝国大学教授の板沢武雄が著した

『シーボルト』においても、中島廣足著『樺島浪風記』が定説として採用され、定着していったのである。

8. レザノフの長崎来航

文化元（一八〇四）年九月六日、ロシアの遣日使節レザノフをのせたナジェージダ号が長崎港外にあらわれる。この時、レザノフは、寛政四（一七九二）年に漂流民大黒屋光太夫《だいこくやこうだゆう》らを引き渡すために根室を訪れた際、老中松平定信からラクスマンに与えられた長崎への入港を認める信牌《しんぱい》を持参していた。今回の長崎来航にあたっても、仙台藩石巻《いしのまき》の津太夫らの漂流民を引き渡すために同乗させ、あわせて日本と正式に通商関係を結ぶことを企図していたのである。ロシアは、ラクスマンと松平定信との間で交わされた信牌は、その前提が認められたものと理解していたのであった。

レザノフ来航は、その二ヶ月前にオランダ商館長ドゥーフから予告されていた。文化元年七月三日にマリア・スザンナ号が長崎に入港するが、この時、東インド総督シーベルフからの書類を受け取る。ここには、フランスとオランダ（この時フランスの属国）が、イギリスと戦争を開始したこと、そして、ロシア船が世界周航しており、その使節が日本へ向かうと思われることの二点が記されていた。これを知ったドゥーフは、大通詞の中山作三郎と石崎助左衛門を召喚し、風説書に記すかどうかの相談がなされた。そこで、ロシア船の来航は詳細に知らせるべき事項と判断され、「別段風説書」を作成することになった。

この内容は、長崎警備にあたっている福岡藩や佐賀藩にも伝えられる。福岡藩は七月五日、長崎聞役の上原源一郎が通詞目付の三島五郎助からレザノフ来航について情報を入手した。また、佐賀藩の長崎聞役である関伝之允《でんのじょう》のもとには、オランダ通詞中山作三郎と本木庄左衛門が七月五日の夕方に秘密裏に届けている。両藩とも機密情報として扱ったため、表立った行動ができずにおり、佐賀藩に正式に伝えられたの

レザノフ来航（『視聴草』国立公文書館デジタルアーカイブより）

は七月十六日のことだった。そして、用人の近藤十郎兵衛からロシア船来航の情報があると伝えられている。この時の長崎奉行成瀬正定は、来航に備えた指示を出していなかったものの、福岡藩と佐賀藩は、首尾よく長崎警備の体制を整え、増兵も行なっていた。

レザノフ来航予告の情報は、江戸にも事後報告されたほどだった。成瀬は、ロシア船の来航が、貿易に支障をきたす可能性があるため、情報統制しようとしたのである。レザノフ来航が別段風説書としてまとめられたのも、江戸にはすぐ伝達しないための措置とも考えられる。

こうして、日本で情報統制されているなか、ナジェージタ号が長崎に入港する。長崎奉行は事前に報告したオランダに賛辞を送っている。この報告をした背景には、オランダが、対日貿易を引き続き独占しておきたかったことがあり、商館長ドゥーフもロシアの来航によるこれまでの日蘭関係が崩れることを危惧していたのである。結果として、予告通りにロシア船が入港したため、ドゥーフは評価を高め、信任を得た。

レザノフらは、梅ヶ崎に造られた宿舎で滞在させられ、文化二（一八〇五）年三月六日に立山役所で面会するまでの間、ここで待機させられている。そして、幕府から派遣された目付遠山景晋《かげみち》と面会することになるが、国書はもとより、贈呈品も一切受理しないとし、通商要求も却下された。さらに、レザノフに即刻退去するように強く命じているが、この時、福岡藩と佐賀藩による長崎警備体制が充実していたことが強硬姿勢を可能とした。そして、三月十九日、ナジェージタ号は長崎を退去することになるが、日本側の非礼に憤慨したレザノフは、樺太南部や択捉島《えとろふとう》などの日本人入植地などを攻撃するなど報復を行なった。レザノフのこうした行為は幕府に伝えられるところとなり、幕閣内で対外的危機が目覚めるきっかけになったのである。

9．ラッフルズの出島接収計画

文化十（一八一三）年六月二十八日、イギリス船シャルロッタ号とマリア号がオランダ国旗を掲揚して長崎に入港した。これは、文化五（一八〇八）年に起こったフェートン号と同じ手法で、ジャワ副総督のラッフルズが計画して派遣したものだった。イギリスは、一八一一年にオランダ東インド会社のあったバタヴィアを占領し、さらに、日本との貿易を計画していた。そこで、前オランダ商館長ワルデナールらを派遣して、長崎オランダ商館を接収しようとしたのである。いわば、フェートン号事件と同様に、ナポレオン戦争の余波といえる。

オランダ国旗を掲げていた船に対して、六月二十七日に「白帆注進」がなされ、長崎奉行所は検使を派遣して、入港手続きが行なわれた。この時とられた手続きは、フェートン号事件以降に改定されたもので、人質をとったり、秘密信号旗による旗合わせがなされている。これを考えれば、日本側は、新しい手続きにのっとって対応しているものの、イギリス船とは気づいていなかった。

これに対峙したのは、オランダ商館長ドゥーフで、来航した翌日の六月二十八日に、この船がイギリス船であることを知った。そして、下船したワルデナールから、出島の商館を接収するという、来航目的を聞かされることになる。

ドゥーフは、ラッフルズの計画を拒否するとともに、石崎助左衛門と中山作三郎、名村多吉郎、本木庄左衛門、馬場為八郎といった五人のオランダ通詞を呼び出して、事態を伝えた。オランダ通詞は、これが発覚してしまったら、さまざまな問題が生じることを危惧した。そこで、バタヴィアがイギリスに占領された事実を隠匿し、この船をアメリカ人士官が指揮するベンガルからの傭船《ようせん》として対応することにした。そして、ワルデナールには、イギリス船と判明すると二隻を焼き討ちにすることになると伝えて承服させた。

真実を伏せた状態で、ドゥーフは長崎奉行に提出する風説書の内容をオランダ通詞に伝えた。この時の長崎奉行は遠山左衛門尉景晋《さえもんのじょうかげみち》で、風説書をみると、オランダ船が三年間に渡って欠航した理由と、ベンガル船を借用した経緯を確認するようにとオランダ通詞に指示した。そこで伝えられたのは、イギリスとフランス・オランダは戦争状態にあり、バタヴィアから船を動員したため、三年間、オランダ船が不足していて欠航状態になってしまったこと、そして、今年も船が不足しているため、ベンガル船を借用したこと、ドゥーフの交代要員として新商館長カッサを乗船させてきたこと、カッサは不慣れで業務に不行届があるかもしれないので、後見人として経験のあるワルデナールが付き添ってきたこと、さらに、文化六（一八〇九）年、新商館長クロイトホーフを乗せたレベッカ号が長崎へ向かっている途中に、イギリス軍艦に拿捕され、バタヴィアに送還されてしまったため、長崎に到着しなかったとも伝えた。この風説書は、江戸にも送付され、真実として伝えられたのである。

こうして、ラッフルズに派遣された二隻の船は、通常のオランダ船として貿易取引が開始された。このことは、ドゥーフとオランダ通詞五人との間で秘密事項として共有されていたのである。しかし、長崎奉行の遠山景晋は、事の本質を見抜いており、江戸への連絡もあえて事なかれ主義的に処理した。ドゥーフは、自身の『日本回想録』のなかで、長崎奉行に知られたなら、これを秘密にすることはできなかったと記しているが、ドゥーフをも欺くほど景晋は知らないふりをしていたのである。長崎奉行は、自身の在勤中に大きな問題が生じると、のちの転任に影響する。官僚主義の弊害が、こうした幕府への虚偽報告に至ったともいえる。

なお、シャルロッタ号とマリア号と取引したことによって生じた利潤は、長崎オランダ商館が抱えていた負債にあてられた。翌年もラッフルズは、シャルロッタ号でワルデナールを派遣して出島接収を試みているが、ドゥーフは再びこれを拒否し、出島を死守したのであった。

10. オランダ国特使コープス来航

通商国であるオランダとの関係は、天保十五（一八四四）年七月、特使コープスが長崎に来航したことを機にしだいに変化してきた。これまで、オランダは風説書や別段風説書によって、海外の情報を日本に伝えていたものの、今回は、これとは事情が異なっていた。オランダ東インド会社の商船ではない、オランダ本国からの軍艦パレンバン号が長崎に来港したのである。コープスは、オランダの国王ウィレム二世からの特使として、日本に開国を勧告する親書を持参した。宛先には「日本国王」とあり、将軍へ差し出すものだった。

阿蘭陀国使節長崎入船黒田鍋島陣営図（西南学院大学博物館所蔵）

国王親書以外に、オランダ国王ウィレム二世の肖像画を携えて来航したコープスは、長崎奉行所立山役所で長崎奉行と面会する。この時の長崎奉行は、伊沢美作守《みまさかのかみ》政義《まさよし》で、コープスは出島から長崎奉行所立山役所に楽隊一行を引き連れて向かっていた。コープスはオランダ商館長を同伴して、それぞれ駕籠に乗り、周囲を長崎の地役人らに護衛され、物々しいなか出発している。

伊沢政義は、立山役所の書院で応対した。書院には、長崎代官も同席し、コープスやカピタンは書院次間に着座する。長崎奉行は、国王からの特使として正式な対応をした。通常のオランダ商船とは異なり、オランダ国王から日本国王への書翰を持参して来航することを事前に知らされていたため、誠意をもって応じたのである。この時、特使船が入港にあわせてオランダ国の礼式によって石火矢《いしびや》打《う》ち(号砲)を行なうこと、乗組員の人別改《にんべつあらため》を行なわないこと、長崎港の沖合ではなく、港に碇泊すること、出島の水門は閉めず、いつでも自由に出入りできるようにすること、探番による身改めをうけず、帯剣したまま出入りすることを認めるようにという、五ヶ条が願い出されており、長崎奉行へ特別な配慮を求めた。

こうして、書院で書翰の遣り取りがなされるが、これは国王宛だったため、長崎奉行は開封しないまま、江戸へ送った。これらの国書の授受を通じて、日蘭双方で国王は天皇ではなく、実質的な「国王=将軍」として認識していたこともわかる。国書の内容は、ヨーロッパ情勢を踏まえたうえで、アヘン戦争に敗北して不平等条約を締結した清国の二の舞にならないよう、諸外国と通商関係をもってはどうかと提言するものだった。日本市場を独占していたオランダは、中国で起こっている状況を踏まえて、日本に開国を勧めたのである。この原案作成には、シーボルトが関与しており、日本の事情や歴史的背景をよく理解したうえで、提言されている。

江戸では老中首席の阿部正弘《あべまさひろ》らが協議していった。当時の日本に醸成されていた鎖国祖法観(対外的危機に直面し、旧来からの鎖国を堅持することを強く意識する考え）も相まって、開国勧告を拒絶する。「日本型華夷秩序」（通商・通信・撫育）という従来の体制を固持する姿勢を明確にし、新たな関係を結ばないことを確認する。弘化二（一八四五）年六月に、阿部正弘は正式にオランダへ鎖国という「祖法」を堅持する旨を記した返書を作成した。これを長崎奉行に送付してオランダ政府へ返答した。これまでにないオランダからの通告に対する苦言も示されており、改めて従来の日蘭関係の確認がなされたのである。

オランダからは国書が差し出されたものの、返書では将軍名ではなく、老中連署で作成された。これは、幕府が従来の通商関係を重視したためにほかならない。非礼な対外行為であるものの、意図的にこうした対応をとったのである。中国で起こっている欧米諸国との関係変化が日本に訪れることは時間の問題であったが、自ら開国するという意志を幕府は示さなかった。これを受けて、幕府は海岸防禦掛（海防掛）を常置し、ここに阿部正弘と牧野忠雅が就任して、対外関係の変化に応じる専門部署が創設された。コープス来航は、これらの契機となったのであり、日本の開国への胎動を象徴するものとなったのである。

11．偽装漂流民マクドナルド事件

ラナルド・マクドナルド（一八二四〜一八九四年）は、イギリス領カナダで生まれる。ハドソン湾会社で働いていたようで、この時に、日本の噂を色々聞いていくなかで、しだいに関心を高めていった。日本が国法で世界に門戸を閉じていること、例外的に中国人とオランダ人が厳しい制限を受けながら、日本に滞在していること、不慮に外国へ行ってしまった日本人、そして、外国人であっても、自国の船に救助されない限りは、日本で死罪を受けることになるという認識をしている。マクドナルドはこうした知り得た情報を実際に確かめたいという想いを強くしていった。日本人は、どのような生活を営み、文化や習慣があるのかなどと、「東方の島国」を深く知りたいと考えたようである。そして、オランダ人や中国人しか知らないであろう日本人に、自分たちのことを教えようと思ったのであった。

日本に入国するためには、漂流民を装うのが近道と考え、一八四五年に捕鯨船プリマス号の船員となる。プリマス号は、日本近海へ向かう船で、ハワイ諸島から済州島《さいしゅうとう》、そして、日本海へと入った。マクドナルドは、利尻島《りしりとう》に上陸するつもりでいたようで、一八四八年六月二十七日にプリマス号からの離船を申し出る。これを船長は渋々聞き入れると、マクドナルドは小さなボート、緯度や経度を観測して航海に必要となる四分儀、しばらく必要となる食料品などを買い求めている。海図も持たずに、母船を離れ、日本に向かっていったのである。

そして、焼尻島《やぎしり》に上陸し、六月二十八日と二十九日の二日間をここで暮らした。七月一日の早朝に利尻島に向かい、上陸する前にわざと船を転覆させ、漂流を装った。七月二日の明け方、アイヌの船に救助され、ようやく利尻島に上陸することができた。ここで取り調べを受け、その後、宗谷《そうや》に身柄が移送される。さらに、九月七日には、松前に送られると、到着するやいなや長崎に連行すると通達される。長崎行きの北前船《きたまえぶね》の準備が整うまでの二十日間、江良《えら》町村で監禁された。こうして北前船「天神丸」に乗船したマクドナルドは、十月十一日に長崎へ到着した。

身柄が拘束された場所では、所持していた航海道具の説明や上陸した目的、母船の行方など、同じ質問が繰り返された。長崎でも同様に対応され、まず船内で取り調べを受けた。オランダ通詞から、出生はもとより、家族構成、母船を離れた理由などを尋ねられている。マクドナルドは、母船を離れた理由を、船長ともめたからとしている。それは、好奇心や冒険心から母船を離れたと言ったら、殺されてしまうと思ったためである。また、キリスト教信仰についても尋問されると、これを即座に否定している。それは、捕鯨船に乗り組む前に、日本の禁教政策を知り得ていたためである。七月十二日は終日船内で待機、十三日にようやく長崎上陸が許されることになった。

上陸後すぐに長崎奉行所立山役所で取り調べを受けている。白洲に出廷することになるが、まず隣接する宗門蔵で待機した。ここでは、食事が提供され、飯やタマネギの漬物、魚が出されている。食事が終わると、オランダ通詞の森山栄之助が入ってきて、白洲での作法や手順を説明した。この時、入廷する前に、木戸のところにある踏絵を踏むように命じられている。マクドナルドは、像などを信じていないといって承諾する。こうして長崎奉行の井戸《いど》覚弘《さとひろ》の前で、取り調べられることになった。これが終わると、駕籠に乗せられ、大悲庵という建物の座敷牢に入れられた。

ここには、看守が一人と、オランダ通詞が毎日一人ずつ交替でついていた。マクドナルドの元には、オランダ通詞である森山栄之助や本木昌左衛門らが訪れ、直接、英語を習っている。英語を音読して聞かせ、まさに、ネイティブスピーカーとして振る舞っていた。マクドナルドは七ヶ月間、拘束されることになり、判決を待つことになった。彼の判決は『犯科帳』一三〇冊の嘉永二（一八四九）年の項に収められている。ここには、マクドナルドの行ないは、不届至極と断罪されたが、オランダ商館長からの願いも考慮して、その罪は問われなかった。しかし、今後は、日本近海で漁業しないようにと申し渡されている。

マクドナルドの身柄は、いったん、オランダ商館長に引き渡された。そして、四月二十六日、身柄の引き取りにアメリカ軍艦プレブル号が長崎に来航する。この時、オランダ商館を通じて、マクドナルドの身柄が送致された。この手続きは、アメリカと日本が通商関係になく、直接の遣り取りが不可能だったためである。このように、日本の対外関係の枠組みにない外国人とは、オランダ商館を通じて対処していたのである。

12．ペリーの浦賀来航とプチャーチンの長崎来航

嘉永六年六月三日（新暦：一八五三年七月八日）、アメリカ東インド艦隊司令長官M・ペリー率いる四隻の黒船が、江戸湾口の浦賀沖にあらわれた。浦賀奉行所は、従来の手続きどおり、小型番船で艦隊を取り巻き、ペリーが搭乗していたサスケハナ号にオランダ通詞堀達之助が近づいた。堀はオランダ語での遣り取りを求め、ペリーはオランダ語通訳のポートマンにその対応を任せた。

ペリーは日本の最高位の役人との会見を希望していることを告げ、堀の乗船要求を拒否している。堀は同行していた浦賀奉行所支配組与力中島三郎助を浦賀町の副奉行であると詐称すると、二人の乗船が許されることになった。二人と面会したのは副官のコンティ大尉で、来日目的を尋ねた中島三郎助に対して、合衆国大統領から「日本皇帝」に宛てた親書を持参しており、その授受のための日取りを決定してもらいたいと要求した。中島は、日本の慣例にしたがって、交渉の窓口である長崎への回航を指示したものの、これは拒絶された。その翌日、浦賀奉行と称して奉行所与力の香山《かやま》栄左衛門《えいざえもん》がサスケハナ号を訪れたものの、ペリーは面会の場にあらわれることはなく、香山が再び長崎回航を求めるも、断固拒否されている。そして、ペリーは示威行動にうつり、各艦からボートを降ろすと、水深測量をするために蒸気艦ミシシッピ号を護衛につけ、測量船を江戸湾に向かわせた。

ペリー来航の知らせは、浦賀に来航した六月三日の深夜には、浦賀奉行から江戸へ届けられる。その翌日には、アメリカの軍艦四隻という情報や長崎回航の要求に応じないこと、大統領の親書を手渡す意志が固いことが報ぜられた。ペリーからは七日までの回答期限を求められていたこともあり、老中首座の阿部正弘は、海防掛や勘定奉行、目付らに見解を求めた。方向性がなかなかまとまらなかったが、測量船が江

プチャーチン会談図（西南学院大学博物館所蔵）

戸湾に侵入したことが伝えられると、アメリカ国書の授受の方針が決まった。結果として、ペリーの示威行動は功を奏したといえる。こうして、久里浜応接所が設けられ、江戸湾の警衛にあたっていた彦根井伊家、川越松平家、会津松平家、武州忍《おし》松平家の五千人が警備するなか、浦賀奉行戸田氏栄《うじよし》と井戸弘道が応接し、国書（大統領親書）が授受された。あわせて、正式回答をうけるために来春に来航することが伝えられた。

　ペリー来航に備えた対策を協議していたさなか、嘉永六年七月十八日（新暦：一八五三年八月二十二日）にロシア使節プチャーチンが四隻の艦隊を率いて長崎に来航する。皇帝ニコライ一世の命により、日本と通商条約を締結すること、そして、国境画定交渉を行なうことを目的としていた。ロシアの国書は九月十五日に江戸に届けられ、十月八日に応接掛として大目付格筒井《つつい》政憲《まさのり》、勘定奉行川路《かわじ》聖謨《としあきら》・目付荒尾《あらお》成允《しげまさ》、儒者古賀謹一郎が任命された。彼らは長崎に派遣され、全権は川路聖謨が担った。

川路聖謨はプチャーチンと十二月十四日に接触、ついで、十七日にはロシア艦隊パルラーダ号に乗船している。川路とプチャーチンによる公式の交渉は、十二月二十日から二十八日まで五回にわたって行なわれた。ここでは、オランダ語で交渉され、千島列島の択捉島はロシア領土であるという見解を撤回させ、樺太滞在中のロシア兵も、南半分の日本側属地には手出しをしないという約束をした。また、通商要求はいったん棚上げし、今後、他国と締結する場合は、ロシアを優先するとともに、同じ条件を適用するという言質を与えた。これを了承したプチャーチンは、翌年正月八日に長崎を退去していった。条約調印については先送りすることとなったが、それはクリミア戦争でロシアとトルコが開戦したためである。

このように、アメリカ、ついでロシアと条約交渉が本格化していくことになる。オランダからペリー来航の可能性などは伝えられていたものの、有効な対策を講じられないでいた。長崎回航を拒否した強硬姿勢のアメリカに対し、従来の長崎を窓口とした手続きに従ったロシア、そして、武力をもちいた交渉に否定的なオランダとの間で、日本の対外関係は新たな局面を迎えることになったのである。

13. 日米和親条約の締結とその後の影響

嘉永七年正月十六日（新暦：一八五四年二月十三日）、江戸湾内の小柴《こしば》沖（神奈川県）にペリー艦隊七隻が投錨した。日本側の全権に林大学頭復斎《はやしだいがくのかみふくさい》、応接掛に目付井戸弘道、浦賀奉行井澤政義、目付鵜殿長鋭《うどのながとし》、儒者松崎満太郎が命じられていた。ペリーは前年と同じように、測量船を江戸湾内に送り圧力を加え、当初、浦賀で応接する予定だったが、横浜に変更させている。

二月十日から交渉が開始され、幕府は、ペリーの要望のうち、漂流民の保護、燃料・食料の供給を許可し、通商については引き延ばすつもりでいた。ペリーは望厦《ぼうか》条約（一八四四年にアメリカと清が締結した不平等条約）を土台として交渉していたが、十九日の第二回交渉で、通商にはこだわらない姿勢をみせると、林大学頭は、下田と箱館の開港を決め、幕府の承認を得た。二十五日の第三回交渉で、ペリーは下田と箱館の開港案を了承し、二月晦日に行なわれた第四回交渉を経て、嘉永七年三月三日（新暦：一八五四年三月三十一日）、横浜において条約書が交換された。日本語版（林以下四名署名）、漢文版（松崎満太郎署名）、オランダ語版（森山栄之助署名）を幕府は作成、英語版（ペリー署名）、漢文版（ウィリアム署名）をアメリカが作成し、交換された。なお、両者の全権が署名した正本は存在していない。

老中は漢文版の条約を正本とし、日本語版はその翻訳とした。交渉はオランダ語で行なわれていたが、オランダ語版と漢文版は不正確ながらも校合《きょうごう》するものだった。領事駐在にあたっては、漢文版では、やむを得ない事情があれば、アメリカ領事を下田に置くことがある。また、日本語版では、両国政府の合意が条件となった。オランダ語版や英語版では、いっぽうの政府が必要と認めれば領事を置くことができた。このように、双方で齟齬が生じているなかで「日米和親条約」は締結されたのである。

日米和親条約では、薪水や食料、石炭などの欠乏品の供給が第二条に記されている。下田港は条約調印してすぐに開港、箱館は条約調印の一年後に開くことになった。当初は、諸品供給は長崎に指定されたが、これをアメリカが拒否したため、下田と箱館に代えたのである。また、第三条と四条は、漂流民の待遇に関する規定となっており、アメリカ人の漂流、難破にあたっては、日本船はこれを救助し、船員や所持品を引き渡し、これにともなう費用は補償しないとした。漂流民の長崎廻送の慣例を主張した幕府だったが、アメリカ側はこれを拒否したのであった。なお、漂流民ら外国人は拘束されるのではなく、自由であることが、第四条と第五条で明記された。通商規定を欠く和親条約ではあるが、これまでの鎖国体制を大きく転換した国交が成立することになった。

嘉永七年八月二十三日（新暦：一八五四年十月十四日）、長崎奉行水野忠徳と目付永井尚志《なおゆき》は、イギリス中国艦隊司令長官スターリングとの間に日英和親条約（協約・約定）を調印した。ここでは、長崎と箱館の入港が許可されるなど、日米和親条約を簡略化したような内容だった。また、ロシアは箱館で日米和親条約の調印の情報を得て、九月にディアナ号で大坂湾に侵入するが、日本側の要望で下田へ移動。全権川路聖謨と交渉を開始する。安政元年十二月二十一日（新暦：一八五五年二月七日）に、ロシア船に下田・箱館・長崎を開港し、食料や燃料などの供給、やむを得ない場合は箱館か下田にロシア政府の官吏を置くことができるとした。そして、千島列島のうち択捉と得撫（ウルップ）との間を境界とし、樺太は雑居とする日露和親条約を締結した。

オランダとは安政二年十二月二十三日（新暦：一八五六年一月三十日）に日蘭和親条約を締結した。長崎奉行荒《あら》尾《お》成允《しげまさ》と川村修就《ながたか》と、商館長ドンケル・クルティウスとの間で交わされた。これにより、長年続いていた日本とオランダの通商関係から転換することになった。このように、アメリカ・イギリス・ロシア、そしてオランダと条約を調印し、幕府の鎖国体制は事実上、崩壊することになった。

14. 日米修好通商条約と安政五カ国条約

日米和親条約締結後、アメリカは安政三（一八五六）年に総領事ハリスを派遣する。翌年、十月七日に下田を出発し、十月十四日に江戸に到着すると、蕃所調所《ばんしょしらべしょ》の一室が宿舎にあてられた。翌日には首席老中の堀田正睦《ほったまさよし》と面会し、江戸城での正式謁見は二十一日に行なわれた。この時、アメリカ大統領ピアースの親書を提出し、これをきっかけに、幕府要人たちと面会を重ねていき、通商条約締結にむけた交渉が進められていった。ハリスは、日本と西洋諸国との紛争があった際には、大統領が調停する考えをもってい

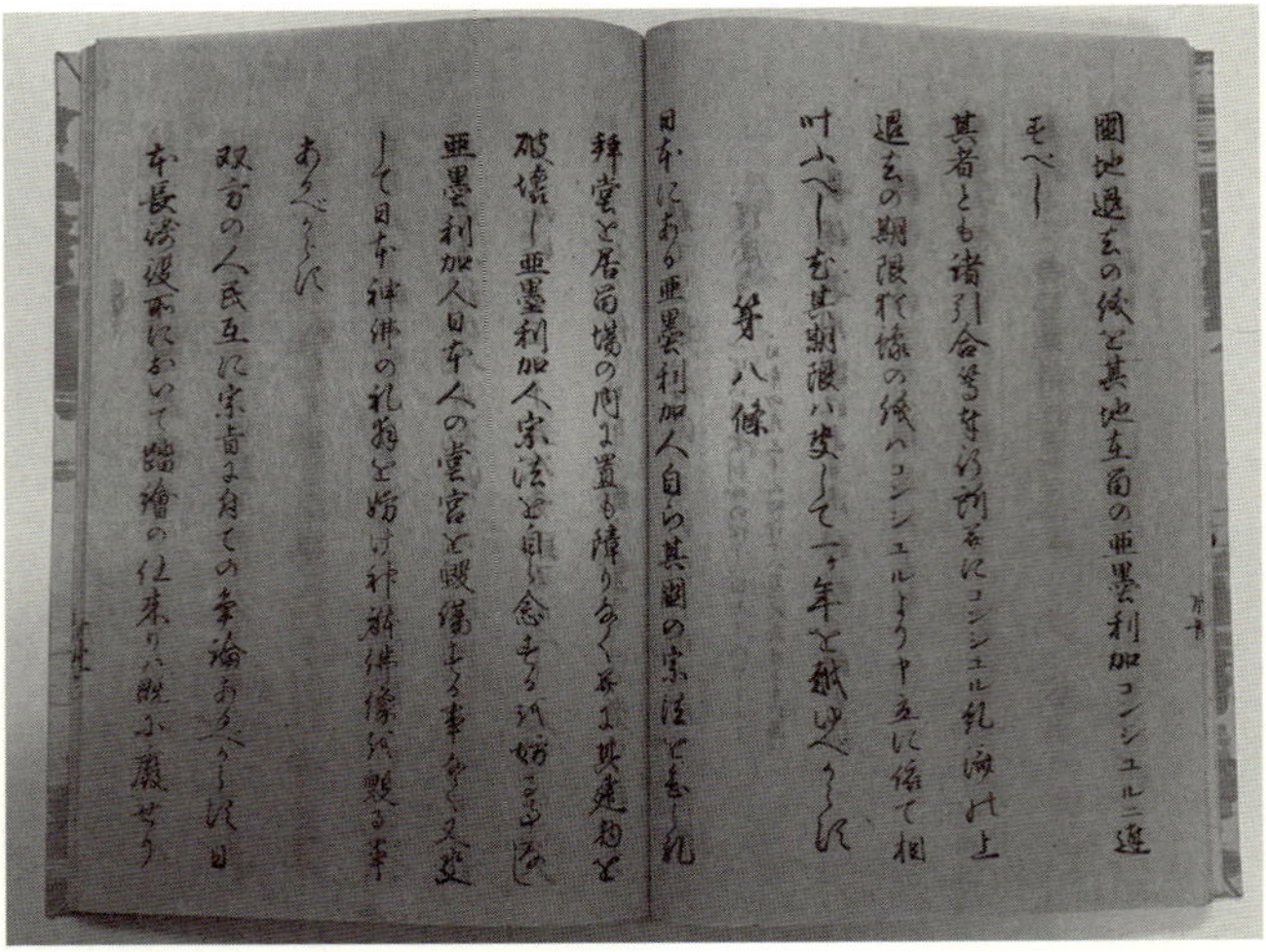

日米修好通商条約写（個人蔵）

ることや、イギリス船の到来予想などを伝え、友好的かつ平和的な条約締結を勧告した。

ハリスは、通弁官のオランダ人ヒュースケンを介して交渉を進めていく。キリスト教に関しては、武力による宗教の宣伝を西洋諸国は望んでいないとし、自己の良心に任せるのが原則であること、さらに、外国公使の江戸居住を認めること、日本人との自由貿易や開港地の増加などを求めた。堀田正睦は、ハリスとの会談記録を評《ひょう》定所《じょうしょ》一座や海防掛以下の役人たちにも示し、広く意見を求めた。答申のなかには、キリスト教禁制をはじめとする諸般の制度の見直しが必須となるであろうということに加え、拒否すれば戦争になってしまうのではないかとの危惧があった。そのうえで、国内の不満を抑えるために、諸大名にも諮って決定すべきという意見があがった。

一方、直接、条約交渉にあたっていた林煒《あきら》（復斎）や筒井政憲らは、ハリスの要求を受け入れるべきという姿勢だった。そして、貿易については、ロシアやオランダと結んだ追加条約にもとづいて交渉すべきと主張した。公使の江戸駐在については、大名から反対意見があがったとしても拒否することは難しいと認識していた。また、ここで示された追加条約は、ハリスが望んだ自由貿易とは大きな隔たりがあった。さらに、目付の岩瀬忠震《ただなり》はハリスの要望に接し、新しい開港地について、大坂は阻止しなければならないと主張した。それは天皇のいる京都に近いこと、さらに、大坂が経済的に富むことになり、江戸を凌ぐ都市になるのではないかとの懸念によるものであった。そこで、江戸に近く幕府が経済的に統括することが可能な横浜開港を主張した。

幕府とアメリカの正式交渉は十二月三日から始まった。下田奉行の井上清直と岩瀬忠震は、ハリスとの交渉の全権に命じられた。自由貿易について、オランダとロシアとの条約を全面放棄し、ハリスの要求通りのものとなり、日本側は関税自主権を喪失した。また、開港地は、すでに開かれていた箱館のほか、神奈川、長崎、新潟、兵庫と決定し、江戸と大坂の開市、開港地には居留地が設けられることになった。そして、居留地内においての自国の宗教であるキリスト教を信仰することを認めた。これらを規定した日米修好通商条約は、安政五（一八五八）年六月十九日に江戸で調印された。批准にあたっては、万延元（一八六〇）年にワシントンで行なわれている。

ハリスのこうした動きと連動して、オランダのドンケル・クルティウスも江戸への出府を計画した。幕府はハリスと顔を合わせることを懸念し、当初の予定より遅延させた。クルティウスからアメリカと同等の条件を結ぶことなどが求められると、安政五（一八五八）年七月十日に江戸で調印となった。次に通商条約を結んだのはロシアで、安政五（一八五八）年七月十一日に江戸で調印されている。イギリスは同年七月十八日、フランスとは九月三日に江戸で締結していった。このように、安政五年にアメリカ、オランダ、ロシア、イギリス、フランスの五カ国と通商条約を締結したために、これらを安政五カ国条約と称する。こうして、日本は欧米諸国がアジアで展開していた重商主義下に組み込まれていったのであった。

15．日蘭修好通商条約と日蘭関係の変化

ハリスが幕府と江戸で条約交渉を開始したのは、オランダとしても看過できないことだった。ドンケル・クルティウスは、長崎奉行と折衝して出府を願い、これが許されて長崎を出発したのは安政五（一八五八）年正月二十六日だった。これまでの江戸参府では禁じられていた道中での自由行動が認められて、各所で礼遇も受けるなど、従前の通商国としての対応とは異なった。こうしてクルティウスは、三月十日に江戸に到着すると、芝の長応寺に入った。これは、ハリスが下田からやってきて五日後のことだった。

クルティウスの出府目的は、将軍謁見と各種伝習に関する上申だった。つまり、出発の時点では条約交渉の意はあまりみられなかった。それは、安政四（一八五七）年に日蘭追加条約（協定）を締結していたためで、順次、自由貿易と自由交際を認める新条約に移行させる方針だった。しかし、江戸では、外交代表の江戸駐在を認めることや内外貨幣交換の規定についての条約構想を提示することになる。それは、ハリスと接触して日米修好通商条約の内容を知ったためである。クルティウスが江戸に到着した翌日には、ヒュースケンがクルティウスのもとを訪れ、十二日にはクルティウスがハリスと面会している。十四日にはハリスがクルティウスと接見するなど、米蘭間で頻繁に情報交換がなされていた。

四月一日には、ハリスの先例にしたがって将軍謁見となり、同月十三日には対外交渉役にあたっていた老中松平忠固《ただかた》のもとを尋ね、条約交渉を行なっていく。クルティウスは、日蘭友好関係を強調して交渉した。こうしたなかで出された条約は、次の八項目だった。

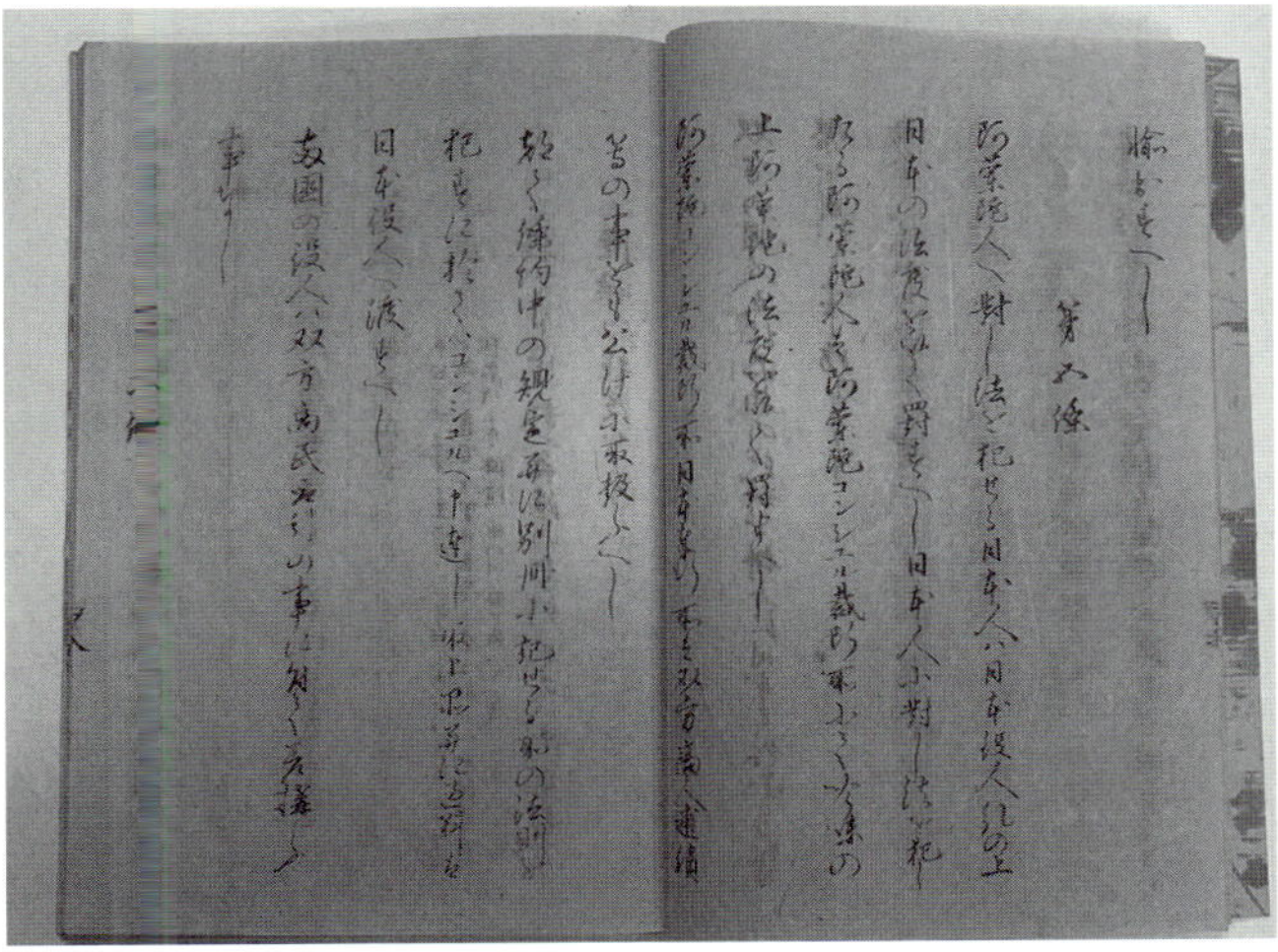

日蘭修好通商条約写（個人蔵）

①日本通貨を自由に輸出し、外国通貨を自由に輸入できるようにする。

②従来の三十五パーセントの関税を改め、品目ごとに関税を規定する。

③長崎・箱館において、日本人とオランダ人との交際を自由にする。

④医学、その他の技術の伝習。

⑤下関・兵庫の開港。

⑥外交代表を江戸に駐在させる。

⑦本国より学生を派遣し江戸で日本語を学ばせる。

⑧開港場には両者の役人が駐在し、往復の書簡は同等の礼とする。

四月十五日に勘定奉行永井尚志と長崎奉行岡部長常がクルティウスのもとを訪れ、事情を聴取する。このなかで、江戸で日本語を学ぶことを所望しているのは、長崎の言葉は方言であり、江戸で正しい日本語を学ぶためと説いた。そして、オランダ語学校も設け、相互に母国語教育することを提案した。開港場についても、江戸や大坂、堺などを開くことは困難と考え、下関と兵庫の開港を要求し、瀬戸内海全体を軍港化する計画があった。そして、第一条約国としての立場を求め、自国に優位になるよう図っていった。こうして、十ヶ条からなる日蘭修好通商条約の草案がつくられたが、ここには、独自に起草したものと、ハリスとの間で妥結された日米条約の条文が一部付加されている。

クルティウスは、永井尚志・岩瀬忠震・岡部長常と交渉を重ねていった。下関の開港は、ここが大名領であるため、認められないことが伝えられる。日本人がオランダ人を雇うことや、オランダの医師や薬剤師の診察、投薬の認可、混血児の処置やキリシタンの処遇についても話し合われた。また、輸入品のうち、書籍や薬種、蒸気機関は無税だったが、商船や珈琲、砂糖は五パーセント税となっており、これはオランダの利益をねらったものとされる。こうして、交渉を終えクルティウスが江戸を出発し、長崎に到着した翌日、七月十日に日蘭修好通商条約が締結された。オランダの全権が不在のなかで調印されているが、クルティウスが江戸を出発する前に決定していた案文に日付をいれたものと思われ、変則的な条約であった。日蘭修好通商条約は、二条と十条を欠いた日米修好通商条約とほぼ同じものが結ばれた。こうして、日本とオランダは条約締結国として新たな「交際」が始まったのであった。

16. 踏絵の廃止

日本における踏絵の存在は、外国人の間で広く知られていた。日本での滞在を許されていたオランダ人や中国人たちからその情報は発信されており、キリスト教国である欧米諸国はその実態に驚いていた。キリスト教に関する図像を踏ませる行為を蛮行ととらえており、日本人が抱いている反キリスト教観（排耶《はいや》観）を取り除くことは必須と考えられていた。しかし、近世初期から幕府が行なっていった禁教政策は、多くの日本人に受け入れられており、絵踏《えふみ》も年中行事として定着していた。

とくにオランダは、日本人のキリスト教に対する誤解を解く必要性を痛感していた。商館長のドンケル・クルティウスは、絵踏は外国人に悪い心象を与えており、今後、予想される外交交渉に支障をきたすことになると助言している。また、これによって無益な紛争をもたらし、日本にとって弊害となってしまうことを長崎奉行に指摘した。禁教政策は幕府から指示されたものであり、長崎奉行の独断で廃止を決定することはできず、調整する必要があった。

ドンケル・クルティウスの提言をうけた長崎奉行の水野忠徳と荒尾成允は、長崎での絵踏を見直す作業に入った。絵踏は、毎年、滞りなく実施されていたものの、年中行事化している状況にあった。幕府が考えていた厳粛かつ徹底された禁教の意義は希薄となっていた。絵踏を指示した江戸と、実施していた長崎とでは、大きな隔たりが生じていたのである。長崎奉行はこうした絵踏の実態を幕府に伝える一方、外国人から絵踏に異議があがる前に、自発的に廃止をしたほうが良いのではないかという意見を添えた。結果的にこれが認められることになり、荒尾成允は、安政四（一八五七）年十二月二十九日に、長崎代官の高木作右衛門と町年寄らを長崎奉行所に招集する。そして、実施が迫っていた来年一月四日から始まる予定であった絵踏の中止を通達した。これにあわせて、絵踏に代わる手段は別途、伝えると付言されている。

こうして、日米修好通商条約が締結される直前に、長崎での絵踏は廃止となった。そのため、第八条には、長崎での絵踏は既に廃止しているという文言が明記されている。これは、「既に」という文言から、絵踏廃止を自発的に行なった既成事実として双方で承認するものとなった。この絵踏廃止の文言は、ロシア（第七条）とフランス（第四条）との修好通商条約のなかにも記されている。オランダとイギリスとの間では明記されなかったが、そこには片務的最恵国待遇（他国に与えている最も良い待遇と同じものを締結国に付与する）の範疇のなかで、自動的に容認されることになった。長崎で長く続いてきた絵踏は、安政五カ国条約によって、以降、続けることができなくなったのであった。

ただし、この時の絵踏の廃止は、長崎に限定したものだった。換言すれば、条文に明記されていない長崎以外の地では、絵踏をすることが可能だったのである。長崎奉行所から踏絵を借用していた藩では、それから二年から三年までの間で廃止となったものの、独自の踏絵を持っていた小倉藩では慶応二（一八六六）年まで、熊本藩では明治三（一八七〇）年まで絵踏（影踏《かげふみ》）が行なわれていたことを確認できる。つまり、安政五カ国条約では、居留地に滞在する外国人の目に付きやすい長崎でのみ踏絵を廃止したのであって、それ以外の地で実施することは、条約違反とはならず、有効だったのである。幕府は絵踏というキリシタン取り締まりの手法を長崎でのみ廃止したに過ぎなかったのである。

17. シーボルトの再来日

文政十一（一八二八）年に禁制品所持の発覚（シーボルト事件）を受けて、文政十三（一八三〇）年にシーボルトは国禁処分となった。バタヴィアを経由してオランダのフリッシンゲン港に到着し、帰国した。日本では処分されたものの、オランダ王国政府は、シーボルトの功績を称えて勲章を授与し、一八三一年には、オランダ領インド陸軍の管理衛生部将校に任官した。さらに、オランダ植民省は、日本担当顧問に任命し、シーボルトから助言を求めた。こうした関係から、一八四四年の特使コープスを通じた開国勧告の草案を起草し、さらに、一八五二年の日蘭条約の素案も執筆している。

シーボルトは、日本に赴任した時から開国の必要性を感じていた。しかし、武力を用いた開国には否定的で、平和裏に交渉するようオランダ側に伝えている。このようにシーボルトはオランダの対日交渉の中枢を担っていた。そればかりか、一八五一年には、ロシア帝国宰相のカール・ロベルト・ネッセルローデから招聘されている。シーボルトは、サンクト・ペテルブルクを訪れ、日本国老中に宛てた書簡の草案などをロシア宰相に提出し、ロシアの対日開国交渉にも協力した。

日蘭修好通商条約の締結を交渉していたドンケル・クルティウスは、一八五七年にシーボルトの国禁処分が解除される可能性があることをオランダ植民省に伝える。これはシーボルトも知るところとなり、日本への渡航の準備に入ると、日蘭修好通商条約の改正案を持参するという名目での再渡航が決定する。この時の肩書として、オランダ政府の「外交代表」を望んだものの、最終的にはオランダ貿易会社の顧問となり、一八五九年八月四日に来日した。この時、十三歳の長男アレクサンダーも同行している。

来日して数日後、シーボルトは楠本たきと娘のイネと再会を果たすことになる。そして、シーボルト父子は旧出島オランダ商館で暮らしていたが、筑後町の本蓮寺境内にあった一乗院に移り住んだ。ここは手狭だったこともあり、イネに研究するための部屋とヨーロッパに移送するための日本植物を栽培する土地のある住まいを探させた。最終的にかつて使用していた鳴滝の土地と建物をイネ名義で買い戻して移り住んだ。そして、門人だった二宮敬作の養子である三瀬周三を、シーボルトの研究助手として、また、アレクサンダーに日本語を教えるために雇った。

安政六（一八五九）年八月、幕府内部では外交問題での助言を得るために、シーボルトを江戸へ招聘してはどうかと議論された。そして、日本滞在の延長が認められると、江戸に向かうことになり、文久元（一八六一）年五月十一日に、江戸赤羽の接遇所に到着した。シーボルトは幕府の外交顧問となると、イギリスやオランダさえからも解雇を求める声があがった。シーボルトの対日政策は、オランダにとっても決して利益となるものではなく、西欧諸国にとっては、自国の利害に反するものだった。こうした要望を受けて、幕府も外交上、得策ではないと判断して、シーボルトに江戸退去を申し渡したのであった。こうして、文久元（一八六一）年十二月二十三日（新暦：一八六二年一月二十二日）に長崎に戻ると、四ヶ月余り滞在して帰国の途につくことになった。

18. 潜伏キリシタンと浦上崩れ

長崎近郊の浦上村は、かつて、イエズス会に寄進されていたように、多くのキリシタンがいた地域である。幕府の禁教政策が厳しくなってくると、キリシタンたちは長崎の町方から離れ、郊外に移住していった。彼らは表向きキリスト教を信仰できないために、地下に潜る〝潜伏信仰〟を余儀なくされていた。こうした者たちを、〝潜伏キリシタン〟と称し、信仰を保持するために、惣頭《そうがしら》（帳方《ちょうかた》）を頂点に浦上村山里の四郷に触頭《ふれがしら》を、各字《あざ》には聞役を置く、講のような信仰組織を結成していた。

浦上村での潜伏キリシタンは、四回、露顕している。最初に明らかになったのは、寛政二（一七九〇）年のことで、これを浦上一番崩れという。山王社《さんのうしゃ》に八十八体の仏像を建立するために、浦上村山里の庄屋高谷永左衛門が村民に費用負担を求めたことがきっかけである。これを拒否した村民側に対して、庄屋側は、彼らにはキリシタンの噂があることを長崎奉行所に報告する。両者を取り調べたところ、捕らえられた村民十九人は、聖徳寺の檀家であり、毎年、絵踏をしていたことから、キリシタンと認定されなかった。しかし、日頃からの行儀作法がおろそかであるからこうした風聞があると断罪され、「急度叱《きっとしかり》」（厳重注意）が申し渡された。一方、訴え出た庄屋高谷永左衛門は、庄屋を免職となり、五十日の「押込《おしこめ》」となった。天保十三（一八四二）年には、浦上二番崩れが起こる。この時、五〇～六〇人が捕らえられたようだが、証拠不十分として釈放されている。

浦上三番崩れは、安政三（一八五六）年に起こった。この頃は、ペリー来航以降、対外関係が変化してきており、幕府はキリスト教に関する規制を強化している。こうしたなかで、長崎奉行所は浦上村に密偵を入れており、潜伏キリシタンの動向を調査していた。この時、前述した潜伏組織の実態も突き止めており、長崎奉行川村対馬守修就《つしまのかみながたか》は、キリシタンの捕縛を命じる。捕らえられた人物には、潜伏組織の惣頭（帳方）を務めていた、最高指導者である五十二歳の吉蔵がいた。

吉蔵は、取り調べられるなかで先祖伝来の「ハンタマルヤ」と呼んでいる白焼仏像を一体、「イナツショウ」という唐金仏座像一体、指輪に彫ってある「ジゾウス」という仏像一体、日繰書（キリスト教暦）を所持していることが発覚している。「ハンタマルヤ」はサンタマリア、「イナツショウ」というのは、イエズス会の創立者である聖イグナシオのことで、潜伏キリシタンたちは、これらを仏像に重ね合わせた擬似信仰をしていたのである。また、吉蔵は、親から口伝で教わったという経文を唱えていた。そのうえ、吉蔵には「ミギル」、吉蔵の女房と娘には「カチリナ」、息子は「リイス」という洗礼名があったことも明らかとなった。吉蔵以外に捕らえられた者も、同様の所持品や洗礼名があるなど、次々にキリシタンとの関係性が浮上していった。

長崎奉行所での取り調べには、「鉄砲責」や「算木《さんぎ》責」といった厳しい拷問が行なわれた。惣頭の吉蔵は、入牢中に病死してしまうが、こうした取り調べが影響したものと考えられる。拷問で得られた自白や物的証拠をもとに裁いていったが、ここでは「三鳥派不受不施派」の法規や「天草崩れ」などの判例などを採用している。三鳥派と不受不施派は、当時、幕府から異端とされた宗派で、これらと同等に浦上三番崩れの検挙者を当てはめた。また、天草崩れも、キリシタンではなく、異宗信仰者と判断されたものである。つまり、浦上三番崩れで捕らえられた者は、キリシタンとは認定されず、他宗派や過去の類似判例に照らしながら量刑が導かれたのである。それは、浦上村住民たちが寺請制度のもと絵踏をしていたためで、キリシタンと断定することはできなかったのである。

浦上三番崩れは、対外関係の変化により、求心力が低下していた幕府が、国内に緊張感を与えるとともに、威厳を国内外に示す政治的パフォーマンスとしての性格が強い。長崎奉行の判断は、幕府に上申されて、刑罰執行の許可を待っている状態だった。しかし、幕府から許可が出ることなく、長崎奉行所は、浦上村キリシタンに処分を下すことができない状態が続き、「未落着」のまま保留されていた。国内外の政治情勢の狭間のなかで、幕府内部の最終判断は膠着したままであった。

19. 外国人居留地の設置

安政五カ国条約の締結によって、長崎以外に外国人が滞在することができる居留地の設置が約定された。日米修好通商条約では、第三条において、長崎・神奈川・新潟・兵庫が開港され、すでに開港されていた下田（神奈川開港後に閉鎖）と箱館を加えて、貿易港が拡大することになった。これは、イギリス・フランス・ロシア・オランダとも同等の条件となり、開港にあわせて訪れる外国人の居住地が設けられたのである。

長崎に外国人居留地を設置するために幕府と折衝をしたのは、イギリス総領事のオールコックだった。長崎では、安政六（一八五九）年六月に開港予定日が設定された。しかし、居留地の整備が間に合わない状況だったため、臨時的措置として仮泊地が協議される。オランダは出島への滞在を望んだため、他の四ヶ国の長崎居留地が検討されている。イギリスとは長崎奉行の岡部長常と外交官のホジスンとの間で交渉がすすめられ、居留区域が暫定的に設けられるに至った。

大浦川から梅香崎までを埋め立てて居留地にすることが決定すると、天草郡赤崎村庄屋の北野織部が工事を請け負うこととなる。一万五九五五坪の埋立工事が安政六年八月末に着工されたものの、結果的に埋立坪数は一万九九七七坪となり、万延元（一八六〇）年十月十五日に完成したときには、大浦居留地は三万六一〇四坪余りとなった。ここにかかった費用は長崎会所が出資し、当初、北野織部が出した見積もりは、七七六貫二一一匁二分だった。

さらに、万延元（一八六〇）年四月十五日には、イギリス・アメリカ・フランス・ポルトガル（ポルトガルとの修好通商条約は一八六〇年六月十七日に締結される）の領事と、暫定的居留地の借地料などの覚書を手交し、そして、同年八月十五日（新暦：一八六〇年九月二十九日）には居留地にかかる長崎地所規則に調印した。長崎地所規則は、付録を含め十三カ条からなり、外国人の住居や土地に関する規則、その管理方針についても規定している。同年十一月には、大浦居留地の地割《じわり》がなされ、海岸付近を一～十五番、中央から山手付近が十六～三三番とされた。十五番までが「海岸付き上等地」、十六番地以下が「中等地」と設定された。土地の貸付は、万延元年六月から開始されており、長崎地所規則の調印に先駆けて行なわれている。

大浦が埋立されている最中に、東山手中腹まで居留地の拡張が検討されている。文久元（一八六一）年正月には七千坪余りの増地が決まったものの、さらなる不足が予想されたため、南山手への拡大が図られることになる。東山手には、ポルトガル領事館（九番）やアメリカ領事館（十二番）、イギリス領事館（十三番）、各国礼拝堂（英国聖公会堂）（十一番）が置かれている。そして、長崎地所規則の第九条に基づき、一八六一年三月十一日に貿易商ウィリアム・ジョン・オルトを議長とした居留地借地人会が仮設のイギリス領事館で開催された。これにより、居留地拡大の意向が示され、埋め立ててつくられた大浦居留地の改修や整備が求められている。環境整備が再度検討されることになり、幕府側を含めて協議されていった。日本側と領事側との協議によって一ヶ年分の支払いは、大浦居留地の「海岸付き上等地」は一〇〇坪につき三十七ドル、「中等地」は二十八ドル、東山手は一番から十四番まで十二ドルの割合となった。

20. 居留地での犯罪

安政五（一八五八）年に締結された安政五カ国条約によって、締結国間で犯罪が発生した場合の規則が明示された。日米修好通商条約では第六条、日蘭修好通商条約では第五条、日露修好通商条約では十四条、日英修好通商条約では第五条、日仏修好通商条約では第六条に規定されている。これらに共通することは、属人主義（国民は領土外でも自国の法律が適用される）の採用である。つまり、外国人に対して法を犯した日本人は日本の法律で罰せられるが、外国人が日本人に対して法を犯した時は、自国の法で処罰された。日本に居留地が設置され、ここに外国人が居住するようになると、想定される犯罪行為への対処も決めておかなければならなかった。

実際に、開国以降、外国人に関係する犯罪認知件数は増加しており、それは、『犯科帳』に所収されている件数にも反映される。安政五年以降の『犯科帳』に収められている対外国人犯罪の状況をみると、国籍を問わず、特に盗みの件数は突出している。盗んだものは、貿易品の一種である蘇木《そぼく》や明礬《みょうばん》をはじめ、居留地の邸宅の庭に干してある洗濯物、曲録（椅子）や机、短筒（短銃）など多岐にわたる。また、外国人に雇われて仕事をしている時に商品の一部を盗むなど、枚挙にいとまがない。

鎖国体制下において、出島や唐人屋敷で盗みをした場合、死罪など重罪が申し渡されることが多かった。開国以降、オランダ人は出島にそのまま滞在していたが、そこで、起こった盗みは、普通犯罪として処理されるようになる。また、その他の外国人居留地で発生した盗みも同様であり、罪人には敲《たたき》が主に科されて、罪状に応じて付加刑として入墨《いれずみ》をともなったり、追放が科されることもあった。居留地での盗みは、長崎市中の住宅で発生した場合と同等に処理されているのである。一方、万延元（一八六〇）年に発生したオランダ人居留地の土蔵破《やぶり》に対しては、死罪が執行されている。この時、長崎奉行は「江戸伺」をして、幕府評定所の指示を待ったが、土蔵破は「公事方御定書」にも金額に関係なく死刑と規定されていたように、これと同様の処分が申し渡された。つまり、居留地であっても、日本で起こった犯罪と同種として裁かれているのである。

盗み以外の犯罪として、安政六（一八五九）年には、ロシア人との間で傷害事件が起こっている。この時、双方とも怪我しているが、長崎奉行は、日本人のみを裁き、手鎖《てぐさり》処分とした。同年、外国人の下手な乗馬をみた日本人が、手をたたいて馬鹿にしたことを発端として喧嘩に発展する事件が起こった。両者とも怪我を負い、日本人には急度叱（厳重注意）が申し渡された。日本人同士の犯行であれば、両者を取り調べ、急度叱よりも重科となっていたと思われるが、対外国人の場合は、一方だけの聴取となるため、軽罪となる傾向にあった。しかし、文久元（一八六一）年に発生したイギリス人を殺害した事件にあたっては、「江戸伺」をしたうえで、翌年、「下手人」（死刑の一種で、首を刎ねた後、死骸は刀の切れ味を試す様斬《ためしぎ》りにならない）となっている。これは、領事からイギリス人にも相応の非があったとして、死刑の撤回を求められているが、長崎奉行は拒絶している。これは、安政五カ国条約を遵守する上、イギリス側が長崎奉行の司法行為に介入することを認めなかったためである。

また、慶応二（一八六六）年には、イギリス商船に雇われていた日本人三助が溺死する事件が起こる。これを不審に思った兄の勘太郎は、長崎奉行に調査を求めたが、外国人への聴取を行なうことは条約上不可能だった。そこで、長崎奉行は、イギリス側に調査を依頼するに留まったが、その結果、イギリス人アンデルソンが三助に日頃から暴行を加えていたことがわかった。このことは、長崎奉行から調査を願い出た勘太郎に伝えられ、さらに、イギリスには、アンデルソンへ相当の咎を申し渡すように要請している。

このように、居留地ができたことによって、これまでとは異なる犯罪が多発するようになった。安政五カ国条約によって、属人主義に従って双方が裁きを行なった。それは、自国に有益な要望であっても受け入れず、両国が独立して相互に不介入の原則が貫かれていたのである。

21．大浦天主堂の献堂と信徒告白

安政五カ国条約には居留地の規定に並んで、キリスト教施設の建設も認められた。日米修好通商条約では、第八条において、日本滞在中に自国の宗教を信仰し、「礼拝堂」を居留地内に設置しても支障はないとされた。また、日本人とアメリカ人が、相互に信仰に介入せず、居留地内と制限付きながら、アメリカ人に宗教の自由が認められたのである。日蘭修好通商条約においては、第七条に居留地内に「礼拝堂」の設置が認められ、日英修好通商条約では第九条に「拝所」、日仏通商条約では「宮社」の設置が規定されている。なお、日露修好通商条約には、信仰の自由を認めているものの、宗教施設の設置は明記されていない。

大浦天主堂は日仏修好通商条約を受けて、フランス人居留地内に献堂された。横浜にいたパリ外国宣教会管区長ジラール神父はフューレ神父に土地取得のため長崎へ向かわせ、八月にはプチジャン神父も合流する。フューレとプチジャンは天主堂を設計し、同年十二月には天草の棟梁の小山秀之進が着工にあたった。一八六五（元治二）年一月二十四日に、中央と左右に塔を有する木造ゴシック風の建物が竣工した。

二十六聖人の殉教当日である二月五日に献堂式を行なう予定だったが、ジラール神父の来崎が遅延したため、二月十九日の六旬節（復活祭前の六十日目に執り行なう聖霊降誕祭）主日に延期された。

居留地内に献堂されたとはいえ、建設中から多くの長崎町人が大浦天主堂（通称〝フランス寺〟）に注目し、見物に訪れる者が後を絶たなかった。長崎奉行は見物禁止令を出すほどで、在日するフランス人には信仰を許可したものの、日本人にもその影響が及び出していた。天主堂は、ジラール神父により「日本二十六聖人殉教者天主堂」と命名され、献堂式には、フランス・ロシア・オランダ・イギリス軍艦艦長が臨席する。長崎奉行は、フランス領事デューイから招待されたものの、代役として下役が派遣された。

大浦天主堂が献堂されると、潜伏キリシタンたちの活動が盛んになってきた。そこで起こったのが〝信徒告白〟である。一八六五年三月十七日、大勢の見物客がいるなかで、浦上村で助産師をしていたイザベリナ杉本ゆりが、プチジャン神父の前にあらわれ、「ワタシノムネ、アナタトオナジ」と告げた。杉本ゆりはもとより、ここにきている多くの人達はキリシタンであることを告白したのである。そして、杉本ゆりは、サンタマリアの御像はどこにあるかと尋ねたことなどから、プチジャンはキリシタンの末裔に間違いないと確信した。そして、フランスから持参した聖像を安置している祭壇まで案内すると、一同は、祈りを唱え始めたという。

これを目の当たりにしたプチジャンは、管区長のジラール神父に手紙で連絡する。興奮しながらその時の様子を手紙につづり、適宜、状況を報告すると伝えている。これを機に、大浦天主堂には、平戸や外海《そとめ》、五島などからも信徒が訪れるようになった。また、福岡の今村にも潜伏キリシタンがいることが判明し、長崎を行き来するようになる。依然として日本は禁教下にあったものの、キリシタンたちの表立った行動が目立つようになってきた。ひとえに、大浦天主堂の献堂が、潜伏キリシタンたちの活動の原動力となったのである。

大浦天主堂は、明治八（一八七五）年にJ・B・ポワリエの設計により大改築される。それは、キリシタン制札が撤去されたうえに、信徒たちが帰村してきたことが背景にある。中央と左右にあった三塔が、中央のみの一基となった。明治十二（一八七九）年には外壁をレンガ造り、石灰塗りに改めて、奥行きなども広がり、ゴシック様式を維持しながら当初の二倍の広さになった。大浦天主堂は、昭和八（一九三三）年に国宝（旧国宝）に指定されたが、昭和二十（一九四五）年八月九日の原爆投下により、屋根や正門、ステンドグラスなどが被害を受けてしまう。その後、昭和二十七（一九五二）年には修復工事が完了、その翌年に、国宝に再指定された。

22・浦上四番崩れ

慶応三（一八六七）年六月十三日、長崎奉行徳永石見守昌新《いわみのかみまさもと》は、浦上村の潜伏キリシタンの捕縛を命じる。彼らを捕らえる大義として、潜伏キリシタンたちによる〝自葬〟があった。当時、死去した場合は、寺請《てらうけ》制度のもと、菩提寺《ぼだいじ》に埋葬されることになっていた。寺院で供養するのはキリシタンではないことを最終的に証明することになり、全国で広く行なわれていた。それにもかかわらず、浦上村の潜伏キリシタンは、菩提寺である聖徳寺ではなく、自分たちで埋葬するようになっていたのである。こうした状況を察知した長崎奉行所は、キリシタンの存在を確認するために密偵を放っていた。すると、浦上村のうち、本原・中野・家野・里郷の住民のほとんどがキリシタンに転宗しており、その数は、二千人を超えることがわかった。

最初に捕らえられたのは、老若男女六十八人だった。夜間の決行で、早朝には、捕吏たちはいっせいに浦上村から引き上げていった。急襲ともいえる長崎奉行所による潜伏キリシタンの検挙だった。これは、外国人をも動かす事態となり、同月十五日には、フランス領事が長崎奉行所を訪れ、寛大な措置を願い出ている。また、アメリカ公使も長崎へ派遣されるなど、各国領事が協力して、浦上村キリシタンの救出にあたっている。外国側は、キリスト教は西洋では一般的に知られた良法であると説得するも、長崎奉行所は、キリシタンを見逃していたら大乱になりかねないと主張し、これまでの国法に従って対処すると返答するなど、両者の交渉は平行線をたどった。

徳永昌新は、浦上村キリシタンたちを捕らえた件を、六月十九日に幕府へ報告する。この時、浦上三番崩れの未処理を問題としてあげている。そして、フランス人居留地に大浦天主堂が献堂されたことによって、ここに浦上三番崩れで捕らえた者たちが訪れて、参詣している実態を伝えた。徳永昌新は、キリシタンたちを見逃していたら、国威喪失ばかりか、人心を惑わすことになり、愚民たちが何をやるかわからないと警鐘をならしている。かつての島原天草一揆のようなことが起こらないとは言い切れないと付言し、緊迫した長崎の状況を幕府に訴えたのである。

潜伏キリシタンが収監されているなかでも、欧米各国と幕府の駆け引きは続いている。プチジャン神父も、幕府に近い立場にあったフランス公使ロッシュに斡旋を頼んでいる。ロッシュは、キリシタンたちの処分次第では、日本の外交に影響を与えかねないと助言し、七月下旬には大坂城で徳川慶喜《よしのぶ》と面会し、直接、放免を要求した。そこで、幕府は、八月上旬に全員を牢屋から出し、他国往来を禁じたうえで村預とした。こうして、九月十四日までには全員がいったん帰村していった。

浦上村では、キリシタンたちによる活動がいっそう盛んとなる。自葬を公的に認めてくれるように申し立てたり、村内にはあった四つ礼拝堂（秘密教会）では、信仰が表面化していった。これにあわせて、神社や仏閣に対して非礼を尽くすようになり、仏像を破壊したりする者もいた。

先に捕らえられた六十八人は、放免になったわけではなかった。幕府が倒れ、明治政府が樹立すると、彼らの裁きも引き継がれることになる。この問題には、井上馨《かおる》や木戸孝允《きどたかよし》らの山口藩が中心にあたった。これに三条実美《さんじょうさねとみ》や大隈重信《おおくましげのぶ》、伊達宗城《だてむねなり》らも加わり、協議を重ねていった。政府の当初案は、中心人物を獄門や斬首とし、そのほかの者を諸藩に預けて徒刑《とけい》（労役の刑）にするというものだった。これを修正し、キリシタンの中心人物を長崎で死罪とし、残りの三千人超を尾張以西の藩に預け、キリシタンの処遇は藩に一任するという方向性を示した。

この方針を受けてイギリス公使パークスに事前説明すると、外国側の反発が懸念されるとして見直しを求められる。そこで、政府は、死罪を撤廃することで批判をかわし、キリシタンたちを三十四藩に分散して預ける妥協案を示したのである。この政府案に対して、長崎裁判所との間で激しい遣り取りが展開される。長崎で指揮にあたっている九州鎮撫《ちんぶ》総督の沢宣嘉《のぶよし》は、キリシタンに極刑を望んでおり、政府と対立した。結果として、政府案が採用されることになると、浦上村キリシタンたちは、慶応四（一八六八）年五月二十一日に第一次分配預託、翌年十二月四日に第二次分配預託が断行されている。そして、預託先では、各藩で教誨指導が行なわれ、改宗が勧められていたのであった。

23．長崎海軍伝習所と近代施設の創設

長崎海軍伝習所の創設は、嘉永七（一八五三）年に日本へ派遣されていたスームビング号艦長のファビウスの意見書が大きな影響を与えた。ファビウスの意見書を商館長クルティウスが長崎奉行の水野忠徳に取り次ぎ、これに三回の補足質問を経て、基本構想が固まった（第四章26を参照）。水野忠徳が提案した海軍創立基本構想の内容は、①スクリュー式コルベット艦とスクリュー式蒸気船を一隻ずつ注文する。②

乗組員養成のために長崎に海軍伝習所を開設し、オランダ海軍の教師団を招聘する。③オランダが勧めるオランダ語学学校設立案は採用せず、伝習所の授業は通訳を介して行なう。④日本人のオランダ留学案の見送り。⑤この構想は、長崎目付の永井尚志との総意であることだった。

　これを老中阿部正弘らが審議すると、全面的に認められている。しかし、蒸気軍艦については、のちに修船場も作ることになるだろうから、船体は木製に限らなくても良いのではないかと付帯意見があった。当初から、海軍伝習にあわせて修船場創設が幕府の視野にあったことがわかる。こうして最終的には、コルベット艦二隻を発注している。この軍艦は、ヤパン号（咸臨丸《かんりんまる》）・エド号（朝陽丸《ちょうようまる》）である。ファビウスは、いったん、ジャワに帰航するが、それまでの間、長崎地役人や佐賀・福岡の藩士に三ヶ月間、予備伝習を行なっている。

　安政二（一八五五）年、ヘデー号に乗船したファビウスは、スームビング号（艦長ペルス・ライケン）をともなって再来日する。そこで、ファビウスは、西洋海軍の艦内諸規律や海軍旗章の慣習、艦長心得などを教えた。そして、ペルス・ライケンによる第一次伝習が開始されたが、練習艦スームビング号（観光丸）の定員は一〇〇人、咸臨丸や朝陽丸は各八十五人のため、まずは、基幹要員だけを教育することにした。伝習所の総督には永井尚志が就き、伝習生の人選が始まった。

　艦長候補者は、御目見《おめみえ》以上（旗本）で、幕府が指名した。艦長候補者は伝習生の学生長が命じられ、その任務は、伝習生の統括に加え、諸機関とのパイプ役だった。その任に就いたのが、勘定格徒目付《かんじょうかくかちめつけ》（切米一五〇俵）永持亨次郎《こうじろう》と、小十人組《こじゅうにんぐみ》（百俵）の矢田堀景蔵《けいぞう》、小普請組《こぶしんぐみ》（四〇俵）の勝麟太郎（海舟《かいしゅう》）だった。勝は、御目見以下（御家人《ごけにん》）だったため、伝習生発令に先立ち、御目見以上の小十人組（一〇〇俵）となった。こうして、安政二年十月下旬から同四（一八五七）年二月末までの間、第一次海軍伝習が行なわれた。

先の艦長要員以外に、士官要員や下士官要員、海兵隊要員、兵要員とに分けられた育成がなされ、参加したのも与力《よりき》や手代《てだい》、手付《てつけ》、同心《どうしん》、長崎地役人《じやくにん》など多岐にわたった。幕臣以外に、長崎奉行所、浦賀奉行所、韮山《にらやま》代官所（江川太郎左衛門）配下の者がいた。第一次伝習では、航海や運用、砲術、機関を総合的に教えられ、士官と下士官ではコースも異なった。幕府は、能力や実力を加味せず、身分に応じて振り分けたため、順調な教育がなされたとは言いがたかった。

第一次海軍伝習を受けて、幕府側からの要請が出されるようになる。こうして開始されたのが第二次海軍伝習で、安政四年一月上旬から同五年五月上旬まで実施された。永持亨次郎の栄転にともない、学生長に欠員が生じ、これを埋める必要があった。さらに、蒸気機械方が人数や能力も脆弱だったため、能力の高い人物にオランダ人の教育を受けさせようと考えた。伝習所総督の永井尚志は、オランダ側と協議することもなく決定し、九十六名にも及ぶ人数を受け入れることとした。これは、第一次海軍伝習生の補充と長崎地役人の海上警備訓練を主目的とするものだった。

総督は永井尚志から木村喜毅《よしたけ》（芥舟《かいしゅう》）に交代し、江戸からは、伊沢謹吾や榎本釜次郎（武揚《たけあき》）らの幕臣、浦賀奉行組の岡田井蔵や箱館奉行組の伴鉄太郎、韮山代官組からは安井畑蔵らが派遣され、長崎地役人や長崎代官配下らも伝習に参加している。安政四年九月十五日に、ペルス・ライケンからカッテンディーケに教官は引き継がれるが、それまでの間、ペルス・ライケンは講義を継続していた。

カッテンディーケの教育は、安政四年九月中旬から同六年四月まで実施された。特に年少者の士官入門教育を目的としており、旗本・御家人の子弟が派遣された。カッテンディーケはヤパン号（咸臨丸）で長崎を訪れており、これが第三次海軍伝習の練習艦となっている。カッテンディーケは実務を重んじた規則などを教えるとともに、士官の役割に応じて、それぞれの科目を教えるように基礎学に力をいれて教育していった。

このように、幕府は三期にわたり、伝習生を派遣して教育を受けさせている。一方、オランダはペルス・ライケンとカッテンディーケという、二期にわけた教師団で対応した。航海科出身のペルス・ライケンの第一次海軍伝習は理論型といわれ、運用科出身のカッテンディーケは実践を重視した。こうした姿勢は、伝習生にも影響し、幕府天文方に出役し航海術にも長けていた小野友五郎はペルス・ライケンには模範生として扱われ、数学に不得手だった勝麟太郎は劣等生で、留年組に回されている。しかし、カッテンディーケは、学生長としての経験もある勝を寵愛していた。学問的スタンスの違いは、当時の海軍伝習にも大きな影響を与えたのであった。

24．長崎医学伝習所から精得館へ

幕府は、海軍伝習にあたって、オランダ側へ要望書を出しており、そこには、衛生士官の派遣要請があった。幕府は、博物学や医学などの教授を求め、航海技術にあわせて、医学の習得も目指した。そこで、嘉永六（一八五三）年から長崎に滞在しており、日本人に医学や化学、写真術を教えていたファン・デン・ブルークに替わって長崎に着任することになったのがポンペである。この人選にあたったのは、第二次派遣団のカッテンディーケで、ポンペは、オランダ東インド会社医官兼自然科学調査官として赴任している。

ポンペの講義は、基礎医学（臨床医学）に出発する体系的なもので、物理学、化学、人体解剖学、組織学、生理学、一般病理学、治療学、理論および手術外科学、眼科学、繃帯（包帯）学の講義が行なわれている。また、法医学や医事政策についても講義した。ポンペが担当した科目は、カッテンディーケの報告書に記されている。例えば、一八五九年一月一日の日課表には、月曜日の午前に一般医学・午後に化学、火曜日午前に解剖学・午後に生理学、水曜日午前に一般医学・午後に化学、木曜日午前に解剖学・午後に生理学、金曜日午前に一般医学・午後に化学、土曜日午前に解剖学・午後に採鉱学（鉱山学）を教えている。

講義方法は、すべての学科に簡単な手引書をつくって学生に与え、これを基礎としながら口頭で説明していった。その内容を通訳が翻訳し、学生はこれを筆記するという繰り返しだった。このやり方は講義案の作成に時間がかかり、負担が大きかったものの、オランダの教科書は内容が豊富だったためこの方法が採られた。受講する日本人はオランダ語の文法を学んだ程度に過ぎず、会話はほとんどできない水準だった。オランダ通詞を介して行なわれる講義は、教育の障害となっており、ポンペもオランダ語教育の急務を感じているところだった。将軍の侍医で医学所頭取になった松本良順、大村藩医でのちに東京医学校の校長となる長与専斎らもポンペに師事した。

安政五（一八五八）年には長崎でコレラが流行する。ポンペは学生や医師に指導しながら、同年六月三日に長崎奉行にコレラ予防法を上申する。大村町の松本良順の住宅を仮診療所として、診察にあたらせている。また、ポンペは来日以降、西欧式病院の建設を長崎奉行に求めており、安政五年三月には永井尚志と連署で幕府に提出している。こうして、万延元（一八六〇）年五月、小島郷に養生所という病院が建設されることになった。そして、翌年には医学所がここに併設されることになり、文久元（一八六一）年九月十八日に病院が開院した。ここには、八つの病室に十五床のベッドが置かれ、手術室も設けられた。敷地内にはオランダ国旗と日本国旗が掲げられ、病院としての診療機能と医学教育を兼ね備えた近代医学の拠点となった。ポンペは、文久二年八月二十三日（新暦：一八六二年十一月一日）に帰国することになる。後任には当初、マンスフェルトが推薦されたものの、オランダはこれを承認せず、ボードウィンが派遣されることになった。文久二年九月三日にボードウィンは長崎を訪れ、ポンペと引き継ぎ、交替している。

ボードウィンは、医学教育を物理化学の領域から分離し、理化学研究所の設立を求めた。元治元（一八六四）年六月、分析究理所の設立が決定し、同年十月に竣工している。そして、ここの専任としてハラタマを招聘し、慶応二（一八六六）年正月に来日すると、同五月から講義が始められた。長崎の医学所は、養生所（病院）と分析究理所とが一体となり、「精得館《せいとくかん》」と改称されている。

ボードウィンの後任には、前述したマンスフェルトが就任する。マンスフェルトは慶応二年七月十四日に長崎に赴任すると、業務の引き継ぎがなされ、以降、精得館で仕事をした。こうしてオランダ人医師によって、長崎医学伝習所は発展していき、臨床を有した近代医学病院となった。その系譜は、今日の長崎大学医学部に引き継がれている。

25．長崎製鉄所の建設

長崎製鉄所（当初は鎔鉄所とも称す）は、長崎海軍伝習所創設にあわせて、建設が検討されている。ファビウスの海軍創設意見書をもとにして、水野忠徳がその基本構想を老中阿部正弘に上申するが、この時、軍艦を修理するための「修船所」の必要性を幕府は認識していた。しかし、具体的な建設許可が下されていないにもかかわらず、帰国の途を間近に控えたファビウスに、水野はその建設を委託している。現場で指揮していたことから、海軍伝習が本格化するにあわせて、早急な製鉄所の建設の着手を図ったのである。

安政二（一八五五）年十一月十五日に長崎を出発したファビウスは、すぐにオランダ政府に日本が製鉄所建設を望んでいることを伝えている。これをうけてオランダ政府は、建設に必要な機材類を手配し、機械設備、鉄材、セメント、ガラスなど工場建設に必要な資材類を調達している。安政三年六月にファビウスは再び来日し、製鉄所建設にあたってのオランダ本国の対応などを永井尚志らに伝えている。同四年六月三日には、建設機材を積んだ三隻のオランダ船が長崎港に到着する。支払保証などの諸問題から陸揚げされないまま保留されていたが、同年七月に長崎奉行が再度、建設の申請を老中に伺い、製鉄所建設の許可が下ると、八月十二日になって、長崎の飽《あく》ノ浦《うら》、平戸小屋、大鳥崎への陸揚げが開始された。

安政四年十月十日に長崎製鉄所が起工される。製鉄所の構想は、日蘭間では大きな隔たりがあった。日本は、製銑《せいせん》（銑鉄〈粗鉄〉を製造する行程）から、鋳物、鍛冶に加え、機械加工まで行なうことができる設備を望んでいた。それは、佐賀や薩摩が反射炉や高炉を有しており、火砲の製作を始めていたためで、奉行も官営の反射炉や溶鉱炉などの製銑施設を希望したのである。しかし、オランダ側は、西欧ではすでに素材生産と機材生産は分業化しているため日本の技術水準で両者にまたがる施設を保持できるのか、そして、窮迫している財政事情で多額の設備費を賄えるのか懸念した。なにより、鉄材をオランダが掌握することによる日蘭貿易の維持を図ったのである。両者のそれぞれの思惑が錯綜するなか、工事は進められていった。

安政六（一八五九）年四月五日には、送風機を備えた鍛冶場がつくられた。これには煉瓦の組積みが行なわれており、完成した建造物は、日本で最初の煉瓦組みとなった。七月二十五日には蒸気槌が運用を開始するが、その式典には長崎奉行も参加している。なお、この頃、薩摩藩が建造した蒸気船雲行丸の機関部の修理をしている。そして、製鉄所で重要な轆轤盤細工所《ろくろばんさいくしょ》の建設工事も並行して着工されている。長崎が大風雨に見舞われ、建設中に施設の破損がありながらも、轆轤盤細工所の棟上式は、万延元（一八六〇）年十二月に実施された。ここには、一八五六年にオランダのロッテルダムで製造された竪削盤など、十種十七台の工作機械が設置された。そして竪削盤は、三菱重工業長崎造船所史料館に現存している。

長崎製鉄所は、文久二（一八六二）年に竣工した。製鉄所構内には、①鍛冶場②鋳物場③轆轤盤細工所

④舎密所《せいみしょ》⑤蒸気釜仕立所⑥蘭人宿舎⑦仮細工所⑧諸職人小屋⑨瓦竈があった。長崎製鉄所の完成に至るまで、多くのオランダ人が尽力している。オランダ海軍の機関将校ハルデスは、ファビウスの勧めもあって長崎製鉄所の建設に参加、安政四年八月五日（新暦：一八五七年九月二十二日）、長崎を訪れている。長崎製鉄所の建設指導はもとより、海軍伝習所で蒸気理論の講義、機関部取扱の実地指導、福岡藩や薩摩藩の工業技術助言、前述した薩摩藩雲行丸の機関部補修、ロシア軍艦アスコルド号の修理援助、観光丸の汽缶換装などを行なった。また、前述した煉瓦生成にも尽力している（こんにゃく煉瓦・ハルデス煉瓦という）。こうして、オランダ人の助力を得ながら、日本の近代化を象徴する施設が、創設されていったのであった。

26. 長崎英語伝習所と英語教育

安政五（一八五八）年七月に、長崎奉行所立山役所に隣接する長崎目付の岩原屋敷内に長崎英語伝習所が設けられた。オランダ通詞の楢林栄左衛門、オランダ通詞であり英語教授方を任ぜられていた西成度《なりのり》（吉十郎）が頭取となった。あわせて、オランダ海軍将校ウィッヘルス、オランダ人のフォーゲル、イギリス人のフレッチェルが教員を務めた。ウィッヘルスは、海軍伝習の第二次派遣団の一人で、フォーゲルは出島オランダ商館員の役員であった。また、フレッチェルは、長崎英国領事館の二等助手だった。オランダ語にとどまらず、語学教育が広がっているなかで、英語伝習所は創設されたのである。

英語伝習所は、文久二（一八六二）年に片淵にあった武芸訓練所の乃武館《だいぶかん》に移転されることになる。この時に、英語稽古所と改称し、中山右門太が頭取となった。英語稽古所は、翌年七月に長崎奉行所立山役所の東長屋に移転され、何礼之《がれいし》と平井義十郎が学頭となった。何礼之は通訳として活躍し、明治時代には内務省出仕翻訳事務局御用掛に就任した人物である。平井義十郎も長崎製鉄所通弁御用に任命され、ハルデスらの通訳にあたっている。両人とも唐通事系の家柄であるが、何礼之と平井義十郎は、その功績が認められ、「長崎奉行支配定役格《しはいさだめやくかく》」に昇格している。

文久三年十二月、英語稽古所は江戸町に移転された。この時、洋学所と改称され、フルベッキが英語の教授にあたった。フルベッキは宣教師として派遣されていたが、当時はまだ、禁教下にあり布教活動をすることが困難ななか、英語の個人授業を行なっていた。そこに公的な教師依頼がなされ、これを受諾したのであった。元治元（一八六四）年一月には大村町に語学所を設置、ここで英語・フランス語・ロシア語が教えられることになった。語学所では身分に関係なく、語学修得を志す者を広く受け入れている。

慶応元（一八六五）年八月、語学所が新町に移転されるにともない、済美館《さいびかん》と改称される。この時、外国語だけでなく、歴史や地理、数学、物理、化学、天文、経済なども教えられた。フルベッキもここで英語指導にあたっており、平井義十郎や何礼之は学頭に就任している。

明治元（一八六八）年四月、済美館は広運館と改称、本学局・漢学局・洋学局の部局にわかれて指導された。同年八月、新町の広運館と興善町に造られた本学局は、空いていた長崎奉行所西役所に移転されることになり、ここを校舎として構えた。このように、英語伝習所から端を発した教育施設は市中を転々とし、フランス語やロシア語、さらに、他の学問領域を取り込みながら、近代教育の場として役割を果たしていった。

27. 出島の終焉

安政二（一八五五）年九月に締結した日蘭和親仮条約、そして、同年十二月二十三日（新暦：一八五六年一月三十日）に締結された日蘭和親条約によって、出島は少しずつ変貌を遂げていく。仮条約締結によって、オランダ人は長崎市内を散歩することが許されるが、この状況について、カッテンディーケは「幽閉当時のように、それ程庭を散歩する必要を感じなくなっていた」と述べている。また、オランダ国王ウィレム三世の特使としてスームビング号（観光丸）を献上するために、安政二年にゲテ号で来日したリンデンは、四カ月間滞在した記録を「日本の思い出」として残している。ここからは、出島内に洋風建築や和洋折衷の町並みが広がっており、住宅は自前で改築されていることがわかる。

これまで、日本側の規則を遵守した、きわめて制限されていた環境のなかでオランダ人は生活していた。条約締結にともなって、オランダ側の意向もある程度くみとられるようになった。その代表的なものが長崎市中への出入りが許されたことだが、ここには、長崎海軍伝習所の設置が大きかった。オランダから派遣された海軍伝習の教師団など、四十名を超えるオランダ人が出島に滞在するようになると、現存の建物では不足する。そこで、出島内の庭に家屋が建てられるなど、急遽、対応した。また、貿易のために、住宅倉庫用地を造成する必要が生じると、自家菜園を充て、さらに、用地が不足すると、シーボルトが一八二三年から二四年までかけてつくった植物園を壊すことになった。

安政五年七月十日（新暦：一八五八年八月十八日）に日蘭修好通商条約が締結される。これにともない、長崎、箱館以外に、神奈川と兵庫が開港されると、これらの地には居留地が設置された。あわせて遊歩規定も定められ、一定範囲において居留地から自由に外出することができるようになった。また、長崎の居留地に関して、オランダ人はすでに出島で生活していたこともあって、出島が事実上の居留地となった。かつて、官立の〝牢獄〟とまでいわれていたものの、隔離されたことからかえって治安が良く、居留地区域よりも立地条件もよかったため、そのまま出島で滞在することを選んだのである。長年、出島で生活していた積み重ねが、かつてほどの抵抗感を希薄にしていったのである。

安政六（一八五九）年五月、そして、万延元（一八六〇）年にイギリスの植物学者フォーチュンは、出島を訪れるが、この時の印象を述べている。番小屋は空いており、門は取り払われ、塀の一部は倒されているなど、これまでの堅牢な出島の姿は一変していたようである。また、文久元（一八六一）年七月には、水門両脇の埋立と波止築出工事が完了、同三（一八六三）年には外廻の縁塀が撤去された。元治元（一八六四）年七月には、波止脇に荷改所が設置され、当時の必要な建物がつくられていったのである。こうして、出島の表門や水門、外廻の練塀など、近世の出島を象徴していたものが姿を消していった。

出島だけでは手狭になったオランダは、文久元（一八六一）年に南山手への貸地を要求し、慶応二（一八六六）年には居留地に編入される。出島は建物ごとに一番から二十六番までに地割された。出島内の地割には、ネーデルラント貿易商社（一番）やオランダとスイスの領事館（三番）、医師ボードウィン（二番）が居住していた。居留地前には外国人遊歩道が建設され、慶応三年から工事が開始、三ヶ月かけて完成した。そして、明治二（一八六九）年には、出島東南角から運上所（旧俵物役所）の間に木製の出島橋が架橋された。こうして出島は、市街や居留地ともつながり、かつての隔離されていた姿から変容していったのであった。

28．長崎奉行所の崩壊と新体制

慶応三（一八六七）年八月十五日、勘定奉行並《なみ》だった河津《かわづ》伊豆守《いずのかみ》祐邦《すけくに》が長崎奉行に就任する。河津祐邦は箱館奉行支配調役として、北蝦夷の開拓や五稜郭を築造した経験があった。文久三（一八六三）年には外国奉行となり、同十二月には正使の池田長発《ながおき》と遣仏使節団の副使として派遣されている。一八六四年六月二十日（旧暦：元治元年五月十七日）にパリ約定を調印するも、幕府は批准を拒否し、交渉にあたった池田と河津は免職となり、逼塞《ひっそく》（武士や僧侶に科す刑罰で、門を閉じ夜間のみくぐり戸から出ることが許された）処分をうけた。その後、赦され、慶応二（一八六六）年に関東郡代、同三年正月には勘定奉行並となっている。河津は幕府の鎖国体制に批判的な立場にあり、禁教政策にも距離をとっていた。実際に、浦上村のキリシタン高木仙右衛門をひそかに立山役所に呼び出すと、転宗を穏やかに諭している。遣仏使節として西洋をみてきた経験上、キリスト教に対してもある程度の理解があった。

　河津祐邦が長崎奉行に着任した慶応三年十月、幕府は大政奉還を行なった。そして、慶応四（一八六八）年一月七日、朝廷は徳川慶喜を追討する命令を発する。こうして、旧幕府軍は朝敵となり、全国各地で鎮圧されていった。長崎では、長崎奉行所と倒幕派の薩摩藩・佐賀藩との間で緊張関係が高まっていた。鳥羽伏見の戦いで幕府軍が大敗した情勢もあって、河津祐邦は、長崎市中での武力衝突をさけるために、江戸への退去を計画する。同年一月十三日、長崎警備を担当していた福岡藩の長崎聞役栗田貢を奉行所に呼び出し、長崎退去の意志を伝える。栗田は河津退去後の混乱を想定し、薩摩藩の聞役松方助左衛門（正義）や土佐藩の海援隊長佐々木三四郎（信行）を招き、河津も含めて事後の打ち合わせを行なった。

　一月十四日、河津祐邦は、西役所の荷物を立山役所へ運ぶように指示を出す。東西の二ヶ所にあった奉行所を東役所にあたる立山役所に集約しようとしたのである。翌日、江戸へいったん退去することにあわせて、その後の長崎支配は、福岡と佐賀の両藩の聞役に依頼していることが地役人に伝えられた。河津は、[illegible]、一月十四日の夜十一時頃に、洋服姿に靴を履き、ピストルをズボンに隠し持って、事前に打ち合わせしていた長崎港に停泊するイギリス船に西役所から乗り込んだ。西国郡代も肥後へ退去するなど、旧幕府の役人たちは職務放棄のようなかたちで撤退し、幕府の支配体制は事実上、崩壊することになった。

慶応四年一月十三日、佐々木三四郎は、松方助左衛門と新政府樹立にともなう混乱への対策を協議している。事後の対応を託された福岡藩と佐賀藩の聞役は引き受けに難色を示したこともあり、佐々木三四郎や薩摩藩・大村藩・広島藩・宇和島藩らの在崎している藩士たちによる合議制を立ち上げた。一月十五日、旧西役所を長崎会議所に改称、旧立山役所は福岡藩預かりにすることが決定され、諸藩代表者と地役人の合議制による長崎奉行の代行機関が発足、翌日には市中へ布告した。長崎会議所に参加したのは、福岡・土佐・熊本・対馬・広島・佐賀・平戸・島原・宇和島・越前・大村・五島・唐津・薩摩の十四藩、長崎町年寄の薬師寺久左衛門と久松土岐太郎だった。一月二十一日には、さらに長州・加賀・柳川・小倉藩が加わり、長崎はもとより、日田、天草などの旧天領も支配することを目指した。

一月二十五日、新政府は尊王攘夷派の沢宣嘉《のぶよし》を九州鎮撫総督兼外国事務総督に任命した。二月二日、長崎会議所にかわって長崎裁判所が設置されると、沢が総督となった。そして、五月四日、長崎府と改められると、沢は府知事となっている。その後、明治二(一八六九)年に行なわれた版籍奉還にともなって長崎県となり、近代行政機構が成立したのであった。

29. 潜伏キリシタンの帰村

日本国内に司祭がいなくなったことによって、キリシタンたちの指導者は、長い間、不在となっていた。そこに、幕府による厳しい禁教令が施行されると、棄教する者が増えていったが、なかには潜伏して信仰を続ける者がいた。表面上は寺院の檀家となり(寺檀関係)、地域によっては踏絵を踏んでいた。このうに仏教を隠れ蓑にしながら、信仰を維持していたキリシタンを〝潜伏キリシタン〟という。

浦上村をはじめ、五島や生月《いきつき》、天草などでは潜伏組織が確認されている。浦上村の場合、選挙で選ばれた惣頭（帳方）は、年中の祝日や教会行事を管理した。例えば、クリスマスのことをナタルと称し、その他の祝日や教理、オラショを、触頭《ふれがしら》（水方《みずかた》）に伝える。触頭は洗礼を授ける役割があり、触頭の伝達事項を聞役に申し渡した。そして、聞役からキリシタンの戸別に伝えられる。惣頭は一人、触頭は浦上村山里の四郷に一人ずつ、聞役は字に一人ずつ配置された。こうして潜伏キリシタンたちによる盤石な組織がつくられており、オラショを唱えたり、信心具、日繰《ひぐり》（暦）などを、代々所持していった。秘密教会までもつくられており、これは、浦上四番崩れの取り調べのなかで明らかとなっている。

浦上四番崩れによって、浦上村のキリシタンたちは西国諸藩に分配預託された。横浜のイギリス公使館では、イギリス・アメリカ・フランス・ドイツの公使が集まり、明治政府の下した処分に対して抗議し、キリシタンの帰還を求めた。しかし、明治四年十一月六日（新暦：一八七一年十二月十七日）には伊万里事件（伊万里県・高島・蔭《かげ》の尾《お》島・伊王《いおう》島・神ノ島・大山・出津《しつ》・黒崎）で潜伏キリシタン六十七人が捕えられている。この情報は外国にも伝えられ、安政五カ国条約の改正交渉に向かっていた岩倉使節団たちが批難をうけることになった。アメリカ大統領のグラントは、明治五年一月二十五日（新暦：一八七二年三月三日）に岩倉使節団と面会し、宗教に寛容であるべきことを唱え、さらに、国務長官フィシュは、信教の自由を保証することを要求し、文明国と対等の体制を整えなければ、安政五カ国条約を維持して自国の宗教を保護するしかないと伝えた。

こうした要求を受けて、明治政府はキリシタン制札の撤去を決定する。明治六（一八七三）年二月二十四日に出された太政官布告六十八号によって、掲げられているすべての高札は、すでに多くの人に熟知されているとして、撤去することを伝えた。しかし、これは法令の公告手段を改めたにすぎず、依然として禁教は維持されており、キリシタンは黙認状態に置かれた。ただし、同じ太政官布告で「長崎県下異

太政官札／キリシタン制札（喜多方市斎藤家所蔵）

宗徒帰籍」が出されると、分配預託となっていたキリシタンの帰郷が決定した。キリシタン制札の撤去、ならびに浦上村キリシタンの帰村によって、多くの人の眼にはキリスト教解禁に映ったのである。

キリシタンたちが戻ってきた浦上村では、さまざまな問題が起こった。帰村してきたキリシタンたちが、他宗の者を攻撃したり、分配預託中に改宗して先に戻ってきていた者たちにも厳しい言動を繰り返すなどしたのである。また、政府や県令の指示にも従わないなど、これまで抑制されていた反動かのような言動がみられるようになっていた。浦上村は、一種のアナーキー状態にあったといえ、表立って大浦天主堂のミサにも参加している。明治十三（一八八〇）年には、かつて絵踏が行なわれていた庄屋屋敷跡に浦上天主堂が献堂された。これは、天草の﨑津教会（昭和九〈一九三四〉年建立）とも共通する動きである。

なお、宣教師が日本に滞在するようになると、カトリック教会に入る者が多かったが、潜伏期の教えをまもる〝かくれキリシタン〟もいた。平戸生月島などには、いまなお、禁教下の教えを伝える人たちがいる。そのため、潜伏キリシタンとかくれキリシタンは、区別して認識する必要がある。こうした日本キリスト教史のなかで継承されてきた教え、そして生活を営んだ集落は、平成三十（二〇一八）年六月に「長崎と天草地方の潜伏キリシタン関連遺産」の構成資産として世界文化遺産に登録された。

30. 出島の復元

出島は居留地時代を経てその役割を終えると、都市計画のなかでその形状を失っていった。明治三十七（一九〇四）年には、長崎港の第二期港湾改良工事によって、扇面型の姿を完全に消失した。しかし、その歴史的価値は認められるところであり、大正十一（一九二二）年十月十二日に内務省布告第二七〇号により、史跡名勝天然記念物保存法に照らして「出島和蘭商館跡」として国の史跡に指定された。

昭和二十六（一九五一）年から長崎市による整備計画が着手されることになる。昭和五十三（一九七八）年には、長崎市出島史跡整備審議会が設置、同五十七（一九八二）年には復元整備構想答申書が提出され、長期的かつ総合的復元という指針が示された。昭和六十二（一九八七）年には、資料調査の集大成として、『出島図―その景観と変遷』が刊行されている。江戸期に作成された国内外の出島図を網羅的に紹介し、その変遷が分析されており、以降の復元整備のなかで参考にされている。

出島史跡整備審議会では、十九世紀初頭前後二十年間を出島の復元目標として掲げた。それは、この時期が、出島の施設や景観等が最も整備されていること、また、現存資料や文献から、状況を正確に知ることができ、復元整備することも可能であると判断されたためである。そこで、審議会は七つの構想を提案するに至る。①出島遺跡の境界確認調査と範囲の確定。②史跡内の民有地の公有化。③出島の建造物の復元整備。④出島庭園等の整備。⑤出島対岸民有地の公有化。⑥出島と江戸町を結ぶ橋の復元。⑦出島史跡整備に伴う周辺地区の環境整備である。この方向性のもとに、国の補助を得ながら、史跡内の私有地を公有化していくとともに、石造倉庫や庭園の整備が行なわれていった。

平成四（一九九二）年には、長崎市出島史跡復元整備研究会、同六年には第二次出島史跡整備審議会が設置された。同八年には、『復元整備計画書』が作成され、ここに四つの目標が示されている。

①貴重な歴史的文化的遺産である出島史跡の遺構や遺物の保存を図るとともに、往時の建造物等を史実に基づいて復元し、文化・学習施設としての機能を目指す。

②長崎市のシンボルとして機能させるとともに、周辺都市空間を含めて市民が親しむことのできるアメニティ空間を構築する。

③歴史的観光拠点として、出島史跡の活用を図るとともに、出島周辺の歴史的遺産とのネットワーク化に努めていく。

④国際交流や文化活動の場としても積極的な運営を図っていく。

そして、短中期計画としては、第一段階として出島の西北にあるカピタン部屋や水門など十棟を復元し、家具や調度品を含めて当時の生活や貿易を紹介する展示計画が示された。第二段階は、出島中央の日本人家屋など十棟、第三段階は、東・南側の病室やカピタン別棟、街頭などを含めて復元される計画となった。長期計画として、出島の周辺整備が挙げられ、最終的に四方に水面を確保して、十九世紀初めの出島の外観を完全に復元するというものである。この計画は、「文化・学習施設」「アメニティ空間」「歴史的観光拠点」

「国際交流・文化 活動の場」といった空間利用を目指している。

こうして、平成二十九（二〇一七）年十一月には出島表門橋が架橋された。長崎市中へとつながる唯一の橋は、往年の姿を彷彿とさせるものとなった。

on the revision of the treaty, was forced to face the problems.

After the discussions over the handling of the issues with the Meiji Government, in 1873, they decided to remove the official notice boards, order to ban Christianity. More, Crypto-Christians' returning to home, who had been inhabitants in Urakami Village, was concluded, but, on the result of the policy, after going back to Nagasaki, new troubles were bringing about.

30. Reconstruction of Dejima Island

Under the town planning of Nagasaki, Dejima Island came to lose its original form.

By the improvement constructions of Nagasaki harbor performed in 1904, the appearance of the Fan-Face type was disappeared wholly.

In 1922, in response to the designation as a national historic site, "the Dutch Factory Site on Dejima", the restoration project of Dejima Island to its original state in the early part of the 19th century had been implementing.

Hoping for improving accessibility, as "Cultural & Learning Facilities", "Amenity Space", "Historic Sightseeing Center", "International Exchanges & Cultural Activity Field", restoring of Dejima Island is still in the progress toward the problems of our present day.

In November 2017, being built the Front Gate Bridge of Dejima Island, the scene is to remind appearance of the former shape.

the Netherlands, excepting the ports of Nagasaki and Hakodate, Kanagawa and Hyogo became open ports and the settlements were established in these places.

Dejima Island became the Netherlands settlement, at the same time, regulation on strolling -area was laid down, resulted to be able to go out at their likes from the settlement within a given region.

On the other hand, Japanese officials did withdrawal from Dejima, the Factory was transferred to the consulate.

As a natural result, with the passage of time, the watch-house, becoming an unattended structure, the front gate, being removed, the wall, falling down partially, the once solid appearance of Dejima Island was being in the state of disappearance.

28. The Collapse of the Nagasaki Magistrate and the New Establishment

In October 1867, When the Shogunate transferred the power back to the Emperor, Kawazu Sukekuni took office of the the Nagasaki Magistrate.

In the next year, facing with the Battle of Toba-Fushimi, Kawazu Sukekuni planned to leave from Nagasaki. Wearing a western dress, putting shoes, concealing a pistol under his trousers, embarking on the British ship which had been being in a state of readiness, he escaped from Nagasaki.

As a result, on January 15th, under the Council System, consisted of the Domains of Satsuma, Tosa, and Kumamoto, Nagasaki Consultative Body on administrative agency was created in Nagasaki.

Then, on February the second, the Nagasaki Consultative Body became Court of Justice, on May 4th, being transformed into "Nagasaki Fu"(Fu/prefecture:a representative body).

Sawa Nobuyoshi took up the post of the prefectural governor. Further, in accordance with the return of the lands and people from the feudal lords to the Emperor in 1869, it became to be changed the name to "Nagasaki Ken"(Ken/prefecture), in this way, developed into the transformation of moving toward the modern administrative organization.

29. Crypto-Christians' Returning to Home Village

Although, under the guise of Buddhism, Crypto-Christians had been keeping their actual faith up to that time, by the incident of the fourth crackdown in Urakaki

Village, they were to be entrusted, conforming the agreement brought by the affairs, to the management of each Domain designated by the government.

Against these policies, the Western countries were demanding withdrawal of the measures, in the midst of these negotiations, while, the Iwakura Mission, being formed with Iwakura Tomomi as the central figure, had been visiting the U.S.A for the negotiations

In 1858, confronting with the outbreak of cholera, he treated the patients. More, in 1860, a hospital named "Yojosho" was built at the place of Koshima.

Next year, having added medical institute here, both roles of clinical function and medical education were to be equipped.

After that, having established the institute of analytical study of natural laws, the institute of physical and chemical research, these facilities were named "Sheitoku-Kan".

25. Construction of Nagasaki Iron Manufacturing Plant

Following the foundation of Nagasaki Naval training Center, it had been considering the necessity of installation to make repair on warship.

In 1856, putting construction equipment and supplies on board, the ships from the Netherlands arrived in Nagasaki port, after that, the construction of Nagasaki Iron Manufacturing Plant was in the beginning.

In 1859, after the smithy foundry had been built up, equipped with air blowing machine and made of brick masonry structure, they made repairs on the components for steam engine of the steamship which had been constructed by Satsuma Domain.

Like this, in 1862, Nagasaki Iron Manufacturing Plant was completed, down through the years, with the support of the Netherlands the project was moving forward.

26. Nagasaki English language School and English Education

In 1858, Nagasaki English Language School was built at the place, within the residence of Nagasaki Superintendent Iwahara, where was adjacent to Tateyama public office of the Nagasaki Magistrate.

Narabayashi Eizaemon, a Dutch interpreter, and Nishi Narinori, a Dutch interpreter and also was being appointed to be English Instructor, became presidents of the school. Vogel, an employees of the Dutch Factory, and Fletcer, a member of the second class assistant of the British consulate, took on the job of teaching.

In 1862, having been moved to the place at the martial arts training center "Taibu-Kan", the school was named "English Language Training Center", the next year, again, that educational facility was moved with the name of "Academy of Western Learning", more, in 1865, the name, being changed, became to "Saibi-kan".

In the time of Saibikan, English, French, and Russian, in addition, history, geography, mathematics, physics, and the like were being taught.

27. The End of the Role of Dejima Island

As a result of the conclusion of the Treaty of Amity and Commerce between Japan and surprising to this unexpected encounter, dispatched this information widely to the world.

22. Urakami Yonban Kuzure (the fourth suppression campaign against Crypto-Chrisians in Urakami area)

In 1867, Nagasaki Magistrate Tokunaga Iwaminokami Masamoto ordered to capture Crypto-Christians by force having existed in Urakami villiage.

The reason to arrest them was that the Crypto-Christians had performed their own funeral services without a thought for "Terauke-Seido"(temple guarantee system to be a non-Christian).

In connection with the punishment procedures on them, negotiations with Western countries were carried on, in the end, managed to arrive at the agreement that, with regard to the offenders, dividing into 34 domains in western Japan, entrusted each to the lords'management of disciplinary correction.

This policy was a compromise plan between Nagasaki local government, seeking the capital punishment, and Western countries, seeking the withdrawal of punishment.

Also, this incident was a symbolic example to show the transition period, captured in the days of the Shogunate, actioned in the Meiji period.

23. Nagasaki Naval Training Center and the Foundation of Modern Facilities

The foundation of the Nagasaki Naval Training Center was deeply indebted to the influence of written opinion submitted by Fabius, Naval Captain of the Dutch warship named Soebing, being dispatched in 1853 From the Netherlands to Japan.

Conception on fundamental naval structure, having planned by Nagasaki Magistrate Mizuno Tadanori, was approved by Abe Masahiro, a senior councilor of the Government, as a result, the naval training came to start activity in full swing at Nagasaki.

In this training center, including many captain cadets, a lot of Shogunal Retainers and Nagasaki related officials gathered, such as, Nagamochi Koujiro, Yatabori Keizo, Katsu Rintaro, and others.

Thanks to the devoted instructions by Pels Rijcken, Kattendijke, and others, the foundation of the modern state was going on to be organized.

24. From Nagasaki Medical School to Sheitoku-Kan

The Shogunate was in need of dispatching health officers together with naval training. Consequently, Pompe arrived at Japan to take the charge.

Pompe was not only educating in fundamental medical science, at the same time, gave lectures on forensic medicine and medical affairs.

been carrying out, all the inhabitants, as having performed "E-fumi", were to be non-Christianity.

19. Establishment of Foreign Settlements

After the conclusion of the Ansei Five-Power Treaties, establishment of foreign settlements in the open ports were going into considerations. Person who engaged in the negotiation with the Shogunate to build up the foreign settlements in Nagasaki was an English consul- general Alcock.

As Netherlands had desired to stay in Dejima, the negotiation was held among the four countries. By a land reclamation, housing site was being secured, also, in 1860, land-rent and other conditions were agreed.

Regarding the land classifications, such as the choice location and secondary location, were determined, here, Consulate, Worship hall, and others were built.

20. Crimes at the Settlements

Adjusting the foundation of the settlements, regulations which manage the crimes occurred in Japan were being made part of the Treaty of Amity and Commerce. According to the regulations, adopting principle of personal jurisdiction, an offender should be judged based on the rule of his own country, Japanese were in the light of Japan's laws, while foreigners were on their own countries'.

The principle gave influence on the judgement of the Shogunate, by then, although severe punishment had been inflicting on the theft in Dejima, later, the theft in the settlements was to be arbitrated on the same basis with the domestic ordinary theft.

The government and Nagasaki Magistrate were unable to adjudicate foreigners, as a result, the examination was going on silently into Japanese offender only.

21. Oura-Tenshu-Do Consecration and Profession of Believer

In addition to the article on the establishment of the settlements, the Ansei Five-Power Treaties contained the agreement of building up Christian facilities.

Freedom of religion was guaranteed to the foreigners and within settlements, while, to the Japanese, the Ban on Christianity was to be carried over as ever.

In 1865, Oura-Tensyu-Do(Oura Catholic Church),a wooden Gothic architecture, was dedicated in French settlement.

There, Japanese came to appear in avoiding observation, among them, a woman named Sugimoto Yuri approached Father Petitjean, confessed to be a Christian.

Petitjean, having had no prior knowledge of being existence of Christians in Japan, the following reasons that Fumie had been forming negative impression on foreigners, more, to his judgement, in the future, it would cause problems to the expected diplomatic negotiations.

The Nagasaki Magistrate, having informed the Shogunate of the actual conditions on Fumie which had been performing as a yearly event, submitted a report of advice to disestablish the policy before foreigners put up objections.

As a result, the plan was being granted, immediately before contracting the Treaty of Amity and Commerce between Japan and the U.S.A, the Policy of Fumie came to be put an end, and became to be stated clearly in the Treaty.

However, this matter was being a policy which took effect in Nagasaki, there was still being room for continuation of the system of Fumie in other districts.

17. Siebold's Re-visit to Japan

After having been forced eviction from Japan in 1830, Siebold was engaging in preparing the draft on the Treaty between Japan and the Netherlands.

On doing conclusion of the Treaty of Amity and Commerce between Japan and the Netherlands, receiving information of possibility of removing the punishment on expulsion order which had been imposed on before by the Power, again, getting ready for visiting Japan, in1859, being a position of an adviser on the Dutch trading firm, taking his elder son Alexander with him, re-visited Japan.

During stay, he spent time conducting such as visiting old friends, taking part in studying Japan, and others. Also, while he had been approached by the Shogunate to become a diplomatic adviser, being faced with opposition by the foreign countries, including the Netherlands, he was to be dismissed. Thus, in1862, he went back to his country.

18. Crackdowns on Crypto- Christians in Urakami Village

With the increasing severity of the Shogunate's policy, Ban on Christianity, Christians, becoming difficult to be clear in the public on their faith, kept belief being in the state of Crypto-Christians. Christians who had been leading under this situation are called "Crypto-Christians". As actual conditions of their religions were brought out public, in 1790, in 1842, and in 1856.

They came to be placed under investigation and each of these incidents is referred to as, in order of finding out, the first crackdown on Christians in Urakami Village, the second crackdown, the third crackdown.

Although, true states of the faith were clear, they were to be saved from the capital punishment on the grounds that under the temple guarantee system"Terauke", then had

14. Conclusion of the Treaty of Amity and Commerce between the Empire of Japan and the United States, and the Ansei Five –Power Treaties.

After the conclusion of the Treaty of Peace and Amity between the United States of America and the Empire of Japan, Consul General Harris, being dispatched by the U.S.A, started a negotiations to enter into Commercial Treaty.

The open ports to foreign countries were specified to be Hakodate, Nagasaki, Niigata, and Hyogo, the open cities to be Edo and Osaka, then, the establishment of the settlements were arranged in the places where ports and cities were opened.

Further, to have a Christian faith, in compliance with the native religion, was approved within the settlements.

In this context, Japan came to conclude the Commerce Treaty with the U.S.A, making concessions over the matters, the loss of tariff autonomy and approval of consular jurisdiction.

Thereafter, these Commerce Treaties, having been formed in order of the Netherlands, Russia, the United Kingdom, and France, were called the Ansei Five-Power Treaties.

15. The Treaty of Amity and Commerce Between Japan and the Netherlands、and Transformation of the Relationship Between two Countries

For the Netherlands, it was unable to overlook the negotiations that the United States of America carried out at Edo Court.

Donker Curtius, at first, had had purpose of getting audience with Shogun (General) and of reporting on the Naval Training, with the passage of time, gradually, converted his course of negotiations toward the policy of increasing the nature on commerce treaty.

Making proposal to learn the language of each other's mother tongue, mutually, the Japanese Language for the Dutch and the Dutch language for Japanese, and, further, regarding open ports, demanded the places of Shimonoseki and Hyogo, in the light of these deeds, he seemed to have a plan to establish Naval Ports all over the Seto Inland Sea.

Although the matters, concerning the language school and the open port of Shimonoseki, were not put into practice, the conditions which had been included into the treaty of Amity and Commerce between Japan and the Netherlands were about the same contents as that of between Japan and the U.S.A, like this, Japan came to form diplomatic relations from the position of long-established trade country to the members of a treaty power.

16. The Abolition of Fumie (Allegiance Test)

The existence of practice of Fumie in Japan was widely known among foreigners.

Donker Curtius, being as an adviser, demanded immediate abolition of the practice by

Island.

After that, having been delivered to Matumae, to Nagasaki, he was examined at various places. In Nagasaki, he was ordered to appear in a law court, an area of white sand, after treading a plate with a Christian symbol to prove non-Christian, he was inquired into the facts of the case.

During his stay in Nagasaki, while instructing Dutch interpreters in English, he came to deepen friendship with them. Afterward, through the Dutch Factory, he was handed over to the United States of America.

12. Admiral Perry, Arriving at Uraga, and Putjatin, Arriving at Nagasaki

On June the third, in 1853, Admiral Matthew Perry of the East India Squadron and his four black warships arrived in Uraga off the coast.

Having sovereign message from president of the U.S.A, he adopted his attitude with absolute determination to request the Shogunate to open the country. Dispatching surveying ships to Edo Bay and undertaking actions to demonstrate power, the ways of doing such kind of conducts resulted to force the Government to accept the letter.

On July 18th of that same year, Russian envoy Putjatin arrived at Nagasaki, submitted Sovereign message to require the conclusion of the commerce treaty. Surrounding these situations, Japan was to be forced to find out new relationships with foreign countries.

13. Conclusion of the Treaty of Peace and Amity between the United States of America and the Empire of Japan, and Subsequent Influences

On January 16th, in 1854, the seven warships commanded by Perry dropped anchors off the coast of Koshiba in Edo Bay.

Having negotiations at Yokohama, concluded the Treaty of Peace and Amity between the United States of America and the Empire of Japan, by which resulted to provide the assistance to the shipwrecked sailors, to supply of fuel and food, and to open the ports of Shimoda and Hakodate.

Because of the United States of America were not particular about the conclusion of the commerce treaty, the negotiations were progressing smoothly.

Regarding the details of the Treaty, the documents in Chinese writings, as being the original text, were being owned by each country.

After that, the conclusion of the Friendship Treaty between each country, the United Kingdom, Russia, and the Netherlands, was formed individually.

9. Planning Take Over Dejima by Stamford Raffles

On June 28th, in 1813, British ship Charlotte and Maria, hoisting the Netherlands flags, arrived into Nagasaki Bay. This was a project schemed by Java Lieutenant Governor Raffles.

In 1811, British occupied Batavia where the Dutch East India Company had been, more, having intention of trade business with Japan, dispatching Willem Wardenaar, ex-chief officer of the Dutch Factory, to Japan, attempted to take over the Dutch Factory in Nagasaki.

Hendrik Doeff, having turned down this proposal, with the cooperation of Dutch interpreters, made effort to save the situation. In 1815, the second time, planning on requisitioning of Dejima was being undertaken, however, exerting the strenuous efforts by Doeff to keep Dejima safe.

10. Arrival of Coops, Netherlands Special Envoy

On July, in1844, Coops, special envoy from the Netherlands King, being on board the Palembang, arrived in Nagasaki with sovereign message encouraging the Shogunate Government to open the country.

It was a procedure based on one state of European countries, but not on conventional commerce state. The Nagasaki Magistrate, having an interview with Coops, receiving the Credentials, and, in a state of keeping sealed condition, sent to Edo court.

Abe Masahiro and others, members of the Shogun's council of elders, after mature consideration to the measure corresponding to the situation, consequently, prepared the answer letter of refusal.

Although this method was a kind of discourtesy manner in answer with signature of the councils to the credentials from the King, they had dealt with traditional formula grounded on the commerce relations.

After this, western countries began to visit Japan, conversion to the opening was just around the corner.

11. Camouflaged Castaway — Macdnald's Incident

Ranald Macdnald from Canada came to take interest in Japan, his feelings for visiting Japan by himself grows stronger.

Accordingly, having thought that the best way to be admitted to Japan was to try to appear a person adrift on the sea, in 1848, when Plymouth which he was aboard was approaching the sea near Japan, asking for leaving the ship, he went ashore at Yagishiri on Japan, mingling with many Japanese, went on gathering information. Starting with materials of ethnical and folkish fields, such area as plants, animals, mineral, and others were being collected, among them, articles prohibited to take out from Japan were included

Siebold, being on intimate terms with Takahashi Kageyasu, was capable to get a map of Japan. Moreover, he gave the appearance of bringing out commodity, the cloth for a hanging screen bearing the crest of the Tokugawa family "AOI" (holly hock), and drawings, such as, on the crest of the Hosokawa family "Kuyo-Mon" (representing nine stars), and on the crest of the Nabeshim family "Myoga-Mon"(inflorescence of zingiber-mioga).

On the grounds of these situations, Siebold came to be ordered punishment of national interdict.

7. Created "Siebold Incident"

The matter, that Siebold had left gift with Takahashi Kageyasu to deliver Mamiya Rionzo raised doubt about relationship between Siebold and Takahashi Kageyasu, was becoming a trigger of the Government's investigation.

The truth of the discovery is that Siebold was come to be punished by the reason of prohibited goods were found among his possessions while he was preparing to leave. However, regarding the cause to discovery, there is a different view as follows; just at that time when Siebold was leaving on boarding, by the coming typhoon, the ship, Cornelis Houtman, was aground on the rocks.

This theory is an idea being created at a later date, however, some historians have supported that speculation to be something factor that results of being taken root.

8. Arrival Nikolai Petrovich Rezanov to Nagasaki

On September 6th, in 1804, Rezanov, being on board the Ship of Russian Nadezhda, entered Nagasaki Bay.

With holding the Entrance Permit to enter into Nagasaki Bay, which had been provided to Laksman in 1793, he visited to conclude Commerce Treaty with the Shogunate.

Hendrik Doeff, the chief officer of the Dutch Factory, was being on an opposing position, feeling misgiving about change of traditional relationships between Japan and the Netherlands. The Shogunate refused to accept the gifts, in addition to the sovereign message, which had been brought up by Rezanov.

Rezanov, after he had left Nagasaki, as a retaliation, launched the Japanese settlement lands, Karafuto and Etorofu in Hokkaido.

punished under the laws of the Netherlands.

In comparison with the criminal of the Japanese, a light punishment seemed to be being placed on the Dutch.

4. Incident of Mistranslation by Dutch Interpreters

Senior councilor Matsudaira Sadanobu, in1790, notified the regulations on the trade business with the Netherlands to reduce by half, with the purpose of cutback and restriction on Nagasaki trade.

This was being a policy followed with the decreased production of copper, concerning the translation of these words, Dutch interpreters took part in the case.

However, they failed to translate a part of the expressions"exceeded articles produced by the policy of the cut in half trade transaction were to be thrown into the fire", resulted to give misunderstanding to the Dutch.

Being charged with the responsibility, the persons concerned the duties were ordered to be dismissed from office and to stay in the house for 5 years. For the Dutch interpreters, who had been keeping on friendly terms with the Dutch over a long period of time, delivered punishment with an intention to check.

5. British Warship

On October 4th, in 1808, officials and interpreters of the Nagasaki Magistrate and the Dutch, becoming aware of arriving ships which was hoisting the Netherlands flags, approached to welcome them, with mistakenly regarding as being trade ships.

Then, the incident broke out, the crew on the ships carried away the Dutch. The ships were HMS Phaeton, Britain's Royal Navy.

At that time, the Netherlands had been under the control of France, the Napoleonic wars were going on in the Western world.

Dejima became a kind of state of being embroiled, then Nagasaki Magistrate, discussing with the chief officer of the Dutch Factory, providing water, food, and the like, carried out exceptional measures to release the Dutch hostages.

On the part of the Nagasaki Magistrate, the responsible person was ordered to commit suicide, the other part of the Saga domain, the responsible lord, was imposed house arrest, and, in addition, the officials of the Nagasaki office coped with the situation were charged penalty.

6. Siebold Incident

Siebold, having been ordered by the Netherlands to perform comprehensive study

Chapter 5: Toward the Conclusion of Dejima and the Modernization of Japan

1. Organization of Hankacho (the Records of Criminal Judgement) and Signification as Materials

Hankacho (the Records of Criminal Judgement), in all consists of 146 volumes, is a basic register on criminals and is a legal book, putting together Judicial precedents having judged by the Nagasaki Magistrate during the year from 1666 to 1867.

Among them, the Dutch and Chinese who violated regulations are recorded, also, kinds of crimes brought about between the Japanese and foreigners, and the state of jurisdiction arbitrated by the Nagasaki Magistrate are can be recognized.

This kind of judicial reports, including the cases over a long time of 202 years, not being found in other countries, more, being contained specific incidents peculiar to Nagasaki, therefore, come to be valued highly and result a nationally designated important cultural property.

2. Crime Related to Dejima

In Dejima under the seclusion system, there were crimes, arisen among the Japanese and the Dutch, such as called "Nukeni" (smuggling), and "Nukegai" (illicit sale).

Moreover, there were many Japanese thefts who had been watching for chances at Dejima.

Imported articles, being dealt costly, became target for the steals, the Dutch involved in the conducts tried to get profit from the selling off as much as possible.

Especially, in case of the Nukeni (smuggling), the Japanese came into contact with the Dutch without permission, so, in danger of becoming the diffusion of Christianity, severe punishments were being imposed on the Japanese.

3. the Dutch Criminal and Punishment

In case of the Dutch related crime, the criminal was to be put under the custody of the chief officer of the Dutch Factory.

Carrying out the punishment, by the Nagasaki Magistrate itself, of the Dutch criminal was impossible, for that reason, the office was placed under the obligation to visit Edo court,"Edo Ukagai", to ask for the Government's instruction regarding the investigation on the legality of the act and the permission of the execution.

As a general rule, concerning the matter of the Criminal Dutch, the national interdict to expel from Japan was imposed.

In addition, being the personal principle was adopted, the criminal was come to be

Chapter 5
Toward the Conclusion of Dejima and the Modernization of Japan

Over 200years, the Dutch had been living at Dejima. At the beginning, although, they regarded the place being like a prison, in due time, the livelihood at Dejima become established.

Under such circumstances, while the culture having created within Dejima came to infiltrate into the Town of Nagasaki, at the same time, crimes originated in Dejima came to take place, and the like, thus, gradually, Dejima went on to assimilate into the state of town Nagasaki.

Meanwhile, affected by the conclusion of the treaties, the Shogunate executed, of amity and commerce between the United States of America, Great Britain, France, Russia, and the Netherlands, the position in the past of Dejima came to be fallen down, and reestablished itself as a place of the settlement.

The Netherlands had been performing active cooperation for the modernization of Japan in the fields of the navy, ship building, medical science, study of language, and others, thus, new relationship between "Japan and the Netherlands" was going on to build up.

In this chapter 5, dealing with crimes occurred within Dejima and settlement and troubles arisen between Japanese and the Dutch, will be introduced the judicial system by which judged above affairs.

Also, grasping the change of Japan's foreign relations in a time –series manner, going on reforming Dejima and Nagasaki will be discussed from the viewpoint of transformation of urban operations.

training, visited Nagasaki.

On arriving machines which were necessary to perform naval ship repairs, the construction of the industrial plant was started to work, and, after three years and five months, in 1861, the factory was completed.

The factory was that of brick buildings and the first modern western style industrial plant where the machine tools were going in the operation by using the steam power engines.

This factory had been called Nagasaki Iron Mould, later, renamed Nagasaki Steel-Manufacturing Company, and, is current Mitsubishi Heavy Industry.

Receiving security by bodyguards, he executed the dissection of the body of a prisoner.

Also, he began to conduct vaccinations against smallpox in public, the vaccinations produced at that time were being sent to various places, the medical method came to spread all over the country. Further, the medical treatment of cholera was carried out, then, with having built western style hospital of "Koshima Ryoyoujyo" in 1861, the medical training school moved here.

To Pompe, persons who became in the future to be representatives of the medical world in Japan such as Matumoto Ryojyun, Sano Tsunetami, and others were being in the gathering.

29. Anthonius Franciscus Bauduin (1820~1885)

Bauduin had been serving as an instructor at Military Medicine Academy in Utrecht since 1847, later, becoming the army surgeon-captain, he visited Dejima in 1862.

In advance his brother had been activating in Japan and encouraging to visit Japan, on top of that, his student Pompe had been instructing at the Training School, from these situations, he seemed to resolve to visit Japan. Teaching the latest Neurophysiology systematically, at the same time, introducing ophthalmoscope and laryngoscope for the first time into Japan, he was giving lessons in physiology of retinal disease and voice.

With the purpose of completing fundamental sciences such as physics, chemistry, and the like, he founded the "Scientific Research Center" and invited Gratama as instructor of the center.

The Edo Shogunate had had intention to establish a chemical school in Edo, but because of overthrowing the shogunate the project came to be frustrated, then, the Meiji Government planned to build a medical school and a chemical school in Osaka. Under these situations Gratama and Bauduin were to come to visit.

After that, the Meiji Government made decision to change from the Netherlands Style Medicine to the German Style Medicine, however, the achievements being contributed till then by Pompe and others were to be praised once again.

30. Hendrik Hardes (1815~1871)

Nagai Naoyuki, the president of the Nagasaki Naval Training School, asked Fabius to help construction of iron manufacturing plant as a facility to make repair on warships.

In response to this request, the Netherlands Government got to work on selection of suitable person, in 1856, authority officer Hardes was nominated to the job.

Hardes, selecting 10 persons of his subordinates to work under his command, together with Kattendike who had the experience to be sent as an instructor of the second naval mechanism to the trainees who were sent from the Shogunate.

Together with Pels Rijcken, who was responsible for the instructor of the first Naval trainees, he re-visited Japan, and indicated the way toward the presentation of the warship Soembing and the beginning of the full-scale Naval training.

Also, after that, like arriving Japan to confirm the progress, and so on, he had considerable influence on starting up naval forces.

27. Wilem Johan Cornelis ridder Huijssen Van Kattendike (1816~1866)

Kattendike took on the job to deliver steamship Yapan-go (Kanrin Maru) to Japan, which had been ordered from the Government.

Then, he was appointed to change the role with Pels Rijcken who had been taking command of the Naval training school Since 1855.

Under the direction of Kattendike, including Katsu Kaisyu, continued from the first naval training, also, Kimura Yoshitake, Enomoto Takeaki, and others gathered. Especially, he seemed to have close relationship with Katsu Kaisyu.

The curriculum introduced here were carried out on the allocation of the roles among the teaching staff, this was being the result of proposal issued by the government, more specialized education was performed.

However, in 1859, suddenly the Shogunate informed to cease the implementation of the Nagasaki Naval training, on this policy Kattendike became unpleasant.

Bearing indignation at the one-sided notification he returned to his country, nevertheless, he continued to make effort to receive students from Japan.

28. Johannes Lijdius Catharinus Pompe Van Meerdervoort (1829~1908)

Pompe participated in the mission of the medical training school in response to the request by Kattendike who had been the second navy detached force captain.

Being on board the steamship Yapan-go, he arrived to take his new job at Nagasaki in 1857.

On November 12th of the Year, he started medical education, at a room of the Nagasaki Magistrate west office, of Matsumoto Ryojyun and others, who were being sent from the Shogunate and were being privileged doctors for the shogunate, this was the origin of the Nagasaki Medical Training School.

He contributed generously to the Japanese education by providing lecture based on the curriculum of which he himself had studied at Military Medicine Academy in Utrecht.

As for the anatomy, on September 9th in 1859, he performed practice of the first recorded human autopsy in Japan.

book 『Flora of Japan』 in 1784. Besides that, he published 『Drawings of Japanese Plants』 and 『Fauna of Japan』, in particular, the 『Flora of Japan』 described in conformity with the Linnean classification systems and nomenclature is said to build the foundation of the plants studies of Japan.

25. Philipp Franz Balthasar Von Siebold (1796~1866)

Siebold had been a city physician in Germany, having resolved to find work at the Dutch East India Company, when employed, he was appointed to the army surgical surgeon major.

After he had moved to Batavia in 1823, next, he was ordered to serve at Japan as the medical officer of the Dutch Factory in Dejima.

Though, as an official title he was an in-house doctor of the Factory, he was being given duties to carry out overall scientific research on Japan, for that purpose, he was provided a large amount of Research expenses.

He gave lectures at the private school for instructing western medicine, after building up the school Narutaki-Juku in 1824, he taught Dutch style medicine to the high-quality students gathered there, also, giving them assignments concerning the subjects of which he himself was being charged with mission, and made report to him.

More, he had Kawahara Keiga drawn various sketches of realistic nature, these are entered in his book 『Japan』 and others. Deciding the case according to the state law, having violated the national interdict, such as Japanese maps were found among the possessions while he was preparing to leave in 1828, Siebold was forced eviction from the country and was prohibited from returning to Japan,

VI. Professor at the Training- School

26. Gerhardus Fabius (1806~1888)

Fabius was appointed the captain to the Soembing of the Dutch East India Squadron in1853. Under the context of the treaty of Kanagawa concluded between the United States of America and Japan, Fabius arrived in Nagasaki in 1854 with a mission of information gathering, and also, in response to the request of dispatching the teaching staff, issued by the chief officer of the Factory, Donker Curtius, who had intention to establish a naval forces in Japan.

Fabius proposed to the Nagasaki Magistrate that Japan had come up to the necessary conditions to establish the naval forces and the Netherlands had policy to help Japan for the purpose.

On receiving instructions to found the naval forces, he gave lectures on a steam engine

Being involved in the conclusion of the peace treaty between Japan-the Netherlands, the commerce treaty of friendship between Japan- the Netherlands, and others, he performed important role as the diplomate of the Netherlands to negotiate with modern Japan.

V. Medical Officer of the Dutch Factory

23. Engelbert Kaempfer (1651~1716)

Kaempfer was employed in the Dutch East India Company in 1684, in1689, when he was moved to Batavia, he was being a researcher of the flora and was dealing with affairs of the office work under Andreas Cleyer, the chief officer of the Dejima Factory.

At this time, becoming to be interested in Japan, applying for the job of the medical officer of the Dejima Factory, arrived at Nagasaki on September, in 1690.

As Kaempfer was not good at the Japanese language, with the cooperation of the Dutch interpreters, Imamura Eisei and Narabayashi Chinzan, he performed investigation.

He kept activity to get hold of various information on Japan, nature, history, society, culture, religion, and others.

Traveling together with the chief officer of the Factory to Edo court, on his journey, he made collecting botanical specimens, sketching landscapes, religious facilities as temples, and physical appearances of Japanese.

As a result, in 1712, the book 『Amoenitates Exoticae』 (a portion of the content: Japanese history and experiences In Japan) was published, the fifth volume 『Flora of Japan』 is the first book of the studies of plants. The book published posthumously in 1727, 『The History of Japan』 (English translation), was being valued highly as a systematic monograph, later, supplementary essays of the book was called 『Theory of national isolation』.

24. Carl Peter Thunberg (1743~1828)

Thunberg, after having moved for a new post of a surgeon to South Africa, outside employee of the Dutch East India Company, went to Batavia, in 1775.

Subsequently, he was appointed to leave for Japan as a doctor working at the Dejima Factory.

He instructed Yoshio Kogyu and others the mercury treatment to cure syphilis which was epidemic in Japan in those days, Yoshio Kogyu recorded the substance of the lessons in his book 『Koumou-Hijiki』 (Wsetern styles of medical treatment about private affairs).

Also, he gave Thunberg old copper coins of Japan, after returned to his country, Thunberg delivered a lecture on 『Money on Japan』 at the Royal Academy.

Though the length of his stay in Japan was 16 months, as a result, he published the

Doeff leave the book『Nihon-Kaiso-Roku』(Memories of Japan) behind in 1833, which was a document experienced during his stay in Japan.

21. Jan Cock Blomhoff (1779~1853)

For the first time Blomhoff arrived Japan in 1809 to be appointed post of the cargo warehouse officer at the Dejima Factory.

After this, he began to exchange with interpreters, seemed to have taught them English.

On the occasion of the arrival of Thomas Raffles in 1813, being ordered by Doeff to engage in negotiations with Raffles, he went to Java only to be taken prisoner, and was sent over to England.

As a result of the Congress of Vienna held in 1815, the Netherlands recovered independence and became possible to go back home country. In 1817, he visited Nagasaki to take over from the previous Doeff, the chief officer of the Factory. On this time, as he had taken his family with him to cause trouble, although, having discussed a suitable measure with all concerned, after all, his wife and children were not granted to land.

English education carried out by Blomhoff, came to produce a result in『Angeria-Gorintaisei』, English-Japanese Dictionary published by Motoki Shoei.

Having Held banquets with many Japanese in Dejima, also, exchanging presents of foods, seed strains, and the like, these situations give an impression to have built up intimate relationship.

22. Donker Curtius (1813~1879)

Curtius was the last chief officer of the Dutch Factory and the first consular official. In 1852, he visited Japan to be the chief officer of the Factory.

Curtius was entrusted with a special mission to deliver a rough plan on commercial treaty to the Nagasaki Magistrate, the intention of the King of the Netherlands, William the third.

Depending on the Shogunate's response, he was given full authority to make conclusion of the Japan-Netherlands treaty. On concluding the treaty backed by military power Curtius held negative thoughts, and he recognized creating a trusted relationship was important.

Accordingly, supporting the education of the Dutch language and the introduction of western science technology, with such like enlightening aids to increase the degree to which Japan places dependence on the Netherlands, bearing that sort of idea he intended to build up the original purpose assigned by the country, under that policy, he carried out presentation of warship and execution of naval education.

19.Isaac Titsingh (1745~1812)

In 1765, Titsingh arrived at Batavia to take his new post in a lower employee of commerce members of the Dutch East India Company.

For the first time, he had arrived at Japan in 1779, after that, he was working for the Dejima Factory as Chief officer over three and a half years, till 1784.

During stay in Dejima, he formed friendships with Kuse Hirotami of the Nagasaki Magistrate, the Dutch interpreters of Yoshio Kogyu and Motoki Yoei, Kutsuki Masatuna and Shimazu Shigehide, and the scholars of the Dutch studies Katuragawa Hosyu and Nakagawa Jyunan, to invest a lot of time listening to information of Japan. He actively sought to know Japan, for instance, taking a way of leaning the Japanese language in exchange for teaching the Dutch language.

During stay in Edo court, he seemed to have close association with Tanuma Okitugu and Tanuma Okitomo. What to make special mention of exchanges between Titsingh and the Japanese was that he kept correspondence with them for a long time after returning to his home country.

Like this, having got latest information on Japan, he continued to study.

After the death of Titsingh, the book published posthumously in 1822, 『Nihon-Fuzoku-Shi』 (illustrations of customs and habits in Japan) was compilation of his studies.

20. Hendrik Doeff (1777~1835)

Doeff arrived at the Dutch Factory to take his new post of the secretary in1799.

When he became the Chief Officer of the Factory in 1803, as the Shogunate permitted the term of office service to be extended for further years, he was capable to stay in Japan till 1817.

During the time, by the influence of the French Napoleonic Wars, although the home country Netherlands had been being placed on the verge of crisis to lose the state sovereignty, and Dejima was being only a site to make possible to keep the national flag of the Netherlands to hoist, he devoted to take command of the trade between Japan and the Netherlands.

The incident that, in 1808 the British frigate HMS Phaeton sailed into Nagasaki in the guise of Netherlands' ship, and the affair, in1813, Thomas Stamford Raffles, who had been dispatched by order England, projected to capture the reins of Dejima, regarding on these problems, he made efforts to solve.

Also, having edited 『Doeff-Halma』 (Dutch-Japanese dictionary) in Japan, this was received being serviceable among scholars of the Dutch Studies, needless to say government officials.

17. Nabeshima Shigeyoshi (1800~1862)

Lord Nabeshima Shigeyoshi of province Takeo in the Saga Domain, having projected to introduce the gunnery arts in his territory, he adopted the latest western technology without delay.

Having sent his vassal to Takashima Syuho who was being famous for being western gunnery in Nagasaki, later, Sgigeyoshi himself became a disciple, learned the method of gunnery, canon casting, and gunpowder production. Also, having dispatched medical practitioners, making them study vaccination, promoting inoculation against smallpox at the province Takeo, he made effort to spread medical knowledge.

Shigeyoshi, having obtained western books, including Dutch books, French, English, and suchlike, then exerted himself to absorb foreign culture.

Further, collecting minerals, breeding birds, keeping insects to reproduce, also, cultivating of flowers and others, he showed aspects of talent for naturalist.

IV. Chief Officer of the Dutch Factory

18. Francois Caron (1600~1673)

Francois Caron visited Hirado as an assistant employee to the cooking section for the Dutch East India Company In 1619. During stay, having married a Japanese Woman, being skillful at Japanese, he was promoted to the interpreter responsible for commercial business.

In kanei 4, 1627, when Taiwan Secretary Pieter Noitsu arrived Japan as special envoy from the Viceroy of the Dutch East India, he traveled to Edo together with him to serve as an interpreter.

Under the Incident of Taiuan which had occurred in 1628, he got down to negotiations with Japan, devoted to reopen the business in 1632 of the Dutch Factory in Hirado.

In 1638, he was promoted to the chief officer of the Factory, and held the reins of the East India Company at the transitional period of the trade between Japan and Netherlands, such matters as transfer of the Dutch Factory in Hirado to Dejima, and others.

During his stay at Japan over twenty years, Francois Caron published book『Nihon-Daio-Kokushi』(description of the Mighty Kingdoms of Japan).

This had been being in the value of an authoritative book concerning Japan within the world of Protestants until Engelbert Kaempfer made public book『Nihon-Shi』(description of Japanese history and experiences in Japan).

He received instruction of Dutch Studies from Maeno Ryotaku, and was being close friend with Otuki Gentaku.

Further, he was going on friendly terms with many Dutch-studies scholars, he himself studied of geography.

Specially, he got instruction from Isaac Titsingh, in 1789, he made public of『Taiseiyo-Chizusetsu』(explanation on regional geography and human activity).

15. Matsuura Seizan (1760~1841)

The lord of the Hirado Domain, Matsuura Seizan, had been tackling the work of the compilation of his own family history, to achieve that purpose, he started to collect many classical books in line with that policy, and, to store these books, he built "Rakusai-Do" (building, likes natural history museum) inside the Hirado Castle,and "Kanon-sai" (building, means of expressing gratitude) inside the his residence in Edo.

Specially in Rakusai-Do, including world globe and celestial globe made by the Netherlands, materials on overseas countries and Yezo(the Ainu), and books of Japanese literature, besides, even the Bible were being gathered up.

These acquisitions were through the interpreters of the Dutch language, who had relatives to Hirado, thanks to them, he was capable of going on collections of the many Dutch Books.

On the ground of such achievements, frequently Seizan is called as Curator Daimyo, his own book『Kasshiyawa』, comprehensive results of his studies, is a voluminous collections of essays.

16. Kuroda Narikiyo (1705~1851)

The lord of Fukuoka Domain, Kuroda Narikiyo, had interest in animals and plants from his childhood, specially, ha had a deep knowledge of birds.

With study of plants, he became friends with Katsurakawa Hoken and Kurimoto Tansyu in Edo.

Because of becoming sightless, he had ceded his position of the lord of the domain to Kuroda Nagahiro, after that, joining a study society, he made public of the book『Honso-Koumoku-Keimo』, adding the results of his own studies, revising and enlarging the book『Honso-keimo-Hoi』by Ono Ranzan.

More, in 1828, he visited Dejima and met Siebold, then, had an opportunity to exchange of opinions with him. Also, at this time, observing the Dutch method of breeding birds, he acknowledged himself to be skilled at the way. Thus, he came to study wide range of academic knowledge, herbalism, anthropology, and so on.

inoculated this pox to Junichiro, the heir of Lord Naomasa of the Saga Domain.

On this practice, he got successful result to make pox, Soken devoted himself to the development of the vaccination for smallpox. Besides medical science, according to the time, he received a secret order from the Saga Domain to serve as an investigator and was working for intelligence gathering in Nagasaki.

III. Ranpeki daimyo (who devoted to Dutch or Western culture)

13. Shimazu Shigehide (1745~1833)

The lord of the Satsuma Domain, Shimazu Shigehide, performed policy for his fiefdom to hammer out a course of action, indicating future direction in the latter Edo period.

In 1773, on the model of Yushima-Seido being managed by the Government, he founded school『Zoshikan』, at the Kagoshima castle town,operated by the domain, and admitted students into without distinction as to the position in society.

More, adjoining the school, training room of martial arts, then, medical school in 1774, and, in relation to that, medicinal-herb garden, were established.

On the reason that Shigehide himself had interest in natural history, he built up the astronomical observatory to make observations, at the same time, he ordered to create original calendar of the domain.

While he was going out to look at the Dutchmen during his stay in Edo, also, he visited Nagasaki to be friendly with the chief officer of the Factory.

Through the introduction of the chief officer Isaac Titsingh of the Factory, he appointed Dutch interpreter Muramatu Genko to the post of compilation of the natural history book, also, to study the language for himself, made Matumura to teach, and suchlike, he was being a civilized lord.

14. Kutsuki Masatsuna (1750~1802)

The lord of the Fukuchiyama Domain, Kutsuki Masatsuna, had a liking for monochrome ink painting of bamboo, was a cultured person who drew landscapes of flowers an birds.

From the youth, he took up an interest in collection of ancient coins, gathered western coins from the chief officer Titsingh of the Dutch Factory.

Having traced the Coin's figure and inscription casted there, he made public『Shin-Sensen-Fusen』(numismatic book), in 1782.

Also, in 1787, he published book『Seiyo-Senpu』which was commentary on the coins of gold, silver and copper, circulated in the western countries of German, the Netherlands, and others, in addition, illustrations on each of them, as front and back, size, weight, and so on.

Chinese style paintings).

Here, he met Hiraga Gennai, devoted to the painting of western- styles. In 1788, he travelled to study in Nagasaki to carry out research into that of the art, then, in 1794, published『Saiyu-Ryotan』(travel book of Edo, Nagasaki, and Hirado).

This book contained pictures of interior of the chief officer's room and of the tombstone, being erected at Inasa, of Hendrik Godfried Duurkoop, the chief officer of the Dutch Factory, and of others, these were all being drawn in perspective method, at the time, uncommon artworks of being influenced by western-styles.

11. Ota Nanbo (1749~1823)

Although Ota Nanbo was being a shogunal retainer, he got instruction from Matuzaki Kankai, the Confucianist, and was being intimate terms with Hiraga Gennai.

He was enjoying comic tanka (Japanese poem made up of thirty-one syllables), the prose collection『Anthology by Drowsy Guru』attracted the attention of many people.

In 1796, he took up post of the managing accounts section, in 1804, also, was appointed to the office of Nagasaki Magistrate. During the duties, the fire broke out at Dejima in 1798, dealing with it, he carried out his mission, investigations of the disaster scene, and made a report of the situations to the Government.

He, being arrival at the post as the shogunal retainer, visited Dejima and Dutch ship on official matters, at the time, he experienced to play billiards and enjoy sleight of hands, also, received the treatment of wine and coffee, and so on. In Nagasaki, he was being a man of energetic in a literary field, leaves the poems composed on every part of the country.

12. Narabayashi Soken (1802~1852)

He was born to the family descended from Narabayashi Chinzan who had founded Narabayashi Style of Surgery, his father Eitetsu Takatsura, while remaining in Nagasaki, served as a medical officer to the Nabeshima Domain. In 1827, Soken took over the head of the family, a medical officer to the Saga Domain, then, came to study Dutch medicine and chemistry.

He had been studying under Siebold who had visited Nagasaki In 1823, and, received instruction of the methods of doing vaccination for smallpox.

More, thanks to arrival of Otto Mohnike in Japan in 1848, as a medical officer of the Dutch Factory, the next year, the vaccination for smallpox succeeded in Nagasaki, the first event in Japan.

Soken, after having vaccinated his sons for smallpox, making onset of pox, then,

After Katz had returned to his country, following that, he was receiving instructions from Daniel Busch. Devoting himself to study various special fields for many long years, a certificate of completion of the course was issued under the joint signatures of the chief officer and the others of the Dutch Factory, he was rated highly being as an "Excellent Surgeon".

Receiving support by the Domain he had been learning medical sciences of western styles, the results came to fruition of publishing the book 『Bankoku-Chiho-Ruijyuden』 (collections of medical treatments in the world). To his side many Dutch studies scholars, who later came to lead Dutch studies in the Edo academic world, had gathered and he kept many students.

9. Kawahara keiga (1786~unknown)

Kawahara keiga was a professional and a town painter who had studied the art of drawing under Ishizaki Yushi who had been a representative of the art world of Nagasaki, and was being an existence as observant eyes for Siebold, was drawing on various landscapes and scenes in Japan, many outward appearances of Japanese, annual events in Japan, and so on.

When Carl Hubert De Villeneuve was dispatched from the Netherlands in 1825, Kawahara got instruction to the rules of the Western- style drawing, and raised to conform to the techniques.

And thus, having gotten trust of Siebold, Keiga, like coming to accompany him on his journey to Edo court, and suchlike, on those occasions, he made pictures of the various places in accordance with Siebold's wishes, these pictures appear as illustrations in the book written by Siebold.

However, in 1830, kawahara Keiga received "admonition" from the power for being carelessness on the Siebold Incident.

More, he got "expulsion" for painting prohibited pictures in 1842, after that, details of his movements are being unknown.

10. Shiba Kokan (1747~1818)

Shiba kokan, as artist, at first, having studied painting under Kano Yoshinobu, and belonged to the Kano school, later, he came to get instruction from Suzuki Harunobu, famous for Bijinga(beautiful women paintings), and became Ukiyoe Artist (color print of everyday life in the Edo period).

Then, he asked to be taken on as a trainee of So Shiseki, the Nanpin school, learning the art of realistic drawing, and became the artist of the Kanga Style(typically monochrome/

First Motoki Roei introduced, next he did the solar system, at the same time, he made explanations about the essential theories, such as Astronomy of Johannes Kepler and Sir Isaac Newton,and Newtonian physics, to be more accessible to the sun center thought.

That first translated product in Japan became a good guide to study for Dutch studies scholars and Western learning scholars.

7. Motoki Shoei (1767~1822)

He was born in Nagasaki as a son of Roei, a Dutch interpreter. In 1778 he became a trainee interpreter, then, an assistant interpreter, and a chief interpreter.

Mainly he engaged in management with negotiations with foreign countries, in case of foreign ships' arrival, he undertook the work to do interpretation and negotiations.

On engaging in the translation of the gunnery of Netherlands styles, he published 『Houjyutsu-Biyo』 (measures for gunnery techniques) as a set of four volumes book.

Then, he moved to Astronomical Observatory at Asakusa where they were engaging in the business of studying astronomical researches and calendar-construction rules, and compilation of topographical description and translation works, here, he made efforts to explicate structures of the world map and provide illustrations of the Netherlands warships.

Also, he studied English, French, and Russian under the instruction of Brom Hof, an employee of the Dutch Factory, and Hendrik Doeff, the chief officer of the Factory.

The book which he made compilation as 『Angeria-Gorin-Taisei』 is a first English-Japanese dictionary built up in Japan.

In addition to the interpreting job, also, being an activist in the merchants world, he bought in a stock of medicines from the Netherlands and was selling them on the market in Osaka.

II. Students and Locally-Hired Officers

8. Arashiyama Hoann (1633~1693)

The Hirado Domain, on the treason that once there had been the Dutch Factory, kept relationship with the Dutch after they had transferred into Dejima. Through the merchants who moved from Hirado to Nagasaki, the family Matsu-ura in Hirado had been having contact with the Dutch.

Arashiyama Hoann was one among them, originally, he was a son of a merchant in Hirado.

On the grounds that he was being well versed in the Dutch Language, came to study under Herumanusu Katz, a medical officer of the Dutch Factory, acquired the medicine of Western styles.

However, in 1790, because of something wrong translation of the Shogunate's regulations, he came to be ordered to be placed under house arrest for five years.

5. Motoki Ryoei (1735~1794)

His ancestors had been a Dutch interpreter of Hirado origin, in 1749, becoming a trainee interpreter, then, passing through assistant interpreter, he moved up to the chief interpreter in 1788.

Motoki Ryoei, under the orders of the lord of Hirado domain Matuura Seizan and a Senior Councillor Matudaira Sadanomu, was involved in the translation of Astronomy and Geography.

Matuura Seizan, for the sake of being fellowship from the same province, specially placed reliance on Motoki Ryoei, consequently, he was to serve to contribute making up many kinds of translations and explanatory notes. Well known contribution done by Ryoei was that he introduced Copernican theory, that is, the heliocentric system.

Receiving the order of Senior Councillor Matudaira Sadanobu, he translated into Japanese from the Dutch book (Ploos/translator to Dutch)originated by George Adams, and, in 1793, the comment made on to that translated book 『Seijyutu-Hongen-Taiyo kyuri-Ryoukai-Shinsei-Tenchi-Nikyu-Youhoki』 (the original title: Treatise describing and explaining the construction and use of new celestial and terrestrial globes) is a compilation of the researches he undertook over long years.

To Ryoei's side, many Dutch studies scholars gathered and grew into closer.

In 1790, because of something mistranslation of the Shogunate's regulations, he was ordered to be placed under house arrest on joint responsibility for fifty days.

6. Shizuki Tadao (1760~1806)

Shizuki Tadao became an adopted son into the family of Shizu Magojiro, being an interpreter of Hirado origin, succeeding to the headship he was taken on to the trainee interpreter in 1776.

Up to the year 1782 he had served on the position of the interpreter, for reasons of health he retired from the service to his son and devoted himself to the Dutch studies.

Under the tuition of Motoki Ryoei he studied the Dutch language, and worked on the job to translate many books.

As a well- known achievement of Tadao is the translation of the Dutch book into Japanese, the supplementary article on the 『the History of Japan』 written by Engelbert Kaempfer, he made public this book on the title to 『Sakoku-Ron』 (a study on seclusion system).

3. Imamura Eisei (1671~1736)

His family belonged to a group of Dutch interpreters originated in Hirado, in 1671, Eisei was born as the second son of Kimiyoshi, then the Dutch interpreter.

Having been learning Dutch and Portuguese from his father, he was being permitted to visit Dejima since in his teens. And, he received instruction directly from Engelbert Kaempfer, a medical officer of the Dutch Factory, and was taught anatomy and pharmaceutical sciences.

After he had become the chief interpreter in 1707, the next year, thanks to his capability, he came to serve as interpreter of Portuguese to cope with the incident caused by Italian missionary Giovanni Battista Sidotti, who had sneaked into Yakushima and resulted to be escorted to Nagasaki.

After Sidotti had been summoned to Edo, Eisei carried out interpreting for Arai Hakuseki who was examining the background of the matter.

Hence, it can be said that Eisei came to support to obtain information of Western affairs for Arai Hakuseki who wrote『Seiyo-Kibun』(Western Accounts).

In 1730,he himself completed the book『Oranda-Uma-Ryouji-Wage』, the first translated book in Japan concerning Western styles of veterinary science.

4. Yoshio Kogyu (1724~1800)

Along with the transfer of the Dutch Factory to Nagasaki, the Yoshio family moved from Hirado as Dutch interpreter. In 1737, he became a trainee interpreter, then, after passing through assistant interpreter, in 1748, he was promoted to the chief interpreter.

Having made acquaintance with medical officer of the Factory, he was able to receive lessons for the Dutch language and Medical sciences, in the future, created the art of medicine called Yoshio Style Surgery to achieve fame.

At Kajuku- seisyu-kan (government backed school operated by scholar out of his home), he taught ten articles of the secrets of the arts handed down through the generations which consisted of know- how, steps to study the Dutch language, effective ways of taking medicines, the methods of osteopathic manipulative treatments. By the mercurial treatment which Carl Peter Thunberg had instructed, Kogyu came to build up solid position of Ranpo-i(doctor practicing Western medicine).

More, he translated the book『Materia Chirurgica』written by Plenck into Japanese and left the book as『koumou-Hijiki』(Wsetern styles of medical treatment about private affairs).

Also, he was known widely as a collector, a number of western style scholars came up to his school.

Chapter4: Persons Being Related to Dejima

I. the Dutch Interpreters

1. Nishi Genbo (unknown~1684)

The Nishi family, who had been living in Nagasaki, was knowledgeable lineage in Portuguese, in 1616, became the chief interpreter of that language. Along with the transfer of the Dutch Factory in Hirado to Dejima, he became a Dutch interpreter, but exclusively kept on serving as a Portuguese interpreter. When the Portuguese ship arrived Nagasaki in 1647 to demand of the reopening trade, he contributed to deal the business. Succeeding his father, Genbo was appointed the chief interpreter in 1653.

In 1656 the Nagasaki Magistrate, Kaisho Masanobu, ordered Nishi Genbo and Mukai Gensho to translate astronomical book written in foreign language, resulted to the translated book『Kenkon-Benetsu』(a discussion on the Heaven and the Earth with Critical Commentaries).

More, having studied medicine, in 1668, he got a certificate of the mastery over medical sciences issued by joint signatures, the chief officer and the medical officers of the Dutch Factory.

Being the ability was rated highly and was enough to be called to Edo court, he dedicated to training the young.

2. Narabayashi Chinzan (1648~1711)

In 1656, Narabayashi Chinzan was appointed the trainee interpreter of the Dutch language.

In those days, Mukai Gensho had been receiving instructions of the art of medicine by Hans Juriaen of the Dejima Factory Surgeon, regarding the report, as had been being compiled into the articles by a translator, in the future, Chinzan, after getting a copy of the book, came to show a positive interest in western medical science. He had been studying under surgeon Daniel Busch who had been staying at Dejima since 1662, on the examination in the Dutch language conducted in 1666 he achieved the excellent results, and, became an assistant Dutch interpreter.

And then, being on intimate terms with Engelbert Kaempfer, a medical officer of the Dutch Factory, he came to work together with Kaempfer's research into Japan affairs.

He made compilation of the book『Kou-I-Geka-Soden』(a book of western styles surgeon /translated from a Dutch version book written by a French surgeon) in 1706, this was highly appreciated as an overall achievements produced by his study over years.

Chapter4
The Japanese and the Dutch Correlated to Each Other in Dejima

The persons who were capable to visit Dejima were restricted to those permitted by the Nagasaki Magistrate. They were, such as the Dutch interpreters required in the course of business, the merchants who provide foods to Dejima, the harlots who were called for by the Dutch, and the lords and the learners who visited to make observation on Dejima.

Especially, under the background that the Dutch interpreters were having been associated with the Dutch for a long time, the information being introduced into Japan by them were those of highly advanced ideas of European culture in those days.

On the other hand, through the socializing with Japanese,the Dutch, getting various information, continued to send out Japanese styles of cultures and customs to overseas countries. There, the relationship of mutual trust between the Japanese and the Dutch had been going on to establish.

In Chapter 4, the persons, who played important roles in each field through the relationship with Dejima island, will be introduced, such Japanese as, (I) the Dutch interpreters who acted as official translators, (II) Students who visited Nagasaki and local officials who based their activities on Nagasaki, (III) Ranpeki daimyos who devoted to Dutch or Western culture, and such Dutch as, (IV) Representative chief officers of the Dutch East India Factory, (V) Medical officers of the Dutch Factory, engaging both medical practice and Japan's research, (VI) Professors who served as instructors at the training schools founded along with Japan's modernization.

investigate natural h story kept on going to grow.

30. Dutch Cemetery

There were cases which took place among the Factory employees, sometimes within Dejima and at other times during the voyage, to result in death. Concerning on this burial matter, the Shogunate and the Dutch both had continued discussion of the problem how to handle.

At first, the body had been thrown away in the sea, after that, they kept on negotiations, and, in 1654, they got permission to carry out funeral with Buddhistic- rites at Inasa -Goshinji Temple, being on the opposite shore of Dejima.

The reason for this agreement was due to nothing else but the Government policy of Ban on Christianity, but, on the matter of tombstone, the Dutch's side intention was to be recognized. To engrave the gold leaf of character of the Latin word was being acknowledged.

Also in Ryukyu islands comprising Okinawa Prefecture),today there exist the "Uranda Grave", those of the French died of illness. In Ryukyu, they called Westerner as Uranda(the Dutch), on that account, dead persons were being buried with that kind of name.

to the other intellectuals.

In addition, the Dutch school medicine succeeded to establish privileged position, called Shogunate Physician, thanks to that credit, the studies accomplished the social state of being indisputable standing.

In the long run, the Dutch Studies were being transformed from the studies inside privileged classes in Nagasaki to a cornerstone of prosperity of the Dutch Studies in Edo.

28. Prosperity of Duch Studies in Edo

Under the context of ongoing development of Dutch studies in Edo, being brought in from Nagasaki, there was a big factor to have been recognized by the Shogunate The person who gave the foothold was Katsuragawa Hochiku, that he had served the Tokugawa Ienobu as a physician, cannot be ignored.

On a Subsequent occasion, the eighth General Yoshimune came to show interest in Dutch studies. in 1720, he accepted foreign culture, such as, to import non-christian western books which were translated into Japanese (Chinese writing).

In succession, he had created a foundation, the world of "Dutch studies of the Edo period", to promote scholars in Edo to learn Dutch language,and so on.

At Shiran-Do, the private school which Otsuki Gentaku founded, "Shin Gen Kai", Dutch style New year Party, had been held, kind of salon like situation was going up to be constituted.

Through "Dutch Studies in Edo", which had given continuing wider opportunities to learn for various people, many talented persons worked in the wide-ranging front lines had been going on to be nurtured.

29. Netherlands Hobby and Ranpeki Daimyo

Having increased the number of people who showed taste to the civilization introduced from Netherlands, devotees came to grow. Along with the spreading of Dutch studies, many of the common people came to give sign of interest onforeign culture.

Regarding these situations, they said Netherlands hobby, exoticism, and so on. Among the Daimyos in Kyusyu, some were being called Ranpeki daimyo.(Ranpeki daimyo/ daimyo who devoted Dutch or Western culture).

They had not devoted themselves merely to Dutch culture many had been making study of herbalism.

Feudal lords themselves came to increase in number to study of medicinal herbs, some of them were to go forward to research natural history introduced from Netherlands.

Among Ranpeki daimyos, the number of persons who applied themselves closely to carried in to Dejima.

25. Presented Elephant

Since the Middle Ages, elephants had been brought in to this country many times, the beginning of the relationship between Tokugawa Ieyasu and Elephant was on the event that, including tigers and peafowls, an elephant was presented by Vietnam to Tokugawa Ieyasu in 1602.

Also, the eighth General Tokugawa Yoshimune having desired to get elephant, gave official order, and made dealing. On the june 7th, in 1728, the commanded two sexes elephants arrived on the Chinese ship in Nagasaki from Kounan(Vietnam).

At first, the elephants were being bred in the site of the Chinese Community the female was to die after three months of landing. The male departed from Nagasaki to Edo, in the next on the March 13 th, and was presented to the government.

In 1813, a female elephant had been transported to Dejima, the Nagasaki Magistrate and others visited to see her, to lead an opportunity to make liveliness all over town of Nagasaki.

26. Un- Received Camel

In the Edo period of Japan, camel seem to come across in three times.

The first time, a Bactrian camel arrived on American Ship in 1803, but was refused to accept the offer proposed by trade country America. Next time was in 1821 that dromedary camel was carried in Nagasaki by Dutch ship.

On this time, the camel was not needed to be transported to Edo, resulted to have been kept in Dejima. By the financial reason, the acceptance was to be turned down.

After that, they said, the camel was turned over to a Dutch interpreter, and was provided to a harlot, finally、seems to have went around to various places while performing.

27. Dutch Studies and Nagasaki Dutch Studies

Western scientific knowledges developed in various countries were being absorbed through the translated books into the Dutch Language. Therefore, Dutch Studies were started by Dutch interpreters. Among Dutch Studies, medical knowledge had taken rapid progress mostly.

Among learners, some were awarded honorary medical learning certificate, Dutch Studies were going on to be performed by persons who belonged to specific class. Persons the likes of Dutch interpreters, who were permitted to visit Dejima, playing a central part to gain a thorough knowledge of Dutch Studies, the activities were gradually spreading out

The Shogunate Government prohibited old coins used till then, as Ming Money (Eiraku-Tusho) and so on, to circulate inside the country. Then, these old coins became articles of being exported by the Dutch.

However, because the situations had been going on in the difficulties to cope with old coins only, a petition, to mint coins restricted usage on Nagasaki Trade,was submitted to the Government by the town elders and the Magistrate.

As a result, being the entreaty was accepted, the Nagasaki Trade Coins were to be struck. These trade coins, being made during the year from 1659 to1685, and being founded through the formal permission of the Shogunate, called "Certified Mintage Model".

In addition, commodity, being refined by Izumiya(Sumitomo) and others in Osaka, which was called "Sao Do" (Stick Shaped Copper) by reason of being made to stretch out to the rod-like shape, was using on trade. These were used as money, being transformed by a method of being casted into VOC coin and so on in Batavia.

23. Amusements and Entertainments

About amusements within Dejima the Dutch were being approved unrestricted behaviors to some degree, they enjoyed their own country's pleasures. Mainly they played "Tamatuki" and "Hagoita". "Tamatuki" means billiards, at times, the Dutch were amusing themselves over a drinking.

Also, the billiard was used not only as being a mere merrymakings game, but also as being a reception game for Japanese officials.

On the other hand, "Hagoita" means badminton, mostly Indonesian slaves were having fun of it.

The Dutch appear not to have played badminton, there exited a kind of national border even on the amusements played within Dejima.

24. Animals Being Kept in Dejima

To present to the General, and to deliver to the high government officials and local officials of Nagasaki, many animals were brought in as trade articles. Foreign birds having the look of curiosity, high government officials so often asked for information about them.

Concerning this business, the Nagasaki Magistrate carried out as a mediator, the most beautiful birds among them were dealt with high priority for the General. Excepting birds, the following creatures, look like to be livestock, cattle, goats, domestic fowls, and besides, small dogs Pekinese, ostriches (Sothern cassowary), and peafowls and others were offered.

In 1800, orangutans had been kept at Dejima, thus, many kinds of animals were being

The Shogunal Charter for Foreign Trade, authorized protection for the Dutch trade and permission of staying in Nagasaki issued by the Tokugawa Government, was secured against the disaster, and was being treated on top priority before everything else. The loss scale caused by the fire on this time was that seven houses were being completely destroyed, the amount of damage became up to about two hundred thousand gulden.

Among the Dutch who had suffered from the disaster, some were to stay in the house of the Chief Officer escaped from the fire, some were to move into the houses near the factory at Akino Ura located outside Dejima.

20. Natural Disaster

Dejima suffered not only from fire but also from rainstorm by typhoon. Sometimes, houses in Dejima got damaged and were swept away in the rainstorm. More, soil of the fields and vegetable gardens was washed away and so on, they were putting in the frequent experience of devastation brought by natural disaster.

In addition, they sustained earthquake and concurrent tsunami, though, the loss was being of no great, the employees of the Dutch Factory recorded the situations at that time.

In case of this sort of destruction, the owners composed of twenty-five, residents in Dejima town, had responsibility to restore, including makeshift measures, reconstruction to the former state was to be realized.

However, putting high priority on the rehabilitation of the town, occasionally, that of Dejima became secondary. Also, in such a case they had to have negotiations over the expense obligation, on this kind of the unexpected natural disasters which brought serious states, they were to be bothered their heads.

21. Weather Observation

Weather observation was having been carried out by the Factory employees in Dejima, the data results from 1819 to 1828, conducted by Siebold and others,are owned by Bochum-Ruhr university in Germany, and, also, the original register and tables of statistical data, recorded at Dejima from 1845 to 1883,are in possession of Koninklijk Nedrlands Meteorologisch Instituut.

The extant recorded data range widely, such as, air temperature, air pressure, humidity, precipitation, wind direction, wind speed, cloud cover, and so on.

The weather observation was performing, as a policy initiated by Netherlands, to cope with the movement to build a networks of worldwide weather observation.

22. Traded Coin — Nagasaki Export Coins

Anniversary, national anthem "Wilhelmus van Nassauwe" was being performed.

Further, the piano seems to have been played in the Factory, for example, a "Short Piece of Music" and "Short Aria" are confirmed to have been performed by musicians.

17. Fire Occurred at Dejima in Kansei 10 (1798)

At Dejima, large- scale fire broke out on March 6th,in1798. on this time, the Factory's Chief Officer Gijsbert Hemmij was not being at home by reason of staying in Edo.

After the midnight, the fire started from the room of the sewing craftsman in Dejima, east side of the room of the Kapitan (chief officer of the Factory). Spreading by the wind of the northwest, the flames leaped to the Kapitan's.

As a result, whole of the housings being in the right half of the sea gate side (west side), were brought into the state to be destroyed by the fire.Regarding the fire extinguishing actions, officials of the Magistrate and the various Domains were coming up to the service on horse-riding, carrying firefighting apparatuses.

Under the influence of this big fire in Dejima, the Magistrate widen the central road of Dejima from about 4.6m to about 6.4m. The burn downed Kapitan's room was being left, for quite some time, in the difficulty to be rebuilt, resulted to be waited until 1809.

18. Rules of Fire Safety at Dejima

Under the fires occurring frequently in Edo Era, rules for after using fires were to be made in Dejima. Chief Officer Hendrik Doeff, having called together people who stay in Dejima, informed thirteen articles of preparedness.These regulations consist of detailed arrangements to prevent mismanagement of fire.

Except handling lamp of home country, they had been in the unaccustomed way of living to Japan's hearth and candle, however, under these lifestyle habits, they skillfully adjusted themselves to the practice.He tried to build in mental attitude concerning fire safety, devoted to make a habit take root among people in Dejima. Having imposed a fine for a violation of the regulations, he thoroughly exerted himself to establish habit with the aim of prevention from the fire.

19. Big Fire at Dejima in Ansei 6 (1859)

Dejima suffered second time big fire on March 8th, in1859. There had been water shortage everywhere in Dejima, for examples, including the well, close to the front gate, and, further, surrounding areas of Dejima had been in the state of being dried up, on these reasons, the fire seemed to gather up strength and to go on spreading. Russian 200 sailors supported the fire-fighting acts, were hard to bring in under control.

officials related to the Dutch Factory were being on the invitation of celebration, was said as the Netherlands's New Year.

The Netherlands's New Year had started around the time of 1700, continued to the time after the opening of Japan to the West in Ansei Era. At this celebration they were served with a main course of including, a fish dish, a sea bream dish, a roasted whole of a pig and a goat, a chicken dish, and a dish of boiled duck round, then followed with confectioneries, as Castella, Tart, and others.

Many of the Japanese seemed to touch little of the dishes put in front of them, and to be observable to bring back home. Also, as the Dutch Studies Scholars in Edo came to hold the party of Netherlands's New Year, the festival became to be known widely in Japan.

15. Amateur Theatricals

From earlier, the Factory employees at Dejima had proposed wish to the Chief Officer of having to perform a play in Dejima. It seemed to be a kind of hobby and entertainment, the Chief Officer Blomhoff was to accept this proposal, in 1820, the project became to be realized. This play was carried out four times in total.

The first was, on the theme of "Art is Long, Life is Short", a comedy "The Wedding Scheme" (also known as "Two Soldiers") was enacted.

The second was, beginning a comedy "Short-Tempered Person", brought to a conclusion of opera "People of the Hunter and the Daughter of the Milk Selling".

On the third time, the Nagasaki Magistrates visited to see the show, at the end of the performance, a stage lightings "long live the both Nagasaki Magistrates" was brought in to be applauded by the audience.

On the fourth time, town elders, who had not been yet able to come to see the amusement, visited there to enjoy and ended successfully.

16. Ceremony and Musical Performance

Generally, music was performed on western instruments during the time of leisure hours, pleasant chats, and festivals. Also, in case of Japanese officials visited Dejima they were welcomed with music, musical performance was being important element on formal function.

On occasion of dinner party, there seemed to be played on western music, and dancing by the Dutch and the Japanese seemed performed. More, on the point of celebration to congratulate Birth Day of the King, and on the birth party of the Factory Chief Officer, Employees, and others, musical instruments were to be played.

On the memorial day, as Waterloo Victory Day, New Year Festival, and King's Birth

such as, making pond to swim carps,setting grapes shelf, preparing the places to enjoy cool, planting decorative peony, and others.

12. Unearthed Animal Bones

Many animals were breeding within Dejim. Most of them, they say, were for food and many of them were from Batavia. After they had treated the animals for food, the ashes were buried within Dejima.

Even at the present, a lot of bones are being excavated, among them, most are those of cattle.

Among the bones of the cattle, on the ground of being the number of excavated skulls and horns are small, the situation appear to have been disposed separately from four limbs.

Especially, being the cattle horns were valued in high utility, they were handled separately.

Among relics of the excavation, besides the bones of the cattle, those of pigs and sheep are being unearthed, with that, it is capable to imagine the situation of Dejima to have been turned on like a zoo.

13. The Netherlands's Winter Solstice

During the age of Ban on Christianity, to celebrate Christmas, even within Dejima, was not permitted. As a condition to stay in Japan, they had been required to follow the Japan's regulations, by that reason, it was being impossible to perform any events related Christianity.

As the time of around December 22th of the solar calendar corresponds to Winter Solstice, the Dutch celebrated this time,close to Christmas, on a large scale under the pretext of Netherlands's Winter Solstice.

In addition, the Winter Solstice festival was being carried out at the time in Japan, taking advantage of the opportunity, they performed their own celebration.

Making models of the Dutch ship, striking gongs, walkimg round the room of the Kapitan (chief officer) and Feitor (Portuguese/second ranking controller), saying congratulation to the Winter Solstice, and got celebration tips, also, Japanese participated in celebration of the event.

14. The Netherlands's New Year

As the Dutch used solar calendar, regarding the time of New Year, there was a lag between Japan and the Netherlands.

In Dejima they held New Year celebration independently. On this time, Japanese

To put small items a pocket was putting on the bottom of the garment.

Buttons are clear being twined around with crafts of gold and silver. Regarding the Clothes, it is recognized to have been no difference on social position. Further, they had casual wears to put on in the room.

Buttons had been in the items of fashion as a Dutch taste, and it seems that Dutch Language interpreters in Nagasaki had practice to send New Year Greeting Card with westerner button to Dutch scholar and others in Edo, as was a custom in those days.

The clothes which were brought in Dejima by the Dutch were by degrees, going on popular among Japanese.

10. Building and Interior Decoration

Buildings in Dejima were constructed by Japanese Workmen, as to the designs, Chinese forms were being adopted everywhere. The representative was Chinese paper. The paper, product which was created by woodblock printing originated in China, had been in the use of decoration for the residences in which aristocracies of high standing were being dwelt in the Heian period.

Specially, Chinese paper was applied to furniture, designed with various ideas, such as Fusuma (sliding door), Byobu (folding screen), and others. Chinese paper was being put on a part of the inner walls and the ceilings of the Dwellings within Dejima.

The preferences of the Dutch were being reflected on the interiors of houses. Concerning the interiors of the residence, in those days, when it came to fashion in the West to decorate the inner walls with paper, the employees of the Dutch Trading Factory, substituting Japanese producing Chinese paper for the Chinese producing paper, enlivened their own living spaces.

11. Garden and Planting

At the beginning, in Dejima, they were working on cultivating fields to grow crops. After that, they gradually came to change toward the cultivation of ornamental plants, around in 1728, garden is recognized to have been created.

At the time, the style of garden had been that of well-formed garden, after 1807, then began to shift toward that of landscape garden. Most of the Plants having been raised here were those of being recognized as having efficacy of drug. Planting were being taken placed with a sense of purpose to be close relationship with the life in Dejima.

One quarter area of Dejima accounted of the fields. There, they planted and brought up seeds and young plants of the farm products from homeland.

Such being the case, the fields were gradually converting on to the new practical uses,

of the glasses are excavated from the site of Dejima. More, it is confirmed that during the term of visitation to the Edo Government they were enjoying beer.

The beer was understood as a drug, and was treated as nutritional supplement effective for refreshing, bitter-quenching, thirst-quenching, diversion of worries, and creation.

It is recognized that they used different glasses between wine and beer, through that way, their ideas in those days can be inferred.

7. Dutch Confectionary

To make confectionary, eggs were always mixed to use, and for powder, wheat flour was used. As for wheat flour, in Japan, medium-strength flour was producing and being exported, but for confectionary, Imported Low-gluten flour was used.

The Dutch confectionaries had common ingredients being used a lot of sugar. Depending on cakes, sweet drink (made from fermented rice or sake lees) and butter were added to the Sugar.

It is said that, the butter was from their home country, or those of imported from china, south Asia, and Europe.In addition, spices were being used for six kinds of cakes, among them, cinnamon was used to be mixed for five.Western traditional confectionaries were also made in Dejima, and were being served to many people.

8. Tobacco and Clay Pipe

Tobacco was spreading widely as luxury item or medicine among Japanese, and was recognized to be efficacies of dispelling depression, treatment for decayed teeth, and other various ways.

The Dutch were smoking baked pipe, called Clay Pipe, which was a tool molded out from white clay. It is also said that putting to use Clay Pipe inside Dutch was being established in the 1630s. From the site of Dejima, the total number of about 70,000 items of the Clay Pipes made by Dutch have been unearthed, these show how popularity it had been.In addition to the Clay Pipes made by Dutch, also, those of British made were excavated.

Further, among the artifacts copper Kiserus exist, which are presumed to have been the use for harlots being permitted to be visitors to Dejima. It can be known that smoking practice was going taken in as a culture in Dejima.

9. The style of Clothes and Habitual Preferences

As a collective term, clothes were said “Kereido,” garments were “Lock,” and underwears were “Kamifuru”. They wore garment in the long, underwear was in the very short.

4. Soy Sauce Export

Soy Sauce and Miso,which had been used in Japan from old times, were not being seasonings for the Dutch to avail for everyday table.

However, Soy Sauce had been dealt as an export commodity, transacted with the Dutch Factory, in 1647, the Factory exported 10 barrels of Shoyu to Anping in Taiwan, where, at that time the Dutch East India Company had governed.

At first, having filled with heated Soy Sauce into quadrilateral glassworks referred to as "Kendal Bottle", which had been commonly utilized to fill wine and others, the export was being performed. But just after the time 1790, "Conpra Bottles" shaped like sake bottle type with white porcelain dyed, which had been baked in Hasami in Nagasaki, became to be provided as Soy Sauce container.

Japan's Soy Sauce was rated highly in European Countries, and was well-known seasoning to be given as an example commodity in the Encuclopedia, written by French Philosophy of Enlightenment, Denis Diderot and D'Alembert and others.

5. Tea and Black Tea

At the beginning, Japan's product Tea was exported commodity for the article to be drunk in European countries. The record that, trading ships of the Dutch East India Company brought back tea from Hirado in 1610, is recognized.

In the eighteenth century, the tea became one of the important imported goods for the Dutch East India Company. China product drinks were going in general use than those of Japan, Japan's tea was being treated as high-priced article. With growing tea drinking into fashion in the latter half of the 17th century in the West, tea drinking became to be enjoyed in Dejima. On an everyday life they appear to have black tea. As for coffee, it sound to have been drinking among the Dutch, but seem not give impression of spreading among Japanese.

In the 19th century, the coffee a show sign of becoming popular among Japanese, Siebold recommended to drink coffee as a health care measures to prolong life. Under these circumstances, the habit of drinking coffee took hold in the country to be that of the culture.

6. Wine and Beer

It is said that by the Christian missionaries, wine had been brought into Japan in the age of Kirishitan (a term of meaning Christian), and Nanban wine was being served to Kirishitans. In the times of Seclusion System wine was drinking particularly in Dejima.

The Dutch frequently brought in "Geneva" gin, the alcohol degree was 40%, the debris

Chapter 3 : Life and Culture in Dejima Island

1. Table and Food

Including the Chief Officer's room meal style in Dejima Island was Western form. Full of food on large plates, setting on the table, they eat with a spoon and knife, sitting in a chair.

Spreading a white cotton tableware on the table, serving a bowl with pottage lightly, and, that bowl was putting in a something similar with silver cake tray, then, being placed silver spoon, dish, and knife with ivory work handle. In addition, they had meal with cotton napkin across lap.

In changing cooking, the spoon and the dish which had been used by the time seemed to be renewed properly, these cares were being taken by Malaysia-based slaveries.

In Dejima Island these kinds of western meal style were performed.

2. Food Procurement and Production of Bread

For the Dutch who stayed in Dejima Island basically same kind of eating habits with home country were permitted. On that account, ingredients, which were hard to obtain in Japan, seems to have been supplied in a way, some were transported from Batavia, and some were cultivated in the farm within Dejima and urban agriculture.

Regarding food and drink, they enjoyed relatively a freewheeling life, such as, distilling gin, making brandy, and trying to produce wine and beer.

Further, there was a bakery which had been serving the customers of the Dutch.

So long as the Dutch were being in Dejima Island, the business seem to be in the state of being possible to materialize. The job seems to have got profits about two hundreds Ryou (monetary unit) in a year, the Dutch seem to have bought breads there so much frequently.

3. Japan Produced Salt and Dutch Produced Rock Salt

In the later period of Edo, something likes cut glass to salt in was on the dining table. This was a table salt to be served depending what one likes of food, and was so established as to be provided in case of entertainment holding for overseas mission.

The site of Dejima Island produced salt-grilled pots, then becomes clear that the Dutch had used salt.

However, as a seasoning they seem to have made use of rock salt produced in their home country, and, it is considered that Japan produced salt was treated wholly for the export. It is thought that Japan produced salt was used as a supplemental seasoning for cooking.

Chapter 3
Life and Culture in Dejima Island — Influences to Japanese

For the Dutch, a daily life in Dejima was like a kind of hell.Only the person who got permission from the Nagasaki Magistrate were possible to visit Dejima, contact with Japanese was being extremely restricted. Accepting the requirement from Japan, The Dutch East India Company had moved the factory to Dejima.

On the other hand, they were being overlooked to live on carefree life within Dejima, aside from the food and drink, their own homeland culture, such as, amusement and music, and so on, was being allowed to some degree.These states of affairs became common to the Japanese, for Dutch interpreters and the Dutch scholars, who had been in the personal relations with the Dutch, practices to follow them came into being.

Although island Dejima was being of the isolated existence in Japan, the culture and information dispatched from here were giving big influence over Japan, in this chapter 3, starting with introducing everyday life of the Dutch in Dejima, also, showing culture being created through taste and recreation, then, taking up from natural disaster to fire,overall living history in Dejima will be discussed.

Therefore, because of having been said about the problems of ① public morals in Nagasaki City ② disorderly trade conducts ③ underground Christian activities, construction of Chinese Settlement was to be planed.

The Government issued instructions, by the letter on July 23th, in 1688, to Nagasaki Magistrate Yamaoka Tushimanokami Kagesuke and Miyagi Motono KamiMasazumi, stayed in Nagsaki, to project construction plan of the facilities after consulting with the Lord of Shimabara Matudaira Syudennokami Tadafusa and the Lord of Hirado Matuura Hizenno kami Masazumi, both were being in obedience to your orders.

Starting on the ground breaking On September 29th, in 1688, next, on early the New Year, 1689, the buildings construction got down to work from upper section of the grounds. Thus, on intercalary January 27th, in 1689, the crew of the Chinese ships entered in Nagasaki Harbor were moved into the buildings.

The whole processes of construction completed on April 15th, in 1689 after that, the Chinese were to be forced to live in the Settlement.

In front of the gate of Dejima, Kosatsu (notice board) was installed.

There two types of boards were posted, writing a meaning of forbidden area "Regulation" and "Prohibition".

28. Procedures of Handling Trade Goods

For unloading from the vessel arrived in Nagasaki Harbor, Japanese ship was used and Japanese day workers took charge of the jobs.

From one inspector, after having examined trade articles on the mother ship, shipping bills were sent to another inspector in Dejima, taking over charge of the duties, the other inspector confirmed the Cargoes which were raised up on the land, endorsing the bill and completed.

Between the cargoes, one was "Honkata-Nimotu" (group of major trade items) to the purpose of primary business trade, the other was "Wakikata-Nimotu" (group of personal trade items) to the staff members. The selected trade goods, after the careful examination from the carried products, were transported to Nagasaki Magiatrate's Office, there, the "O-Aratame" (final inspection) procedures were done by the Magistrate.

Including Nagasaki Magistrate, general officials were given preference to buy goods close to the cost price, after that, the articles were moved to the transactions of the general public.

29. Purchase Order Sheet used in Dejima

In the trade transactions between the Japanese and the Dutch, among goods there were some that were carried in by the order from Japan. People who were allowed to order were as follows, including Shogun, Roju and such high officers of the government, also other Nagasaki officials like, Nagasaki Magistrate, aldermen, moderators of Trading office in Nagasaki, the Dutch-interpreters.

These order sheets were dealt as a cargo of "personal trade items", and, the Dutch language is written on the sheet with brush writing by individual order.

In case of simple pattern order sheet, recorded items are only the name of an article and quantity. On some articles, specific ways to orders were required

Through the records of purchase orders, of those days the Japanese ideas, necessaries, and preferences are given us a glimpse.

30. One More Dejima, Chinese Settlement

Following the completion of Dejima the Dutch had moved there, but the Chinese were still living mixed together anywhere in the city of Nagasaki.

25. Buildings in Dejima and Kapitan's Room

Receiving joint contributions by 25 merchants in Dejima, buildings in Dejima were constructed by the Japanese experienced workers.

The Shogunate, having strengthened the policy of the Ban on Christianity, was taking precautions against western style buildings, even on the case of moving to Dejima, the power did not give permission to bring in the demolition materials to convert them for rent houses.

On that reason, regarding the structures of the buildings, external appearances were to be those of Japanese styles, for insides, only faint facilities of western styles were to be allowed.

It took more than one hundred years to adopt western style appearances for buildings.

However, indoors, western life style was being performed, a sort of the Dutch Culture was kept.

As the measures to ban Christianity had taken root, also, as the Dutch were to have observed the regulations, the Nagasaki Magistrate became to be broad-minded.

26. Soil and Seawall of Dejima

The bedrock around Dejima consists of andesitic tuff breccia in Quaternary period of Cenozoic era, above the strata, un-consolidate alluvia beds have a thickness to the maximum of 10 meters.

In reference to the stone, which were useful for the sea wall of Dejima, the main part of the stone walls consisted of rounded pyroxene andesite, pebble-stone made of sand, and more, conglomerate stone. These were easily available around Nagasaki.

The construction method of Masonry which became established in the Kanei period onward is a way of laying stones called "kenchizumi". (kenchi/as for the surface shape of a stone, every outside is worked in a standardized way).

27. "MonKan"(Licensing Passage) and Notice Board

For the Dutch, who were living the isolated life in Dejima, the assistances from the merchants in Nagasaki were important to keep their life.

On that account, for the persons who were permitted to visit Dejima, "Monkan" was to be provided. The License was issued by Otona (patriarch) in Dejima town. "Monkan"is a wooden tag to show a permission of going in and out of Dejima.

At the back side of the "Monkan", graphic symbol "Dejima Otona" was inked on and branded. Also, on the surface, name of the holder himself and Otona who lives in the same district with the holder were written, more, date of Monkan issuance was inked on.

a Wakihonjin, regarding the inn, there was a distinction between powerful daimyo. (Wakihonjin/Waki: sub, honjinn: an officially appointed inn for a daimyo).

Also, for the transportation of sugar, valuable in those days, this Kaido was being used, on that account, was called "Sugar Road"

23. Courtesy Visit to the Edo Government by Chief Officer of the Dutch Factory

The Kapitan (chief officer) of the Dutch Factory was permitted to stay in Japan as a position of subjugation to the Shogun (General). (Kapitan/Portuguese capitao, chief).

The first courtesy visit to the Edo Government by Chief Officer was when a Dutch Envoy called on Ieyasu who had been staying in Sunpu (Shizuoka) in 1609, since Chief Officer had made call to Edo in 1633 the affair continued to practice yearly.

The number of the visiting times was changed to once every four years in 1790, this was the measure to the result of reduced trade value by half.

After the court journey about 90 days to arrive, the length of stay was about three weeks at the longest. There were large numbers of attendants to the visit.

Following chief officer, clerk secretary, surgeon, also, as interpreter of chief and assistant, street servant securing chief officer's affairs, cook in charge of the meal, and others went with him.

24. Structure of Dejima

The total area of the artificial island Dejima, was 15387 square meters, external form resembled a small fan-shaped, and the length of the surroundings was as followers, south side about 232m, north side about 190m, east side about 70m, and west side about 70m.

In addition, the road width was 2.85m and when sea level rised, height of the stone walls seemed to be not more than 2m above the level.

On the west section along the sea side, rooms were apportioned for every business group, such as, interpreters, westerners kitchen, kapitan (chief officer), patriarchs, storing treasures, and tradesman.

On the north section, starting from the place close to the Sea Gate, storehouses as "I" storehouse, "Ro" storehouse, were located. (imported products were classified to each storehouse) .

On the front, there was a flagpole to hoist the Netherlands flag.

On the south section, greater part of the area was used for a vegetable garden, besides this, there were cattle sheds each for cows and pigs to raise domestic animals for their own meat. On the east section, most part was for a flower garden.

by Nagasaki officials. During the inspections, the Dutch ships had to submit registers concerning the leaving harbor, the number of crews, and others, these were presented from assistant interpreters to inspectors.

After the above procedures had ended, Japan's small ships, having received cargoes from the Dutch Ships, transported to the Sea Gate in Dejima, at this place, important commodities were to be brought into the inland of Nagasaki.

21. The Documents about Foreign Information — Dutch News Reports

The foreign information, brought up by the Dutch and translated into Japanese to submit the Shogunate, are called "Dutch Fusetugaki". (Fusetu/rumor,information, gaki/written record/Dutch News Report).

For Japan in the state of being seclusion system, this information was very important.

Immediately after having arrived in the Nagasaki Harbor, the information source of "Fusetugaki"was delivered to the officials of the Nagasaki Magistrate's Office.

The method, having started with an opportunity which was that the Government had ordered to offer information in a dozen articles in 1641, was since then established as a rule. In Late Edo Period, together with the "Fusetugaki", more detailed "Special News Reports" were provided to the government.

When it came to the opening of Japan by concluding the Ansei Five-Power Treaties, the Dutch News Reports were to end the roles on July, in 1859.

22. Nagasaki Kaido (Land Traffic Route) which the Dutch Walked On

Having linked together with the administrative procedures Nagasaki Kaido was constructed as a Side-Road, a part of improvement project on the public transport networks.Starting point of Nagasaki Kaido was, at first, Tokiwabashi existed in an area of surrounding Kokura Castle.

After the middle period of Early Modern Era, as time advances, daimyos of Kyusyu increasingly shifted to make use of this place, Osato in Fukuoka, as a point of departure to cross the sea for the Sankinkotai (alternate-year residence in Edo. Ruled courtesy visit to the Shogunate).

The last stop station was at the place of notice board in the crossing street extended from the front of the Nagasaki magistrates West Office. Dejima was located very close to that place of the last stop station.

The state of affairs, Chief Officer of the Dutch Factory used this Kaido to pay visit of homage to the Shogun in Edo, is different compared with other side-road.

Chief Officer of Dutch Factory was determined to stay and rest at a teahouse in as a proper instance to conform the requirement, to have performed dividends among shareholders.

18. Foundation of the Trading Company in Japan— From Port City to Trading City

A city, where trading company had been founded, was called "Port City" and also known as "Port City Country", because in that place there was function of the state as an important strategic point of maritime traffic.

In those days, trading company in Japan contributed to their country for producing gold, silver, and copper, which were essential to trade business, from these kind of reasons, the company rendered services to their country as a profitable system of resource-producing place.

The first place trading company was placed, is Hirado, there, Dutch and England started their organization. England, having been in the face of growing pressure from Dutch, was forced to engage in a hard-fought trade with Japan, further, was being involved in Amboyna Massacre incident, in the next of that year, became obliged to close its Trading Company in Hirado.

Like thus, the trading company which was being operated in Japan became only that of Dutch.

19. Dutch Company Functionaries and Visitors in Dejima

The Dutch employees of the Dutch East India Company arrived in East India on the condition that, a three-year term of sailor, a five- year term of functionary. The company had over 20000 employees, but in Japan, usually, there was a chief of the Trading Company, followed by regular employees consisted of only 10 to 13 members.

Major occupations of the Company were practical to be classified into groups, firstly, a team of commerce and diplomacy, as senior, middle, lower, assistant (the writers), and ledger clerks, and secondly, a team of medical care,which was further divided, a circle of surgeons, as senior, middle, and lower, and other circle of doctors and pharmacists, thirdly, a team of craftsmen of carpenters,as senior, lowers,and others, and finally, a team of cooking,as Chief cook, and others.

20. The Procedures for the Arrival of the Dutch Ships

Although the Dutch ships were possible to come near to the Nagasaki harbor, but not permitted to pass directly to the shore.

Having dropped anchor, they had to be verified with arrival inspections performed by the Japanese coming up by ships, after that, again had to get personal investigations

the whole year to be stationed, the other was summer staff of during the period, Dutch Ships were coming into the Harbor, from Summer to Autumn.

The mission on ordinary days was, to inform own domain of official notices issued by the Magistrate and other business matters. And above all, major function was to execute guarding against the situations on the arrivals of foreign ships, further, to cope well in case of emergency.

16. Nagasaki The Great Fire and Restoration

On March 8th, in Kanbun 3 (1663), Higuchi Souzaemon who had lived in the city Chikugo Town set fire to his house.

The arson developed into the great fire to burn down 63 towns of the whole 66 towns. It is said that the town of Nagasaki had been built up in a short period with growing trade business, by that reason, regarding formation of the town had lacked a plan, from the first, against fire, consequently led to the disorganized enterprise, then to cause the fire into spreading.

Nagasaki Magistrate Shimada Morimasa filed application to the Shogunate for a loan, and was financed the project, amount to 2000 kans in silver (kan/monetary unit, a kan/3.75kg), the money was applied to the reconstruction capital.

Thanks to this project, the whole of the city land became capable to be rezoned, as a result, the town was established in the state of being orderly streets. And Nagasaki Magistrate fully paid off the debt in 10 years, this was the product of the economic power supported by the trade city of Nagasaki.

17. The Dutch East India Company

Having expanded toward the East, the Dutch created new markets and built up trading companies in various parts.The number, having increased to 14, caused to be crowded in disorderly way.

Besides supporting profits of each company, the country was aware of the importance to ensure a safe sea route, accordingly, for determining the feasibility they began to examine consolidation of these companies in the Netherlands Congress.

As a result, the Dutch East India Company was established. The Company was provided with some power and authority, and was capable to conclude treaty with foreign countries.

More, the company was permitted the rights, such as, to station troops, build a fortress, and to coin money.

Furthermore, it was capable to appoint district Secretary and Commander.

The Dutch East India Company is said as a world first formally listed Public Company,

On account of it, he governs Dejima as a part of the job designated to the town rulers.

Therefore, regarding administrative system, same method of other Nagasaki towns was being adopted, patriarch and group leader had been in charge of the transaction of business in Dejima.Like thus, the Japanese permitted to be regular visitors to Dejima were about 200 persons.

Among them, a Comparare was a word meaning seller originated from Comprador (Portuguese).

Also known as Comparare Colleague, they performed duties to procure the necessaries of life, such as, foods, drinks, and household goods.

14. Harlot Permitted Going In and Out

In Nagasaki, harlots were found here and there all over the city.

The harlots, what they were being called unlicensed streetwalkers, were not licensed. Throughout the Kanei period, they were forced living together as a public institution. The licensed quarters, Maruyama-Town and Yoriai-Town, were to be established.

The harlots in Nagasaki are different from those of other areas on the point that they were to have associated with Chinese and Dutch.

Also, in the other provinces the harlots were restricted within the licensed quarters, on the other hand, those of Nagasaki were permitted to go out, at times, to Dejima and Chinese Settlement.

In the cases of going in and out of Dejima and Chinese Settlement, the harlots were also to be examined individually.

And, every once in a year, the harlots were to be regulated to submit a written pledge to the patriarch and the group leader.

15. Daimyos' Storehouses and Liaisons in Nagasaki

The Domains participated in Nagasaki Trade built branch office, called Store house. At the beginning, low rank officials, own domain merchants, and merchants who were residents in Nagasaki, those kinds of people were being stationed there for the business to contact with Nagasaki Magistrate, further, were occupied in buying special products from other domains and selling own products.

With importance of Nagasaki guarding was coming to be emphasized, in Sho-ho 4 (1647), each domain stationed liaison to keep close contact with Nagasaki Magistrare, and they gradually shifted to cope with the situation of arrival of foreign ships and the Christian problems.

There were two working patterns for Liaisons, one was that of permanent staff through

1697, as a part factor to promote the reorganization of the Nagasaki Trading System. The function was positioned as that of doing business related trading transaction with Chinese ships and Dutch ships.

Also, money management works relevant to all of the services other than trading business were undertaken here. In that trading office, personnel assignment was executed according to the sharing of official organs, such as connoisseurs to appreciate trading items and commissioners of treasury affairs.

Concerning the operations of the Office, many officials in Nagasaki- born got involved in the business.

Also, specialization to identify the quality of trading items were being required, then, worthy salary suitable to the job was allowed.

The Nagasaki Trading Office was being placed under the supervision of two functions, each of them had been subsidiary to Rojyu's command, the Nagasaki Magistrate and the Treasury Commissioner.

12. Official Interpreters in the Edo Era — Dutch-Language Interpreters

In Nagasaki, having been a function to contact for foreign negotiation in the Edo Era, official interpreters, Tsushi (Dutch interpreter) and Tsuji (Chinese interpreter), were assigned.

The Dutch-Language interpreters, at first, they had been versed in Portuguese, with the advancement of Seclusion Systems, changed the role to be engaged exclusively in the business of those.

The beginning of appointment of the Dutch-Language interpreters was when the Dutch Trading Factory was relocated to Nagasaki in 1641. The business of the Dutch-Language interpreters was succeeded as a hereditary occupation to about 30 families.

Those families are to be classified roughly into two parties, the one, Hirado origin and also changed from Chinese interpreters who moved from Hirado Trading Factory to Nagasaki, and the other, Nagasaki origin who assumed the business after the Trading Factory had located to Nagasaki, examples are Narabayashi, Kafuku, Motoki, Imamura, and Horie.

13. Officials Concerning Dejima

Although Dejima was under the control of Nagasaki Magistrate, in practical side, the working operations over business were being under an Alderman.

The Alderman, headship of the town rulers, was an assistant official of the Nagasaki Magistrate,and was well-informed about topics of the city affairs.

Nagasaki.

At the start of the 17th century, the Nagasaki Magistrate had been playing a role of buying agent to serve the Shogunate, because of that, the Magistrate was acting to purchase imported foreign goods according to the intention of the General and the Shogunate dignitaries.

In 1638, when it came to be resident Magistrate in Nagasaki, he strengthened his own position toward the nature of the Shogunate's Official supported by authority, such as, Supervising of Trade Transactions and Crackdown of the Christians.

Further, in the later part of the seventeenth century, the Magistrate shifted his position in the direction to Trading Business and the Right in Command Sea Force, not to mention of Administrative Affairs and Justice in Nagasaki.

Having raised the status within organization of Shogunate bureaucracy, the Magistrate transformed his position to be the more clear state of being a Government Official.

10. The Transition of the Nagasaki Magistrate's Office

In 1592, the year when Terasawa Shimanokami Hirotaka was appointed to the Nagasaki Magistrate, the Office started.

In addition to the major role in the Administrative Government Agency, the Magistrate included many different functions, such as, jurisdiction, foreign diplomacy, foreign trade, and police authority, and others.

On that account, within the Office of the Nagasaki Magistrate, there opposing circumstances coexisted, something like the state of being public space where official activities were managed and the other was of being personal space where everyday life was led.

Regarding the personnel system of the Nagasaki Magistrate, in case of two-person work system, the resident Magistrate was one, in case of three-person/four-person work system two were resident. In the case of two persons were resident, East/West office worked each other in monthly shift, but, as a practical matter, mostly two-person work system accounted for a large share over long time, there was no case of being on monthly duty to the business between West office and Tateyama Office.

Almost all of the administrative functions were organized in Tateyame Office, the West office was used as a place for ritual occasion.

11. Trading Office in Nagasaki

Nagasaki Trading Office was established by the recommendation in the letter addressed by Roju (senior councilor to the Shogunate) to the Nagasaki Magistrate on August, in

Because, the records of the both were basically in common to the contents, the documents which were compounded together into a new style of those are Religious Census Register.

The outward format was done as, recording with headship of the household, followed by family, servants, persons of low birth.

In addition, religious sect, family temple, and birth place were recorded. Generally, headship often put seal to the document, the rest of the other men and women put with thumbprint or brush holder engraved some kinds of signature on the head.

On the other hand, in the provinces of Kyusyu where Fumie was being executed, Inquisitions for Suppressing Christianity and Family Census were being performed together. (Fumie/allegiance test,tread a plate with Christian symbol to prove a non-Christian).

Like thus, in line with the policy of avoiding redundancy of administrative procedures and of importance of efficiency, Religious Census Register was going to be prepared.

8. Fumie (Allegiance Test) and Tread on Shadow

To find out secret Christians thoroughly Fumie was adopted as a device. In furtherance of the policy of the Ban on Christianity, the Government took measure to force treading plate with Christian symbol, called this procedure "E-Fumi" (Pictures to be trampled).

In other words, tool to be trodden is "Fumie", the practical action to tread is "E-Fumi". In Kumamoto and Shimabara, "E-Fumi" was also called as "Kage-Fumi" (Step on Shadow).

The most convincing opinion about the beginning time of the procedure of Fumie is very likely to be Kanei 5, the year when Mizuno Kawachino Kami Morinaga, the Nagasaki Magistrate, introduced the system.

At the beginning, the procedure had been applied to the people converted from Christianity, by degrees, shifted to the whole people. In 1669, brazen plates were prepared, then, the brazen plates were lent out.

The lending of the Plates by the Nagasaki Magistrate developed into a system to confirm the situations, such as, compliance with the Ban on Christianity and the establishment of the Shogunate Structures.

And, the method of "E-Fumi" was performed in various ways according to each district, that of not uniformed style throughout the country.

9. The Nagasaki Magistrate

The beginning of the Nagasaki Magistrate is when Terasawa Shimano Kami Hirotaka, then the lord of the Domain of karatsu in Saga, was ordered to be the governor of

5. National Seclusion and Maritime Restrictions

It is not that Ordinance of the National Seclusion was issued, but the word of Seclusion was a Coined word by Schiku Tadao (1760~1806), then, he had been serving as a Dutch -Language Interpreter in Nagasaki Kanei Order, which resulted to build up the state of being Seclusion System, had common elements with the Maritime Restrictions, having been carrying out by Ming dynasty and Qing dynasty as a counter measures to the pirates and to the smugglings.

In short, then Foreign Policies having been performed by the Government was not those of ordinances originated in Japan itself, but adjusted system to the Chinese Maritime Restrictions, said like that.

The actual conditions, as the national seclusion was being accepted into the Early-Modern Society widely in Japan, had come to reach the level of deeming that policy as the original ordinance.

6. The Inquisitions for Suppressing Christianity and Temple Guarantee System

The Inquisitions for Suppressing Christianity, a system having established by the Government to expose the Christian, in later years, became the administrative procedures to prove a non-Christian.

Regarding the procedures, there were Common Assurance issued by Town/Village Official and Temple Guarantee certified by the relationship between Buddhist Temple and Supporters of the Buddhist Temple. Actually the extant temple-notes and religious census registers show the existence of the system in those days.

As the result of shortage of Buddhist Temples, the Temple Guarantee System had not been institutionalized, but, in the period of Kanbun under the background of increasing Temples, the districts being organized into that system were expanding.

Like thus, the Buddhist Temples came to strengthen the Administrative Function, including the role of Proof Non-Christian also that of regional family registration.

As Buddhist Temples grew to undertake a role in execution of Administrative Function, the world of Buddhist Monk resulted to be that of bureaucracy, on the other hand, in Buddhist studies, the investigation on the religious doctrines was to be placed in a state of being stagnation.

7. Religious Census Register

At the beginning, the Inquisitions for Suppressing Christianity and Executions of Regional Family Register were carried out independently, also, recorded notes were being placed under different control.

3. Shimabara-Amakusa Rebellions

From 1637 to the same year15, Kirishitans (Christians) and the Peasants rose in rebellions at the same time in different places of Shimabara Peninsula (in Nagasaki Prefecture) and Amakusa Islands (in Kumamoto Prefecture).

They opposed against the persecution on Christianity in Shimabara Domain based on the Ban on Christianity issued by the Shogunate, and against over-taxation, in spite of the poor harvest, carried out by their Lords.

The rebellions, having put Amakusa Shiro at the head, were finally besieged at Hara Castle, and resisted against the Shogunate Forces.

Some of the historians indicate that the rebellions and the Portugal had formed a military alliance.

The power crushed the rebellion in the second full-scale offensive and the besieged army consisted of about 37000, except a betrayer Yamada Uemonsaku, were killed. The government power emphasized that the rebellions which had occurred in Shimabaea-Amakusa were caused by Christianity, inducing people to convince of a validity for the Ban on Christianity.

In addition, having joined to put down the rebellions, the Dutch was able to gain confidence of the Government to result the monopoly of the trade with Japan.

4. Relocation of The Dutch Factory from Hirado to Dejima

The Dutch East India Company had been extending a scale of the business after the establishment of the Factory at Hirado in 1609.

Although the trade with Japan had confronted in the state of being broken off for five years by the happening, Taiowan-Nuyts Incidents, which had occurred between Suetugu Heizo, an Administrator of Nagasaki, and Peter Nuyts, Taiowan Magistrate, after the reopening of the trade the Company further promoted to expand the facilities.

In one warehouse among the facilities, the Christian Era 1639 of the completion year was being engraved.

An inspector general Inoue Masashige, who had been dispatched to Hirado in 1640, made this engraving problem and ordered to destroy the warehouse.

As a result, they were ordered to move to Dejima to perform trade, and more, the power enforced pledge to specialize in trading business and to observe the law of the Ban on Christianity.

Further, demanding to obey the laws of the country, the Government came to approach with bullish attitude, such as, whether to keep the trade relations with Japan depend on the Dutch.

Chapter 2: Formation of Seclusion System and Construction of Dejima Island

1. Promulgation of the Kanei Seclusion Order

The promulgations of the Kanei Seclusion Order were enforced, in the year between 1633 and 1636, and in 1639, in all 5 times, under joint signatures by Rojyu (senior councilors of the Tokugawa Shogunate), generally named them as Kanei Seclusion Order.

The contents were to produce the states of seclusion nation、restricting Japanese foreign voyage, and more, specifying the trading partner country.

These promulgations were addressed to the Nagasaki Magistrate in the form of joint signatures by Rojyu.

These letters were not those of being sent with the scheduled policy but with the instructive intentions, but those of being sent in the confronting situations to handle the conditions.

Under these policies, making the Portuguese ships to leave, the Dutch became trading partner country.

The Dutch won the confidence from the Shogunate by having participated in the Shimabara-Amakusa Rebellions.

The Dutch came to accept the conditions and requirements to stay in Japan for the purpose to monopolize the trade with Japan, which had been the policy based on the understanding of commerce for commerce's sake in line with the management principle of the Dutch East India Company.

2. From Tukishima to Dejima

In 1634, the same year the second Seclusion Order was issued, construction of Dejima started in Nagasaki. Dejima, originally had been called as "Tukishima", is an artificial island performed by joint contributions by the 25 merchants in Dejima.

To accommodate the Portuguese who had been being the trade partner, as part of the Kanei Seclusion Order, Dejima was established.

By the Fifth Seclusion Order issued in Kanei 16 (1639), the Portuguese were driven out from Japan, after that incident Dejima was going on empty space.

As a consequence, the Shogunate decided to move the Dutch Factory then in Hirado to Dejima, then, under the direct control of the Edo Shogunate, visible trade became being carried out.

And thus, new inhabitants had been received into Dejima, the Dutch were to stay here by the end of the Tokugawa Government.

Chapter 2
Formation of Seclusion System and Construction of Dejima island

The Shogunate issued Kanei Seclusion Order five times, such as Changing of the trade systems, regulations on the Japanese of the going out and in over the border, the Ban on Christianity, and others, thus Dejima Island was creating up in the middle of these political situations.

At first, the Portuguese had been taken in to Dejima, but after the Shimabara-Amakusa rebellions the Portuguese were to be expelled, then, the trade partners were being specified to Dutch and China.

Under these circumstances, the Dutch Factory in Hirado was moved to Dejima Island, where had been in the state of vacant land because of the deportation of the Portuguese. On this course, the government held political intentions to restrain contacts between the Japanese and the Dutch, also to carry out thoroughgoing management of trade businesses and to sever relationships with Christianity.

Therefore, restricting person who were capable to go in and out of Dejima, including control of the information reported by the Dutch, foreign negotiations were executed under the regulations of the Shogunate and Nagasaki Magistrate.

In chapter 2, regarding the establishment process of the Government's foreign policies, through the viewpoint of Dejima Island and also through the existence of Dejima Island, what the domestic situations was changing on, arguments will be developed, standing on each Japan and Dutch.

trade transactions as a commerce country. Further, Joseon was placed as a communication country on the function of intermediation between Ming dynasty, Ryukyu (Liuqiu), under the control of Satuma Clan, continued to exist as foreign country, Ezochi (northern part of Japan), under the rules of Matumae Domain, was designated as Outland.

In the passage of time, Japan grew up to create own state by breaking away from the original Sinocentrism, and transform the framework to that of so-called Japanese-Style.

procedures, receiving the documents Nagasaki Magistrate's Office gives travel permission letters.

The method started in 1631, with the condition of having obtained Shogunate License, further required of permission from Rojyu, through these procedures, Nagasaki Magistrate's Office issues certificates, in this way, the merchants had to accept three-way procedures.

However, by the Third Seclusion Order in 1635, which forbade all Japanese to travel to or return from other countries, the method of Hosho-Sen regulations was brought to end.

Although, the operating system of foreign trade was transformed from the Shogunate Licensed Ship to the method of "Hosho-Sen" Regulations, the latter was merely being a transitional measure to the Policy of National Isolation.

30. Sinocentrism and Japanese-Style of Sinocentrism

The Sinocentrism is a concept to establish the national structure that regarding one's Own Country as the Center of the World and places Superiority to other countries, making the idea as the starting basement,then, forms relationships with other countries in the rank system.

These concepts were originated in China like that, to be particularly, China is the Center in both aspects of Culture and Politics, based on the thinking, consequently to thought of their own superiority to the others. According to their perspective, Eastern Countries were placed as "Toi" (Eastern Barbarians), western countries, as "Seijyu" (Western Barbarians), southern countries, as "Namban" (Southern Barbarians), and Northern Countries, as" Hokuteki" (Northern Barbarians).

This was the system of ideology of dominance by the Chinese Dynasties over the surrounding countries and peoples. Japan was placed as a country of "Toi", Eastern Barbarians, to be involved within the framework of Sinocentrism.

These frameworks were to be destroyed with the development of Japan's political system of the Shogunate ruling structure. As for Japan, establishment of the diplomatic relations between the Ming Dynasty had broken down, the power tried to find a way to make a clear distinction between China, through the ordinance of national seclusion, restricted the port call of Chinese Traders to Nagasaki and so on, in this way, began to shift the transactions of the national affairs within the range of governing mechanism.

Also, under the seclusion system, Japan severed connections with Roman Catholicism countries, such as Portugal and Spain, and carried out resolutely the policy of Christian Exclusion.

Thus, the Government came to build up the relations with China and Dutch to those of

Under their way of thinking the Missionaries should devote to Honorable Poverty, for that reason, as to whether to follow the Japanese customary courtesy was always put under consideration. The Audience between Portuguese and Shogun, included retired shogun, were established as a formality performed in a way of silence.

The Portuguese, being different from the Dutch, had no opportunities to give opinions in the audience, therefore, trade competitions between both countries turned to be serious disadvantage for the former.

28. Itowappu System (a system of importing Raw Silk Threads in Japan during the Edo period)

Tokugawa Ieyasu, after he had assumed the position of Seii Taishogun (Great General), the next year in 1604, applied the Method of Itowappu to Portuguese ships. "Ito" means Chinese Raw Silk Threads. The Method is system, called "Warifu", of distributing imported Raw Silk to the domestic merchants based on official standard.

The merchants, who were designated by the Shogunate to deal the system of distributing Raw Silk, were selected from Kyoto, Sakai, and Nagasaki. The above merchants, each of the three was being in different city, were members belonged to the merchant guild, called as Itowappu Nakama (guild of Raw Silk Threads Importers). They were officially permitted the right to monopolize, such as, for dealing the Raw Silk imported into Nagasaki by the Portuguese ships and for selling to the domestic merchants to gain profits.

In 1631, the members of the Itowappu Nakama increased from the above three merchants to the five of those, adding Edo and further Osaka. The Shogunate, for the purpose to execute effective control to the determined price and to keep imported prices from rising, permitted the merchants to carry out the transactions exclusively.

29. Introduction of Hosho-Sen Regulation

Immediately after having established the Edo Shogunate, the Government-Licensed Trading Ships were being in the commerce around Southeast Asia.

However, confronting the incidents which the Spanish had attacked the Shogunate Licensed Ships, the Edo Government took the underlying cause of the incidents was being existence of very disrespect for the Edo Power, then, should not be overlook these problems.

These circumstances turned out to the introduction of the method of Regulations of Hosho-Sen. The method is, for the already Shogunate-Licensed trading merchants, request the further procedures to submit additional official documents,which are addressed to the Nagasaki Magistrate Office,issued by Rojyu (elder councilors to the Power), after these

26. Transitions of Shogunal Charter for Foreign Trade

Shogunal Charter for Foreign Trade was carried on by Toyotomi Hideyoshi as foreign policy. In the waters around Japan Wako was going on riotous behaviors.

Under these situations, for purposes to build up stable trading relations and to promote foreign trades, issuing an ordinance for the prohibition of piracies (Edict of the Prohibition on Piracy) should be effective to eradicate the Power of Wako, like this Hideyoshi had considered.

Tokugawa Ieyasu followed the system of Shogunal charter for foreign trade originated by Hideyoshi, and, by his policy, came to realize in the level of further development. According to records, In 1601, he dispatched the chartered ships to An Nam (Vietnam).

He required the Government of Anam (Vietnam) to provide higher convenience for the Japanese chartered commerce ships, on the other hand, required to reject for the commerce ships with no possession of the license.

As a rule, the red-sealed letters were effective only for one voyage.

Because of that reason, once they came back to Japan it should be returned.

The charted ships exported articles from minerals such as silver, copper, iron, sulfur, and others to camphor, pottery, and lacquerware, and so on, in return, imported raw silk, silk fabrics, cotton, soki (herbal medicine), Sugar, and others.

The system of Shogunal Charter for foreign trade, controlled by Edo Government, continued from the period of Keicho 9 (1604) to Kanei 12 (1635), till the Edict of Seclusion.

In the Voyage destinations such as, Hue, Thailand, Luson, Cambodia, Japanese quarters were created which consisted of the immigrants through the Shogunal Charter for foreign trade.

27. Portuguese Audience with Shogun

For missionaries and trading merchants who visited Japan, to have audience and interview with Shogun (General) and Daimyos (feudal lords) were important diplomatic courtesy.

There were reasons for the visitors that not to mention about the residence in Japan、even to propagations and trades, permission issued By Shogun and daimyos were indispensable.

Various articles were presented to Shogun and Daimyos who gave audience and interview.

In the days of Toyotomi Hideyoshi, Valignano had presented expensive gifts, and, referring to this behavior, Francisco Cabral condemned severely.

24. Initial Process to Ban on Christianity in the Edo Shogunate Government

The beginning of Prohibition Edict on Christianity is recognized in the measures ordered in 1605, such as the Power forbade Franciscan to carry out propagation to the Japanese and to rent out houses for the Fathers and Kirishitans.

These policies are considered as retaliatory actions for breaches against the agreement, the actualization of arrival of the Spanish Ships, which was formed between Franciscans and Ieyasu.

Regarding the Political matters, as a trigger to determine political direction to the Ban on Christianity in Edo Shogunate, was an incident arisen on December 12 th, in 1609 that the Portuguese ships from Macau, commonly referred to as Madre de Deus, was burned to sink by Samurais (warriors) belonging to the Arima Harunobu clan,near the water of Nagasaki.【Madre de Deus Incident】.

As an extension of the Madre de Deus incident, there was a bribery scandal caused by Okamoto Daihachi who was then a vassal of Honda Tadasumi.【Okamoto Daihachi Icident】.

Both incidents, caused by Okamoto Daihachi and Arima Harunobu, became deciding factor for Ieyasu to execute the Ban on Christianity.

25. Edict Ban on Christianity and Mass Martyrdom in Genna Era

On March 21th, in 1612, the Shogunate issued promulgation of the Ban on Christianity over the Tenryos(the areas controlled directly by Shogunate), as Edo, Kyoto, Sunpu, and others.【the Ban on Christianity in keicho Era】.

The purport of the Edict was to destroy Christian Churches, and, also to prohibit propagations. In the background about the promulgation of the Ban on Christianity in Keicho, to sever relations with the Toyotomi Family and the Kirishitans was being in his intention.

On April, in 1613, Omura Yoshiaki was called on to Sunpu and was asked about the state of punishment about Kirishitans. After Ieyasu died on June 1th, in Genna 2 (1616), the order of the Ban on Christianity became increasingly stringent.

To cite instances, at Torigoe in Edo, 22members of Christians and others were executed, after that, crack down on Christians became serious. The symbolic example was the "Mass Martyrdom in Genna Era". This is the incident that Priests and Monks who belong to the Society of Jesus, the Franciscan, the Dominican, and the Japanese Kirishitans, in all 55members were arrested by the reason for the violations against the Ban on Christianity and resulted to be executed at Nishisaka in Nagasaki.

About Buddhist ritual practiced in the 16th century, it was not long since rooted to the society, because of the reason a great expense was needed, some say like that.

Due to the situations, some of the poor in property resulted to make up a lot of debts to carry out the service. Concerning the funeral services after 1580s, the Society of Jesus ruled the funeral service regulations. They decided that while considering Japanese social conventions, the Christian mode of funeral services should be performed.

Under the policy of the Edict against Christianity, the krishitian gravestones were destroyed completely and some of them were buried in the earth and the likes. At present, over 170 Kirishitans gravestones are confirmed of beings, they are in the regions of, Kumamoto, Oita, Kyoto, Osaka, and so far to Fukushima, mostly of them are concentrated in Nagasaki Prefecture.

As for the forms of the gravestones, mainly there are vertical type and horizontal (flatten) type, the former type results from the medieval board monument, the latter date back to the European style of semi-cylindrical shape.

23. Tokugawa Policy and Christianity

After the battle of Sekigahara, there, Ishida Mitunari in command of the Western army, was defeated by Tokugawa Ieyasu in command of the Eastern army, the Society of Jesus resulted to lose relationships with the Central Government, and concurrently, their dependable guardians.

Contact between Tokugawa Ieyasu and Christian Missionaries began with the summons by Ieyasu. Franciscan Hessu who had been hidden in Ise and gave permission of propagation to the common people, at the same time, approved of residence in Edo.

In the background of the contact with Hessu, Ieyasu had a thought to establish an agreement on commerce with Philippine and Mexico, and to realize the purpose, giving authorization for Spanish Ships to visit a port of Kanto (in and around Edo), in the end, according his thought, to achieve the result of building a base for foreign trade in the vicinity of Edo.

More, Ieyasu took over the system of Shogunal charter for foreign trade which had been organized by Hideyoshi, and driving further progress to the state of being a good-neighbor diplomacy through that authorized ships, which were being voyage around various parts of the Southeast Asia.

In this way, giving audience from the Bishops down to Superiors of the Society of Jesus, Franciscan, and Dominican, Ieyasu intended to materialize his courses, then, tried to establish authority of the Edo Shogunate both inside and outside the country.

on San Juan Bautista ship left Tukiura (city of Ishinomaki in prefecture Miyagi).

Hasekura Tunenaga had an audience with king Felipe 3, presented letter from Masamune. In Rome, they had informal audience with Pope Paul 5 at St. Peter's Palace, and expected to lead the way for the trade with Spain through instructions by the King of Spain.

Although the Pope was positive about sending missions, concerning trade, he left to the judgement up to the King of Spain, they could not get result counted on.

In the background of being worried about commerce with Spain, Sebastian Vizcaino had informed the Ban on Christianity carried out in Japan, also, he had expressed to the King of Spain his opinion of opposition to trade with Japan.

The commerce plan which had designed by Date Masamune resulted to be frustrated.

21. San Felipe Incident and Tragedy of Twenty-Six Martyrs

After the order of Expelling Jesuit Missionaries issued by Toyotomi Hideyoshi, the missionaries continued propagation quietly in concealment. Franciscan Spanish Father Pedro Bautista, being sent from Manila Spanish Government Office, had an interview with Hideyoshi in 1593 and succeeded to conclude a trade agreement. Father Pedro Bautista and others had built good relationships with Hideyoshi to the degree of conducting dedication of church.

However, San Felipe incident occurred in 1596 suddenly changed these situations completely. Under the Japanese maritime law for drifting ships, in accordance with the conventional procedures, not to mention the cargo on the ship, money in possession were to be confiscated, after that, these whole articles were transferred to Osaka.

The Spanish crews, outraging to these treatments along with protests, while unfolding a world map, carelessly made a slip of the tongue to say that the King of Spain had conquered up to now all parts of the world through the propagation of Christianity.

Getting this report, Hideyoshi, responding instantly, ordered to capture the Franciscans and the associated Japanese in Kyoto and Osaka.

The arrested twenty-four people in Kyoto and Osaka, with more two additional people along the way, a total of twenty –six people were ordered to be punished in Nagasaki. On December19th,. February 5 th, 1597, in the signal from Terasawa Hanjiro, they were executed at Nishisaka, in Nagasaki.

The San Felipe incident became a trigger to cause the situations, punishments for the foreign missionaries and Christians in Japan.

22. Kirishitan Convention about Funeral and Tombstone

country.

He criticized Christianity on the premise that Japan is the Land of the Gods. His judging is based on the factual grounding that the destruction of shrines and temples by Kirishitans, in addition, in the light of preceding ordinance of the "Admission letters", the activities done up to then were those of breakings of "Compliance as to Violation".

Considering these the situations, the order that the Padres should depart from Japan within 20 days seems to be executed based on legal domination.

19. Structure of Christianity World

Xavier, who introduced Christianity to Japan, is a missionary of the Society of Jesus.

The Society of Jesus, obtaining a small charter from Pope Gregory 13 (reign: 1572~1585), with the influence of this, developed their missionary works in Japan.

The Monastic Orders, excluding the Society of Jesus which obtained the small charter, were not permitted to perform propagations in Japan. However, against this settlement the Spain-Based Mendicant Orders resisted, specially, the Franciscan activity did abolition movement of the Small Charter.

Pope Clemens 8 (reign: 1591~1650), taking intention of the King, abolished the Small Charter which had been issued by Gregory 13. Thus, the door to the propagation came to open for the Non- Society of Jesus.

But, the Franciscan and other Mendicant Orders were still in the state of being unconvinced, they continued the movement to actualize abolition of restrictions upon the entry into Japan and China.

Based on those situations, on June 11th,1608, Pope Paulus the Fifth (reign: 1605~1621) promulgated the Order of Permission to perform missionary work in Japan is acceptable, either route from Portugal and Spain, in this way, they achieved abolition of the restrictions.

20. Dispatch Keicho Era Mission to Europe

As the Ban on Christianity in Keicho came into being tighten, the domestic missionaries were placed in the state of being restricted their activities. About that time, Date Masamune,Lord of Sendai who had been searching a way to trade with Spain, invited Franciscan Luis Sotelo into his domain, and, while permitting propagation, at the same time, schemed to open trade between Espana (Mexico).

He projected to Dispatch Missions to the Pope and the Spanish King. On September, in 1613, accompanied by Luis Sotelo, vassals of 150 including Hasekura Tunenaga and others, more a party of 40 members of Sebastian Vizcaino and others. the whole embarked

Nobunaga, was issued from Shogun (General) Ashikaga Yoshiaki. Under the Government of Nobunaga, regulations over Christianity was thrown into confusion, the General-Shogunate took the policy of Protection for Missionaries, the other side, Emperor – the Imperial Court stood firm in their Policy of Expulsion.

Nobunaga showed hospitality for the Missionaries and Christianity, with intention to make a checking function on the traditional religious world.

However, in the state of being difficult condition to deal with domestic policy as he wished to do, he had to face to coordinate treatments for the Christianity between Emperor- theImperial Court. Finally, as a last resort, on the May 4th, in 1586, Kanpaku (chief adviser to the Emperor) issued special ordinance, "Kanpaku Permission Form".

The above Ordinance means, Toyotomi Hideyoshi should hold discretionary powers on the decision of the residential area regarding Baterens, likewise former issued permissions from Nobunaga and Yoshiaki, all kinds of obligations were to be discharged through his special authority.

18. Edict of The Order Expelling Jesuit Missionaries

As for the state of affairs in Southern Kyushu, Lord Shimazu of Satuma province, went up to North to torture Lord Otomo Sorin of Bungoo province. Under such difficult circumstances Otomo Sorin requested help for Toyotomi Hideyoshi, responding to the demand, Hideyoshi decided to go down to subjugate Shimazu. To Hideyoshi, Jesuit priest Gaspar Coelho and other Christian parties had visited to establish friendly relations to the level of solving problems such as, to obtain permissions for Portuguese ships to enter port, to succeed for mercy on the captive held in Yashiro Castle, and others.

In 1587, peace agreement come into effect between Lord Shimazu. 【Kyusyu suppression】. The trigger for the change of the situation with precipitation was the incident on June 19th, happening to Christian Lord Takayama Ukon, to be deprived of status and forfeited territories.

The background of the incident is Ukon's refusal against suggestion, by Hideyoshi, to renounce Christianity, this trouble comes to call down on Coelho.

Hideyoshi dispatched messengers to Coelho, questioned closely about four issues.

① Why Padres persuade the people eagerly to make them into Kristian against their will.

② Why Padres destroy shrines and temples as well as persecute monks to result conflicts with them.

③ Why, contrary to reason, cows and horses are used as food.

④ Why the Portuguese buy many Japanese as slaves, and bring out them outside the

16. Kirishitan Worship to Faith Fixtures

Among the civilizations which were brought in Japan, including woolens, there were weapons such as guns, ammunition, and further, Asia produced substances such as perfume of South of Asia production, Chinese silk and others. Together with these trade goods, faith fixtures were introduced by missionaries.

In the latter half of the 16th century, Christians seemed to have special emotion for rosary, comparable to string of Buddhist prayer breads.

Almeida, Frois, and others realized such feelings that the Kirishitans had held. To propagate faith fixtures in various regions, carrying in by the method of Nanban ships, there was limitations.

The number of faith fixtures which brought up to Japan was small, because of the circumstances that most of the western faith fixtures had been distributed, prior to arrival in Japan, at Nanban Ships stopover ports like Goa, Malacca, and transit trade port Macau.

For that reason, movement of shift to domestic production came to occur.

At Funai in Oita, once they got into the way of production of Dohais (Amulet: bronze medal), these products were spreading neighboring districts.

In the province Kinai, remoted from port of call of Nanban ships, Faith Fixtures were desired.

Accordingly, Takayama Hidano-kami Tomoteru (baptismal name Daris) gathered turners from Kyoto, let them manufacture such as Dohais, Rosaries,and Crosses, which were to be distributed to Christians.

Thus, they realized to produce the Faith Fixtures by the Turners, making possible to continuous supply, on top of more, reached to the level of working out highly precise faith fixtures.

17. Shokuho Government and Christianity (Shokuho/the government of Oda Nobunaga and Toyotomi Hideyoshi)

The relationship between Oda Nobunaga, Lord of Azuchi, and the Christian originated in the occurrence in 1569. On Mach13th of the same year, through the intercession of Wada Koremasa, Jesuit Frois realized to meet Oda Nobunaga.

On the April 8th, in 1569, Nobunaga promulgated admission letters for missionaries' convenience, which consisted of the policies such as, permission to stay, exemption from compulsory services, protection for activities within the territory, and punishment rules to disturb the proceedings. In the same year on the April 15th, Noticeboard issued by "Kubo-Sama (Shogun)", in other words, Special Ordinance, almost same content with those from

institution of secondary education for the children of the commonality, further, as an upper organization, tried to found Collegio in Kyoto and Bungoo. Because of financial difficulty, to set up the Seminario was given priority over the Bungoo Collegio.

In 1580, receiving support from Arima Harunobu, Seminario was built up at Hinoe Castle town, in Shimo district. Next year, under the protection of Oda Nobunaga, Seminaio was set up at the domain of Azuchi in Kyoto.

Under the influence of domestic Christian policy, educational institutions were forced to sift location.

At the Seminario, they gave high priority to Latin Language instruction. After having completed curriculums of the Seminario, the students who desired to be priest were granted to enter the Collegio, on the understanding that the applicant had aptitude for the system.

To go on to the Collegio, training at the novitiate was needed.

15. Dispatch Tensho Era Mission to Europe

Jesuit Visitor Valignano, in the state of being at Azuchi, resolved to send Japanese Mission to Rome.

The purpose of the dispatch Mission was, making direct demonstration of grandeur of the Pope and supreme dignity of the Christian Church, to promote propagation successfully in Japan.

Accordingly, in 1581 he met and discussed with Omura Sumitada at Miki Castle (located in Omura), in the same way, Father Petoro Ramon met Otomo Sorin, and Father Moura, then being the dean of the Seminario in Arima, met Arima Harunobu, each asked Arima cooperation of the mission.

The person who were chosen as principals are Ito Mancio, Cijiwa Migeru, and as vice-envoys are Martino Hara and Nakaura Jurian. Futhermore, two Japanese monks and Jesuit Father Diogo MesQuita (as an interpreter) accompanied with them,

In 1582, led by Alessandro Valignano, they left the Port of Nagasaki.

After two years and six months voyage the embassy arrived in Lisbon. They met with King Philip 2 of Spain, then, receiving arrangement of an audience with Gregory 13, further they were to be granted citizenship.

Thus, on June 20th, in 1590, they arrived in Nagasaki and ended voyage of eight years and six months. On occasion of return to Japan, they brought in letterpress printing machine of Gutenberg.

Through the facility of the machine, quantitative production and distribution of decrees became possible.

In 1603, Franciscan Luis Sotelo (also, as Louis Sotelo) arrived in Japan as an envoy of a Governor- General of the Philippines. Sotelo was received in audience by Ieyasu, after that he began missionary work in Edo.

Under the promulgation of Ban on Christian in 1613, Luis Sotelo was also subject to become the object of crackdown. Fortunately, Sotelo himself was saved from the difficulty by Date Masamune, at a later date, he came to make effort to realize the Keicho Era Mission to Europe.

As the consequence of the proclamation of the Christian Expulsion Ordinance, issued by Ishin Suden in 1613, all Christians in the whole country fell to face further sever situations.

13. Kirishitan in Tohoku

The occurrence that Lord Gamo Ujisato moved into Aizu in 1590, became a point of contact between the Christian and the Province of Tohoku.

Gamo Ujisato, he was being on intimate terms with Takayama Ukon known as a devout Christian, mingled with the foreign missionaries. Among his family, there seemed to exist some Christians, but hard to confirm evidence of having worked propagation.

After the Ban on Christianity issued by the Shogunate, missionaries seemed to travel the provinces of Tohoku for propagation secretly. Franciscan order Gasupesu and others went traveling the provinces for propagation, such territories as Sendai, Aizu, Yamagata, Yonezawa, Shounai. Also, in the Society of Jesus, Jesuit priest Petro Kasui Kibe (Shigekatu) and others made the round of provinces such as, Aizu, Sendai, Hirosaki, Akita,Nanbu,Yonezawa, Nihonmatu, and Shirakawa.

1626, Augustinian Derero was active in propagation for two years in Yonezawa. Although many people had converted to Christians, with the Ban on Christianity came to strengthen, they were to be detained in various places, a record shows about 1000 were executed.

14. Establishment of Educational Institution

With the number of Christian increase, educational institutions to nurture Japanese priests became important.

The Jesuit Visitor Valignano brought up that problem to a missionary conference for deliberation held at the district of Kuchinotsu, in Nagasaki, as a result, the significance of training for Japanese priests was approved.

Valignano's plan was as follows: first of all, grouping propagation provinces into Kyoto, Bungoo, and Shimo (whole of Kyushu, except Bungoo), then, set up Seminario as an

In 1556 Father Vilela desired to meet Zasu (head priest), only to fail to materialize and the situation elapsed unchanged. In 1560, after he had got permission of Ashikaga Yoshiteru for propagation, he was to be able to activate in Kyoto.

On the Christmas day in this year, for example, about a thousand of Christians had gathered in a Church to exhibit a state of spreading of numbers, since then, such a movement only came to grow sluggish.

At those times, in 1565, Frois and Almeida came up to the province of Sakai from the province of Bungoo. But, in July of the same year, Emperor Ogimachi ordered Rinji of "Deusuharai", under the influence of this command, both Vilela and Frois were forced to retreat from Kyoto. (Rinji/an imperial order: Ousuharai/ Purification, Christian Expulsion Ordinance).

Meanwhile, to support Vilela and Frois, Takayama Tomoteru (baptismal name Daris) and Yuki Tadamasa (baptismal name Anrike) worked on Wada Koremasa, lord of Takatsuki Castle (located in a province of Osaka). Responding to the request the lord exhausted all possible means, moreover as a patron of Frois, to bring back him to Kyoto. And, as he succeeded to help Frois to have an audience, finally, with Oda Nobunaga, in 1569. Frois became possible to obtain red seal of permission, residence in Kyoto and missionary work. Some of the powers raised up an objection to these policies of the authority. Emperor Ogimachi, who had ordered Rinji (Ousuharai), again issued Rinji to expel Jesuit missionaries.

In Kyoto, under these circumstances, double structure of system continued, one side of Ashikaga Yoshiaki and Oda Nobunaga did protection, the other side of the Emperor and the Imperial Court insisted on exclusion. As the reason that the propagation in the province of Kinai did not spread out, some such reasons are given that the people in these districts were in higher intellectual level and had profound knowledge about the Buddhist Doctrine of the Scriptures.

12. Kirishitan in Edo

Relationship between province of Kanto (east of Japan) and the Christian started after Tokugawa Ieyasu entered there. In kanto, it was a time to enter upon the new age of Tokugawa Ieyasu, in those days, Franciscan was an Order which was being close relation to Ieyasu. Jeronimo de Jesus, at one time he had played an active part in Nagasaki and Kyoto, had an experience to have been expelled to Manila, after that, smuggled into Japan to be arrested, for that reason still remained in being detention.

Uunder the condition to arrange for arriving trade ships, Jeronimo was permitted by Ieyasu to enter into Edo and to perform propagation.

The province of Nagasaki was governed by Nagasaki Jinzaemon, a vassal of Kirishitan Daimyo Omura Sumitada. In 1567, Nagasaki Jinzaemon was given a Christian name Bernard. After baptism of Nagasaki Jinzaemon, number of missionaries came to visit the Town of Nagasaki.

Town of Nagasaki, where churches stood lining both sides of street, was named Quasi-Rome of Japan.

In 1569, responding to land donation from Nagasaki Jinzaemon to Almeida, a Jesuit Father Vilela established the church "Todos os Santos" (Holy Savior of All Saints).

These churches were to be destroyed by the order, the Ban on Christianity issued by the Shogunate in 1614.

Among the high-powered persons in Nagasaki, number of Christians were being existed. In the face of the prohibition of Christianity ordered by the Nagasaki Magistrate, they entirely came to renounce the faith.

Estates and people in Nagasaki, which had been in close relationship with Christian, having concealed the actual conditions, tried to break off relations with Christianity.

Under these circumstances, they came to establish a firm position in Nagasaki as a magnate.

10. Christian in Kinki

The Christian missionay work in the province of Kinai has its origin in a visit to Kyoto by a Jesuit missionary of Gaspar Vilela. In 1559 he made his home at Kyoto, then, getting permission of Ashikaga Yoshiteru and Miyoshi Nagayoshi, Gaspar Vilela began propagation.

Among the intellectual class in those days, some were baptized and converted. In these circumstances, Christianity, by degrees, became capable to get support from many leading persons.

Takayama Tomoteru (baptismal name Daris) encouraged his relations to be baptized, them, there was 12 year old Ukon (baptismal name Justo). Ukon was a person who, later, served being a close advisor to Hideyoshi. Ukon himself took a lively part in carrying the missionary work forward.

Because of the Deportation Order of Christians, issued in 1614 by Tokugwa Ieyasu, he was evicted to Manila, there ended his life as a Christian.

11. Kirishitan in Kyoto

In missionary work in kyoto, admission letter of Mt. Hiei Enryaku-ji Temple was required.

the right of ownership, and more, give the Society the appointive powers with regard to the Magistrate officer.

The conditions are provided, not to mention the sovereignty over these fields, even to give the powers of jurisdiction including the death penalty.

In 1584, Arima Harunobu made donation of the Urakami land to the Society of Jesus.

Thus, on the ground of contribution of the lands to the Society, by both Omura and Arima, the positioning of being "Ecclesiastical property of Nagasaki" came to be established.

By the Bateren (Christianity) Expulsion Order issued in 1587, the Society of Jesus, effectively came to lose the vested right related to Nagasaki, Mogi, and Urakami.

Further, as for Hideyoshi, after he had accomplished the subjugation of the whole Kyushu, he forced the lords to give up the right over the land to Hideyoswhi, as the result, he took up the whole powers possessed by the Society of Jesus. (Shinshi-ken/the right to appropriate the land).

8. Kirishitan in Kyushu

In kyusyu, specially, in the coastal provinces of Hizen, Higo, and Bungo, many daimyos made conversion. During the period from 1553 to 1595, numbers of 24 feudal lords converted. From the point of distinction of social level, the converts can be divided into 3 classes, Daimyos, Warlords, and Provincial Lords.

In Funai, a province of Oita, under the protection of Otomo Yoshishige (Sorin) many Christians came into being. (Funai/name of domain, specially used in Oita) .

The point of first meeting between the Province of Oita and Christianity was when Oita invited Xavier who had been in the province of Yamaguchi.

Further, in 1557, Almeida instituted a Western Style of Modern Hospital, In the matters of administrative structure, new system, which had not been known in Japan up to that time, was to be adopted. Almeida had visited Amakusa in 1569. Taking advantage of this occasion, Amakusa became a major base for spreading Christianity.

In 1591, an institution for higher education, "Collegio", was relocated there, more, a training institute novitiate was established and others, as stated above, the facilities for training of churchmen were found. (novitiate/religious institute to deepen relationship with God).

Furthermore, at the Collegio in Amakusa, books, such as 『Isoho Monogatari』, 『Heike Monogatari』, and others, referred to as the Books of Amakusa Version, were published.

9. Kirishitan in Nagasaki

and Nanban Byobus. (Nanban Byobu/ the folding screen, painted South European Visitors to Japan).

Further, as casting products, Nanbn Bells, equal to Christian Church Bell, were made. With regard to foodstuffs, Kastera (named after Castile), Karumeria (karumera), Bisukauto (Biscuit), and Konpeito (small sugar candy, from the Portuguese word "Confeito") were introduced.

These sweets, later came to be referred to as "Nanban cakes", spread in the courses of time as luxury items widely in Japan.

6. Birth of Christian Daimyos (Feudal Lords)

The Society of Jesus succeeded in converting daimyos to Christianity, and, they were called Kirishitan Daimyo. (Kirishitan/ referred to Christians in Japanese).

The Japanese term Kirishitan was a coinage word made by the Missionary Michael Stein, who belonged to Paris Foreign Missions Society. Many of the daimyos in Kyushu started to show the movement of conversion to Christianity.

Omura Sumitada, the Lord at province of Omura in Nagasaki, who is known as a first Christian Feudal Lord, was baptized in 1563 from Cosme de Torres. Propagation strategy the Society of Jesus took was, after converting feudal lords, then, influenced to the commoners within their domains.

This missionary work in unit of domain seems to have achieved a measure of success to the desired result.

However, among the daimyos who had converted, there were some political believers who expected benefits from Nanban trades.

They coped tactfully with the changing situations of the times, the course of the Ban on Christianity.

7. Ecclesiastical Property of Nagasaki and Appropriation

In 1570, the town of Nagasaki had prepared into development area, adapting to the invitation of Portuguese ships scheduled next year. These areas belonged to Nagasaki Jinzaemon, a vassal of Omura Sumitada.

Jinzaemon was going on patronizing the Society of Jesus and helped their propagation.

Omura Sumitada, having strengthened for the contact with the Society of Jesus, proposed to donate the land of Nagasaki and Mogi to the Society of Jesus in 1580, and the deeds of transfer, Nagasaki land, was delivered.

The contents of the deeds, concerning all the rice fields and Vegetable fields in Nagasaki and Mogi, are to cede permanently to the Society of Jesus and Jesuits Visitors, and entrust

Form of the Nanban Trade was closely connected with commerce trade and propagation of Christianity.

In those days Japans' major trading partner was Portugal, staple trade commoditis consisted of Chinese goods, silk.

However, as the result of the policy introduced by Tokugawa Ieyasu which had emphasized trade with Spain, the volume of business came to increase, for a while as it was, over that of Portugal. Thus, centering around trade with Japan, Portugal and Spain competed for advantage.

On the other hand, the religious situations surrounding Japan came to be transformed together with the more progress of multilateralism in trade systems.

4. Slave Trade and Slavery

European trading ships which had invaded to the east trafficked slaves at each port of call, including slaves of Japanese. Merchant of the Nanban Ships also had the custom of the slave trade.

Japanese traders, who were concerned with the trade, were being involved to earn brokerage fee through dealing with this slave trade. Through the trades, some Japanese slaves were brought over the seas, and were forced to work there as mercenary soldiers.

Worrying about that situations, King Don. Sebastian of Portugal, in the ordinance of "Sebastian Method", proclaimed to prohibit the slave trade targeted to Japanese within Portugal domain.

Nevertheless, in the social background resulted to the failure of the policy, there was a military demand to fill vacancies in Portuguese soldiers with those of Japanese mercenary. In reality, Japanese slaves were being placed under tacit approval.

Among the Japanese slaves, some are confirmed to have crossed over from India to Europe.

5. The Birth of Nanban Culture

With as a start of general circulation of European civilizations through Nanban trades, new culture, in other words, fetal movements prompted by imported European culture, occurred. Undercurrent of the Nanban culture, there was a Christian culture.

In 1587, Toyotomi Hideyoshi promulgated the Bateren Tsuiho Rei (the Order to Expel Christian Priests).

After that order, the Nanban Culture became into fashion, in a sense, it can be considered as an infatuation with a foreign way of life grown up within confined society. Among typical examples of the Nanban Culture artworks, there are Nanban Lacquerwares

Chapter 1: The Age of Early European Style Prosperity — History of the Preceding Dejima Island

1. Introduction of Guns into Japan and the Origin of Negotiations Between Japanese and European

The place where Guns were introduced to Japan is Tanegashima Island. About the time of the introduction there are two theories, 1542 and 1543.

Further, there is division of opinion on the subject who handed down, one is Portuguese, the other is Chinese Wufeng (Wang Zhi). Since the introduction of guns, ways of Battles inside Japan became to have transformed, warlords vied to get more guns.

2. Introduction of Christianity into Japan and Missionary Work by Xavier

St. Francis Xavier was the first Christian Missionary to introduce Christianity into Japan. The man, who supported missionary work of Xavier in Japan, was Christian name Paul, so-called Anjiro. On April 15th, in 1549, Xavier left Goa, India by Junk Ship. He reached Kagoshima after 53 days Sea Route.

Xavier had plans of business after arrival to Japan: firstly, having audience with "King of Japan" to obtain protection for his missionary work, secondly, going Kongo-ji Temple of Mt. Koya and Enryaku-ji Temple of Mt. Hiei, there, bring forward argument over theory of Kuron to find out Buddhist doctrine in Japan. (Ku/mind that is not bound by anything, ron/theory) .

However, unfortunately, the situation of Kyoto at that time had been in the state of confusion, in the sense of politically and socially.

In the background of the Tembun-hokke no Ran (Rebellion), the province of Kyoto had been remained in ruin, authority of Imperial Court was being eclipsed. Xavier was necessarily changed his original object to carry out the missionary work.

Regarding to the protection for his missionary work, he converted to the leading local daimyos.

After about two-year stay, he left Japan on November 15, 1551.

3. Prosperity of Nanban Trade (Nanban/ semantically, Southeast Asian Barbarism, practically, Spain and Portugal)

In the Age of Discovery, European countries advanced toward the east, opened trading houses in various places, there, organized Port City. Under the current of those times, Portugal and Spain carried on commerce with Japan, as referred to Nanban Trade. (Nanban Trade/ Japan' trade with Portugal and Spain).

Chapter 1
The Age of Early European Style Prosperity — History of the Preceding Dejima Island

Dejima Island exists as being a symbol and an epitome, which reflects transition of the relations between foreign countries and Japan.

The encounter between Japan and Europe begins at the introduction of Guns, then, through the Christian Missionary Work the relationship grew closer.

Before the age of Dejima Island, when trade and propagation were going on like two sides of the same coin, new civilizations, which had not been existed before in Japan, such as culture, science, and thought were came to be introduced.

These were spreading widely in Japan and gradually were infiltrated to the state of cultivating the spirit of "Nanban Culture"

However, the Ban of Missionary Work by Toyotomi Hideyoshi and the prohibition of the faith itself by the Tokugawa Shogunate, both began to reconsider the ways of relationships.

Under these situations, the power, while having issued the Ordinance of the Kanei Seclusion Order to forbid Christianity, decided to make Dejima Island.

In Chapter 1, regarding the Domestic situations, at the period of preceding Dejima Island, from transformation of the trade systems to Propagation of Christianity and on to the formative process to the Ban on Christianity will be treated.

あとがき

長崎・出島に刻まれた歴史は、現代に生きる我々にさまざまなメッセージを投げかけている。あらゆる自由が日本国憲法で保証されている現代人には、近世社会に違和感を持つだろう。時流に変化を見出すことが歴史学の意義にある以上、決して忘れてはならない事象をこの一冊に詰め込むことができた。

貿易都市として町建が始まり、キリスト教が繁栄した長崎に、出島が設けられたのは、幕府の政策的意向があったことはいうまでもないが、それは宿命のようにも映る。長崎がキリスト教の拠点から貿易の拠点、そして近代教育の拠点と変容を遂げた背景には常にキリスト教の存在があり、町はこれに翻弄されてきた感さえある。二〇一八年に「長崎と天草地方の潜伏キリシタン関連遺産」が世界文化遺産に登録されたからこそ、本書で取り上げた歴史事象を再認識する機会にして欲しい。

また、本書は、日本人ばかりでなく、外国人にも手にしてもらいたい。日本キリスト教史や出島、踏絵などといった、欧米人にも周知されている日本史が長崎の地で集約され、ダイナミックに流れている。国際的な視点で研究可能な特異な地域が長崎であり、今後も大いに進展が期待できる。そのきっかけに本書を活用していただければ幸甚である。

国際化社会といわれて久しい昨今だからこそ、本書のもつ意義は色褪せることがないだろう。一人でも多くの方に本書をご覧いただくことを祈念して擱筆としたい。

二〇一九年浴蘭月

安高　啓明

主要参考文献

第一章　南蛮隆盛の時代―出島前史

浦川和三郎『東北キリシタン史』（巌南堂、一九五七年）
岩生成一『朱印船と日本町』（至文堂、一九六二年）
キリシタン文化研究会『キリシタン研究』第八輯（吉川弘文館、一九六三年）
重藤威夫「東南アジアと御朱印船貿易」（『東南アジア研究年報』第九集、一九六八年）
海老沢有道「天草キリシタン版書誌」（『アジア文化研究』十号、一九七八年）
村井早苗「キリシタン禁制をめぐる天皇と統一権力」（『史苑』四〇号、一九八〇年）
岡田章雄著・加藤栄一編『日欧交渉と南蛮貿易』（思文閣出版、一九八三年）
長崎県史編纂委員会編『長崎県史』対外交渉編（長崎県、一九八六年）
結城了悟『長崎への道　二十六聖人』（二十六聖人記念館、一九八七年）
荒野泰典『近世日本と東アジア』（東京大学出版会、一九八八年）
高木一雄『江戸キリシタンの殉教』（聖母の騎士社、一九八九年）
五野井隆史『日本キリスト教史』（吉川弘文館、一九九〇年）
永積洋子『近世初期の外交』（創文社、一九九〇年）
五野井隆史『徳川初期キリシタン史研究』補訂版（吉川弘文館、一九九二年）
松田毅一『慶長遣欧使節』（朝文社、一九九二年）
村上直「徳川氏の関東入国に関する一考察」（『法政史学』四七号、一九九五年）
山本博文『寛永時代』（吉川弘文館、一九九六年）
太田勝也『長崎貿易』（同成社、二〇〇〇年）
清水紘一『織豊政権とキリシタン』（岩田書院、二〇〇一年）
松田毅一『天正遣欧使節』（朝文社、二〇〇一年）
高瀬弘一郎『キリシタン時代の文化と諸相』（八木書店、二〇〇一年）
高瀬弘一郎『キリシタン時代の貿易と外交』（八木書店、二〇〇二年）
五野井隆史『支倉常長』（吉川弘文館、二〇〇三年）

藤木久志『雑兵たちの戦場』（朝日新聞社、二〇〇五年）
別府大学文化財研究所編『キリシタン大名の考古学』（思文閣出版、二〇〇九年）
村井早苗「会津のキリシタン」（『キリシタン文化と日欧交流』勉誠出版、二〇〇九年）
大石一久・南島原市教育委員会『日本キリシタン墓碑総覧』（南島原市、二〇一二年）
五野井隆史『キリシタンの文化』（吉川弘文館、二〇一二年）
中島楽章『南蛮・紅毛・唐人』（思文閣出版、二〇一三年）
浅見雅一『概説キリシタン史』（慶応義塾大学出版会、二〇一六年）
神田宏大・大石一久・小林義孝・摂河泉地域文化研究所編『戦国河内キリシタンの世界』（批評社、二〇一六年）
ルシオ・デ・ソウザ　岡美穂子『大航海時代の日本人奴隷』（中央公論新社、二〇一七年）
五野井隆史『キリシタン信仰史の研究』（吉川弘文館、二〇一七年）
五野井隆史監修『キリシタン大名』（宮帯出版、二〇一七年）

第二章　鎖国の形成と出島の築造

呉秀三訳『ケンプェル江戸参府紀行』上巻（駿南社、一九二八年）
『長崎市史』風俗編（清文堂、一九三八年）
『大日本近世史料唐通事会所日録』一（東京大学史料編纂所、一九五五年）
川口恭子校訂「きりしたんころび証文」（『熊本史学』一九・二〇号、一九六一年）
片岡弥吉『踏絵』（日本放送出版協会、一九六七年）
古賀十二郎『丸山遊女と唐紅毛人』（長崎文献社、一九六八年）
片桐一男校訂『鎖国時代対外応接関係史料』（近藤出版社、一九七二年）
山口光臣「一八世紀後期の出島かぴたん部屋の洋風化」（『日本建築学会論文報告書』二三四号、一九七五年）
清水紘一『キリシタン禁制史』（教育社、一九八一年）
永積洋子・武田万里子『平戸オランダ商館イギリス商館日記』（そしえて、一九八一年）
山本紀綱『長崎唐人屋敷』（謙光社、一九八三年）
科野孝蔵『オランダ東インド会社』（同文館、一九八四年）
『長崎県史』対外交渉編（吉川弘文館、一九八六年）
森岡美子「鎖国期の出島図」（長崎市出島史跡整備審議会編『出島図―その景観と変遷』、一九八七年）

科野孝蔵『オランダ東インド会社の歴史』（同文館、一九八八年）
外山幹夫『長崎奉行』（中央公論社、一九八八年）
箭内健次編『鎖国日本と国際交流』下（吉川弘文館、一九八八年）
山本博文『寛永時代』（吉川弘文館、一九八九年）
岡林隆敏・棚橋由彦「出島の築造と長崎港の埋立」（『土と基礎』三九（一）、一九九一年）
大森實「長崎出島オランダ商館に手交された注文書中の図について」（『法政大学教養部紀要』八二号、一九九二年）
山本博文『長崎聞役日記』（ちくま書房、一九九九年）
太田勝也『長崎貿易』（同成社、二〇〇〇年）
片桐一男『江戸のオランダ人 カピタンの江戸参府』（中央公論新社、二〇〇〇年）
中村質『近世対外交渉史論』（吉川弘文館、二〇〇〇年）
永積昭『オランダ東インド会社』（講談社、二〇〇〇年）
永積洋子『平戸オランダ商館日記』（講談社、二〇〇〇年）
丸山雍成編『長崎街道』（NHK出版、二〇〇〇年）
大森實「長崎出島オランダ商館に手交された注文書中の図について（Ⅱ）」（『法政大学教養部紀要』一一六号、二〇〇一年）
速水融『歴史人口学研究』（藤原書店、二〇〇六年）
鈴木康子『長崎奉行の研究』（思文閣出版、二〇〇七年）
松方冬子『オランダ風説書と近世日本』（東京大学出版会、二〇〇七年）
安高啓明『近世長崎司法制度の研究』（思文閣出版、二〇一〇年）
山口美由紀『旅する出島』（長崎文献社、二〇一六年）
安高啓明『踏絵を踏んだキリシタン』（吉川弘文館、二〇一八年）

第三章　出島の生活と文化

長崎市『長崎叢書　増補長崎略史』（長崎市、一九二六年）
新村出監修『海表草書』巻二（更生閣、一九二七年）
村上直次郎『長崎オランダ商館の日記』（岩波書店、一九五六年）
村上直次郎訳『長崎オランダ商館の日記』第一輯・第三輯（岩波書店、一九五八年）
珈琲会館文化部編『日本珈琲史』（珈琲会館文化部、一九五九年）

小川浩編『日本貨幣図史』（日本古銭研究会、一九六四年）
カッテンディーケ著・水田信利訳『長崎海軍伝習所の日々』（平凡社、一九六四年）
『江戸期銭貨概要』（日本銀行調査局、一九六五年）
杉本つとむ解説『紅毛雑話・蘭説弁惑』（八坂書房、一九七二年）
寺本界雄『長崎本・南蛮紅毛事典』（形象社、一九七四年）
浜崎国男『長崎異人街誌』（葦書房、一九七八年）
長崎市出島史跡整備審議会編『出島図』（長崎市、一九八七年）
森岡美子「安政六年の出島の大火」（箭内健次編『鎖国日本と国際交流』下巻、吉川博文館、一九八八年）
イザベル・田中・ファンダーレン「庖厨全書と『オランダ料理』」（箭内健次監修『長崎出島の食文化』親和銀行、一九九三年）
金子浩昌「出島オランダ商館跡出土の動物遺存体について」（『出島の食文化』親和銀行、一九九三年）
渡辺誠「出島・長崎市内出土の焼塩壺」（箭内健次監修『長崎出島の食文化』親和銀行、一九九三年）
日蘭学会編『長崎オランダ商館日記』五巻（雄松堂出版、一九九四年）
日蘭学会編『長崎オランダ商館日記』九巻（雄松堂出版、一九九八年）
松田清『洋学の書誌的研究』（臨皮書店、一九九八年）
竹内有一「出島の音楽風景―『長崎オランダ商館日記』に見る音楽記事」（『国立音楽大学研究紀要』三四、一九九九年）
片桐一男『出島』（集英社、二〇〇〇年）
レイニアーH．ヘスリンク「芝蘭堂のオランダ正月　一七九五年一月一日」（『早稲田大学図書館紀要』第四七号、二〇〇〇年）
『出島の科学』（出島科学実行委員会、二〇〇〇年）
森岡実子『世界史の中の出島』（長崎文献社、二〇〇一年）
財城真寿美・塚原東吾・三上岳彦ら「出島（長崎）における一九世紀の気象観測記録」
（『地理学評論』七五（一四）、二〇〇二年）
坂本正行「オランダ正月」（『食の科学』二九九号、二〇〇三年）
西明真理・加藤綾子・島田陽子他「長崎出島の食文化―出島オランダ商館における菓子について」（『ニューフードインダストリー』四五
（四）、二〇〇三年）
西和夫『長崎出島オランダ異国事情』（角川書店、二〇〇四年）
宮永孝「文政三年のオランダ芝居」（『社会志林』五二（二）号、二〇〇五年）
小林昌二監修　原直史・大橋康二編『日本海域歴史体系』第五巻（清文堂、二〇〇六年）

羽田正『東インド会社とアジアの海』（講談社、二〇〇七年）
松尾麻衣子・永松義博「長崎出島オランダ商館の庭園植物に関する研究」（『比較文化研究』九七号、二〇一一年）
長崎市史編さん委員会編『新長崎市史』第二巻近世編（長崎市、二〇一二年）
山口美由紀「出島オランダ商館とたばこ」（『たばこと塩の博物館研究紀要』第十号、二〇一二年）
山口美由紀『旅する出島』（長崎文献社、二〇一六年）
安高啓明『トピックで読み解く日本近世史』（昭和堂、二〇一八年）

第四章　出島で紡がれた日本人とオランダ人

板沢武雄『日蘭文化交渉史の研究』（吉川弘文館、一九五九年）
板沢武雄『シーボルト』（吉川弘文館、一九六〇年）
カッテンディーケ著、水田信利訳『長崎海軍伝習所の日々』（平凡社、一九六四年）
古賀十二郎『長崎洋学史』（長崎文献社、一九六七年）
沼田次郎訳『ティチング日本風俗図誌』（雄松堂出版、一九七〇年）
芳即正『島津重豪』（吉川弘文館、一九八〇年）
沼田次郎「蘭癖大名朽木昌綱伝拾遺」（『日本歴史』五〇〇号、一九九〇年）
楠本寿一『長崎製鉄所』（中央公論社、一九九二）
フォス美弥子『幕末出島未公開文書』（新人物往来社、一九九二年）
沼田次郎「蘭癖大名朽木昌綱のイザアク・ティチング宛書翰について」（『日本歴史』五二八号、一九九二年）
『司馬江漢　江戸・長崎絵紀行―西遊旅譚』（国書刊行会、一九九二年）
中西啓『長崎のオランダ医たち』（岩波書店、一九九三年）
フォス美弥子編訳『開国日本の夜明け　オランダ海軍ファビウス駐留日誌』（思文閣出版、二〇〇〇年）
片桐一男『日蘭交渉史　その人・物・情報』（思文閣出版、二〇〇二年）
兼重護『シーボルトと町絵師慶賀』（長崎新聞社、二〇〇三年）
西和夫『長崎出島　オランダ異国事情』（角川書店、二〇〇四年）
W・ミヒェル　鳥井裕美子・川嶌眞人編『九州の蘭学』（思文閣出版、二〇〇九年）
クレインス・フレデリック『十七世紀のオランダ人が見た日本』（臨川書店、二〇一〇年）
『新長崎市史』第二巻近世編（長崎市、二〇一二年）

木村直樹『通訳たちの幕末維新』(吉川弘文館、二〇一二年)
安高啓明『新釈犯科帳』第三巻(長崎文献社、二〇一二年)
『平戸松浦家の名宝と禁教政策』(西南学院大学博物館、二〇一三年)
杉本つとむ校註・解説『鎖国論』(八坂書房、二〇一五年)
片桐一男『江戸時代の通訳官』(吉川弘文館、二〇一六年)
宮崎克則『シーボルト『NIPPON』の書誌学研究』(花乱社、二〇一七年)
第五章　出島の解体過程と近代化

浦川和三郎『浦上切支丹史』(全国書房、一九四三年)
古賀十二郎『徳川時代に於ける長崎の英語研究』(九州書房、一九四七年)
沼田次郎『幕末洋学史』(刀江書院、一九五〇年)
板沢武雄『シーボルト』(吉川弘文館、一九六〇年)
岡田章雄編『外国人の見た日本』第二(筑摩書房、一九六一年)
桐敷真次郎『大浦天主堂』(中央公論美術出版、一九六八年)
石井孝『日本開国史』(吉川弘文館、一九七二年)
ウィリアム・ルイス、村上直次郎編、富田虎男訳訂『マクドナルド「日本回想記」』(刀水書房、一九七九年)
長崎県史編纂委員会編『長崎県史』対外交渉編(吉川弘文館、一九八六年)
外山幹夫『長崎奉行』(中央公論社、一九八八年)
荒野泰典『近世日本と東アジア』(東京大学出版会、一九八八年)
藤井哲博『長崎海軍伝習所』(中央公論社、一九九一年)
楠本寿一『長崎製鉄所』(中央公論社、一九九二年)
梶輝行「蘭船コルネリス・ハウトマン号とシーボルト事件」(『鳴滝紀要』第六号、一九九六年)
永積洋子訳　ドゥーフ著『日本回想録』(雄松堂出版、二〇〇三年)
三谷博『ペリー来航』(吉川博文館、二〇〇三年)
織田竜也「観光資源としての歴史空間―長崎市出島和蘭商館跡の復元整備事業」(『慶応義塾大学大学院社会学研究科紀要』六十三号、二〇〇六年)
木村直樹『幕藩制国家と東アジア世界』(吉川弘文館、二〇〇九年)

片岡弥吉『日本キリシタン殉教史』（智書房、二〇一〇年）
安高啓明『近世長崎司法制度の研究』（思文閣出版、二〇一〇年）
海老原温子・宮崎克則「創られた「シーボルト事件」」（『西南学院大学国際文化論集』第二六巻第一号、二〇一一年）
安高啓明『新釈犯科帳』全三巻（長崎文献社、二〇一一～二〇一二年）
青山忠正『明治維新』（吉川弘文館、二〇一二年）
新長崎市史編纂委員会編『新長崎市史』第二巻近世編（長崎市、二〇一二年）
西澤美穂子『和親条約と日蘭関係』（吉川弘文館、二〇一三年）
横山伊徳『開国前夜の世界』（吉川博文館、二〇一三年）
若木太一編『長崎東西文化交渉史の舞台』（勉誠出版、二〇一三年）
松本英治『近世後期の対外政策と軍事・情報』（吉川弘文館、二〇一六年）
安高啓明『浦上四番崩れ』（長崎文献社、二〇一六年）
安高啓明『踏絵を踏んだキリシタン』（吉川弘文館、二〇一八年）

【ら行】

【ま行】

【や行】

【た行】

【な行】

【は行】

【さ行】

人名索引

【あ行】

【か行】

【ら行】

【わ行】

【英字】

【ま行】

【や行】

【は行】

【な行】

【た行】

【さ行】

【か行】

事項索引

【あ行】

索　引

著者

安高啓明（やすたか・ひろあき）

1978年長崎県出身。熊本大学大学院人文社会科学研究部准教授。 博士（史学）、博士（国際文化）。主な著書に『近世長崎司法制度の研究』（思文閣出版）、『新釈犯科帳』全3巻（長崎文献社）、『歴史のなかのミュージアム』（昭和堂）、『浦上四番崩れ』（長崎文献社）、『トピックで読み解く日本近世史』（昭和堂）、『踏絵を踏んだキリシタン』（吉川弘文館）など。

英文要旨

石澤一未（いしざわ・かずみ）

1949年鹿児島県出身。米国公認会計士（AICPA）〔1616212〕。主な翻訳書に『トピックで読み解く日本近世史』（昭和堂）など。

Shufusha

長崎出島事典

2019年 6 月25日　第 1 刷

著　者　安　高　啓　明

英文要旨　石　澤　一　未

発行者　伊　藤　甫　律

発行所　株式会社 柊　風　舎

〒161－0034 東京都新宿区上落合 1-29-7 ムサシヤビル5F

TEL.03(5337)3299　FAX.03(5337)3290

印刷／株式会社 報光社　製本／小高製本工業株式会社

ISBN978-4-86498-066-1